머리말

공무원 수험생 여러분,  ㅣ다. 지금 이 순간 필기시험 합격의 기쁨과 함께 ᄆ ㅣ 많으리라 생각됩니다. 과거에는 공무원 면접이 식적인 절차였던 때도 있었습니다. 하지만 최근 공 ᄇ하기 위한 중요한 평가절차로 여겨지고 있습니다. 이저럼 공무원을 선발하는 데 면접이 차지하는 비중이 높아지면서 필기시험에서 좋은 점수를 받았다고 하더라도 최종 합격을 장담할 수 없게 되었습니다. 실제로 필기시험을 커트라인 점수로 통과하였으나 면접에서 좋은 평가를 받아 최종 합격하는 사례도 많아지고 있습니다. 따라서 수험생 여러분께서는 공무원 최종 합격을 좌우하는 면접을 필기시험만큼 중요하게 여기고 철저하게 준비해야 합니다.

면접은 공정성을 높이고자 응시자의 신상정보나 성적 등 주요 사항을 비공개로 진행하는 블라인드 방식을 도입하였습니다. 과거에는 응시자의 개인 신상이나 공직관에 대한 질문이 대부분이었지만 최근에는 응시자가 조직에 적합한 사람인지를 판단하기 위한 개인 신상 관련 질문, 업무와 관련된 개인적인 경험과 노력을 묻는 경험형 질문, 직무 중 직면할 수 있는 문제 상황을 어떻게 해결할 것인지를 물어보고 면접자의 문제 해결 능력을 평가하는 상황형 질문, 주어진 제시문을 읽고 유추할 수 있는 공직가치와 이에 대한 면접자의 생각을 발표하는 5분 발표 등으로 다양해지고 있습니다.

질문 유형이 다변화되면서 공무원 면접이 어렵고 막막하게 느껴지는 분들의 고민을 덜어드리고자 SD에듀는 심층 질문에 대비할 수 있도록 각 부처별 핵심 추진과제와 보도자료 및 정책자료, 직렬별 전문 자료와 관련 이슈 등을 수록한 「2024 SD에듀 면접관이 공개하는 국가직2(행정직) 면접 합격의 공식」을 출간하였습니다. 본서와 함께 면접을 준비하시는 분들이 좋은 결과를 얻으시길 기원합니다.

SD 적성검사연구소 일동

면접 운영방식 및 합격자 결정방법

❖ 아래 내용은 2023년 국가직 공무원 면접시험 응시요령을 기준으로 작성되었습니다. 2024년부터 변경되는 세부 사항은 반드시 시행처의 최신 공고를 확인하시기 바랍니다.

블라인드(無자료) 면접

▶ 2005년부터 응시원서에서 학력란 기재항목 삭제
▶ 면접시험 위원에게 응시자의 출신학교, 경력, 시험성적 등을 일체 미제공

면접 운영방식 및 주의사항

▶ 면접 운영방식

7급 공채	9급 공채
• 경험 · 상황 면접과제 작성(20분) • 개인발표문 작성(30분) • 개인 발표 및 경험 · 상황 면접(40분)	• 경험 · 상황 면접과제 작성(20분) • 5분 발표 과제 검토(10분) • 5분 발표 및 경험 · 상황 면접(30분)

※ 경험 면접은 전 직렬 동일한 문제가 출제됨

▶ 주의사항
 • 경험 · 상황 면접과제 및 5분 발표과제 등 작성 · 검토 시에는 준비한 자료를 참고할 수 없음
 • 일체 시험자료는 외부 반출이 금지되므로 반납 필수
 • 면접 종료 후 응시자 대기장 재출입 및 대기 중인 다른 응시자와 접촉 금지

면접위원 선정 · 운영 및 면접조 편성

▶ 공정 · 엄정한 면접시험 집행을 위해 면접위원 선정(시험출제과)과 면접시험 시행(공개채용과)을 분리 운영
 • 엄선된 면접위원 명단은 면접 당일까지 외부와 일체 격리된 국가고시센터에서 대외비로 관리하다가 면접 당일에 면접시험 장소로 인계
 • 면접시험 시행부서 통제하에 면접위원을 무작위 추첨하여 각 면접조에 배정
▶ 면접조가 최종 확정된 후, 면접위원과 응시생들에게 각각 제척 · 기피 · 회피 사유 해당 여부를 확인
▶ 면접시험장에서 응시생과 면접위원이 상호 접촉할 수 없도록 철저히 통제

면접관이 공개하는

공무원 면접

국가직2(행정직)

✚ 합격의 공식

SD에듀
(주)시대고시기획

2024 SD에듀 면접관이 공개하는
국가직 공무원2(행정직) 면접 합격의 공식

Always **with you**

사람의 인연은 길에서 우연하게 만나거나 함께 살아가는 것만을 의미하지는 않습니다.
책을 펴내는 출판사와 그 책을 읽는 독자의 만남도 소중한 인연입니다.
SD에듀는 항상 독자의 마음을 헤아리기 위해 노력하고 있습니다. 늘 독자와 함께하겠습니다.

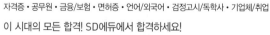

면접시험 평정요소 및 합격자 결정방법

▶ 평정요소

❶ 공무원으로서의 정신자세
❷ 전문지식과 그 응용능력
❸ 의사표현의 정확성과 논리성
❹ 예의, 품행 및 성실성
❺ 창의력, 의지력 및 발전가능성

▶ 평정방법
- 우수 : 위원의 과반수가 5개 평정요소 모두를 "상"으로 평정한 경우
- 미흡 : 위원의 과반수가 5개 평정요소 중 2개 항목 이상을 "하"로 평정한 경우. 위원의 과반수가 어느 하나의 동일 평정요소에 대하여 "하"로 평정한 경우
- 보통 : "우수"와 "미흡" 외의 경우

▶ 합격자 결정방법
- 우수 : 7 · 9급 필기시험 성적순위에 관계없이 '합격'. 다만 우수 등급을 받은 응시자의 수가 선발예정인원을 초과하는 경우에는 추가 면접시험(심층면접) 실시
- 미흡 : 우수 등급을 받은 응시자 수를 포함하여 선발예정인원에 달할 때까지 7 · 9급 필기시험 성적이 높은 사람부터 차례대로 합격
- 보통 : 7 · 9급 필기시험 성적순위에 관계없이 '불합격'. 다만 미흡 등급을 받은 응시자의 수가 탈락예정 인원을 초과하는 경우에는 추가 면접시험(심층면접) 실시

2024년부터 변경되는 공무원 면접시험 평정요소

▶ 평정요소

❶ 소통 · 공감 : 국민 등과 소통하고 공감하는 능력
❷ 헌신 · 열정 : 국가에 대한 헌신과 직무에 대한 열정적인 태도
❸ 창의 · 혁신 : 창의성과 혁신을 이끄는 능력
❹ 윤리 · 책임 : 공무원으로서의 윤리의식과 책임성

+

시험실시기관의 장이 필요하다고 인정하는 평정요소

※ 2024년부터 공무원 면접시험 평정요소가 변경되니 참고바랍니다.

이 책의 구성과 특징

CHAPTER 01 국가공무원 경찰행정직의 모든 것

01 경찰행정직의 개요

1. 경찰행정직 공무원이란?

(1) 경찰행정직 공무원은 폐지 후 2019년에 부활한 직렬로 경찰청에서 순경 공채, 경행 특채 등을 통해 선발하는 경찰공무원과는 다르게 국가직 공무원 공개경쟁채용시험을 통해 선발되며 경찰청에 소속되어 경찰행정, 업무 지원, 시설관리, 보고서 작성 등의 행정 분야 업무를 담당하고 민원 봉사실에서도 근무하는 경찰청 소속 일반행정 공무원이다.

(2) 경찰행정직 공무원의 계급 및 직급(「공무원임용령」 별표 1)

직군	직렬	직류	계급 및 직급						
			3급	4급	5급	6급	7급	8급	9급
행정	행정	일반 행정	부이사관	서기관	행정 사무관	행정 주사	행정 주사보	행정 서기	행정 서기보

2. 경찰행정직 공무원의 근무처 및 주요업무

(1) 근무처: 경찰청 소속기관 시·도경찰청(18개), 시·도 경찰서(258개), 교육기관(경찰대학·경찰인재개발원·중앙경찰학교·경찰수사연수원 등)과 경찰청이 있다.

(2) 주요업무: 경찰청의 행정업무 지원, 경찰청 시설관리 담당, 사회복무요원 관리, 전문연구원, 산업기능요원 관리 등

CHAPTER 02 경찰행정직 면접 기출 가이드

01 기출 빈출 리스트

- 주위 사람들이 본인을 평소에 어떻게 평가한다고 생각합니까?
- 그동안 지원한 직렬에 들어오기 위해 한 노력으로 어떤 것이 있습니까?
- 남을 도운 경험이 있습니까? 해당 경험을 통하여 무엇을 배웠습니까?
- 평소 경찰이나 경찰 조직에 대하여 어떻게 생각하고 있습니까?
- 경찰청에서 시행 중인 정책 중 미흡이 필요하거나 관심 있는 정책은 무엇입니까?
- 갈등상황이 발생했을 때 상급자와의 소통과 동료와의 소통은 방식이 다를 텐데 각각 어떻게 대응할지 예를 들어 설명해 보시오.
- 경찰청의 경우 특히 조직의 목표가 중요한데, 조직 목표와 본인의 목표가 다르다면 어떻게 하겠습니까?
- 경찰 관련 업무가 언론에 보도되는 일이 많은데, 만약 언론에서 본인의 업무에 대해 부정적으로 보도한다면 어떻게 하겠습니까?
- 경찰의 역할과 경찰행정의 역할에 대해서 말해 보시오.
- 경찰과 행정관의 차이로 인해 갈등이 생길 경우 어떤 능력이 가장 필요한지 말해 보시오. 그리고 이 상황을 어떻게 해결할지 말해 보시오.

행정직렬의 모든 것

국가직 공무원 행정직렬이란 무엇인지에서부터 각 부처별 주요 과제를 수록하였습니다. 이를 통해 준비하시는 직렬을 심층적으로 이해할 수 있습니다.

면접 기출 가이드

5분 발표, 경험형, 상황형 등 각 질문 유형에 대한 예시 답안과 제시된 답안을 통해 나올 수 있는 후속 질문을 수록하였습니다. 직렬별 업무와 공직에 대한 이해도를 자신의 경험과 함께 연결하여 답변할 수 있도록 연습해 보세요.

PART

01

일반행정직

국가공무원 일반행정직의 모든 것

01 일반행정직 공무원의 개요

1. 일반행정직 공무원이란?

(1) 일반행정직 공무원은 국가 중앙 부처에서 일반행정, 사회, 문화, 홍보 등 민원 행정업무를 전반적으로 담당하는 공무원을 말한다. 주로 각종 국가 제도의 연구, 법령 입안 및 관리 · 감독 업무, 사무관리 능력을 바탕으로 한 기획적 · 관리적 · 지원적인 성격의 업무를 맡는다.

(2) 일반행정직 공무원의 계급 및 직급(「공무원임용령」 별표 1)

직군	직렬	직류	계급 및 직급						
			3급	4급	5급	6급	7급	8급	9급
행정	행정	일반행정	부이사관	서기관	행정 사무관	행정 주사	행정 주사보	행정 서기	행정 서기보

2. 일반행정직 공무원의 임용 부처 및 주요업무

(1) 일반행정직 공무원의 임용 부처

① 일반행정직 공무원은 감사원, 외무부, 검찰청을 제외한 정부의 모든 부처 및 부서에 배치되어 근무한다.

CHAPTER 03 경찰행정직 면접 핵심 자료

01 보도자료와 정책자료

1. 보도자료

(1) 대각선 횡단보도를 확대하고 제한속도 탄력적으로 운영

보도자료		

"교통안전은 높이고, 국민 불편은 줄이고"
대각선 횡단보도 확대하고, 제한속도 탄력 운영한다.
– 전국 교통경찰 워크숍 개최, 2023년 주요 교통정책 추진 방향 공유 –

경찰청(청장 윤희근)은 3.14.(화) 이화여고 100주년 기념관에서 전국 시도경찰청 및 경찰서 교통과장 300여 명이 모인 가운데 '2023년 전국 교통경찰 워크숍'을 개최하였다. 전국에서 모인 교통경찰은 이번 워크숍에서 교통사고 사망자를 줄이기 위한 주요 추진 정책을 공유하고, 미래 사회환경 변화에 대비하여 교통경찰이 나아갈 방향에 대해 논의하였다.

조직은 경찰청 차장은 준법 문화 확산을 위해 교통 법질서 확립을 강조하는 한편, "고령자와 어린이 등 교통약자들이 신뢰할 수 있는 수준의 교통안전 환경을 위해 노력해 달라."라고 주문하였다. 특히, "교통정책에 대해 많은 국민이 공감할 수 있도록 안전은 높이면서 불편은 줄이는 정책을 시도자치경찰위원회와 함께 추진...

부처별 보도자료 및 정책자료

각 부처에서 발표한 중요 보도자료 및 정책자료를 풍부하게 수록하였습니다. 지원 업무에 대한 이해도나 문제 상황에 대한 해결 방안을 평가하는 질문에서 활용할 수 있습니다.

02 경찰행정직 관련 전문 자료 및 관련 이슈

1. 전문 자료

(1) 호프테이프(Hope Tape)
호프테이프는 실종아동 정보가 인쇄된 포장용 박스테이프를 지칭하며, 이를 부착한 배송물은 전국 각지로 배송되어 장기실종아동에 대한 관심을 유도하는 임무를 수행하고 있다. 호프테이프의 주요 특징은 표면에 경찰청 나이변환 몽타주가 인쇄되어 있으며, 표면에 '실종 예방을 위한 QR코드'를 삽입하여 경찰관서에 방문한 필요 없이 휴대전화로 간편하게 실종 예방을 위한 지문 등을 미리 등록할 수 있는 '안전 Dream 앱' 설치 페이지로 연결할 수 있다. 2020년 경찰청은 포장용 박스테이프 표면에 장기실종아동 28명의 실종정보, 신체특징, 실종 당시 모습, 나이변환 몽타주로 재현한 현재의 모습, 경찰청 '안전 Dream 앱'과 모바일 지문등사전등록 홍보페이지에 연결된 QR코드 부착을 인쇄하여 우체국과 한진택배를 통해 호프테이프가 부착된 택배 상자를 전국 각지로 배송, 실종아동 문제에 관한 관심을 유도한다.

(2) 순찰신문고(탄력순찰)
각종 범죄·112신고 등 치안통계를 토대로 경찰의 입장에서 순찰시간·장소를 선정해 왔으나, 탄력순찰은 온·오프라인을 통해 시민이 경찰을 희망하는 시간과 장소를 직접 선택하면 경찰이 순찰서비스를 제공해주는 새로운 순찰방식이다. 탄력순찰은 온라인 '순찰신문고' 홈페이지와 스마트 국민제보, 오프라인 지도에 순찰 희망시간과 장소를 요청하면 그 시간·장소와 112신고량을 분석한 후 우선순위·순찰주기를 결정하여 순찰활동에 반영한다.

(3) 층간 소음("공동주택 층간소음의 범위와 기준에 관한 규칙」)
공동주택 층간소음의 범위는 입주자 또는 사용자의 활동으로 인하여 발생하는 소음으로서 다른 입주자 또는 사용자에게 피해를 주는 직접충격 소음과 공기전달 소음을 말한다. 다만, 욕실, 화장실 및 다용도실 등에서 급수·배수로 인하여 발생하는 소음은 제외한다.

(4) 스마트 치안
스마트 치안은 전략적 관리(Strategic Management), 분석과 연구(Analysis & Research) 그리고 기술(Technology)을 통한 경찰활동을 말한다. 이는 인공지능, 로봇기술, 생명과학 등 신생산업을 필두로 하는 '4차 산업혁명' 시대를 맞아, 신종·지능형

꼭 알고 가야 하는 전문 자료와 관련 이슈

면접에 자주 출제되는 전문 자료와 직렬과 관계된 최신 이슈를 수록하여 심층 질문에 대비할 수 있도록 하였습니다.

도서를 구매하신 분께 최신 '이슈&상식' 무료 강의를 제공합니다.

차례

② 정부 조직도

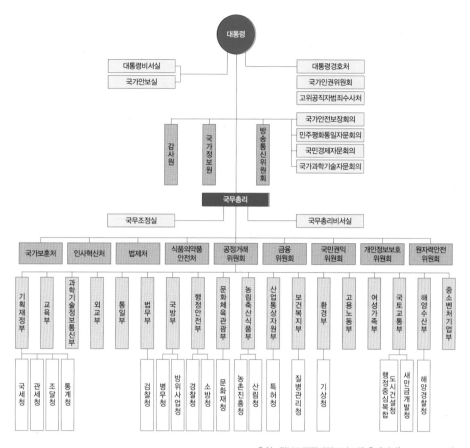

※ 출처: 정부조직관리정보시스템 홈페이지(www.org.go.kr)

(2) 일반행정직 공무원의 주요업무

① 인사, 기획, 재무, 자료관리, 서류발급

② 서무, 허가 및 단속

  • 서무 업무: 중앙 부처 직원들의 복지와 근태 관리, 비품 관리, 타 부서와의 협업 지원

  • 허가 업무: 영업 신고와 같이 허가가 필요한 경우 민원인이 제출한 서류 검토, 접수 및 허가 등

  • 단속 업무: 법에 위배되는 내용을 확인하여 시정명령 또는 과태료 부과 등

③ 기타: 전문 기술이 필요 없는 기술 업무 등

1. 행정안전부의 기능 및 주요업무

(1) 행정안전부의 기능

① 국정운영, 재난안전 총괄

② 중앙과 지방을 연결하여 국정 통합

③ 지방균형발전 지원

(2) 행정안전부의 주요업무

① 국무회의 운영, 법령·조약의 공포, 정부포상계획의 수립·집행, 정부청사 관리

② 정부조직과 정원 관리에 관한 종합계획 수립, 정부혁신 종합계획 수립·추진

③ 전자정부 관련 정책의 수립·조정

④ 지방자치단체 간 분쟁 조정, 지방자치제도의 총괄·기획 및 연구·개선, 지역개발 계획의 기획·지원, 지방재정정책의 총괄·조정

⑤ 공직선거 및 국민투표 지원

⑥ 안전관리 및 재난대비·대응·복구에 관한 정책의 기획·총괄·조정

⑦ 비상대비·민방위 관련 정책의 기획 및 제도 개선의 총괄·조정

⑧ 국가의 행정사무로서 다른 중앙행정기관의 소관에 속하지 않는 사무

2. 행정안전부의 조직

(1) 행정안전부 조직도

※ 출처: 행정안전부 홈페이지(www.mois.go.kr)

(2) 재난안전관리본부 조직도

```
                              ┌──────────┐
                              │   장관    │
                              └──────────┘
┌──────────┐                        │
│ 홍보담당관 │     ┌──────────┐              ┌──────────────┐
├──────────┤─────│  대변인   │──────────────│ 장관정책보좌관 │
│안전소통담당관│    └──────────┘              └──────────────┘
├──────────┤                        │
│ 디지털소통팀│                 ┌──────────────┐
└──────────┘                 │ 재난안전관리본부 │
┌──────────┐                 └──────────────┘
│상황총괄담당관│                       │
├──────────┤    ┌──────────────┐           ┌──────────────┐
│ 상황담당관 │────│ 중앙재난안전상황실 │───────────│ 안전감찰담당관 │
├──────────┤    └──────────────┘           └──────────────┘
│ 서울상황센터│
└──────────┘
```

안전정책실	재난관리실	재난협력실	비상대비정책국
안전관리정책관	**재난관리정책관**	**재난협력정책관**	비상대비기획과
안전기획과	재난관리정책과	재난협력정책과	비상대비자원과
안전사업조정과	재난경감과	재난안전점검과	비상대비훈련과
재난정보통신과	재난영향분석과	재난안전조사과	**민방위심의관**
재난안전데이터과	지진방재정책과	재난안전연구개발과	민방위과
재난안전통신망과	지진방재관리과	**사회재난대응정책관**	위기관리지원과
안전시스템개편지원단	**재난대응정책관**	사회재난대응정책과	중앙민방위경보통제센터
생활안전정책관	재난대응정책과	산업교통재난대응과	
안전개선과	재난대응훈련과	감염병재난대응과	
안전문화교육과	자연재난대응과	가축질병재난대응과	
승강기정책과	기후재난대응과	환경재난대응과	
예방안전정책관	**재난복구정책관**	수습지원과	
예방안전과	복구지원과		
안전제도과	재난구호과		
재난안전산업과	재난보험과		
	재난자원관리과		

※ 출처: 행정안전부 홈페이지(www.mois.go.kr)

3. 행정안전부의 부서별 주요업무

부서	주요업무
기획조정실	• 각종 정책과 계획의 수립·종합 및 조정 • 행정관리업무의 총괄·조정 • 예산 편성 및 집행 조정 • 정보화 업무의 총괄·조정 및 지원 • 규제개혁에 관한 기본계획 수립 및 발굴·조정 • 민원(국민제안 포함) 관련 제도 개선 • 국제협력지원 및 재난안전분야 국제협력 총괄 • 비상대비 업무 및 재난·안전 관리 업무 총괄
정부혁신조직실	• 정부혁신에 관한 종합추진계획 수립 • 범정부적 네트워크 구축 및 협의체 운영 • 공공데이터에 관한 기본계획 수립 • 핵심 국정과제 지원을 위한 정부조직 관리 • 조직관리의 자율성 확대로 책임운영기관의 전문성·역량 강화 • 민관협력 생태계 조성 및 국민주도 혁신사업 추진
디지털정부국	• 행정기관이 보유한 정보의 디지털화 • 지역사회 정보화 육성·지원 • 모바일 전자정부 구현 • 클라우드 기반의 전자정부를 통한 정보자원의 효율적 운영 • 정보보호 추진체계를 강화, 정보보호 인프라 확충
경찰국	• 경찰청장에 대한 지휘·감독 • 국가경찰위원회 안건 부의 및 재의 요구 • 경찰공무원 임용 제청 • 시·도자치경찰 업무 지원 • 경찰행정 및 자치경찰사무 지원
지방자치균형발전실	• 중앙–지방 간 협력체계 구축 • 시·군·구 주민등록시스템의 개선 및 운영 지원 • 자치단체 조직운영의 효율성 제고 • 지역사회혁신 활성화를 위한 제도 기반 마련 등 총괄 기획 • 지역별 특화사업 추진 • 지속 가능한 균형발전 지원
지방재정경제실	• 지방재정운용의 자율성·건전성 강화 • 지방계약제도의 공정성·투명성 강화 • 지방교부세 제도 운영 • 자주재원 확충 및 세원불균형 완화 • 위택스(WeTax)를 통한 전 국민 납세편의 증진 • 지역일자리 창출

안전정책실	• 정부 안전관리 정책 총괄 · 조정 • 재난안전예산의 합리적 확충 및 사업 효율성 제고 • 재난안전산업 육성 및 기술 개발 • 긴급신고 통합체계 구축 · 운영 • 생활안전 분야 정책의 총괄 · 지원 • 국민 안전교육 추진 및 안전문화 향상 • 재난안전통신망 구축 및 운영
재난관리실	• 자연재난 선제적 대응체계 추진 • 매뉴얼과 훈련의 일체화로 재난대응역량 제고 • 국민불편 최소화를 위한 복구지원체계 운영 • 민 · 관 협력을 통한 구호물자 신속 지원 • 재해예방제도 운영 · 지원
재난협력실	• 사회재난 대응, 재난사고 원인 조사 • 국민생활 밀접분야 재난 예방 • 사회재난 전문성 강화를 통한 조정 · 지원 역할 강화
비상대비정책국	• 안보환경에 대응한 비상대비태세 강화 • 민방위제도 운영 및 민방위대 편성 · 관리 • 실전과 같은 비상대비훈련 · 교육 실시

장차관 직속	대변인	대외정책 발표, 보도자료 관리와 오보 · 왜곡보도 대응 및 건전한 비판 분석 · 관리, 정책홍보 전략의 수립 · 기획 및 홍보
	의정관	국새, 대통령 직인 및 국무총리 직인과 관인 대장 관리, 국기 및 나라문장 등 국가상징의 관리, 상훈에 대한 계획의 수립과 제도의 연구 및 운영
	중앙재난안전 상황실장	재난안전 및 위기상황 종합관리, 재난 상황 접수 · 파악 · 전파, 상황판단 및 초동보고 등에 관한 사항, 위기징후 분석 · 평가 · 경보 발령, 재난위험상황에 관한 정보수집 · 예측 및 분석 등
	인사기획관	행정안전부 소속 공무원의 인력운용에 관한 종합계획 수립
	감사관	행정감사제도의 운영 및 행정감사계획의 수립 · 조정, 행정안전부 및 그 소속기관, 소속 공공기관에 대한 감사, 지방자치단체에 대한 종합감사 및 부분감사
	운영지원과	행정안전부 내 서무, 월례조회 등 행사, 후생복지, 정보공개, 계약, 자금운영, 결산업무 관리 등

4. 행정안전부의 특징 및 복지제도

(1) 행정안전부의 특징
① 행정안전부의 장점
- 분야를 가리지 않고 행정과 관련된 지식을 쌓을 수 있다.
- 의전부터 조직, 정보화, 지방자치에 이르기까지 다양한 업무를 수행하고 있으며 이러한 업무는 어느 한 지역, 어느 한 부처에 국한되지 않으므로 자연스럽게 중앙과 지방을 가리지 않고 다양한 기관, 다양한 사람들과 직접 교류하며 업무를 수행할 수 있다.
- 경험해 보지 않고는 이해하기 어려운 타 중앙 부처, 전국 지방자치단체의 업무를 직·간접적으로 경험하는 기회를 얻을 수 있다.

② 행정안전부에서 바라는 인재상
- 공직을 자신의 능력과 열정을 쏟을 수 있는 장으로 생각하면서 적극적이고 유쾌하게 일할 수 있는 인재
- 열린 마음으로 급변하는 시대에 적응하고 이를 정책에 선제적으로 반영할 수 있는 능동적이고 창의적 사고력을 갖춘 인재
- 입체적인 분석력과 조정능력 및 현장의 목소리에도 귀 기울이는 종합적인 시각을 갖춘 인재
- 의사결정 시 상사, 동료 및 부하 직원 등 내부의견과 이해관계인, 국민, 언론 등 외부의견을 다각적으로 검토하고, 충분히 고민하는 유연성을 갖춘 인재
- 코로나19 대응 등 대형복합재난에 열정을 갖고 헌신하는 청렴한 인재

(2) 행정안전부의 복지제도
① 부양가족 및 육아 등 여성공무원의 직장생활 지원
- 정부청사 어린이집 운영(전 청사)
- 모유수유 시설 및 여직원 휴게실 운영
- 전직원 단체보험 가입: 생명/상해(1~2억 원), 의료비(3천만 원 한도)

② 건강 및 심리상담 지원
- 의무실: 내과, 치과, 한방과 진료 시행
- 휘트니스 센터: 건강검사, 운동처방 및 맞춤형 트레이닝 프로그램 시행
- 건강상담: 초음파 검사, 스트레스 측정 등 기초의학 검사, 고혈압 등 만성질환에 대한 건강상담
- 심리상담: 경력상담, 여가상담, 심리상담 치료 등

③ 동호인 모임 등 취미생활 지원을 통해 사기진작 및 자기계발
- 운동, 예술 등 각종 동호회 활동비 지원
- 지방세, 자치법규, 기록관리 등 직원 연구모임 운영비 지원
- 직장상조회 운영으로 직원들의 각종 경조사 지원, 휴양시설(콘도) 이용 등 여가생활 지원, 직원 생일 축하

03 2023년 행정안전부 핵심 추진 과제

1. 일상이 안전한 나라

(1) 국가안전시스템 전면 개편
① 새로운 위험을 예측하고 상시적으로 대비
- '신종재난 위험요소 발굴센터(가칭)' 신설
- 연구원, 지자체, 전문가 등이 참여하여 위험요소 상시 발굴 · 평가 및 관리
- 기후변화 대비 침수방지대책 등 재난관리체계 구축
- 디지털 위험 대비 핵심기능 다중화 등 추진
② 현장에서 작동하는 재난안전관리체계 전환
- 시 · 군 · 구의 재난상황실을 365일 · 24시간 운영
- 위험 상황 인지 · 보고 등 초기 상황관리 강화
- 지자체 · 경찰 · 소방 협력체계 강화, 시 · 도 단위 이원화된 자치 경찰 도입
- 자치단체장 재난사태 선포권 부여 및 재난 안전교육 필수 이수
- 읍 · 면 · 동 안전관리 기능 강화 등 협력 · 역량 강화
- 신종 · 복합재난 대응 강화 국가훈련 체계 개선
③ 디지털플랫폼 기반의 과학적 재난안전관리 구현
- 재난관리책임기관(58개)별 분산 관리하는 데이터를 통합 · 공동활용할 수 있는 '재난안전정보통합플랫폼' 구축
- 각종 재난관리 시스템고도화를 통해 예측 · 감지 및 모니터링 강화(관측망 확충 및 예측모델 고도화, ICT · 지능형 CCTV · AI 등을 활용한 상시 모니터링 체계 구축), 과학적 의사결정 지원

④ 재난피해 지원 현실화 및 국민의 안전 역량 강화
- 주택파손 지원기준 상향 및 생계수단 업종 지원방안 마련
- 신속 피해지원을 위한 원스톱 서비스 등 맞춤 지원 강화 등으로 피해지원 내실화
- 생애주기별 안전교육 내실화
- 안전문화운동추진협의회, 국민운동3단체 등과 안전교육·문화활동 강화
- 민간의 자기규율 산업재해 예방체계 확립

(2) 일상화된 안보위협으로부터 국민 보호

① 신종 안보위협에 대한 완벽한 대비태세 확립
- 새로운 안보위협(드론 공격, 공급망 붕괴 등) 대비 충무계획 중점 보완
- 을지연습 및 충무 훈련 실시
- 차세대 비상대비 정보시스템 구축으로 전시 동원자원 및 비축물자 정보 표준화·DB화

② 국지 도발 대비 주민 보호 만전
- 다양한 경보 전달 수단 확충 및 전달시간 단축(5분 → 2분)
- 전국단위 민방공 훈련 재개, 민방위대 편성 개편(시범) 및 실전 교육·훈련 실시
- 접경지역 대피 시설 확충

(3) 촘촘한 생활 안전망 구축

① 어린이 등 취약계층 안전환경 조성
- 어린이, 노인 등 대상 재난 안전 피해 국가 통계체계 구축
- 어린이 이용·놀이 시설에 대한 안전관리 강화

② 보행자 안전관리 강화를 위한 시책 확대
- 빅데이터 기반 교통약자 사고 다발지 등 정비
- 전국 이면도로 보행환경 실태조사 추진
- 보행자 우선도로 활성화를 위한 맞춤형 지원

③ 국민 참여 안전 신고·제안·점검 활성화
- '국민안전제안' 상설·활성화
- 경찰청 '스마트국민제보' 신고기능 시스템을 '안전신문고'로 통합
- 이·통장, 지역자율방재단, 자율방범대 등이 참여하는 읍·면·동 단위 안전협의체 구성

2. 활력 넘치는 지방시대

(1) 지역 주도 경제 활력 회복

① 기업의 지방 이전 환경 조성 및 지방소재 기업 지원 강화

- 맞춤형 입지 공급, 재정·세제 혜택, 교통 인프라 확충 등 강력한 지원방안 논의·추진
- 지방교부세 및 계약 제도를 활용하여 지역 기업 지원 강화

② 과감한 규제혁신으로 지자체 및 민간 자율성 강화

- 국토, 환경 등 각종 분야의 인허가·승인 권한을 지방에 이양
- 지자체가 기업 지원·지역발전을 추진하도록 행안부가 플랫폼 역할 수행
- 지자체 내부의 그림자·행태규제 지속 정비 및 모범사례 확산

③ 주민참여 로컬브랜딩 사업 본격 추진: 로컬브랜딩 마스터플랜 수립 지원, 성과 확산 등을 통해 지역 특색 기반 지역경제 활성화 도모

(2) 기회균등을 위한 지역균형발전 추진

① 지방시대위원회 출범으로 지방분권–균형발전의 통합적 추진체계 구축:「지방자치분권 및 지역균형발전 특별법」제정으로 위원회 출범근거 마련, 기획단 발족 및 '지방시대 종합계획(5년)' 수립 등 지원

② 인구감소 위기 극복 + 생활인구 활성화

- 상향식 '인구감소지역대응 기본계획' 수립
- 특례 추가 발굴 및 교부세 등 인구감소지역에 대한 행·재정지원 강화
- 생활인구(주민등록 인구, 통근·통학·관광 등 체류인구, 외국인등록 및 국내거소 신고 인구) 고려 각종 제도 적용 및 지역별 맞춤형 정책 추진

③ 지역 주도 발전을 위한 정책 환경·제도 개선

- 지방 자율·책임 중심의 지방재정 자주권 제고 방안 수립
- 지역 수요 기반 행정구역 개편 지원 등으로 맞춤형 자치모델 도입
- 고향사랑기부제 제도 개선 및 홍보 강화로 기부로 형성된 관계가 방문으로 이어지는 지역 활력 선순환 체계 구축

(3) 핵심역량을 강화하는 자치 개혁 촉진

① 특별지방행정기관 지방자치단체 이관 검토

- 지자체 기능과 유사·중첩되는 특행기관 이관 또는 협업체계 구축을 통해 행정 효율성 및 대국민 서비스 제고 맞춤형 이관 후 성과평가를 거쳐 전 지자체로 이관 확대

- 중소기업 · 고용 · 환경 분야를 이관 분야로 우선 검토
- 지자체 수요조사 및 기능진단을 토대로 정비방안 마련

② 일반자치–교육자치 관계 재정립 추진
- 시 · 도지사와 교육감 선거 '러닝메이트제' 도입 대비 일반–교육자치의 통합성 제고를 위해 필요한 대책 추진
- 교육전출금 자율화: 재정 상황 및 학령인구 감소 등을 고려하여 시 · 도의 교육전출금 비율을 조례로 정할 수 있도록 개선

③ 지방 공공기관 혁신 본격 추진
- 유사 · 중복기관 통폐합
- 민간 경합사업 정비 등 구조개혁 과제를 주기적으로 발굴
- 부채중점관리기관 선정 기준 강화 등을 통해 적극적 부채 관리
- 지방출자출연기관 설립 사전 검토 강화로 남설 억제

3. 일 잘하는 정부

(1) 정부 혁신과 현안 해결의 플랫폼 역할 강화
① 투명하게 공개하고, 국민 의견을 소중히 여기는 열린 정부 구현
- 국민 관심 정보를 발굴해 표준화된 양식으로 사전공개 강화
- 네거티브 방식 공공데이터 전면 개방 실현을 위한 체계 정비(국민제안 정책화)
- '청원24'로 접수된 국민 의견을 각 부처가 제도개선 · 규제개혁에 적극 활용 촉진
- 소관 기관 미채택 우수제안은 '온국민소통'을 통해 다수 동의 시 행안부 장관이 재심사를 요청하는 프로세스 확립

② 데이터 기반 상황 대응 및 현안 해결 능력 제고
- 민 · 관 협업으로 재난 · 복지 · 재정 등 국가적 문제를 사전진단해 대응할 수 있는 '온라인 종합상황실' 구축으로 현안 대응
- 데이터 제공 및 국민이 직접 문제를 해결하는 '시빅테크(Civic–Tech)' 방식 적극 도입으로 문제 해결
- 클라우드 기반 데이터분석시스템 구축 및 콜센터 운영으로 기관별 맞춤형 분석 지원
- 보이스피싱 등 국민 삶과 직결된 문제 해결

(2) 디지털플랫폼 기반 공공서비스 혁신

① 국민 기대에 부합하도록 보다 편리한 서비스 구현

- 모든 공공서비스를 한 곳에서 확인·이용할 수 있도록 정부24를 통합 포털로 전면 개편
- 국민이 자주 이용하는 민간 앱을 통해 편리하게 공공서비스를 신청하거나 이용할 수 있도록 민간과 협업 강화

② 나에게 꼭 필요한 선제적·맞춤형 서비스 확대

- 개인별 데이터를 분석하고 맞춤형 서비스를 추천하는 마이AI서비스 구현
- 생활형 행정정보 알림·고지 서비스인 국민비서 서비스 및 구비서류 없이 행정·공공기관이 보유한 내 정보를 전송하는 공공 마이데이터 서비스 확대

(3) 군살 없고 효율적인 정부 구현

① 유연하고 효율적인 정부 체계 구축

- 조직진단 및 통합활용정원 운영을 통해 정부조직을 효율적으로 관리하되, 정부가 적극 일할 수 있는 여건 뒷받침
- 조직관리 부진 지자체 심층 진단 강화
- 기준인력 증감 없이 신규 수요는 재배치로 해소 등 인력 운영 효율화 지원
- 첨단 IT 기술과 민·관 네트워크를 활용해 선제적 복지서비스 제공

② 책임 행정 구현을 위한 조직 운영 자율성 확대

- 자율기구제도 관련 적용 대상기관의 운영기간 확대 및 운영 내실화 등을 통한 책임장관제 강화
- 조직협의 절차 간소화 방안 검토, 지역여건에 맞는 조직기준 정비 등을 통해 지자체 조직 운영 자율성 제고

③ 일하는 방식 혁신으로 업무 효율성 제고

- 민간 디지털 기술 활용, 단순·반복 업무 자동화
- 온북(2PC → 1대 노트북) 전 부처 확산으로 공무원 업무환경 획기적 개선

4. 함께하는 위기 극복

(1) 새로운 성장동력 육성으로 일자리 창출

① 안전산업의 스케일업(Scale-up) 견인

② 주소정보를 미래 신산업 발전의 핵심 인프라로 자리매김

- 첨단기술과 스마트 주소정보 연계 확대

- 5개 분야(드론배송, 자율주행로봇배송, 자율주행차 주차, 실내 내비게이션, 사물 인터넷) 주소정보기반 신산업모델 개발·보급으로 상용화 견인
- 우리나라 주소체계를 국제표준(ISO)에 반영하는 등 K-주소의 브랜드화 및 이를 통한 기업의 해외 진출 지원

③ 디지털플랫폼정부 성과를 통해 산업진흥 도모
- 높은 국제적 위상이 디지털 수출로 이어지는 생태계 조성
- 기관 특성·여건별 다양한 민간 클라우드 활용모델(멀티·하이브리드 클라우드 등) 확산 등 산업 마중물 역할 수행
- 데이터 생성·활용 국민참여 및 창업·기업 성장지원 강화

④ 옥외광고산업 발전의 변곡점 창출
- '자유표시구역(신기술 디지털 옥외광고물의 자유로운 설치를 허용하는 규제 테스트베드 지역)' 추가 지정
- 화물차 측면 활용 디지털 상업광고, 버스 유리창 활용 디지털 광고 등 지원

(2) 어려운 민생 살리기 총력지원
① 지방재정 신속 집행으로 민생 회복의 마중물 마련
- 추경예산 성립 전 사용 등 정책 수단 동원
- 취약계층·소상공인 지원 등 민생안정 예산 및 소비·투자 예산 집중 관리

② 부동산 침체 등을 고려, 과도한 국민 세부담 등 경감
- 과도한 주택 취득세 중과세율 정상화
- 생애 최초 주택 구입 청년·신혼부부 등 취득세 일괄 면제
- 과표상한제 도입(5%) 및 공정시장가액비율 조정을 통해 재산세 부담 완화
- 고령자·장기보유자 재산세 납부유예제도 신설
- 전세 사기 방지를 위해 임대인의 미납 지방세에 대한 임차인 열람권 확대 추진
- 자동차 등록·계약체결 시 매입해야 하는 지역개발채권·도시철도채권의 표면금리 상향 및 매입의무 일부 면제

③ 지방 공공요금 인상 최소화 등 생활물가 안정
- 지자체와 협의하여 상반기 지방 공공요금 동결 및 인상 최소화
- 연차별 인상계획 수립을 통한 시기 분산
- 착한가격업소 지원 확대, 물가안정 우수지자체 재정지원 확대

(3) 지방 행정·재정의 건전성 확보

　① 법과 원칙에 기반한 지방행정 구현

　　• 공무원단체의 정당한 노조 활동 적극 보장

　　• 불법행위는 법과 원칙에 따라 엄정 대응

　　• 지자체 공무원 비리 무관용 원칙 적용

　② 지속 가능한 지방재정 운영을 위한 관리 강화: 지방채·보증채무·현금성 복지 관리

　③ 지방보조금 책임성·투명성 제고: 부정수급 보조사업자수행배제 기간(5년 이내) 명확화 및 수행배제 대상 확대, 지방보조금통합관리망으로 업무 전 과정 온라인 관리

5. 성숙한 공동체

(1) 민간단체 지원 투명성 제고

　① 국민이 신뢰할 수 있는 비영리 민간단체 지원

　　• 중앙 및 시도 등록 비영리 민간단체 전수조사

　　• 비영리 민간단체 지원사업 심사 시 회계평가 중요도 상향 조정

　　• 시스템 고도화로 회계 컨설팅 기능 강화 추진

　　• 사업 선정위원 이해충돌 방지 강화, 사업 선정 결과 공개항목 확대 등 추진

　② 체계적 기부금 관리로 투명성 확보: 「기부금품법」 개정 추진, 기부통합관리시스템 고도화로 사용내역 공개범위 세분화 등 추진

(2) 미래지향적 과거사 문제해결

　① 4·3 사건 희생자 보상, 여순사건 진상규명, 5·18 관련자 보상 신청 재개

　② 추모시설 조성·관리(한국전쟁 민간인희생자 위령시설 등), 국립국가폭력트라우마치유센터 및 민주인권기념관 건립

(3) 자원봉사 활성화 촉진

　① 자원봉사 센터, 국민운동 3단체 등과 함께 취약계층 돌봄, 지역사회 문제해결 동참 등을 위한 봉사 캠페인 전개

　② 자원봉사 실태조사(비공식 봉사 등 포함) 및 이를 바탕으로 활성화 방안 마련

일반행정직 면접 기출 가이드

01 기출 빈출 리스트

- 공직으로 입성하기 위해 전문적으로 노력했던 경험이 있습니까?
- 과거 경험 중 공직에서 가장 도움이 될 만한 경험은 무엇입니까?
- 본인의 다양한 경험들을 공직 사회에 어떻게 적용할 수 있을지 말해 보시오.
- 과거 경험했던 것 중 좋았던 것과 아쉬웠던 것에 대해 말해 보시오.
- 지원한 부서에 근무하고 싶은 이유는 무엇입니까?
- 지원한 부서에서 하는 업무가 무엇인지 간단하게 말해 보시오.
- 지원한 부처에서 시행하는 ○○제도가 정확히 무엇인지 설명해 보시오.
- 지원한 부처에서 진행하고 있는 정책 중 가장 인상깊은 것은 무엇입니까? 그 이유는?
- 지원한 부서의 정책 중 개선해야 한다고 생각하는 것은 무엇입니까? 이를 어떻게 개선하면 좋을지 말해 보시오.
- 본인이 지원한 부서에 못 갈 수도 있는데, 이에 대해 어떻게 생각합니까?
- 합격 후 지원한 부서에서 근무해 보면 생각했던 것과 다른 경우가 많은데, 그럴 때 어떻게 하겠습니까?
- 행정심판과 행정소송의 차이는 무엇입니까?
- 복효적 행정행위란 무엇입니까? (기타 행정 관련 용어에 대한 질문)

1. 5분 발표

> • 프랑스 인권선언문: 모든 권력은 국민으로부터 나온다.
> • 「대한민국 헌법」 제7조 제1항: 공무원은 국민 전체에 대한 봉사자이며, 국민 모두에 대해 책임을 진다.

위 제시문의 내용에서 유추할 수 있는 공직가치와 이를 실천하기 위해 필요한 공직자의 자세에 대해 자유롭게 발표해 주세요.

(면접관의 의도)

응시자의 공직관에 대해 알아보고 자신의 생각을 얼마나 논리정연하게 전달할 수 있는지, 이어지는 질문에 대해 얼마나 순발력 있게 대답할 수 있는지 평가한다.

(핵심 키워드)

공익, 공정성, 전문성, 적극성, 다양성, 민주성, 공직가치, 공직관 등

도입

제시문의 '모든 권력은 국민으로부터 나온다.'와 '공무원은 국민에 대한 봉사자로 국민 모두에 대해 책임을 진다.'는 내용은 '국민'이 국가의 주인이라는 것을 강조하고 있습니다. 저는 제시문의 내용을 통해 민주성과 공익성을 유추하였습니다.

> 직접작성

먼저, 공익성은 공공의 이익을 도모하는 것을 말합니다. 「대한민국 헌법」 제7조 제1항은 공무원의 본질을 국민 전체에 대한 봉사자라고 규정하는데, 이는 바로 공무원은 늘 공익성을 염두에 두어야 한다는 것을 말합니다. 공익성을 실현하기 위해서는 우선 개인의 이익보다 공공의 이익을 우선적으로 생각하고 이를 자신의 사명으로 삼는 자세가 필요합니다. 또한 이런 분위기가 조성될 수 있도록 정부에서도 다양한 유도정책을 통해 독려할 필요가 있다고 생각합니다. 공익성과 관련한 제 경험을 말씀드리겠습니다. 예전에 사고가 크게 나서 급히 수혈을 받았던 경험이 있는데, 주변 친구들의 수혈증이 많은 도움이 되었습니다. 사람들의 작은 선행이 공공의 이익을 가져다 준다는 사실에 감동을 느낀 저는 이후 공익을 위해 정기적으로 헌혈을 하고 있으며, 헌혈 홍보 캠페인의 봉사 활동에도 참여하고 있습니다.

두 번째, 민주성은 국가의 정책 등을 결정할 때 국민과 적극적으로 소통하고 협력하는 자세입니다. 프랑스 인권선언문에서 모든 권력은 '국민으로부터 나온다'고 하였는데, 이는 국가가 중요한 정책을 결정할 때 해당 정책의 대상인 국민과 적극적으로 소통하여 국민의 의견을 반영하는 것을 말합니다. 이런 민주성을 실천하기 위하여 정부는 공청회, 국민신문고, 간담회, 정보공개청구제도 등 다양한 제도를 실시하고 있으며 부처별로도 국민이 직접 참여할 수 있는 다양한 제도를 운영하고 있습니다.

국민의 요구를 수렴하여 민주행정을 이룩하려면 외부의 의견에 대해 편견 없이 받아들이는 마음자세가 중요한데, 공무원 조직이 아직까지는 소통이 부족하고 경직된 부분이 일부 남아 있는 것도 사실입니다. 이를 지적하는 신문기사를 본 적이 있는데 공무원 인사분야의 가장 큰 문제점으로 '그들만의 리그 형성'을 뽑았습니다. 공무원 조직 자체가 과거보다 개방성과 자발성을 가지고 현장과 원활한 커뮤니케이션을 할 수 있도록 조직 내부의 변화도 어느 정도 필요하다고 생각합니다.

직접작성

제가 만약 공무원이 된다면 국민을 우선으로 생각하고 국민과 끊임없이 소통하여 그들의 의견을 정책에 반영하고 실행하는 등 진정한 민주행정을 위해 노력하는 공무원이 되겠습니다.

직접작성

➕ 제시된 답안을 통해 나올 수 있는 추가 질문

• 민주성, 공익성이 희망하는 직렬에서 필요한 이유는 무엇입니까?
• 공익성이 중요하다고 하였는데, 공익과 사익 중 어느 것이 더 중요하다고 생각합니까?
• 국가에서 공익성을 실현한 제도에 대해 아는 것이 있다면 말해 보시오. 또 공익성을 실현할 수 있는 방법으로는 어떤 것들이 있는지 말해 보시오.
• 민주성을 발휘한 경험이 있다면 말해 보시오.
• 민주성을 실현할 수 있는 제도로 언급한 내용 외에 또 무엇이 있는지 말해 보시오.
• 민주성이 중요하다고 하였는데, 민주성과 충돌되는 공직가치가 있다면 어떤 것이 있는지 말해 보시오. 그리고 실제 업무 현장에서 공직가치들이 충돌한다면 어떻게 해결하겠습니까?

❗ 이런 말은 안 돼요

자신의 경험을 이야기하는 것은 좋지만, 그것이 해당 공직가치와 연관되어야 한다. 소개하고 싶은 좋은 경험이라도 주제와 상관 없는 이야기를 늘어놓으면 오히려 역효과를 일으킬 수 있다.

2. 경험형 문제

근무하고 싶은 부처와 직무를 기술하고, 해당 직무의 수행을 위해 어떤 노력과 경험을 하였는지 서술하시오.

면접관의 의도

응시자의 업무 이해도 및 업무 적합성을 평가하기 위한 질문이다.

핵심 키워드

희망 직무, 직무 내용, 현실적 · 구체적 노력, 업무 경험, 공직가치

희망 부처

문화체육관광부 대한민국역사박물관

> 직접작성

희망 직무

온라인 역사 강의, 근현대사 오프라인 강의, 역사 관련 유튜브 운영 등 일반인을 위한 역사 교육 콘텐츠 기획

> 직접작성

해당 직무 관련 노력과 경험

- 교육 경험: 유튜브 제작 교육 수료, '역사 바로 알리기' 동아리를 통해 한국사 관련 교육 활동
- 업무 경험: 유튜브 편집 아르바이트(1년), 한식당 홀서빙 아르바이트(1년), 대학원 진학 후 학과에서 조교로 근무(6개월)
- 자격증: 한국사능력검정시험 1급
- 희망 직무 관련 경험: 문체부와 대한민국역사박물관 유튜브 전편 시청, 문체부 블로그와 SNS에 게시된 보도자료 서치, 중국 만주 지방 한인 유적지 투어

```
┌─────────────────────────────────────────────────┐
│  직접작성                                          │
│                                                   │
│                                                   │
│                                                   │
│                                                   │
└─────────────────────────────────────────────────┘
```

해당 업무를 지원한 동기는 무엇입니까?

대학생 때 선배의 권유로 역사 바로 알리기 동아리에 가입하였는데, 역사 공부를 하면서 우리나라 역사에 대해 제대로 알지 못했던 부분이 많다는 사실을 깨닫고 크게 놀란 적이 있습니다. 그래서 우리 역사를 사람들에게 쉽고 재미있게 알리는 역할을 하고 싶다는 생각을 하였습니다.

```
┌─────────────────────────────────────────────────┐
│  직접작성                                          │
│                                                   │
│                                                   │
│                                                   │
│                                                   │
└─────────────────────────────────────────────────┘
```

본인의 경험이 직무에 어떤 도움이 될 수 있을까요?

역사동아리 활동을 하면서 역사를 알리는 유튜브 영상을 제작하고, 한국사능력검정시험 1급 자격증을 따면서 한국사에 대한 이해도가 높아졌습니다. 이런 경험들이 국민들에게 쉽게 다가갈 수 있는 역사 콘텐츠를 기획하는 데 큰 도움이 될 것이라 생각합니다.

```
┌─────────────────────────────────────────────────┐
│  직접작성                                          │
│                                                   │
│                                                   │
│                                                   │
│                                                   │
└─────────────────────────────────────────────────┘
```

학창 시절 여러 활동을 하였는데, 혹시 그중 갈등을 관리했던 경험이 있습니까?

조교의 업무 중에는 시험을 채점하고 성적을 관리하는 것이 있는데, 제가 맡은 학생들이 20여 명 가까이 되니 시간에 한계가 있어 제 나름대로 평가기준을 정해 채점을 하게 됩니다. 그런데 그 기준이 학생들이 생각하는 것과 달라 항의를 받았던 적이 있었는데, 이때 학생들에게 제가 정리한 기준을 보여주고 채점이 공정하게 진행되었으며, 항의한 학생의 답안에서 어떤 부분이 문제였는지 최대한 논리적으로 설명해 주었습니다.

```
직접작성




```

요즘 유명 역사 강사들이 많고, 일반인들도 역사 강사들의 강의를 좋아하는데 역사박물관에서 그런 업무를 한다고 큰 효과가 있을까요?

정부에서 운영하는 역사박물관은 공익을 추구한다는 점에서 사익을 추구하는 역사 강사들과 다르며, 이에 막중한 책임감을 가지고 있습니다. 나라의 가치를 바로 세우는 역사 교육이 공적인 영역에서 보다 활발하게 이루어져야 국민의 역사 의식이 바로 설 수 있고, 이것이 국가 경쟁력으로 이어진다고 생각합니다. 저는 역사박물관이 주도적인 역할을 할 수 있다고 생각합니다.

```
직접작성




```

➕ 기타 추가 질문

- 지원한 부서의 블로그 중 ○○○ 사례에 대해서 알고 있습니까? 기억에 남는 내용이 있다면 말해 보시오.
- 지원한 부서의 정책 중 개선해야 한다고 생각하는 점이 있습니까?
- 해당 부서가 하는 업무에 대해 간단히 설명해 보시오.
- 개인 업무와 팀 업무 중 어느 것이 더 중요하다고 생각합니까?
- 역사 교육 콘텐츠 기획업무를 하고 싶다고 하였는데, 이에 대한 아이디어가 있습니까?
- 문화체육관광부 유튜브를 전편 시청하였다고 하였는데, 혹시 문제점이나 제안하고 싶은 부분이 있습니까?
- 유튜브 제작 경험이 있는데, 지원한 업무 관련하여 어떤 주제를 가지고 영상을 제작할 수 있을지 말해 보시오.
- 역사교육이 공적인 영역에서 활발하게 이루어져야 한다고 했는데, 사적인 영역과 어떠한 차별점을 가지고 이루어질 수 있는지 말해 보시오.
- 조교나 홀서빙 응대 업무를 한 경험이 있는데, 이를 통해 무엇을 배웠습니까? 혹시 문제가 발생하였던 적은 있습니까?

➕ 면접 플러스

종종 지원한 부서의 정책에 대한 질문을 하는데, 면접 전에 먼저 해당 부서의 사이트에서 정책이나 관련 보도자료 등을 살펴보고 문제점과 해결 방안을 파악해 놓아야 면접 시 당황하지 않을 수 있다.

3. 상황형 문제

> 귀하는 A부서의 기업지원 정책 관련 계약 업무를 담당한 주무관입니다. 그런데 기업지원 정책 대상자인 B기업에서 수탁 계약을 지원하며 사전 면담 협의를 요청하였습니다. 알고 보니 B기업의 사전 면담 요청자는 A부서의 퇴직 공무원입니다. 사전 면담을 할 경우, 법령상 퇴직자 업무 접촉이 가능하기는 하지만 공정성의 문제가 제기될 수 있습니다. 이 경우 귀하는 어떻게 대처하겠습니까?

면접관의 의도

상황형은 문제 상황을 제시하고 이에 대한 응시자의 대처 능력 및 공직자로서의 자세를 평가하기 위한 것이다. 해당 제시문은 공직윤리와 관련된 문제로 법령에 문제가 없더라도 사회적인 논란이 발생할 수 있는 상황에 대한 응시자의 상황 대처 능력과 공직에 대한 이해도를 확인하기 위한 질문이다.

핵심 키워드

공정성, 투명성, 퇴직 공무원, 법령, 친분 관계, 계약

상황 파악

- A부서 주무관: 퇴직 공무원과의 사전 면담은 법령상으로 가능하나 공정성에 문제가 발생할 수 있음
- B기업: 담당자가 해당 부처 퇴직 공무원이지만, 법령상 업무 접촉이 문제가 되지는 않음

직접작성

대처 방안

- 전직 공무원과 정책 관련 업무를 진행하는 것이 반드시 공정성에 어긋난다고 볼 수 없으므로 먼저 법령을 확인하여 공정성에 문제가 없는지 확실하게 확인
- 면담 전에 B기업으로부터 정책 사업 계획서 등의 자료를 제출 받아 분석
- 공정성 문제에 대해 담당자와 먼저 논의하고 담당자와의 친분관계가 계약에 유리하게 작용하는 일이 없도록 사전에 논의
- 담당자를 퇴직자가 아닌 다른 담당자로 바꾸어달라고 요청할 수도 있음

직접작성

향후 대처

- 공정성 문제 제기에 대비하고 투명성과 신뢰도를 향상하기 위해 면담 후 면담 내용을 A부서의 웹사이트에 공개
- 이와 같은 사례 및 대처 방안을 모은 사례집을 제작하여 배포

직접작성

➕ 제시된 답안을 통해 나올 수 있는 추가 질문

- 공정성과 충돌하는 공직가치는 무엇입니까? 이를 해결하려면 어떻게 해야 할지 말해 보시오.
- 제시한 대처 방안 외에 다른 방법이 있다면 어떤 것들이 있는지 말해 보시오.
- 해결책으로 제시한 면담 내용을 공개하는 것에 대해 기업에서 정보 유출을 이유로 반대한다면 어떻게 하겠습니까?
- 친한 동료가 해당 퇴직자의 요청으로 수탁 계약 관련 정보를 요구한다면 어떻게 대응하겠습니까?
- 공무원으로 일하다 보면 친분이 있는 공무원 퇴직자가 업무 정보를 요청할 수도 있는데 어떻게 대처하겠습니까?
- 후속 대처 방안으로 사례집을 만든다고 하였는데, 사례집을 만들 수 없는 상황이라면 다른 후속 대처 방안으로 어떤 것이 있는지 말해 보시오.
- 마지막으로 하고 싶은 말은 무엇입니까?

➕ 면접 플러스

공정성 논란이 발생할 수 있는 상황이므로 다른 기업과 국민들이 납득할 수 있는 대처 방안을 제시해야 한다.

▌더 알아보기

복효적 행정행위(제3자효 행정행위)

수익적 효과와 침익적(부담적) 효과가 모두 발생하는 행정행위로, 상대방에게 이익을 주는 동시에 제3자에게는 불이익을 주는 상반된 효과를 발생시키는 행정행위를 말한다.

일반행정직 면접 핵심 자료

01 보도자료와 정책자료

1. 보도자료

(1) 인터넷 자원 공유(클라우드) 기반 '범정부 데이터 분석시스템' 서비스 개시

⊙ 행정안전부	보 도 자 료	다시 도약하는 대한민국 함께 잘사는 국민의 나라	모두의일상이 안전한 대한민국 국가안전시스템 개편 종합대책(2023.1.27)
보도 일시	2023.3.16.(목) 12:00		

**인터넷 자원 공유(클라우드) 기반
'범정부 데이터 분석시스템' 서비스 개시**

– 풍부한 분석자원과 분석모델 제공으로 사용자별 맞춤형 분석 가능 –
– 모든 공공기관 활용 가능한 분석환경 마련, 데이터분석 활성화 기대 –

모든 부처와 공공기관이 별도의 분석시스템 구축 없이도 다양한 데이터분석 자원과 환경을 업무에 활용할 수 있는 '인터넷 자원 공유(클라우드)'를 기반으로 한 데이터분석 지원 서비스가 새롭게 시작된다.

행정안전부는 2022년 9월부터 추진해 온 '범정부 데이터 분석시스템' 개발 1단계 사업을 마치고, 3월 17일(금)부터 전 중앙부처와 자치단체, 공공기관을 대상으로 서비스를 시행한다고 밝혔다. 각 기관별 일상적 데이터분석과 활용 환경이 마련됨에 따라 데이터에 기반한 과학적 정책수립과 의사결정이 보다 활성화될 것으로 기대된다.

그간 정부는 2014년도에 구축된 '혜안' 시스템(빅데이터 공통기반 시스템)을 활용하여 중앙부처와 자치단체 데이터분석 업무를 지원해 왔다. 그러나 하드웨어의 약 70%가 수명 연한이 지나 장애 발생 가능성이 컸고, 제한적인 분석자원 및 기능상의 한계로 분석 시행과 결과 활용에 어려움이 있었다. 또한 행정 업무망 중심의 서비스로 공공기관 사용자들의 접근과 서비스 이용이 어려운 것도 문제로 지적됐었다.

이번에 개설되는 범정부 데이터 분석시스템은 기존 '혜안' 시스템 서비스를 "인터넷 자원 공유(클라우드)" 환경으로 통합하여 행정 업무망 중심의 기존 서비스를 인터넷망까지 확대했다. 이에 따라 중앙부처와 자치단체뿐만 아니라 중앙부처 및 자치단체 산하 기관, 각종 연구기관, 공사·공단 등을 포함하는 공공부문 전 기관이 서비스를 이용할 수 있게 되었다. "인터넷 자원 공유(클라우드)" 기반 서비스인 만큼 개별 기관이 데이터 분석을 위한 시스템을 구축하지 않더라도 별도 비용 없이 고성능의 분석자원을 개인 및 기관별로 할당받아 안정적인 분석을 수행할 수 있게 된다.

분석에 필요한 다양한 분석 도구와 풍부한 분석모델 제공 등을 통해 일반 사용자부터 데이터분석 전문가까지 맞춤형 분석이 가능한 것도 새로운 서비스의 특징 중 하나이다. 데이터분석에 널리 활용되는 분석언어인 '알(R)', '파이썬(Python)'은 물론, 그래픽 사용자 기반(GUI; Graphic User Interface) 제공을 통해 별도의 코딩 과정 없이도 손쉽게 분석이 가능한 환경을 구현했다. 공공시설입지분석, 교통 및 화재취약지역분석, 도시상권변화분석 등 현장 활용성이 높은 기존 분석모델도 표준화시켜 제공함으로써 기관별 유사모델 개발에 따른 예산 및 소요 기간도 절감할 수 있도록 했다.

행정·공공기관이 보유하고 있는 120만 건가량의 데이터도 통합검색하여 분석에 활용할 수 있어, 다양하고 완성도 높은 데이터 분석이 가능할 것으로 예상된다. 새로운 시스템은 행정·공공기관이 운영하는 주요 데이터플랫폼과도 연계되어 있어, 데이터의 위치와 내용을 통합 검색하고, 분석에 필요한 데이터를 저장-정제-활용할 수 있다. 서비스 개시 시점 현재, 공공데이터포털(행정안전부), 헬스케어빅데이터플랫폼(국립암센터), 통신빅데이터플랫폼(KT), 교통빅데이터플랫폼(교통연구원) 등 20개 시스템에서 제공하는 데이터에 접근·활용이 가능하다.

행정안전부는 이번 범정부 데이터 분석시스템 서비스 개시를 시작으로 2024년까지 지속적인 고도화와 분석자원 제공 범위 확대를 추진해 나갈 방침이다. 특히 데이터분석에 전문 지식이 없는 일반 사용자들이 보다 손쉽게 데이터를 분석하고 업무에 활용할 수 있도록 다양한 인공지능(AI) 기반 서비스(AutoML 등)를 발굴하고 제공을 확대해 나갈 방침이다.

정선용 행정안전부 정부혁신조직실장은 "범정부 데이터 분석시스템은 모든 데이터로 연결되는 세계 최고 수준의 디지털플랫폼정부를 구현하기 위한 핵심 토대에 해당한다."라고 강조하면서 "서비스 및 분석자원의 수준을 지속해서 높이고 다양한 역량개선 프로그램과도 연계시켜 우리 정부의 데이터기반 행정역량을 실질적으로 높여나갈 것"이라고 밝혔다.

(2) 인파사고 재발방지 대책 포함 '범정부 국가안전시스템 개편 종합대책' 발표

🏛️ 행정안전부	보도자료	*다시 도약하는 대한민국 함께 잘사는 국민의 나라*

보도 일시	2023.1.27.(금) 별도공지

정부 "새로운 위험을 예측하고 현장에서 작동하는 국가안전시스템으로 개편"
– 인파사고 재발방지 대책 포함 '범정부 국가안전시스템 개편 종합대책' 발표 –

비전	함께 만드는 '모두의 일상이 안전한 대한민국'

⇑

분야	중점 추진 과제
인파사고 재발방지 대책	• 인파사고 예방을 위한 제도적 사각지대 보완 • ICT 기반 '현장인파관리시스템' 구축 • 112 반복신고 감지시스템 도입 및 신속한 상황 보고 · 전파 • 모든 지자체 24시간 재난상황실 운영 및 CCTV 스마트 관제 • 신속하고 체계적인 구조 · 구급 및 의료활동
위험요소 예측 및 상시 대비체계 강화	• '신종재난 위험요소 발굴센터 신설' 및 범정부 위험관리 체계 구축 • 네트워크 사회 새로운 위험과 기후변화에 대비
현장에서 작동하는 재난안전관리체계 전환	• 시 · 도 자치경찰 이원화, 시 · 도지사 재난사태 선포권 부여, 읍면동 안전 관리 기능 강화 • 자치단체 역량강화 및 신종 · 복합 재난 주요 이슈별 합동훈련 실시
디지털플랫폼 기반의 과학적 재난관리	• 재난데이터 통합 · 개방 · 공유를 위한 '재난안전데이터 공유 플랫폼' 및 대국민 재난안전정보 원스톱 서비스 '국민안전24' 신설 • ICT 기반 재난관리 시스템 고도화 및 재난분야별 사전예측 시스템 개발
실질적인 피해지원으로 회복력 강화	• 재난 피해에 대한 실질적인 지원 강화 • 노약자 · 외국인 등 취약계층 맞춤형 안전관리 추진
민간참여와 협업 중심의 안전관리 활성화	• 생애주기별, 체험중심의 필수 안전교육(CPR) 추진 • 국민 참여와 협업을 통한 안전문화 확산

정부는 위와 같은 내용을 포함한 '범정부 국가안전시스템 개편 종합대책(이하 종합대책)'을 1월 27일 발표하였다. 이번 종합대책은 이태원 사고와 같은 인파사고를 근원적으로 방지하는 대책을 마련하고, 나아가 새로운 위험과 재난을 사전에 예측 · 대비하고 효과적으로 대응할 수 있도록 국가 안전관리체계 전반을 전면 개편하는 것을 기본방향으로 하고 있다.

정부는 종합대책 수립을 위해 지난 11월 18일부터 행정안전부장관을 단장으로 21개 기관이 참여하는 범정부 TF를 운영하였으며, 다양한 분야의 전문가, 국민제안, 지자체 등 현장의 의견을 수렴하여 종합대책을 수립하였다. 특히, 이번 종합대책은 재난의 예방 이전의 사전 예측도 안전관리의 중요한 과정으로 포함하여 새로운 형태의 위험을 상시적으로 관리하는데 중점을 두는 한편, 과거 수립한 대책이 현장에 뿌리내리지 못한 점을 개선하기 위해서 실제 현장에서 제대로 작동할 수 있는 제도와 시스템을 마련하는 것도 중요한 방향으로 잡고 있다.

종합대책은 '함께 만드는 모두의 일상이 안전한 대한민국'을 비전으로, '새로운 위험에 상시 대비하고 현장에서 작동하는 국가 재난안전관리체계 확립'을 목표로 5대 추진전략과 65개의 과제를 담았다. 5대 추진전략은 새로운 위험 예측 및 상시 대비체계 강화, 현장에서 작동하는 재난안전관리체계 전환, 디지털플랫폼 기반의 과학적 재난안전관리, 실질적인 피해지원으로 회복력 강화, 민간 참여와 협업 중심 안전관리 활성화이다.

〈인파사고 재발방지 대책〉

안전관리 강화	• 재난 유형에 '인파사고'를 포함하고, 주최자가 없는 축제 · 행사에 대한 안전관리 규정(지자체가 안전관리계획 수립) 마련 • 다중운집 매뉴얼 전면개정(경찰청, 매뉴얼 명칭 변경 검토), 위험 장소 · 상황별로 세분화된 국민행동요령 마련 등
상황분석 · 전파	• 인파사고 위험도를 분석하고 예 · 경보하는 현장인파관리시스템 구축, 112 반복신고 감지시스템 도입 등 상시 위험상황 관리 • 상황실 간 중요 재난상황 신속 공유, 보고 지연 시 차 상위자 직보(경찰), 긴급문자 발송 단계 간소화(4단계 → 2단계) 등
구조 · 구급 및 지원	• 소방 · DMAT(재난응급의료팀) 정보공유 강화를 통한 신속 출동, 소방의 구급지휘팀 운영, 현장 중심 대규모 합동훈련 추진 • 재난 심리지원 대상 확대(현장 요원, 목격자 등), 피해자 등에 수습상황 및 지원제도 등 적극적 정보 제공

(3) 지방소멸 위기 극복을 위해 5개 중앙부처 손 맞잡는다.

행정안전부	보 도 자 료	다시 도약하는 대한민국 함께 잘사는 국민의 나라 내 삶을 바꾸는 규제혁신
보도 일시	2023.1.16.(월) 12:00	

지방소멸 위기 극복을 위해 5개 중앙부처 손 맞잡는다
– '지역활력타운' 조성에 지방소멸대응기금 및 다양한 국고보조사업 연계 –

행정안전부(장관 이상민)와 문화체육관광부(장관 박보균), 보건복지부(장관 조규홍), 국토교통부(장관 원희룡), 중소벤처기업부(장관 이영) 등 5개 부처는 1월 17일(화), 지방소멸 위기 극복을 위한 '지역활력타운' 조성 업무협약을 체결한다고 밝혔다. '지역활력타운'은 은퇴자, 청년층 등의 지역 정착을 지원하기 위해 주거·문화·복지 등이 복합된 주거단지를 조성하는 사업으로, 지역활력 제고를 위해 지방소멸 위기를 겪고 있는 인구감소지역 등을 대상으로 사업을 추진한다. 지역사회가 직면한 지방소멸, 초고령화 등 인구 위험에 대응하고 국정목표인 '대한민국 어디서나 살기 좋은 지방시대'를 실현하기 위해 행정안전부 등 5개 부처가 공동으로 협약을 체결하고 사업을 추진한다. 인구감소와 일자리 축소 등 복합적으로 나타나는 지방소멸 위기를 해소하기 위해서는 부처 간 칸막이를 없앤 종합적인 지원이 필수적이라는 각계의 요구가 지속적으로 제기되어 왔다. 그간 지역개발 사업은 부처별 목적에 따라 개별적으로 추진되어 연계가 어렵고, 사업별 규모도 작아 성과와 국민 체감도가 낮다는 한계가 있었다. 이러한 문제점을 해소하고 국가 균형발전을 실현하기 위해, 행정안전부 등 5개 부처가 협업하여 '지역활력타운' 조성을 본격 추진한다.

'지역활력타운'은 수도권 은퇴자, 청년층 등 지방 정착을 희망하는 수요를 위해 주거·문화·복지가 결합된 수요맞춤형 주거거점을 다부처 협업으로 제공해 지속적인 지방이주 및 정착을 지원하는 사업이다. 베이비붐 세대의 고령층 진입과 귀촌인구 확대 등으로 지방이주 수요는 지속 증가하고 있으나 양질의 주택 마련이 어렵고 기반시설 부족에 따른 생활 불편 등으로 인해 지방 이주가 쉽지 않은 현실이다. 이러한 문제점을 해소하고 지속 가능한 이주를 지원하기 위해, '지역활력타운'은 다양한 유형(단독주택, 타운하우스 등)과 공급방식(분양·임대)의 주거를 맞춤형으로 제공하고 관계부처 협업으로 문화·복지 등 필수 생활서비스를 통합적으로 지원할 계획이다. 특히, 생활 불편 해소를 위해 각 부처는 연계 가능한 지원사업을 메뉴판 방식으로 제공하며, 지자체가 지역 특성에 적합한 사업을 선택해 계획을 수립하고 공모에 선정될 경우 각 부처의 연계사업을 통합 지원받는다.

(4) '주소정보활용지원센터' 개소

 행정안전부

보 도 자 료

다시 도약하는 대한민국
함께 잘사는 국민의 나라

내 삶을 바꾸는
규제혁신

| 보도 일시 | 2023.1.16.(월) 12:00 |

한국의 미래 주소정보산업 창출을 이끌어갈 '주소정보활용지원센터' 생긴다

– 1월 17일(화), 세종시에서 '주소정보활용지원센터' 개소식 개최 –

미래 성장동력인 '주소정보산업'의 창출과 사회 각 분야의 주소정보 활용을 지원하는 '주소정보활용지원센터'가 생긴다. 행정안전부(장관 이상민)는 1월 17일(화), 세종특별자치시 절재로에서 한창섭 행정안전부 차관과 김정렬 한국국토정보공사 사장 등이 참석한 가운데 '주소정보활용지원센터'의 개소식을 개최한다고 밝혔다.

그동안 주소는 지상도로와 건물 중심으로 부여되어 왔으나, 사회수요와 기술발전에 따라 입체도로(지상, 고가, 지하 등)와 건물, 사물, 공간으로 확대되어 어디서나 위치를 소통할 수 있게 되었다. 또한 주소는 4차 산업혁명을 촉진하는 첨단기술이 등장하면서 인간과 인간, 인간과 로봇 간 위치소통의 핵심 수단으로 자리매김하고 있다.

우리나라의 주소정보산업은 도로중심의 전통모형(모델)*에서 자율주행, 인공지능 등과 주소가 융·복합된 새로운 산업 모형(모델)** 분야로 확대되고 있다. 특히, 한국의 주소체계는 경제협력개발기구(OECD) 국가 중 가장 늦게 도입되었음에도 뛰어난 위치 예측성 등으로 국제사회에서 높은 평가를 받고 있으며, 일부 국가에서는 한국형 주소체계 도입을 검토 중에 있다.

* 안내시설(도로명판 등), 주소안내(내비게이션 등), 주소정제·변경(은행, 보험 등), 부동산(건물 등)

** 주소기반 드론 배송, 자율주행로봇 배송, 실내내비게이션, 사물인터넷 등

행정안전부는 고도화된 주소정보의 활용을 활성화하고, 주소정보 산업을 진흥하는 한편, 생활과 행정에서 주소기반의 서비스 혁신을 지원하기 위하여 '주소정보활용지원센터'를 설치하고 센터업무를 한국국토정보공사에 위탁했다.

주소정보활용지원센터의 최우선 과제는 주소정보산업 모형(모델)의 개발·보급 및 새로운 서비스 창출에 필요한 공통 데이터의 구축·보급을 통해 국내 주소정보 산업에 마중물을 제공하는 것이다. 또한 우수성을 인정 받고 있는 한국형 주소체계를 케이(K)-주소로 브랜드화하고 국내 기업의 해외 진출도 지원할 예정이다.

(5) 기후변화 대비 선진적 재난관리체계 개선 추진

행정안전부	보 도 자 료	다시 도약하는 대한민국 함께 잘사는 국민의 나라 / 내 삶을 바꾸는 규제혁신

보도 일시	2022.12.24.(목) 15:00

기후변화 대비 선진적 재난관리체계 개선 추진
– 전문가 자문회의(11.24)에서 재난관리체계 개선 종합대책(안) 최종 점검 –

행정안전부(장관 이상민)는 '기후변화 대비 재난관리체계 개선 종합대책(안)'을 최종적으로 점검하기 위해 이상민 행정안전부 장관 주재로 관계기관과 전문가가 참여하는 자문회의를 11월 24일 개최하였다. 종합대책은 대규모 재난으로 인한 피해를 최소화하기 위해 재난안전에 대한 기존의 체계(패러다임)를 전환하고 국민의 눈높이에 부응할 수 있는 근본적인 대책을 마련해야 할 필요성이 대두됨에 따라 추진하게 되었다. 특히 기후변화로 자연재난의 규모가 확대되고 양태가 다양해지고 있어 재난 예측부터 기반(인프라) 보수·보강, 대응체계 강화 및 피해 회복 등 재난관리체계 전반에 대한 종합적인 대책을 마련할 필요가 있었다.

이에 따라 지난 8월 31일부터 행정안전부, 환경부, 국토교통부, 산림청, 기상청 등 13개 부처·기관이 참여하는 '기후변화 대비 재난관리체계 개선 범부처 추진단(이하 추진단)'을 구성·운영하고 있다. 추진단에서는 과거의 호우·태풍 양상뿐만 아니라 급변하고 있는 기후변화 속도를 고려하여 이번 여름철 자연재난으로 인한 피해의 원인을 분석하고 관계기관 전체회의, 전문가 자문 등을 통해 종합대책을 마련해 나가고 있다.

- 추진전략: 기상·홍수 등 예측 체계 고도화, 기후변화를 고려한 재해 예방 기반(인프라) 구축, 재해취약주택 및 지하공간 침수 방지 대책, 신속한 대응체계 구축, 피해회복 지원 강화
- 추진과제: 인공지능(AI) 홍수예보체계 구축, 대심도빗물터널, 강변저류지 등 기반(인프라) 구축, 방재성능목표 및 설계기준 개선, 지침서(매뉴얼) 및 행동요령 개선 등

이상민 행정안전부 장관은 "이번 자문 회의에서 논의한 사항들을 면밀히 검토·반영해 12월 중으로 '기후변화 대비 재난관리체계 개선 종합대책'을 발표하겠다."라면서, "범정부 국가안전시스템 개편 특별팀과 연계하여 종합대책 추진 상황을 점검·관리해 실제 현장에서 작동하며 국민이 체감할 수 있는 대책이 될 수 있도록 하겠다."라고 말했다.

2. 정책자료

(1) 2023년 행정안전부에서 시행하는 제도

① 국민부담 완화 분야

- 차량 구매 시 부과되던 채권매입 의무를 1600cc 미만의 비영업용 승용차를 구입할 때는 면제하도록 제도를 개선한다. 이를 통해 소형 자동차의 주 구매계층인 사회 초년생, 신혼부부, 소상공인 등에게 혜택이 돌아갈 것으로 예상된다. 또한, 지자체와 2천만 원 미만의 공사·물품 용역 계약을 체결하는 경우에도 지역개발채권 등의 의무매입을 면제한다.
- 인허가의제가 되는 처분의 경우 관련된 인허가 기준이 개별 행정청 누리집 등에 각각 공표되어 국민이 이를 일일이 확인해야 하는 불편함이 있었으나 앞으로는 주된 인허가 행정청이 관계 행정청으로부터 관련된 처분 기준을 제출받아 인허가의제 관련 처분 기준을 통합하여 한 곳에서 공표하도록 개선한다.
- 금리인하 요구권이 제대로 활용되지 않았던 점을 고려, 금고 또는 중앙회에서 대출 등의 계약을 체결하려는 사람들에게 금리인하를 요구할 수 있는 권리가 있음을 의무적으로 알린다. 또한, 계약을 체결한 사람은 재산 증가나 신용등급 상승 등 신용상태 개선이 나타났다고 인정되는 경우 금리인하를 요구할 수 있도록 한다.

② 안전 분야

- 침수가 우려되는 취약도로에서 발생할 수 있는 인명피해를 막기 위해 하천 수위가 통제기준에 도달할 때 자동으로 도로의 출입을 통제하고, 경보방송을 실시하는 침수우려 취약도로에 대한 자동차단시설 구축사업을 추진한다.
- 공중화장실을 더욱 안전하게 이용할 수 있도록 공중화장실에 안전설비(비상벨, CCTV, 안심스크린 등) 설치와 칸막이 설치가 의무화되고, 카메라 등 기계장비 설치 여부 점검을 통해 불법 촬영을 예방하기 위한 시설 점검 활동을 연 2회 실시한다.

③ 행정제도 분야

- 기존에는 주민등록증을 신규발급하는 경우 본인 주민등록지 관할의 읍·면·동 주민센터에서만 신청 및 수령이 가능했지만, 앞으로는 전국 모든 읍·면·동 주민센터에서 발급 신청 및 수령이 가능하다.
- 민원인의 폭언·폭행 등으로부터 민원인과 민원 처리 공무원을 보호하기 위한 조치를 시행한다. 민원실에 영상정보처리기 등 장비를 설치하고, 안전요원을 배치한다. 또한 위법행위 증거수집을 위한 휴대용 영상음성 기록장비 등을 운영한다. 민원실 1일 운영시간을 9시부터 18시까지로 하되, 이와 달리 운영할 경우에는 주민 의견을 수렴하여 지방자치단체의 조례 등으로 한다.

(2) 데이터기반행정[제1차 데이터기반행정 활성화 기본계획(2021~2023년)]

① 수립 배경

- 지속적 투자로 세계 최고 수준의 디지털정부 인프라를 구축하고, 우수한 디지털 서비스를 제공하는 과정에서 방대한 공공데이터가 축적되었으며, 「공공데이터법」 시행(2013) 이후, 사회 · 경제적으로 파급효과가 큰 국가중점데이터를 과감히 개방하여 데이터경제 활성화를 지원 중이다.
- 현재 데이터 공동활용을 위한 법제도, 전략 등 추진기반 미흡으로 정책 수립 · 의사결정 지원을 위한 공공데이터의 분석 · 활용은 미흡하다. 따라서 공개데이터, 민간데이터 등 수급이 용이한 데이터 중심으로 분석에 활용하고 있다.
- 주요 선진국들은 공공부문에서의 적극적인 데이터 활용을 위한 법제도를 마련하고, 데이터의 통합과 공동활용을 위한 다양한 정책을 추진 중이다. 우리나라도 「데이터3법」 개정(2020.1.), 「데이터기반행정법」 시행(2020.12.)으로 데이터기반행정 추진을 위한 전환 기반이 마련되었고, 데이터기반행정을 통한 정부혁신으로 지능형 정부로의 대전환을 추진 중이다.

② 정책 환경

- 데이터는 디지털 대전환 시대의 국가경쟁력 확보의 핵심 원천
- 사회현안 해결 및 맞춤형 정부 서비스에 대한 요구 증대
- 지능정보기술을 활용한 공공서비스 혁신 요청 증가

③ 주요 추진 과제

- 데이터행정 기반 마련: 국가공동활용 데이터의 발굴 및 체계적 관리, 데이터 공동이용 활성화를 위한 지원체계 강화, 데이터기반행정 시스템 구축
- 데이터기반 행정혁신 촉진: 데이터 중심의 행정프로세스 혁신, 데이터기반행정을 위한 분석지원체계 강화, 기관 정책수립을 지원하는 데이터 분석
- 지속 가능한 데이터기반행정 역량 확보: 데이터기반행정 활성화를 위한 제도적 기반 강화, 데이터기반행정 조직 · 인력 · 전문역량 강화, 데이터기반행정 활성화를 위한 문화 조성

(3) 스마트워크센터(「행정안전부예규」 제237호)

① 추진 배경

- 기존의 '일' 중심에서 '개인생활'을 중시하는 방향으로 가치관이 변화하면서 일과 삶의 균형이 핵심인재 확보와 생산성을 제고하는 요인으로 부상하고 있다. 선진국의 경우 일찍부터 일과 생활의 균형이 핵심인력 유지를 위한 중요한 요건으로 정착되면서 가족친화적인 근로환경 제공을 위해 노력하고 있다.

- 급격한 저출산으로 생산가능 인구 감소가 우려됨에 따라 공공부문 종사자들을 포함한 국민들의 출산·육아활동을 지원하는 방향으로의 근로환경 개선이 시급하다.
- 우리나라는 OECD 회원국 중 최장 근로시간을 가진 국가이나 노동생산성은 하위권에 머무르고 있기 때문에 긴 노동시간, 낮은 노동생산성을 해결할 수 있는 근무방식의 선진화가 필요하다. 장시간 노동 기반의 근로형태로는 더 이상 성과를 기대하기 힘든 상황이므로 Work Hard에서 Work Smart로 선진화할 필요가 있다.
- 중앙행정기관의 세종시 이전 및 공공기관의 혁신도시 이전에 따라 업무공백 해소 및 행정 효율 제고를 위한 방안으로 스마트워크의 중요성이 부각되고 있다.
② 스마트워크: 정보통신기술(ICT)을 이용하여 시간과 장소에 제약 없이 언제 어디서나 일할 수 있는 유연한 근무방식
③ 각급 기관의 스마트워크 운영 기본 방침
- 임신·출산 등 스마트워크가 필요한 직원에 대한 우선 배려: 임신, 출산, 육아, 간병 등 여건상 스마트워크센터 근무가 필요한 경우 스마트워크센터에서 수행 가능한 직무로 조정하거나 적합 직무가 있는 부서로 전보하는 등 편의 제공
- 스마트워크센터 이용 활성화를 위해 정기근무 중심으로 센터 이용 유도: 조직 성과 향상, 개인 삶의 질 제고 등 스마트워크 기대효과는 정기근무를 통해서 보다 더 실현 가능하므로 정기근무 중심으로 센터 이용 유도
- 업무실적관리, 업무지시, 시상 및 표창, 자기계발 기회, 승진 등에 있어서 스마트워크센터 이용자를 동일하게 취급하고, 이를 모든 직원에게 고지

(4) 공공데이터 혁신전략

① 목적: 데이터 관련 정책의 정합성 확보 및 국정과제인 디지털플랫폼 정부를 구체화할 수 있는 혁신적 추진과제 마련
② 공공데이터 10대 혁신전략

국민의 데이터 이용권 강화	• 비공개데이터 공개전환과 대체적 제공방식 도입 • 일선 행정·공공기관 중심의 현장데이터 제공 • 민관이 함께하는 공동생성데이터 구축·관리
데이터를 통한 디지털서비스 활성화	• 서비스 창출에 도움이 되는 실시간 데이터 제공 • 다양한 서비스에 연계·활용될 수 있는 공공데이터 활용체계 • 범정부데이터 가공·결합을 위한 데이터 표준화·품질관리
데이터 기반의 일하는 방식 혁신	• 공공부문 데이터 공유·분석환경 조성 및 활용방식 고도화 • 온라인종합상황실 등 국민이 데이터를 활용·대안을 찾는 능동적 협치 • 데이터기반행정을 위한 민간기술·데이터 확보 • 데이터 활용의 기준이 되는 공공데이터 윤리 정립

③ 기대효과
- 국민: 데이터 공개 전환, 현장 데이터 개방 등을 통한 제공 규모 확대 · 알권리 증진
- 기업: 실시간, 고품질 데이터로 데이터산업분야에 새로운 기회 창출
- 정부: 기관 간 데이터 공유, 민간협력을 통한 정책 효과성 · 투명성 강화

(5) 생애주기 원스톱 서비스

① 임신 · 출산 · 돌봄 · 사망 등 국민의 생애주기에 맞춰 필요한 서비스를 맞춤형으로 한 번에 통합하여 신청할 수 있는 서비스

② 내용(2023년 기준)
- 맘편한 임신: 임신 후 받을 수 있는 각종 임신 지원 서비스를 한 번에 안내받고 통합 신청하는 서비스
- 행복출산: 출생신고와 함께 첫만남이용권, 영아 수당 등 각종 출산 지원 서비스를 한 번에 통합 신청하는 서비스
- 안심상속: 금융거래, 토지, 건축물, 자동차, 세금, 연금, 공제회 등 사망자(또는 피후견인)의 재산조회를 한 번에 통합 신청하는 서비스

(6) 고향사랑 기부제

① 개인이 고향(기부자 본인의 주민등록등본상 거주지를 제외한 지역자치단체)에 기부하고 지자체는 이를 모아서 주민복리에 사용하는 제도로 기부자에게 고향사랑 기부에 대한 세액공제와 기부한 고향의 답례품 혜택을 제공

② 기대 효과
- 지방자치단체 재정 확충
- 사회적 취약계층 지원, 청소년 보호 · 육성, 문화 · 예술 · 보건 증진, 지역공동체 활성화 지원, 기타 주민 복리 증진
- 관할구역 내 생산 및 제조된 물품, 관할구역 내 통용되는 상품권 등을 답례품으로 제공하여 지역경제 활성화

1. 세계 최고 '디지털플랫폼정부' 구현

정부는 세계 최고의 디지털플랫폼정부 구현을 위해 각 정부 사이트별로 개별 제공되던 서비스를 한 곳에서 통합 제공하는 '원사이트 토털 서비스'와 함께 '마이AI서비스', 'Any-ID 간편로그인 서비스' 등의 맞춤형 서비스를 제공한다고 밝혔다. 또 모든 부처 데이터의 공유·연계·분석을 위한 공통기반을 마련해 데이터 분석으로 정확한 진단을 실시하고 해결책을 도출하기로 하였다. 기업은 이 서비스와 데이터를 융합·결합해 다양한 혁신서비스를 창출하고 국민은 편리하게 공공서비스를 이용할 수 있다. 아울러 국민과 기업이 맞춤형 공공서비스를 빠르게 체감할 수 있도록 '국민체감 선도 프로젝트'를 추진한다.

디지털플랫폼정부는 정부의 모든 데이터를 하나로 연결해 일하는 방식을 바꾸는 것을 목표로 한다. 예를 들어 각 정부 사이트별로 개별 제공되던 서비스를 한 곳에서 통합 제공하고 국민에게 맞춤형 서비스를 선제적으로 제공하며, 공공데이터는 민간에 개방한다.

2. 인력 재배치 '통합활용정원제' 도입

통합활용정원제는 각 부처 정원을 일정 비율로 감축해 이를 정부 전체의 인력풀로 관리·활용하는 제도로, 현 수준의 정부 인력 규모를 유지하면서도 탄력적인 인력관리로 국정과제·협업과제 등 새 정부 국정운영을 위한 신규 인력수요에 대응할 수 있도록 한다. 행정안전부는 20개 부처 직제개정안을 국무회의에서 심의·의결했으며, 나머지 31개 부처의 직제도 개정하였다. 이것은 정부인력 증가에 따른 국가 재정부담과 행정 비효율을 개선하기 위한 것으로, 정부의 주요 국정과제인 '유연하고 효율적인 정부체계 구축'을 구체화한 것이다. 지난 참여정부 당시 97만 8,000명이었던 공무원 정원은 정부마다 2~4만 명 수준으로 늘다가 문재인 정부에서 13만 명 급증해 현재 116만 3,000명을 기록 중이다. 그중 국가직은 75만 명, 지방직은 38만 명이다. 인구가 감소하고 민간 부문이 성장하고 있으며, 규제 개혁으로 행정환경이 변화했는데도 공무원 인력이 지속적으로 증가해 국가 재정에 큰 부담이 되는 배경에서 통합활용정원제가 도입되었다.

3. 경찰국 공식 출범

2022년 8월 2일 위법·퇴행, 적법·개혁 논란과 일선 경찰의 반발 속에서 경찰국이 공식 출범했다. 경찰국은 총경 이상 경찰공무원 임용 제청권한 등 행정안전부(이하 행안부) 장관의 책임·권한 수행 등을 지원한다. 정부는 경찰국을 신설하면서 그 근거로 대통령령인 「행안부와 그 소속기관 직제」를 일부 개정했고, 부령인 「행안부 장관의 소속청장 지휘에 관한 규칙」을 제정·시행했다. 행안부는 앞서 경찰국 신설 최종안을 발표한 날인 7월 15일에 바로 관련 시행령 개정안을 입법예고하였는데, 19일까지만 의견을 수렴하고 21일 차관회의와 26일 국무회의를 거쳐 8월 2일 경찰국 출범을 강행했다.

현행 「행정절차법」상 입법예고기간은 40일인데, 행안부는 '국민의 권리·의무와 관련이 없는 경우에 한해 법제처장과 협의해 기간을 단축할 수 있다.'라는 예외규정을 이용하여 입법예고기간을 4일로 축소했다. 이에 대해 국가경찰위원회(행정부로부터 독립된 지위에서 경찰이 스스로 치안정책을 수립·집행하고 예산편성권을 갖는 합의제 국가기관)는 경찰국 출범 당일 치안정책의 최고 심의·의결기구로서 법령상·입법체계상 문제점을 지속 제기했지만 의견이 전혀 반영되지 않았다며 「헌법」에 근거한 경찰 관련 법령의 준수 여부를 더 촘촘하게 살피겠다고 경찰국에 경고했다.

경찰국에 대한 또 하나의 우려는 경찰국이 경찰인사와 관련해 전적으로 행정부의 지시를 받는다는 것이다. 이로 인해 1960년대 행정부의 전신인 내무부의 지시를 받던 치안국의 계보를 잇는다는 비판이 크다. 치안국은 1986년 박종철 고문치사사건 등을 계기로 경찰의 독립성·중립성을 보장하라는 사회적 요구가 커지면서 1991년 '경찰청'으로 행정부에서 분리될 수 있었는데 다시 행안부 밑에 경찰 지원조직(경찰국)을 신설하는 것은 '경찰 중립화'라는 기본 헌법정신에 반하는 조치일 수 있다는 것이다.

일선의 경찰들도 경찰국 신설과 관련해 전국 경찰서장(총경급) 회의에서 사회적 공감대 형성을 위한 숙고의 시간이 필요하다는 의견을 냈다. 이러한 우려와 반발 속에서도 행정안전부는 경찰개혁은 시대정신이며, 검수완박(검찰 수사권 완전 박탈)으로 비대해진 경찰 권력을 감독할 수 있는 시스템 구축이 필요하기 때문에 경찰국 신설이 필요하고, 신설된 경찰국은 과거 치안 사무를 직접 수행하던 치안국과는 명백히 다르다며 경찰국에 대한 홍보를 이어가고 있다.

찬성	반대
검수완박(검찰 수사권 완전 박탈)으로 인해 경찰의 권력이 비대해짐에 따라 이를 감독할 수 있는 시스템 구축일 필요하기 때문	행안부 밑에 경찰 지원조직(경찰국)을 신설하는 것은 '경찰 중립화'라는 기본 헌법정신에 반하는 조치이기 때문

4. 지능형 CCTV 도입

이태원 참사가 발생한 뒤 정부는 재난안전 종합대책을 발표하면서 '지능형 CCTV' 전면 도입을 추진하겠다고 밝혔다. 이는 CCTV를 활용하여 안전 취약 지역을 발굴하고 과학적으로 재난을 관리가 필요하다는 전문가의 의견을 적극반영한 것으로 정부는 그동안 범죄 예방 등 다른 목적으로 설치된 CCTV를 재난안전관리 목적으로 공동 활용하고, 기존 육안 관제의 한계를 보완하기 위해 발전된 기술을 접목한 지능형 관제로 전환한다는 두 가지의 정책목표를 설정하였다. 또한 현재 지자체 통합관제센터와 연결된 지능형 CCTV의 보급률(24%)과 대량 발주 시 조달 단가(대당 3~4백만 원) 조정 여력 등을 종합적으로 고려하여 예산을 추계(약 7~8천억 원)하였다. 정부는 비용 대비 최고의 효과를 가져올 수 있는 가장 효율적인 추진방식과 도입모델을 결정하고, 관련 법령에서 정한 정보화사업 절차에 따라 세부적인 사업계획을 수립하여 예산에 반영하여 2027년까지 사업을 완료할 계획이다.

꿈꿀 수 있다면 실현도 가능하다.

- 월트 디즈니 -

교육행정직

CHAPTER 01

국가공무원 교육행정직의 모든 것

01 교육행정직 공무원의 개요

1. 교육행정직 공무원이란?

(1) 교육행정직 공무원은 교육 관련 기관에서 각종 행정 업무를 담당하는 공무원을 말한다. 국가직과 지방직으로 나누어지며, 국가직의 경우 주로 교육부 및 그 소속기관, 국립학교 등에서 근무한다(지방직은 각 지방 교육청이나 학교 행정실에서 주로 근무). 주로 교육제도의 연구, 법령 입안 및 관리 감독, 각 교육기관의 행정관리 등의 업무를 맡는다.

(2) 교육행정직 공무원의 계급 및 직급(「공무원임용령」 별표 1)

직군	직렬	직류	계급 및 직급						
			3급	4급	5급	6급	7급	8급	9급
행정	행정	교육행정	부이사관	서기관	행정사무관	행정주사	행정주사보	행정서기	행정서기보

2. 교육행정직 공무원의 장점

(1) 일반행정직에 비해 악성 민원이 비교적 적은 편이다.

(2) 대학교 근무의 경우, 6급까지는 지역 순환 없이 한 대학 내에서 근무가 가능하다.

(3) 지자체에 비해 주말 출근 빈도가 낮고, 비상근무가 별로 없는 편이다.

1. 교육부의 기능 및 주요업무

(1) 교육부의 기능

① 교육 · 사회 · 문화 정책을 총괄 및 조정

② 초 · 중등교육, 고등교육, 평생미래교육 등에 관한 사무 관장

(2) 교육부의 주요업무

① 교육에 관한 중장기 발전계획 수립

② 초 · 중등학교 교육제도 및 입학제도 개선

③ 고등교육 기본정책의 수립 및 시행

④ 공교육 정상화 정책 수립 및 시행

⑤ 지방교육자치제도 기본정책의 수립 및 제도 개선

⑥ 인재개발 정책의 기획 및 총괄 등을 비롯한 학교교육과 평생교육, 인적자원 개발정책 및 학술에 관한 사무 관장

2. 교육부의 조직

(1) 교육부는 교육부 본부(세종)를 두고 있으며, 하단 조직으로 1차관, 1차관보 및 사회정책협력관, 디지털교육기획관, 기획조정실, 인재정책실, 책임교육정책실 등을 운영하고 있다. 또한 산하(소속)기관으로 소속기관 6곳, 국립대학 38곳, 국립특수학교 5곳을 두고 있다.

① **2023년 교육부 본부 조직 개편**

- 신설: 디지털교육기획관, 대학규제혁신국, 교육자치협력안전국

- 개편: 고등교육정책실 → 인재정책실, 학교혁신지원실 → 책임교육정책실

- 명칭 변경: 국제협력관 → 글로벌교육기획관

② **교육부 소속기관:** 국사편찬위원회, 국립특수교육원, 중앙교육연수원, 교원소청심사위원회, 국립국제교육원, 대한민국학술원

③ **교육부 소속단체:** 교육학술정보원, 한국학중앙연구원, 국가평생교육진흥원, 대학교육협의회, 전문대학교육협의회, 유네스코한국위원회, 한국고전번역원, 사학진흥재단, 사학연금관리공단, 교직원공제회, 동북아역사재단, 한국장학재단

(2) 교육부 조직도

※ 출처: 교육부 홈페이지(www.moe.go.kr)

3. 교육부의 부서별 주요업무

부서		주요업무
사회정책협력관		교육, 사회, 문화 분야 정책의 총괄·조정 및 사회관계장관회의 운영
디지털교육기획관		디지털기반 교육혁신, 디지털 교육 전환, 미래교육 전략, 4세대 지능형 나이스 구축 및 운영, 개인정보보호, 교육 관련 통계 조사 등
기획조정실	정책기획관	교육 정책, 재정 기획 및 관련 대응, 혁신행정, 정부업무평가 등
	글로벌교육기획관	국제교육협력, 재외동포 교육정책, 재외교육기관(한국학교, 한국교육원 등) 지원
	비상안전담당관	국가지도통신망관리, 정부연습, 통합방위 관련 업무
인재정책실	인재정책기획관	인재 양성 정책 수립, 인재개발 관련 제도 개선, 연구 및 학술지원 등
	지역인재정책관	산학협력, 대학생 취·창업 지원 및 관련 인프라 구축, 학자금 대출, 청년정책 지원 등
	평생직업교육정책관	평생교육 정책 수립, 학점은행제 및 학원 관련 제도 개선, 직업교육·진로교육 정책 수립, 전문대학 및 방송대·사이버대 관련 제도 수립·개선 등
책임교육 정책실	책임교육정책관	초·중등 학교제도, 교육과정·교과서, 진로교육, 기초학력, 학생평가 및 학교생활기록부 등
	책임교육지원관	교원·학부모 지원정책 총괄
	교육복지돌봄지원관	저소득층·다문화 가정 학생 지원, 농어촌학교 지원, 고교 무상교육, 대안교육, 학업중단위기 학생 지원, 유아교육 지원, 초등 돌봄, 방과후교실 운영, 특수교육관련 정책, 장애학생 교육 지원 등
대학규제혁신국		대학 평가체제 개편, 기관평가인증 관련 업무
교육자치협력안전국		지방교육행정기관 기구 관리, 평가 및 인사, 교원단체 관련 업무

(1) 교육부 소속기관의 주요업무

① **교육소청심사위원회**: 교원소청심사청구사건의 심사 · 결정 관련 소송사무에 관한 업무

② **국립국제교육원**: 외국인 유학생 유치 · 관리 지원, 국제교육교류 협력 지원

③ **국립특수교육원**: 특수교육의 장애유형별 중장기계획의 수립 및 시행

④ **국사편찬위원회**: 한국사 사료의 연구 · 편찬 및 사료학의 연구 및 보급

⑤ **중앙교육연수원**: 교육훈련계획 수립 및 교육과정에 대한 연구 개발

⑥ **대한민국학술원**: 학술 진흥에 관한 정책 자문, 학술연구 지원

(2) 국립학교의 담당업무 및 현황

① **담당업무**: 국립학교의 교무 · 학생지원 · 입학 · 국제교류 · 기관운영지원 등의 업무

② **국립학교 현황**: 전국 27개의 국립대와 10개의 국립교대, 1개의 전문대와 5개의 국립특수학교

국립대(27개)	강릉원주대, 강원대, 경북대, 경상국립대, 공주대, 군산대, 금오공대, 목포대, 목포해양대, 부경대, 부산대, 서울과기대, 순천대, 안동대, 전남대, 전북대, 제주대, 창원대, 충남대, 충북대, 한경대, 한국교원대, 한국교통대, 한국방통대, 한국체육대, 한국해양대, 한밭대
국립교대(10개)	경인교대, 공주교대, 광주교대, 대구교대, 부산교대, 서울교대, 전주교대, 진주교대, 청주교대, 춘천교대
국립전문대(1개)	한국복지대
국립특수학교(5개)	서울농학교, 서울맹학교, 한국경진학교, 한국선진학교, 한국우진학교

4. 교육부의 복지제도 및 시설

(1) 한국교직원공제회 가입 가능(가입 시 저축 · 대출상품, 제휴 숙박시설 · 의료기관 등 이용혜택 제공)

(2) 국제기구(유네스코, OECD 등) 및 재외한국학교, 한국교육원 근무 기회 제공

(3) 신규자 직무역량 강화 지원을 위한 다양한 교육훈련 과정 운영 중

① 중앙교육연수원(교육부 소속기관) 주관, 교육부 9급 신규임용자 특화 과정인 9급 신규자 직무역량 강화과정(3주, 집합과정) 운영

② 5~7급 승진후보자 대상 승진후보자 역량강화과정(집합과정) 운영

③ 독서학습 경비(북러닝), 직무능력개발비(자격증, 어학 등) 지원

5. 교육부에서 바라는 인재상

(1) 공직자로서의 자긍심과 사명감을 가지고 맡은 업무를 성실히 수행하는 인재

(2) 열린 사고와 균형 감각을 가지고 교육발전을 위해 헌신하는 공무원

(3) 다양한 교육공동체 구성원들의 이해관계를 조정하고 통합을 이끌어낼 수 있는 소통형 인재

(4) 전문성을 증진시키기 위해 끊임없이 자기계발을 해나가는 인재

(5) 교육부의 우수 인재 모집 글

> 4차 산업혁명, 디지털 대전환과 함께 다가오는 새로운 시대는 기존의 틀을 벗어난 새로운 교육방식을 요구하고 있으며, 교육부는 신산업 · 신기술 분야 등 미래 핵심인재 양성을 통해 급변하는 사회에 선제적으로 대응하기 위해 최선의 노력을 다하고 있습니다.
>
> '교육'은 어렵고 추상적인 개념으로 느껴질 수 있습니다. 하지만 무엇보다 우리 생활 전반과 밀접하게 연관되어 있으며, 우리 생에 전반에도 끊임없이 지속되고 있습니다. 교육의 영향력이 넓고 깊은 만큼 업무를 하는 데에 있어 많은 책임감을 느끼지만 다양한 사람들을 만나고 교육현장과 소통 경험하면서 무엇보다 업무에 자긍심을 가지게 되고, 개인이 성장 발전하고 있음을 느낄 수 있습니다.
>
> 교육부는 기존의 틀을 깨는 창의적 교육으로 미래 인재를 양성하기 위해 국민과 현장의 목소리를 존중하며 겸허하게 교육정책을 추진해 나가고 있습니다. 대한민국의 미래를 위해 여러분의 새로운 마음과 열정이 필요합니다.
>
> 교육부는 여러분을 기다리겠습니다.

1. [학생 맞춤] 단 한 명도 놓치지 않는 개별 맞춤형 교육

방향	교육의 본질에 집중한 개별 맞춤형 교육으로 교실을 깨어나게 하고 모든 아이들에게 미래역량 함양을 보장		
목표	**2023년** • 디지털기반 교육혁신방안 수립 • 고교교육력 제고방안 마련	→	**2026년** • 디지털 교과서 플랫폼 도입 · 확산 • 지역에 다양한 우수학교 확산

(1) [교육개혁 ①] 디지털기반 교육혁신

① 개별 맞춤형 교육 구현을 위한 '디지털기반 교육혁신방안' 수립

② 교육현장에서 도출된 애로사항을 디지털 신기술(AI, VR · AR 등)을 활용해 해결하도록 테스트베드 확대 및 '에듀테크 진흥방안' 수립

(2) [교육개혁 ②] 학교교육력 제고

① 프로젝트 · 토론형 수업, AI · 에듀테크 활용 수업 등 수업 방식의 혁신과 이와 연계된 평가를 실시하는 '교실수업 혁신방안' 마련

② 일반고 교육역량 강화, 지방 우수학교 육성, 고교다양화를 통해 모든 학생 맞춤형 교육을 지원하는 '고교교육력 제고방안' 마련

(3) [교육개혁 ③] 교사혁신 지원체제 마련

① 미래역량 함양, 교육현장 연구 · 실습을 기반으로 대학원 수준 교원양성, 교 · 사대 혁신 지원을 위해 '교육전문대학원 시범운영 방안' 마련

② 디지털 전환에 대응해 수업이 변화할 수 있도록 생애주기별 체계적 맞춤형 교원 역량 함양 추진

③ 교사가 혁신의 주체로서 수업변화를 주도할 수 있도록 교육활동 보호 강화, 학교행정 업무 경감 및 교원인사제도 개선 시안 마련 추진

(4) 미래에 필요한 필수 역량 함양

① 다양한 디지털 교육 기회(자유학기제, 방과후 등 활용) 및 디지털 튜터 배치 확대

② 모든 학생의 기초학력 보장을 위해 에듀테크 활용 개별 학습 지원, 다중지원팀 운영 내실화 등 안전망 강화

2. [가정맞춤] 출발선부터 공정하게 국가가 책임지는 교육·돌봄

방향	모든 아이를 건강한 사회 일원으로 성장할 수 있도록 국가가 책임져야 할 교육과 돌봄에서의 격차 해소로 출발선 공정 보장		
목표	**2023년** • 유보통합추진단 설치 • 4개 교육청 늘봄학교 시범운영	→	**2026년** • 유보통합 단계적 완성 • 늘봄학교 전국 확대

(1) [교육개혁 ④] 유보통합 추진

① 유치원과 어린이집을 영유아 발달과 특성을 고려한 '질 높은 새로운 교육기관'으로 재설계, 교부금 등을 활용해 교육의 질 제고

② 모든 영유아에게 양질의 보육·교육 기회를 공정하게 보장하기 위한 '관리체계 통합방안' 및 '어린이집 유치원 간 격차 완화방안' 마련

(2) [교육개혁 ⑤] 늘봄학교 추진

① 학교 안팎의 다양한 교육자원을 활용하여 희망하는 초등학생에게 맞춤형 교육·돌봄 서비스를 제공하기 위한 늘봄학교 추진

② 시범교육청 선정(4개 내외), 인력·재정 집중 지원 → 2025년부터 전국 확대

(3) 소외계층의 교육비 부담 완화 및 교육기회 확대

① 교육급여를 현실화해 교육 참여기회를 보장하고, 국가장학금·학자금대출을 지속 지원하여 고등교육 기회 보장

② 저소득층·장애인의 평생학습 기회 보장을 위한 평생교육이용권(바우처) 지원 대상을 약 1.5배 확대

③ 복지, 학업, 정서, 다문화·특수교육 및 안전(학교폭력, 성폭력, 학대 등)에 있어 사전예방부터 맞춤형 지원까지 전 주기 통합 서비스로 재구조화

(4) 안전한 학교 구현 지원

① 체험 중심 안전교육을 추진해 생활 속 위험과 안전사고를 예측·분석하고 판단·해결하는 위기대응능력 증진

② 교육시설안전 인증을 확대하여 안전취약요소 선제적으로 발굴·개선

3. [지역맞춤] 규제없는 과감한 지원으로 지역을 살리는 교육

방향	지자체 · 교육청과 함께 학교를 지역혁신 성장의 허브로 육성	
목표	**2023년** • 5개 지자체 RISE 시범운영 • 정원 · 학사 · 재정 규제 제거	→ **2026년** • 지역의 대학 지원 권한 대폭 확대 • 중앙정부의 대학규제 제로화

(1) [교육개혁 ⑥] 과감한 규제혁신 · 권한이양 및 대학 구조개혁

① 고등교육 분야
- 대학 정원 · 학사 · 재정운영에 대한 규제 제거
- 경제자유구역 내 고등외국교육기관 설폐 승인 등의 권한, 지방대 지원 계획수립 권한을 지자체에 이양하는 관련 법령 개정
- 정부의 획일적 평가 폐지, 대교협의 인증평가 및 사학진흥재단 재정진단 결과를 활용하여 재정을 지원하고, 경영위기대학 지정

② 유 · 초 · 중등교육 분야
- 학교설립에서 운영까지 교육관련 규제 완화
- 지역 여건별 학교 설립이 용이하도록 교육청 자율권 확대

(2) [교육개혁 ⑦] 지역혁신중심 대학지원 체계(RISE) 구축

① 지역대학 경쟁력 제고를 위해 지자체의 대학지원 권한 확대, 대폭적인 규제 완화, 선택과 집중에 의한 재정 투자 추진
② 지자체와 중앙부처가 협력하여 글로컬(Glocal) 대학 육성 지원
③ 지자체에 대학 지원을 위한 전담부서 설치 등 지역의 대학지원 역량 강화 지원

(3) [교육개혁 ⑧] 학교시설 복합화 지원

① 지역의 활력을 되찾기 위해 초 · 중 · 고, 대학 등 학교시설을 지역 주민이 함께 이용하는 '학교시설 복합화 활성화 방안' 마련
② 늘봄학교(교육부), 도시재생사업(국토부), 공공기관 이전(균형위) 등 다양한 사업과 연계해 학교시설 활용방안 모색

(4) 지역 중심 재정지원 확대

① 고등평생교육지원 특별회계 도입으로 고등교육 재정을 안정적으로 확충하여 지역대학을 두텁게 지원하고, 대학 경쟁력 강화를 뒷받침

② 대학 창업 교육이 혁신 인재의 실전 창업까지 연결되도록 창업교육혁신 공유대학 대상 권역 및 규모 확대

4. [산업·사회맞춤] 사회에 필요한 인재양성에 신속히 대응하는 교육

방향	교육 · 기술 · 산업 · 고용 분야의 범부처 전문성 결집으로 첨단분야 연구개발을 선도하고 국제 난제 해결을 이끌 미래 핵심인재 양성		
목표	**2023년** • 첨단분야별 인재양성 방안 수립 • 인재양성 전략회의 출범	→	**2026년** • 100만 디지털 인재 • 데이터기반 인재양성 체계 구축

(1) [교육개혁 ⑨] 핵심 첨단분야 인재 육성 및 인재양성 전략회의 출범
① 인재양성 전략회의로 범부처 인재양성 추진체계 확립
② '기초 학문분야' 핵심인재육성을 위해 균형있는 인문사회 · 기초과학 분야 투자 확대

(2) 대학을 중심으로 한 본격적인 첨단분야 인재양성
① 반도체 특성화 대학 사업을 신설하여, 대학이 반도체 인재양성을 위한 전문기관 역할을 할 수 있도록 집중적인 재정 지원
② 대학이 민간의 노하우를 활용해 첨단분야 단기 집중 교육과정을 운영하는 첨단산업 인재양성 부트캠프 사업 신설
③ 지역의 반도체 연구 · 교육 · 실습을 담당할 수 있는 권역별 반도체 공동 연구소를 지정하여, 전문 인재양성의 중심으로서 집중 지원
④ 공유 · 협력을 통해 전공과 상관없이 첨단분야 인재양성을 지원하는 디지털 신기술 인재양성 혁신 공유대학 사업 확대
⑤ 국가 혁신성장을 선도할 신산업 · 첨단산업 인재를 적기에 집중 육성할 수 있도록 부처 협업형 인재양성 사업 확대

(3) 고숙련 실무인재 조기 양성을 위한 직업교육 강화
① 직업계고의 신산업 · 신기술 분야(반도체, 디지털 등) 학과 개편 지원, 마이스터고 2.0을 통해 고숙련 실무인재 집중 양성
② 전문대학이 지역 내 30대 이상 성인 학습자 대상으로 재교육 · 재취업을 지원하는 직업전환교육기관(DX-Academy) 컨소시엄 시범운영

③ 신산업분야 특화 선도전문대학 및 신산업 분야 고숙련 전문기술인재를 양성하는 마이스터대 확대

(4) 해외 인재의 전략적 유입 및 국내 정착형 인력 육성

① 지자체-산업계 등과 연계한 유학생 유치 경쟁력 제고 방안(Study Korea 3.0) 수립

② 해외 대학과의 학생 · 교육과정 교류 확대

5. [추진체계] 교육개혁 입법 및 수평적 협력 파트너십 구축

(1) [교육개혁 ⑩] 4대 교육개혁 입법 추진

국가 · 지역성장 동력인 교육의 자율성을 보장하고, 지역 교육력 제고를 위한 개혁과제를 국회와 적극 협력하여 법제화 추진

① **러닝메이트법:** 지역에 보다 더 다가가는 교육을 위한 시 · 도지사-교육감 러닝메이트제도 도입 추진(「지방교육자치법」 및 「공직선거법」 개정)

② **교육자유특구법:** 교육자유특구의 안정적 도입 · 운영을 위한 법령 정비

③ **고등교육법 · 사립학교법:** 대학의 자율과 창의를 충분히 보장하고 혁신을 뒷받침할 수 있도록 미래지향적 제도 기반 구축

(2) 교육 · 사회시스템 혁신을 위한 사회관계 장관회의 전략적 운영

① 교육 · 사회문제에 기민하게 대응하기 위한 지자체, 부처, 민간과 수평적 협력 파트너십 구축

② 핵심 사회 의제(신학기 대비 학교 앞 안전 점검, 여름철 대비 식품안전 강화 등) 대응 및 정책 연계 방안을 관련 부처와 함께 논의하여 3대 개혁(교육, 노동, 연금)의 협력적 완수

③ 현장방문형 사회관계장관회의를 격월로 개최하여 주요 계기와 관련된 시의성 있는 사회의제 대응방안 마련 및 현장 점검 병행

(3) 교육개혁 필요성에 대한 공감대를 바탕으로 국민 소통 · 홍보 활성화

① 국가교육위원회와 함께 교육개혁 주요과제에 대한 사회적 합의, 정책 성숙 과정을 거쳐 국민이 원하는 개혁 완수 노력

② 교육개혁자문위원회를 통해 다양한 의견을 수렴하여 개혁 과제들 간의 정합성 · 일관성 확보

③ 개혁과제 주요 계기별 현장소통 목적에 따라 토크콘서트, 타운홀 미팅 방식 등 국민이 접근하기 쉬운 방식의 현장 행보 시리즈 추진

교육행정직 면접 기출 가이드

기출 빈출 리스트

- 지원한 업무에 관심을 가지게 된 계기는 무엇입니까?
- 개인업무와 협동업무 중 무엇이 더 중요하다고 생각합니까?
- 지원 부서의 정책 중 개선하고 싶은 업무에 대해 설명해 보시오. 또 만약 이를 상사에게 제안하였을 때 상사가 받아들이지 않는다면 어떻게 하겠습니까?
- 조직에서 창의성을 발휘한 경험이 있습니까?
- 아르바이트를 해보았다면 일하기 힘들었던 사람과 일해본 경험이 있습니까? 이를 어떻게 극복하였습니까?
- 어떠한 프로젝트나 업무를 맡아 성공한 경험이 있습니까? 어떻게 성공하였는지 그 과정을 설명해 보시오.
- 교육청, 학교 등 교육과 관련한 다양한 기관 중 교육부를 선택한 이유는 무엇입니까?
- 교육부에서 시행하고 있는 사업에 대해 말해 보시오.
- 교육부의 경우 외부와 협업을 해야 하는 경우가 종종 있는데, 과거에 협업해서 일을 성공적으로 마무리한 경험이 있습니까?
- 학교업무 처리에서 우선순위를 정한다면 어떻게 매기겠습니까?
- 「이해충돌방지법」에 대해 설명해 보시오.

1. 5분 발표

> 최근 채용 사이트에 올라오는 채용공고의 대부분이 '내규에 따름', '추후 협의'와 같이 임금을 불명확하게 표시하는 등 임금 정보를 제대로 공개하지 않고 있어 구직자들이 임금에 대한 명확한 정보를 얻기 힘들고 구직자들 상당수가 불리한 근로계약을 맺게 될까 우려하고 있다. 이에 관계 부처에서는 임금 정보를 투명하게 공개하기 위한 임금 공시제 시행 등 '임금 정보 가이드라인'을 만들기 위한 방안을 검토 중이다.

위 제시문의 내용에서 유추할 수 있는 공직가치와 이를 실천하기 위해 필요한 공직자의 자세에 대해 자유롭게 발표해 주세요.

[면접관의 의도]

응시자의 공직관에 대해 알아보고 자신의 생각을 얼마나 논리정연하게 전달할 수 있는지, 이어지는 질문에 대해 얼마나 순발력 있게 대답할 수 있는지 평가한다.

[핵심 키워드]

공익, 투명성, 공정성, 전문성, 적극성, 민주성 등 공직가치

도입

제시문에서 유추할 수 있는 공직가치는 적극성과 투명성입니다. 임금 정보 가이드라인 시행을 위해 다양한 방안을 검토 중이라는 내용에서 적극성을, 구직자들의 이익을 위해 임금 정보를 투명하게 공개해야 한다는 내용에서 투명성을 유추하였습니다.

직접작성

적극성은 주도적으로 문제를 해결하려는 자세입니다. 이는 국민들이 직면한 다양한 사회적·제도적 문제를 해결하기 위해 창의성과 전문성을 바탕으로 업무를 처리하는 적극행정을 통해 실현할 수 있습니다. 교육부는 적극행정을 실시하여 적극성을 보여주는 정부 부처 중 하나로 교육부가 실시한 대표적인 적극행정으로는 '대안교육 위탁교육기관 시스템'이 있습니다. 학업중단위기 학생을 지원하기 위한 맞춤형 프로그램을 개발하고 병원과 연계하여 학생들이 전문가에게 상담받고 치료받을 수 있도록 함으로써 한 명의 학생도 포기하지 않는 교육의 본질을 잘 보여준 사례라고 생각합니다. 그러면 제가 대학 재학시절 과 대표로서 적극성을 발휘하여 과의 통합을 이끌어낸 경험을 말씀드리겠습니다. 과에서 축제 때 행사를 진행하였는데 다들 아이디어를 내지 않으려 해 난감했지만, 제가 나서서 프로그램을 기획하고 개개인에게 맞는 역할을 분배하여 일을 진행하였습니다. 이에 결국 모두 맡은 업무를 즐겁게 진행하여 행사를 잘 마무리하였던 기억이 있습니다.

투명성은 국민들의 알 권리를 존중하여 정부 정책 관련된 정보를 투명하게 공개하는 것을 말합니다. 이를 통해 국민적 신뢰가 확보되므로 투명성은 정부와 국민이 소통하고 민주성을 실현하기 위한 중요한 수단이라고 할 수 있습니다. 투명성을 실천하기 위해서는 우선 공무원 스스로 국민들이 원하는 정보가 무엇인지 먼저 찾고, 이 정보를 모든 국민들의 신뢰를 얻을 수 있도록 효율적으로 전달하는 방법을 고민해야 하며 실제 그런 방안을 만들 수 있어야 합니다. 이처럼 모든 정보를 투명하게 공개한다면 각종 비리나 문제점 또한 크게 줄어들 것이라고 생각합니다. 실제 교육부에서는 이와 같이 투명성을 실천하기 위하여 많은 노력을 하고 있습니다. 자체 감사를 실시하고 그 조치와 대책을 발표하는 등 문제점을 투명하게 공개하고 있으며, 에듀파인을 통해 교육기관들의 예산 부정을 방지할 수 있는 기틀을 닦는 등의 적극적인 조치를 취하고 있습니다. 제가 만일 교육행정직 공무원이 된다면 항상 투명성의 실천이 교육부에 대한 국민의 신뢰로 이어진다는 것을 염두에 두고 일하도록 하겠습니다.

직접작성

공무원은 언제나 국민 전체의 불편을 살피고 이를 해결하기 위해 적극적으로 노력해야 한다고 생각합니다. 제가 교육부에 입직하게 된다면 늘 청렴함을 지키며, 저의 적극적인 성격을 잘 살려 적극행정을 실천하는 공무원이 되도록 하겠습니다.

> 직접작성

➕ 제시된 답안을 통해 나올 수 있는 추가 질문

• 언급한 공직가치가 교육부에 어떤 영향을 미칠 것이라 생각합니까?

• 투명성과 적극성 중 교육부에 더 중요한 가치는 무엇이라 생각합니까?

• 투명성과 관련된 본인의 경험을 말해 보시오.

• 공적인 것(공익성)과 사적인 것(기업의 정보보호) 중 어떤 것이 더 중요하다고 생각합니까?

• 임금 정보는 회사 내적인 정보라서 공개를 꺼릴 수 있는데, 기업 스스로 공개할 수 있는 분위기를 만들려면 어떻게 해야 합니까?

➕ 면접 플러스

공직가치에 대해 너무 기본적이고 피상적으로 설명하지 말고, 해당 공직가치를 지원 부서에서 어떻게 실현하였는지에 대한 구체적 사례와 업무에 어떻게 적용할 수 있는지에 대한 예시를 미리 준비해 두는 것이 좋다.

2. 경험형 문제

근무하고 싶은 부처와 직무를 기술하고, 해당 직무의 수행을 위해 어떤 노력과 경험을 하였는지 서술하시오.

〔 면접관의 의도 〕

응시자의 업무 이해도 및 업무 적합성을 평가하기 위한 질문이다.

〔 핵심 키워드 〕

희망 직무, 직무 내용, 현실적 · 구체적 노력, 업무 경험, 공직가치

희망 부처

교육부 책임교육정책실

직접작성

희망 직무

학생 참여형 수업 관련 업무

직접작성

해당 직무 관련 노력과 경험

- 교육 경험: 사범대 졸업, 교생실습을 통해 학생 참여형 수업 진행 경험
- 업무 경험: 홀 서빙 아르바이트(1년), 학원 강사(1년 6개월)
- 희망 직무 관련 경험: 교육부 홈페이지, SNS, 관련 기사 등 서치(고교학점제, 교부금제, 두드림학교 등), 유튜브(교육부TV) 구독, 교육부 웹진(행복한 교육) 구독
- 봉사활동: 지역아동센터에서 아동 학습 지원(1년)

직접작성

해당 업무를 지원한 동기는 무엇입니까?

교생실습을 통해 학생 참여형 수업을 경험하였는데, 제가 생각하는 바람직한 교육이라 생각되어 본격적으로 관련 업무를 해보고 싶다고 생각했습니다. 22년 학교혁신지원실이 교육 콘텐츠 혁신을 통해 학생들에게 맞춤형 교육체계를 실현하기 위해 책임교육정책실로 개편하였는데, 이곳에서 제가 생각하는 학생 개별 맞춤 교육을 실현할 수 있을 것이라 생각합니다.

직접작성

근무하고 싶은 부서의 정책 중 개선하고 싶은 점이 있다면 무엇입니까?

책임교육정책실의 목표는 교육 콘텐츠 혁신을 통해 학생들에 대한 개별 맞춤형 교육을 실현하는 것이라고 알고 있습니다. 이에 따라 교육 콘텐츠와 관련하여 새로운 시도가 많이 이루어지리라 예상하는데, 변화에 대한 학부모들의 반발이 있을 수 있으므로 그 장점에 대해 홍보하는 것이 중요하다고 생각합니다. 예를 들어 학생 참여형 수업에 참여한 졸업생이나 학부모를 대상으로 인터뷰를 하여 홍보에 사용한다거나 보도자료를 만들어 배포하여 언론에 자주 언급이 되도록 하면 좋을 것 같습니다.

직접작성

자신의 경험 중 가장 힘들었던 점과 이를 극복했던 경험이 있다면 말해 보세요.

교생실습을 하면서 반 아이들 사이에 충돌이 있어 문제가 발생했던 적이 있었는데, 아이들 개개인을 면담하고 진솔한 이야기를 들어주면서 중재하여 잘 해결했던 적이 있습니다.

직접작성

➕ 기타 추가 질문

• 지원한 부서에 가게 되면 어떤 역할을 하게 될 것이라고 생각합니까?

• 학생 참여형 수업이 바람직하다고 하였는데 어떤 점에서 그런지 설명해 보시오.

• 지역아동센터에서 봉사활동을 했는데 어떤 일을 하였습니까? 그곳에서 느낀 점과 어려운 일을 겪은 경험이 있으면 말해 보시오.

• 교육부의 정책 중 가장 관심이 있는 것과 가장 문제점이라고 생각하는 것이 무엇인지 말해 보시오.

• 교육부 유튜브를 보았다고 하였는데 가장 관심이 있었던 콘텐츠는 어떤 것이었습니까?

• 개인 업무와 협업 중 어느 것이 더 중요하다고 생각합니까?

• 만약 업무를 추진하면서 상사와 갈등이 있다면 어떻게 하겠습니까?

➕ 면접 플러스

직접 경험하거나 배운 것을 거짓 없이 말하도록 한다. 최대한 지원 직렬과 관련지어 대답하며, 만약 적절한 것이 떠오르지 않더라도 질문의 내용과 무관한 경험을 늘어놓으며 답변 시간을 사용하는 것보다는 자기계발을 통해 관련 경험을 쌓아나가겠다고 간결하게 대답하는 것이 낫다.

3. 상황형 문제

귀하는 A시의 교육업무 담당 주무관입니다. A시의 경우, 장애아동를 위한 특수학교가 도심 외곽에 있어 도심에서 통학하는 학생들이 불편함을 겪고 있으며, 이에 따라 장애아동의 편리한 통학을 위해 도심에 특수학교를 설립하려는 정책을 추진 중입니다. 그런데 해당 정책에 대해 지역 주민들이 부동산 가격 하락을 이유로 강하게 반대하고 있습니다. 이 경우 귀하는 담당 주무관으로서 어떻게 대처하겠습니까?

면접관의 의도

상황형은 문제 상황을 제시하고 이에 대한 대처 능력 및 공직자로서의 자세를 평가하기 위한 것이다. 해당 제시문은 새로운 정책 실시와 이해관계자들의 불만 사항을 조정하는 과정을 통해 응시자의 상황 대처 능력과 공직에 대한 이해도를 확인하기 위한 질문이다.

핵심 키워드

특수학교 설립, 장애아의 학습권, 주민의 반발, 부동산 가격 하락, 사전 조사

상황 파악

- 정부: 도심에 특수학교를 건립하려 하나 지역 주민들의 반발에 부딪친 상황
- 특수학교 학생: 통학의 곤란으로 인해 배울 권리가 충분히 충족되지 못하고 있는 상태
- 주민: 부동산 가격 하락을 우려하며 특수학교 설립 반대

직접작성

- 먼저 장애아동의 통학이 얼마나 어려운지 파악하여 셔틀버스 증설, 주차장 확보 등을 시행
- 부동산 가격과 특수학교에 상관관계가 있는지 사전 조사를 하고 전문가 간담회를 통해 의견을 구함
- 공청회를 열어 사업 방안을 설명한 후, 부동산 가격과 특수학교의 상관관계 조사 내용 및 비장애인의 학습권에 비해 장애인의 학습권이 충분히 보장되고 있지 않다는 사실을 바탕으로 주민을 설득
- 부동산 가격 하락이 계속 문제라면 주민 복지 및 부동산 가격 상승과 관련 있는 시설을 같이 건설하거나 기타 적당한 보상(보상금 등)을 제안
- 일반 학교에서도 특수학급 설치를 점진적으로 확대

직접작성

- 건설 후 주민과 장애아동과 학부모를 대상으로 만족도 조사 실시
- 장기적으로 신도시를 건설할 때 특수학교가 우선지역으로 선정될 수 있는 방안 마련

직접작성

- 문제 해결을 위해 답변한 내용이나 그 밖의 내용 중에서 가장 먼저 해야 할 일, 가장 중요하다고 생각되는 부분은 무엇입니까?
- 주민들이 계속 반대한다면 어떻게 하겠습니까?
- 좋은 취지에도 불구하고 언론사에서 해당 이슈에 관하여 부정적으로 보도한다면 어떻게 하겠습니까?
- 보상금을 제시했을 때 지역 주민들이 무리한 금액을 요구한다면 어떻게 하겠습니까?
- 일반학교에 특수학교 설치를 확대해 나가겠다고 했는데, 일반학교에서 이에 협조하지 않으면 어떻게 하겠습니까?
- 특수학교가 설치될 때 부동산 가격 하락 외에 또 어떤 문제가 발생할 수 있는지 말해 보시오.
- 마지막으로 하고 싶은 말은 무엇입니까?

➕ 면접 플러스

정책과 연관된 상황형 질문의 경우, 명확한 정답이 없기 때문에 "그래도 해결되지 않는다면?", "관련하여 또 이런 상황이 발생한다면?"과 같은 추가 질문이 많이 나올 수 있다. 이때 정책에 대해 담당자의 입장에서만 생각하지 말고, 관계된 다양한 이익집단의 입장을 분석하는 것이 좋다.

▍ 더 알아보기

학생 참여형 수업

학습자(학생)를 일방적으로 지식을 주입당하는 객체로 보는 것이 아니라, 학습과정에 학생이 적극적·주도적으로 참여하여 의미 있는 학습을 만들어가는 지식 구성의 주체로 보는 것이다. 참여형 수업 방법으로는 학생들이 자기 주도적으로 협력하여 과제를 완성하는 협력학습, 학생들이 수업 시간에 배울 내용을 미리 과제로 학습한 후 수업 시간에 상호작용을 통해 이해도를 확인하거나 심화·발전시키는 플립 러닝(거꾸로 교실) 등이 있다.

CHAPTER 03 교육행정직 면접 핵심 자료

01 보도자료와 정책자료

1. 보도자료

(1) 늘봄학교 운영

🏛 교육부	보 도 자 료			다시 도약하는 대한민국 함께 잘사는 국민의 나라
보도 일시	(인터넷) 2023.1.9.(월) 14:00 (지 면) 2023.1.9.(월) 14:00	배포 일시		2023.1.8.(일) 12:00

2025년부터 전국에서 '늘봄학교' 운영…
교육 · 돌봄 국가책임 강화
– 모든 초등학생 '방과후 교육 · 돌봄' 원할 때 이용 –
– (2023년) 시범운영 → (2024년) 단계적 확산 → (2025년) 전국 확대 –

주요 내용

- 초등학교 신입생 학교 적응과 조기 하교에 따른 돌봄 공백 해소를 위해 희망 학생을 대상으로 '초1 에듀케어(Educare) 프로그램' 시범운영
- 아이들이 원하는 미래형 · 맞춤형 '방과 후 프로그램' 운영
  - 놀이 · 체험부터 체육, 예술, 코딩 등 현장 수요에 맞춰 개설
  - 저소득층 자유수강권 한도 확대… 누구에게나 동등한 교육 기회 제공
- 필요할 때 이용 가능한 '탄력적 돌봄'으로 학부모 부담 경감
  - 아침 · 틈새 · 일시돌봄 등 유형 다양화, 저녁돌봄은 저녁 8시까지 단계적 확대
  - 과밀 · 도시지역 대기수요 해소 위해 '거점형 돌봄' 매년 5개소 구축
- 교육청 중심의 운영체계 구축, 전담인력 배치로 교원업무 경감

교육부(부총리 겸 교육부장관 이주호)는 초등학생 방과 후 활동 지원을 통해 교육과 돌봄에 대한 국가책임을 강화하고자 1월 9일(월), 정부세종청사에서 '늘봄학교' 추진방안

을 발표한다. 현 정부 교육 분야 핵심 국정과제인 늘봄학교는 방과 후 교육활동을 내실화하고 돌봄의 질을 제고하여 교육과 돌봄을 통합적으로 제공하는 정책으로, '늘 봄처럼 따뜻한 학교'라는 의미를 담고 있다.

■ 추진배경 및 경과
'늘봄학교' 추진방안은 학부모의 돌봄 부담을 경감하고, 출발점 시기의 교육격차를 해소할 수 있도록 모든 학생에게 개별화된 교육과 돌봄을 지원하기 위해 마련되었다. 국정과제로 확정된 이후 교육부−시도교육청 협의체를 운영하고 권역별 의견수렴도 진행하여 지역별 여건에 따른 개선과제를 논의하였으며 현장 적합성 높은 방안을 마련할 수 있도록 정책토론회·간담회를 개최하는 등 학부모, 전문가, 교원, 관련 노조 등의 의견도 수렴하였다.

■ 늘봄학교를 통해 달라지는 점
늘봄학교 추진을 통해 2025년에는 학교 안팎의 다양한 교육 자원을 활용하여 희망하는 모든 초등학생에게 정규수업 전후로 양질의 교육·돌봄(Educare) 통합 서비스를 제공할 예정이다. 저학년의 경우, 단순 돌봄에서 벗어나 기초학력 지원, 예체능 등 다양한 교육 프로그램을 제공하고, 오후 돌봄뿐 아니라 맞벌이 가정을 위한 아침돌봄·저녁돌봄 운영을 단계적으로 확대한다.

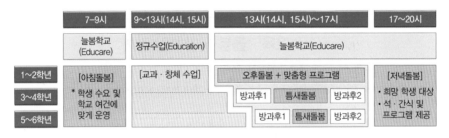

※ 늘봄학교는 선택사항으로, 희망하지 않는 학생은 정규수업 시간표에 따라 등·하교

특히, 입학 초(3월 1~3주) 조기 하교로 인한 돌봄공백 해소를 위해 신입생 중 희망하는 학생들을 대상으로 방과 후 에듀케어 집중 지원 프로그램을 시범 운영한다.
고학년의 경우, 민간참여를 활성화하여 인공지능(AI)·코딩·빅데이터, 소규모·수준별 강좌 등 고품질 방과후 프로그램을 확대하고, 교육과 돌봄이 유기적으로 이루어질 수 있도록 틈새돌봄을 강화한다. 방과후 운영체제를 교육청 중심의 지역단위로 개편하여 단위학교와 교원의 업무 부담을 경감할 수 있도록 지원하고, 2023년 시범운영을 통해 지역별·학교별 여건에 맞는 다양한 늘봄학교 모델을 개발하여 2025년에는 전국으로 확산할 계획이다.

2023년	2024년	2025년
기반 조성	단계적 확산	전국 확대
• 시범교육청(4개 내외) 운영 • 운영모델 발굴 및 성과분석	• 시범교육청 확대(7~8개) • 지역 · 학교별 운영 모델 적용	늘봄학교 전국으로 확대

〈목표 및 추진과제〉

【목표】 2025년부터 전국 초등학교에서 늘봄학교 운영
희망하는 모든 학생에게 양질의 교육 · 돌봄 서비스 제공

미래형 · 맞춤형 방과후 프로그램 제공	돌봄 유형 다양화 및 서비스 질 제고
• 초1 입학 초기 에듀케어 집중 지원 • 미래형 신수요 프로그램 확대 • 학생 개별 맞춤형 서비스 제공 • 취약계층 지원 강화	• 돌봄 유형 다양화 및 질 제고 • 돌봄 운영시간 단계적 확대 • 아동 친화적 돌봄공간 마련 • 거점형 돌봄 모델 확산
늘봄학교 운영체제 구축	**행 · 재정적 지원 강화**
• 학교 업무 경감을 위한 전담 운영체제 구축 • 지역사회 연계 · 협력 강화 • 시범운영을 통한 단계적 확산	• 재정지원 확대 • 법적근거 마련

※ 본 저작물은 공공누리 제1유형에 따라 교육부(www.mois.go.kr)의 공공저작물을 이용하였습니다.

(2) 2022 개정 교육과정 고시

🏛 교육부	**보 도 자 료**		다시 도약하는 대한민국 함께 잘사는 국민의 나라
보도 일시	(인터넷) 2022.12.22.(목) (지 면) 2022.12.22.(목)	배포 일시	2022.12.21.(수) 15:30

2022 개정 초 · 중등학교 및 특수교육 교육과정 확정 · 발표
– 배움의 즐거움을 일깨우는 미래교육으로의 전환 –

- 미래 변화를 능동적으로 준비할 수 있도록 역량 및 기초소양 함양 교육 강화
  - 모든 교과 학습과 평생학습의 기반이 되는 언어 · 수리 · 디지털 기초소양 강화
  - 지속 가능한 미래를 위한 공동체 역량 강화 및 환경 · 생태교육 확대, 디지털 기초소양 강화 및 정보교육 확대
- 학생의 자기주도성, 창의력과 인성을 키워주는 개별 맞춤형 교육 강화
  - 학교급 전환 시기에 필요한 학습과 학교생활 적응을 위한 진로연계교육 도입
  - 학생 맞춤형 과목 선택권 확대, 학습에 대한 성찰과 책임 강화 등
- 학교 현장의 자율적인 혁신 지원 및 유연한 교육과정으로 개선
  - 학교자율시간으로 지역 연계 교육 및 학교와 학생의 필요에 따른 다양한 선택과목 개설 활성화
  - 학점 기반의 유연한 교육과정, 진로 선택 및 융합 선택과목 재구조화를 통한 학생 과목 선택권 확대
- 학생의 삶과 연계한 깊이 있는 학습을 위한 교과 교육과정 개발
  - 단순 암기 위주의 교육방식에서 탐구와 개념 기반의 깊이 있는 학습으로 전환
  - 디지털 · 인공지능을 기반으로 학생 참여형 · 주도형 수업 및 학습의 과정을 중시하는 평가로 개선

교육부(부총리 겸 교육부장관 이주호)는 12월 22일(목), 우리 아이들이 미래사회가 요구하는 '포용성과 창의성을 갖춘 주도적인 사람'으로 성장할 수 있도록 '2022 개정 교육과정'을 확정 · 발표하였다.

■ 추진 배경

이번 개정은 미래 사회 변화에 대응할 수 있는 힘을 기를 수 있도록 학습자 주도성, 창의력 등 역량을 체계화하고, 지역 · 학교의 유연한 교육과정 운영, 학생 맞춤형 교육, 디지털 · 인공지능 기반의 교실 수업 개선 등을 주요 방향으로 한다.

■ 총론 주요 개정내용

2022 개정 교육과정은 미래 사회가 요구하는 핵심역량을 갖춘 '포용성과 창의성을 갖춘 주도적인 사람으로 성장 지원'을 비전으로 제시하였다.

자기 주도성	창의와 혁신	포용성과 시민성
주도성, 책임감, 적극적 태도	문제 해결, 융합적 사고, 도전	배려, 소통, 협력, 공감, 공동체 의식

이를 구체적으로 구현하고자 추구하는 인간상에서는 학생의 주도성, 책임감, 적극적 태도 등을 강조하기 위해 현행 교육과정의 '자주적인 사람'을 '자기주도적인 사람'으로 개선하고, 우리 교육이 지향해야 할 가치와 교과교육 방향 및 성격을 기초로 미래 사회 변화에 대응할 수 있는 역량으로 '협력적 소통 역량'을 강조하여 제시하였다.

■ 총론의 주요 개정 방향

첫째, 미래 사회에 대응할 수 있는 능력과 기초 소양 및 자신의 학습과 삶에 대한 주도성을 강화한다. 이를 위해 여러 교과를 학습하는 데 기반이 되는 언어, 수리, 디지털 소양 등을 기초소양으로 하여 교육 전반에서 강조하고, 디지털 문해력(리터러시) 및 논리력, 절차적 문제해결력 등 함양을 위해 다양한 교과 특성에 맞게 디지털 기초소양 반영 및 선택 과목을 신설하였다.

둘째, 학생들의 개개인의 인격적 성장을 지원하고 구성원 모두의 행복을 위해 공동체 의식을 강화한다. 기후·생태환경 변화 등에 대한 대응 능력 및 지속 가능성 등 공동체적 가치를 함양하는 교육을 강조하고 다양한 특성을 가진 학생이 차별받지 않도록 지원하며, 지역·학교 간 교육 격차를 완화할 수 있는 지원 체제를 마련하였다.

셋째, 학생들이 자신의 진로와 학습을 주도적으로 설계하고, 적절한 시기에 학습할 수 있도록 학습자 맞춤형 교육과정을 마련한다. 지역 연계 및 학생의 필요를 고려한 선택 과목을 개발·운영할 수 있도록 학교자율시간을 도입하고, 학교급 간 교과 교육과정 연계, 진로 설계 및 탐색 기회 제공, 학교 생활 적응을 지원하는 진로연계교육의 운영 근거를 마련하였다.

넷째, 학생이 주도성을 기초로 역량을 기를 수 있도록 교과 교육과정을 마련한다. 교과 별로 꼭 배워야 할 핵심 아이디어 중심으로 학습량을 적정화하고, 학생들이 경험해야 할 사고, 탐구, 문제해결 등의 과정을 학습 내용으로 명료화하여 교수·학습 및 평가 방법을 개선하였다.

■ 학교급별 주요 개정 사항

초등학교의 경우, 1~2학년(군)에 입학 초기 적응활동을 개선하고, 한글 해득 교육과 실외 놀이 및 신체활동 내용을 강화하였다. 초등학교 1학년 입학 초기 적응 활동을 통합교과(바른 생활, 슬기로운 생활, 즐거운 생활)와 창의적 체험활동 시간으로 내용을 체계화하고, 기초 문해력 강화 및 한글 해득 교육을 위한 국어 34시간을 증배하였다. 초등학교 1~2학년의 안전교육은 64시간을 유지하되, 통합교과와 연계하여 재구조화하고, 교과와 창의적 체험활동을 통해 학생 발달 수준에 맞는 체험·실습형 안전교육이 이루어지도록 개선하였다. 초등학생들의 발달 특성에 적합한 실질적 움직임 기회 제공을 위해 '즐거운 생활' 교과에 실내외 놀이 및 신체활동을 강화하였다(표현, 놀이 및 활동 중심으로 즐거운 생활 교과를 재구조화하되, 충분한 신체활동을 제공할 수 있도록 성취기준 및 성취기준 해설에 반영).

※ 초3 이후에는 안전 관련 교과에 다중 밀집 환경의 안전 수칙 내용 포함 및 위기 상황 대처 능력 함양 사항을 포함하여 체험 위주의 안전교육이 활성화되도록 개선

중학교는 자유학기(1학년) 편성 영역 및 운영시간을 적정화*하고, 학교스포츠클럽 활동의 의무 편성 시간을 적정화**하여 학교 교육과정 편성 · 운영의 어려움을 해소하였다. 고등학교로 진학하기 전 중학교 3학년 2학기를 중심으로, 고등학교에서 교과별로 배울 학습 내용과 진로 및 이수 경로 등을 학습할 수 있도록 진로연계교육을 도입하고 자유학기와 연계하여 운영한다.

* 기존: 4개 영역(주제 선택, 진로 탐색, 예술 · 체육, 동아리 활동) 170시간 → 개선: 2개 영역으로 통합(주제 선택, 진로 탐색) 102시간

** 기존: 3년간 총 136시간, 연간 34~68시간 → 개선: 3년간 총 102시간, 연간 34시간

고등학교는 학점 기반 선택 교육과정으로 명시하고, 한 학기에 과목 이수와 학점 취득을 완결할 수 있도록 재구조화하였다. 학기 단위 과목 운영에 따라 과목의 기본 학점을 4학점(체육, 예술, 교양은 3학점)으로 조정하고, 증감 범위도 ±1로 개선하여 학생이 진로에 적합한 과목을 이수할 수 있도록 개선하였다. 또한, 학습자의 진로와 적성을 중심으로 비판적 질문, 실생활 문제해결, 주요 문제 탐구 등을 위한 글쓰기, 주제 융합 수업 등 실제적 역량을 기를 수 있도록 다양한 진로선택과 융합선택과목을 신설하고 재구조화하였다.

※ 자율적 과목 선택 · 이수, 자기주도적 공강 활용 등 학습자 주도성과 학습의 책임 강조

〈고등학교 교과 구조 개선안〉

공통과목	일반 선택 과목	진로 선택 과목	융합 선택 과목
• 기초소양 및 기본학력 함양 • 학문의 기본이해 내용 과목	• 교과별 학문 • 영역 내의 주요 학습 내용 이해 및 탐구를 위한 과목	교과별 심화 학습 및 진로 관련 과목	• 교과 내 · 교과 간 주제 융합 과목 • 실생활 체험 및 응용을 위한 과목

특수목적고에서 개설되었던 전문교과 I 은 일반고 학생들도 진로와 적성에 따라 선택할 수 있도록 보통교과로 통합하였다.

※ 향후 고교체제개편에 따라 특수 목적 고등학교 선택과목은 변경될 수 있음

특성화고 교육과정은 미래 직업세계 변화에 요구되는 기초소양 및 핵심역량을 갖출 수 있도록 전문 공통과목*을 확대하고 전공 일반, 전공 실무 과목으로 재구조화하였다.

* (현행) 성공적인 직업 생활 → (개선) 성공적인 직업 생활, 노동인권과 산업안전보건, 디지털과 직업 생활

■ 향후 계획

이번에 발표하는 '2022 개정 교육과정'은 2024년부터 초등학교 1~2학년, 2025년부터 중 · 고등학교에 연차 적용한다. 교육과정 발표와 동시에 새 교육과정 취지에 맞는 교

과용 도서 개발을 시작하고, 고교학점제 도입 및 교과목 구조 개편에 따라 현장 교원연수를 강화할 예정이다. 아울러 새 교육과정 적용에 따른 고교 현장의 변화 등을 고려한 대입제도 마련을 위해 고교 현장과 대학, 전문가 의견을 폭넓게 수렴하여 2024년 2월까지 '2028학년도 대입제도 개편안'을 확정·발표할 예정이다.

이주호 부총리 겸 교육부 장관은 "모든 학생이 누구나 자신의 역량과 잠재성을 스스로 다양한 방식으로 실현할 수 있도록 지원하는 2022 개정 교육과정을 통해 미래 교육을 열어가겠다."라면서, "학생 개개인의 특성과 학습의 수준과 속도에 맞는 디지털 기반의 개별 맞춤형 교육을 통해 기초학력을 보장하고, 학생들의 창의력과 인성 함양 중심을 둔 수업과 평가 혁신을 통해 잠자는 교실이 깨어나도록 지원해 나가겠다."라고 밝혔다.

(3) "누구나 누리는 맞춤형 평생학습 시대" 연다.

🏛️ 교육부	**보 도 자 료**		다시 도약하는 대한민국 함께 잘사는 국민의 나라
보도 일시	(인터넷) 2022.12.28.(수) 15:00 (지 면) 2022.12.28.(수) 15:00	배포 일시	2022.12.28.(수) 08:30

"누구나 누리는 맞춤형 평생학습 시대" 연다.
– 정부 5개년 '평생학습 진흥방안(2023~2027년)' 발표 –

주요 내용

- 대학의 역할을 전 국민 재교육·향상교육의 상시플랫폼으로 확대
- 지자체 중심으로 대학, 기업 등과 지역 평생학습을 함께 진흥하여, 지역 정주여건 개선, 국가 균형발전, 지역소멸 방지에 일조
- 30~50대를 생애도약기로 지정하고 학습상담(컨설팅)부터 학습콘텐츠까지 획기적으로 지원하는 한편, 평생학습 휴가·휴직제 도입 검토
- 사회부총리가 총괄·조정하는 국가–지자체–민간 평생학습 협력체계 구축

교육부(부총리 겸 교육부장관 이주호)는 12월 28일(수) 향후 5년간 평생학습 정책의 기본방향과 핵심과제를 제시하는 '평생학습 진흥방안(2023~2027년)'을 발표했다. 이번 방안은 '누구나 누리는 맞춤형 평생학습 진흥'이라는 슬로건 아래, 디지털 대전환, 초고령사회 등 시대적 변화에 대비한 '평생학습 대전환'을 정책 방향으로 삼았다. 교육부는 그간 시혜적 복지로 인식되던 평생학습을 국민의 시각에서 실질적인 권리로 보장하는 데 주력하는 한편, 지자체·대학 중심의 평생학습 정책을 확대·강화하고, 사회부총리 차원에서 평생학습을 위한 국가–지자체–민간 협력체계를 구축할 계획이다.

〈평생학습 대전환의 주요 내용〉

국민	시혜적 복지	→	국민의 실질적 권리
지자체	중앙정부의 평가 · 지원	→	지자체 중심 자율적 진흥
대학	학령기 학위과정 중심	→	재교육 · 향상교육 상시 플랫폼
학습연계	학위/비학위/경력 간 분리	→	학위–비학위–경력 간 연계
기술활용	전통적 교육자료 중심	→	인공지능 등 최신 디지털 기술 활용
협업	각 부처 · 지자체 산발적 추진	→	범정부 협력 · 연계체제 구축

■ 대학의 역할을 전 국민 재교육 · 향상교육의 상시플랫폼으로 확대한다.

디지털 대전환 등 4차 산업혁명 가속화에 따라 대학에서 양질의 재교육 · 향상교육(re-skilling and up-skilling)을 받고자 하는 국민의 기대와 요구가 많으나 아직 대학의 교육환경은 학령기를 주 대상으로 하는 학위과정 중심이다.

이에 대학이 재직자 등의 재교육 · 향상교육(업스킬 · 리스킬)을 위한 양질의 교육을 적극 담당할 수 있도록 관련 제도를 마련할 계획이다. 특히, 대학 재학생이 아닌 일반성인도 대학에서 개설되는 다양한 비학위과정(예 1~3개월의 단기과정 등)을 수강하고 이를 누적하여 학점 · 학위까지 취득할 수 있도록 제도를 신설할 예정이다.

※ 예 A씨는 ○○대학에서 운영하는 일반성인 대상 마이크로디그리(비학위과정)를 취득하고 이를 계속 누적하다가 대학 3학년으로 편입

■ 지자체–대학–기업이 함께 지역의 평생학습 진흥에 주력한다.

지자체가 자율적으로 지역산업, 지역주민 등의 학습수요를 발굴하고 대학, 기업 등과 연계하여 지역주민에게 평생학습을 제공하는 지자체 중심의 지역 평생학습 체계를 구축한다. 지역 평생학습 진흥을 위한 국가 사업방식도 그간 중앙정부가 직접 지자체를 평가하고 지원하던 방식에서, 앞으로는 지자체가 구성한 지자체–대학–기업 협력체계(컨소시엄 등)를 중앙정부가 지원하고 협력하는 방식으로 전환한다.

이처럼 지자체 스스로 지자체별 특성(산업특성, 인구지형, 학습인프라 여건 등)에 맞는 평생학습 정책을 추진할 수 있도록 지원하여, 지역의 정주여건 개선, 국가 균형발전, 지역소멸 방지 등에 평생학습이 역할을 톡톡히 할 수 있도록 중앙 · 지방정부가 협력을 강화해 갈 계획이다.

■ 3050 생애도약기 평생학습 지원정책을 추진한다.

30~50대는 우리나라 청년, 중년의 대부분이 속해 있는 우리나라 인구구조의 '허리'가 되는 연령대로 계속교육, 이 · 전직 교육 등이 가장 활발하게 이루어지고 필요한 시기다.

〈인구수 및 총인구대비 비중(2022.9. 기준)〉

총인구	0~29세	30~59세	60~89세	90세~
5,147만 명	1,477만 명	2,335만 명	1,306만 명	28만 명
100%	28.7%	45.4%	25.4%	0.5%

이러한 현실을 고려하여, 30~50대 국민을 생애도약기로 지정하고 학습상담(컨설팅), 학습시간, 학습비용, 학습콘텐츠 등을 종합적이고 획기적으로 지원하는 한편, 체계적이고 내실 있는 지원을 위해 관계부처 · 지자체 · 민간 등과의 협업도 지속해 나갈 예정이다.

특히, 평생학습을 국민의 실질적 권리로 보장하기 위한 특단의 조치로서, 평생학습 휴가 및 휴직제 도입을 검토할 계획이다. 이를 위해 관계 부처, 지자체, 기업 등의 의견을 충분히 수렴하고 사회적 공론화를 위한 국민 의견수렴 등도 실시한다.

■ 사회부총리가 총괄 · 조정하는 국가−지자체−민간 협력체계를 구축한다.

평생학습은 학력보완, 직업능력향상, 인문교양, 문화예술 등 그 영역이 넓고 다양하여 각 부처, 지자체, 기업 등 민간에서 개별적이고 산발적으로 추진하고 있는 것이 현실이다. 이러한 상황을 개선하기 위해, 내년부터 교육부는 각 부처, 지자체, 기업 등 민간에서 개별적으로 추진 중인 평생학습 정책을 사회관계장관회의를 중심으로 총괄 · 조정에 나설 계획이다. 우선 우리나라 평생학습 정책의 실태를 조사 · 분석하여, 정책의 사각지대를 발굴하고 중복되는 유사한 사업 현황 등을 파악할 예정이다.

정부는 이외에도 인공지능(AI) 등 디지털 기술을 활용하여 맞춤형 평생학습 시대를 열어갈 예정이다. 인공지능 기술을 통해 개인별 맞춤형 학습진단 · 상담(컨설팅) · 경력관리 · 학습추천 등을 지원하고 평생학습 데이터를 민간과 연계하여 기업 채용 등에도 활용할 수 있도록 지원할 예정이다. 아울러, 재직경력을 국가에서 학점 · 학위로 인정하는 '국가 학습경험인정제'를 도입하고*, 고령층, 장애인, 저소득층, 북한이탈주민, 다문화가정, 재외동포 등 우리 사회의 사각지대에 대한 지원도 강화한다.

* 예 고교졸업 직후 관광가이드로 근무한 A씨는 국가 학습경험인정제를 통해 대학 2학년 학력을 인정받고, OO대학 관광 학과에 편입학

이주호 부총리 겸 교육부장관은 "이번 방안은 헌법정신에 따라 마련한 윤석열 정부의 평생학습 정책 기본방향이다."라며, "앞으로 이를 5년간 차질 없이 추진하여 "국민 누구나 평생학습을 통해 언제든 계속 도약할 수 있는 사회를 만들어 가겠다."라고 밝혔다.

(4) (예비)교원의 디지털 역량 강화 추진

🏛 교육부	보 도 자 료		다시 도약하는 대한민국 함께 잘사는 국민의 나라
보도 일시	(인터넷) 2022.12.22.(목) 06:00 (지 면) 2022.12.22.(목) 06:00	배포 일시	2022.12.21.(수) 15:30

'민·관·학' 힘을 합쳐 (예비)교원의 디지털 역량 강화 추진
– (예비)교원의 디지털 역량 강화 추진체제 'AIEDAP'(아이에답) 연수회 개최 –

주요 내용
• 교원의 인공지능(AI)·디지털 역량강화를 위해 소통·개방·협업 체제 구축
• 'AIEDAP(아이에답)' 사업 운영 성과 공유 및 차년도 사업 방향성 모색

교육부(부총리 겸 교육부장관 이주호)는 예비·현직교원의 인공지능(AI)·디지털 역량 강화를 위해 구축된 민·관·학의 종합 지원 체제인 'AIEDAP(아이에답)' 운영 성과를 공유하고 발전 방안을 모색하기 위해 12월 22일(목)부터 23일(금)까지 이틀간 제주도에서 연수회(워크숍)를 개최한다.

※ AIEDAP(AI Education Alliance & Policy lab): 아이에답, 미래교육과 디지털 교육혁신으로 아이들의 미래 삶과 궁금증에 답한다.

교육부는 2022년 8월 새 정부의 중점 국정과제인 '100만 디지털 인재양성'의 원활한 이행을 위해 '디지털 인재양성 종합방안'을 발표(2022.8.22.)하였고, 디지털 교육 체제 대전환의 추진과제로 'AIEDAP(아이에답)' 사업이 포함되었다.

'AIEDAP(아이에답)'은 민·관·학 디지털 전문 인력이 함께 디지털 인재 양성의 주축인 (예비)교원들의 디지털 역량 강화를 지원하는 사업으로, 교원의 디지털 역량 강화 관련 사업들이 분절적으로 수행되었다는 한계를 극복하고, (예비)교원의 인공지능(AI)·디지털교육 역량 강화를 종합적이고 체계적으로 추진·지원한다. 이를 위해 시도교육청, 교원양성기관, 특화대학원, 출연연구소, 민간 등 35명 내외의 인공지능 교육 전문가들이 사업기획단으로 참여하였으며, 5개 세부과제의 효율적 이행을 위해 5개 학회 및 2개 대학이 과제 수행기관으로 참여하였다.

〈세부과제 및 수행기관〉

구분	세부과제	수행기관
1	예비 · 현직교원의 AI · 디지털 역량 체계 정립	한국교원교육학회
2	혁신적 교수학습모형 및 자료 개발	한국교육공학회
3	AI · 디지털 역량 강화를 위한 예비교원 양성체제(초 · 중등) 개선	서울교육대학교, 서울대학교
4	AI · 디지털 역량 강화를 위한 현직교원 재교육체제(초 · 중등) 개선	한국정보교육학회, 한국컴퓨터교육학회
5	예비 · 현직 교원 AI역량 강화 사업 성과 분석 및 신규 사업 시범 운영	한국교육행정학회

이번 연수회(워크숍)에서는 2022년 중점 추진된 5가지 세부 추진과제에 대해 각 과제
별 연구진들과 구체적 성과를 공유하고 2023년도 계획을 논의 · 점검한다.

1일 차(12월 22일)에는 교원의 인공지능 · 디지털 역량 강화 사업 전반에 대한 이해 및
통찰을 제고할 수 있는 전문가 특강, 인공지능 · 디지털과 관련한 교육현장의 목소리를
청취할 수 있는 이야기 콘서트(토크 콘서트)가 마련되었다. 이후, 2022년도 세부 추진
과제에 대한 사업 성과보고를 진행할 예정이다.

2일 차(12월 23일)에는 총괄위원회[*]를 중심으로 2022년도 사업 성과 등에 대해 논의하
고, 각 분과별 2023년도 계획(안)을 공유하며 이를 바탕으로 차년도 사업 내용 및 운영
계획을 최종 종합하는 시간을 갖는다.

[*] 사업 운영 총괄 및 사업기획단 최종 의사결정 역할 수행(사업기획단 중 10명)

'AIEDAP(아이에답)' 사업은 2022년 사업의 운영 성과 및 결과를 기반으로 2023년부
터 권역별 시범사업[*] 운영을 거쳐, 2025년부터는 지역별 여건에 맞게 사업을 추진 · 확
대할 계획이다.

[*] 교원의 인공지능 · 디지털 역량 진단 도구 적용, 교원 디지털 역량 향상 맞춤형 연수 추진, 교원양성기관 교육과정 개선
 및 프로그램 적용, 디지털 기반 수업 · 평가 운영 가이드라인 개발 등

1단계 (1~2년차)	2022년 **방향 설정** 연구 · 평가 및 기획	• '중앙 주도 + 지역 참여'의 전국 단위 연합체제(AIEDAP) 구성 · 운영 • AI · 디지털 분야 교원 역량 체계 정립 등 연구 → 교원 AI · 디지털 역량 강화 관련 기존 사업 평가 및 발전방안(규제개선) 도출
2단계 (2~3년차)	2023~2024년 **모델링** 시범사업 운영	• 전국 연합 체제(AIEDAP)의 지역 확산 • (예비) 교원 AI · 디지털 역량 제고를 위한 시범사업 추진 → 기존 사업의 안정적 추진 지원(도출된 역량체계 반영 등)
3단계 (4년차 이후)	2025년 **확산 및 안착** 역량체계에 기반한 본격 사업 추진	• 5개 권역별 연합 체제(지역 AIEDAP) 출범(중앙은 연구 · 지원 담당) • 시범사업의 정규화, 기존사업의 통합으로 지역 여건에 맞는 일원화된 통합체계로서 맞춤형 교원 양성 · 연수(재교육) 실시 등

※ 출처: 디지털 인재양성 종합방안(2022.8. 교육부)

오승걸 학교혁신지원실장은 "미래사회의 변화에 적극 대응하고, 창의융합 인재를 양성할 수 있도록 교육환경을 조성해 나가는 데 교원의 인공지능 · 디지털 역량이 점차 중요해지고 있다."라며, "사업을 통해 모든 교원의 인공지능과 디지털 교육 역량이 강화될 수 있기를 기대하며, 앞으로도 교육부는 시도교육청을 중심으로 인공지능 · 디지털 교육이 성공적으로 안착 · 활성화될 수 있도록 지원해 나갈 계획이다."라고 밝혔다.

2. 정책자료

(1) 2023년부터 달라지는 제도

① 공립 온라인학교 신설
- 온라인학교는 소속 학생 없이 시간제 수업을 제공하는 새로운 형태의 학교로 고등학생들은 필요한 과목을 온라인으로 이수
- 2023년부터 대구, 인천, 광주, 경남 4개 지역을 시작으로 연차적으로 확대

② 제1차 기초학력 보장 종합계획 전면 시행(2023~2027년)
- 초 · 중 · 고등학생을 대상으로 기초학력 보장을 위한 진단과 지원 강화(정확한 진단 → 맞춤 지원 → 기초학력 보장)
- 새 학년 시작 후 2개월 이내 체계적인 진단을 통해 기초학력이 부족한 학생을 선정
- 학교와 교육청의 종합적이고 심층적인 지원 확대를 통해 기초학력 지원 강화

③ 초·중학교 입학생 예방접종 완료 여부 확인 절차 간소화
- 기존: 초등학교와 중학교의 장이 학부모 또는 시장·군수·구청장에게 관련 정보를 요청하여 교육행정시스템에 입력
- 개선: 교육행정시스템(학교)과 감염병 예방접종 통합관리 시스템(질병관리청)의 연계로 학생의 예방접종 이력을 자동으로 입력·관리
- 예방접종 완료 여부 확인 절차 간소화로 학교와 학부모들의 부담 완화

④ 2023년 1학기부터 학점은행제 학습자도 학자금 대출 가능
- 대학생·대학원생만 이용할 수 있었던 학자금 대출을 학점은행제 학습자도 이용 가능
- 고정금리 1.7%, 학점은행제 학습자에게 학습비 전액을 '일반상황 학자금 대출'로 지원

⑤ 원격대학(한국방송통신대학 및 사이버대학)에서도 박사학위 및 전공심화과정 운영 가능
- 기존: 일반대학과는 달리 석사과정만 운영할 수 있는 특수대학원 설치만 가능
- 개선: 원격대학의 대학원 종류가 '일반대학원 및 전문대학원(의학·치의학·한의학 및 법학 전문대학원 제외)'까지 확대되어 박사학위과정도 운영 가능, 사이버대학(2년제 전문학위과정을 운영하는 사이버대학)에서 학사학위를 수여할 수 있는 전공심화과정 설치·운영 가능
- 성인 학습자들의 교육기회 확대

⑥ 부양·양육 책임을 이행하지 않은 유족에 대해 사학연금에도 퇴직유족급여 제한 심사 기능 부여
- 퇴직유족급여 제한을 심사하는 「공무원연금법」이 신설됨에 따라 이를 준용하고 있는 사학연금에도 적용
- 자녀를 돌보지 않았을 경우 급여를 동일하게 수급하는 사례 방지

⑦ 장애대학(원)생의 학습권 보장을 위한 대학 및 국가의 지원체계 강화
- 장애인고등교육지원센터의 설치·지정 및 운영으로 대학에 재학하는 장애학생에 대해 통합적 지원 제공
- 대학의 특별지원위원회 구성 및 장애학생지원센터장 자격을 규정하여 장애학생 지원에 대한 전문성 강화
- 장애학생의 수요를 조사하여 수립한 개인별 교육지원계획에 따라 각 대학이 장애학생을 지원하도록 의무화

(2) 2022년 상반기 교육부 적극행정

① 초·중학교 입학생 예방접종 이력 확인으로 학교 내 감염병 확산 예방
- 교육행정시스템과 질병청의 예방접종통합관리시스템을 연계하여 초·중학교 입학생 예방접종 이력 자동 확인·기록
- 예방접종 이력 공유를 통해 행정 부담 완화 및 학교 내 감염병 확산 예방

② 공동주택 입주 전 학교 개교로 학생과 학부모의 불편 해소
- 「지방교육행정기관 재정투자사업 심사지침」 개정
- 개발 사업에 따른 학생유발시점 개선을 통한 적기 학교설립 추진 지원: (당초) 공동주택 등 분양 공고 → (개선) 택지개발 후 공동주택 건설 계획 승인 시점

③ 코로나19 상황에서도 공정한 학생평가를 위해 안전한 학교 학생평가 운영 가이드라인 제시
- 2022학년도 1학기 학교 기말고사 운영 가이드라인 마련
- 확진·의심 증상 학생을 포함하여 안전한 기말고사 추진: 유관기관 협조체계 구축 및 분리 고사실 운영, 시차 등·하교 등 운영

④ 인구가 감소함에 따라 대학에 자율성을 부여해 입학정원을 탄력적으로 조절
- 입학정원 모집유보제(대학이 입학정원의 일부를 일정기간 모집 유보했다가 필요할 때 다시 뽑을 수 있는 제도) 도입
- 외국인 유학생, 직장인을 위해 전담학과 허용으로 맞춤형 교육 제공

⑤ 국립대병원 사이버위협 예방·대응 체계 구축: 국정원−과기정통부−보건복지부 협력으로 국립대학병원의 주요시설에 대한 사이버 위협 예방 및 대응 강화 방안 마련

⑥ 진로교과목 교육과정 개편
- 진로설계 필수과목 신설 및 교육기간 확대(8주 → 15주)
- 학년별 진로목표에 맞춰 커리큘럼 전면 개편
- 전공교수 54명 진로교수로 임명

(3) 2022년 하반기 규제혁신

① 취업 후 상환 학자금 대출 지원 범위 확대
- 기존: 취업 후 상환 학자금 대출 지원받을 수 있는 대학원생의 범위를 일반대학원의 석·박사학위과정 이수자에 한정
- 개선: 특수·전문대학원생을 포함한 모든 유형의 대학원 석·박사학위과정 이수자로 확대

② 대학의 정원 증원기준 완화
- 기존: 대학이 학과, 전공 증설 또는 학생정원을 증원하는 경우 4대 교육요건(교사, 교지, 수익용 기본재산, 교원확보율)을 모두 충족해야 가능
- 개선: 대학이 첨단산업 분야 인력양성을 위해 학과, 전공 증설 또는 학생정원을 증원하는 경우 교원확보율을 충족하면 허용

③ 학습부진아 등에 대한 지원 확대
- 기존: 학습부진아 등에 대한 지원대상을 '학습부진아 등이 밀집한 학교'로 한정
- 개선: 비사업학교의 학습부진아 등을 직접 지원할 수 있도록 지원대상을 '학습부진아 등'으로 개정

④ 과밀학급 해소를 위한 수익용 기본재산 추가확보 의무 변제
- 기존: 사립학교의 경우 학급 증설이나 학생정원 증원 시 그 증설·증원분에 대하여 수익용 기본재산 추가 확보 필요
- 개선: 시·도 교육감이 인정하는 경우 수익용 기본재산을 추가로 확보하지 않고 학급 증설이나 정원 증원 가능

⑤ 첨단분야 온라인 학사학위 과정 운영범위 확대
- 기존: 첨단분야 학사학위는 국내대학과 외국대학 공동으로 학위과정을 운영하는 경우에만 제도 활용 가능
- 개선: 첨단분야 학사 학위과정은 국내대학 단독 또는 공동으로도 운영할 수 있도록 개정

⑥ 원격대학(사이버대학, 한국방송통신대학)의 시간제 등록생 운영방식 개선
- 기존: 원격대학의 경우 일반대학과는 달리 정규학생을 대상으로 개설된 강좌에 한하여 수강 가능
- 개선: 원격대학에서도 시간제등록생만으로 별도 강좌 개설 가능

---

02 교육행정직 관련 전문 자료 및 이슈

1. 전문 자료

(1) 에듀테크(Edutech)

교육(Education)과 기술(Technology)의 합성어로 교육에 미디어, 디자인, 소프트웨어 (SW), 가상현실(VR), 증강현실(AR), 3D 등 정보통신기술(ICT)을 접목해 학습자의 교

육 효과를 높이는 산업이다. 코로나19의 전 세계적 확산으로 인해 비대면 교육 서비스 수요가 증가하면서 ICT 기술이 교육현장에 확산되었으나 에듀테크는 비대면 교육현장 뿐 아니라 일반 교육현장에서도 적용될 수 있다. 에듀테크는 단순히 교육을 온라인으로 제공하는 이러닝(e-learning) 단계를 넘어 개개인의 수준에 따른 맞춤 교육까지 가능해 새로운 학습 경험을 제공한다는 점에서 기존 교육현장을 변화시키는 데 중요한 역할을 할 수 있다.

(2) 교육행정정보시스템(National Education Information System)

'NEIS'로 약칭되며, 교육 관련 정보를 공동으로 이용하기 위해 전국의 초 · 중등학교, 16개 시 · 도 교육청 및 산하기관, 교육부를 인터넷으로 연결하는 전국 단위의 교육행정정보시스템을 말한다. 활용 측면에서 볼 때, 학부모 · 민원인은 각종 민원신청, 교육통계 현황, 교육정책, 학생정보 등을 조회할 수 있으며, 교육부는 인터넷을 이용해 교육정책을 수립 · 시달하고, 교육정책 시행 결과 및 교육통계를 분석할 수 있다. 또한, 시 · 도 및 지역 교육청은 인터넷으로 교육정책을 시행 · 관리 · 분석하고, 예산 · 회계 · 인사 및 물품, 기타 행정 업무를 수행할 수 있다. 그리고 각급 학교는 인터넷을 통해 교무 · 학사, 학교 회계 및 물품, 보건과 급식 업무 등을 처리할 수 있다. 그러나 이러한 활용적 장점에도 불구하고, 개인의 신상정보 유출의 우려와 교사를 통제하고 압박하는 수단으로 작용할 수 있다는 비판으로부터 자유롭지 못하다는 지적도 제기된다.

(3) Wee 프로젝트

Wee는 '우리'를 뜻하는 'We'와 '교육'을 뜻하는 'Education', '감정'을 뜻하는 'Emotion'의 합성어이며, Wee 프로젝트는 학교, 교육청, 지역사회가 연계하여 학생들의 건강하고 즐거운 학교생활을 지원하는 다중의 통합지원 서비스망을 의미한다. 교육부는 Wee 프로젝트를 통해 학습부진 및 학교부적응 학생뿐만 아니라 일반 학생들도 행복한 학교생활을 할 수 있도록 지원하고 있다. Wee 프로젝트의 일환으로 학교에는 위(Wee) 클래스, 교육지원청에는 위(Wee) 센터, 교육청에는 위(Wee) 스쿨 · 가정형 위(Wee) 센터 · 병원형 위(Wee) 센터 · 학교폭력 피해학생 전담지원기관 · 학교폭력 가해학생 특별교육이수기관 · 117신고센터 등이 개설되어 있다.

① 위(Wee) 클래스: 학교 내 상담실을 통해 상담 및 교육프로그램을 운영하며, 이를 통해 문제 발생 가능성을 초기에 진단하고 대처하는 역할을 한다.

② 위(Wee) 센터: 관내 위(Wee) 클래스가 없는 학교 학생이거나 위(Wee) 클래스에서 상담 받기 어려운 학생 등을 대상으로 하며, 지역 내 인적 · 물적 자원 연계망을 활용하여 심리평가 – 상담 – 치유를 위한 원스톱(one-stop) 서비스를 제공한다.

③ 위(Wee) 스쿨: 상담을 비롯한 인성·직업교육 및 사회적응 프로그램 등을 제공하는 대안교육기관 겸 중·장기 위탁기관에 해당한다. 이곳은 중장기 위탁교육 및 상담을 비롯해 치유가 필요한 고위기 학생을 대상으로 한다.

(4) 디지털 리터러시(Digital literacy)

디지털 리터러시 또는 디지털 문해력은 디지털 플랫폼의 다양한 미디어를 접하면서 명확한 정보를 찾고 평가하며, 조합하는 개인의 능력을 의미한다. 교육현장에서 디지털 리터러시는 디지털 환경을 통해 접하는 각종 정보의 이해와 그러한 정보를 생산하는 코딩 능력, 정보에 대한 분석과 활용을 아우르는 종합적 학습 분야라고 할 수 있다. 학습자는 디지털 리터러시 교육을 통해 디지털 플랫폼에서 얻는 정보와 자신의 경험이 전반적으로 맞닥뜨려지는 경험을 하게 되고, 그 속에서 자기 주도적 정보 활용으로 문제를 해결하는 방안을 배우게 된다. 교육현장에서 디지털 리터러시에 대한 학습은 디지털 기기의 작동과 활용을 가르치는 기술 교육적 측면에서 더 나아가 디지털 기기를 통한 정보에 접근하는 태도와 윤리가 강조되는 교육사회학적 분야로 확장되고 있다.

(5) 고교학점제

① 학생의 기초 소양과 기본 학력을 바탕으로 진로 적성에 따라 과목을 선택하고 이수 기준에 도달한 과목에 대해 학점을 취득·누적하여 졸업하는 제도이다.

② **시행 배경**: 학생들의 소질과 적성이 각각 다르므로 개인의 잠재력을 최대한 발휘할 수 있도록 개인별 맞춤형 교육 시행의 필요성이 대두되었다.

③ 기존 수업 방식과 달라지는 점
- 고등학교 1학년: 공통 과목 이수
- 고등학교 2~3학년: 학생이 직접 선택하여 과목 이수(선택 과목 비율 70% 이상)
- 석차등급 표기가 아닌, 성취평가제 적용(90점 이상: A, 80점 이상: B 등)
- 3년간 192학점 취득 시 졸업

④ 고교학점제 도입 로드맵

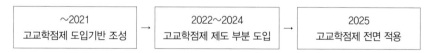

~2021 고교학점제 도입기반 조성	→	2022~2024 고교학점제 제도 부분 도입	→	2025 고교학점제 전면 적용

⑤ 2025년 고교학점제 전면 적용을 위한 단계적 이행 계획 Q&A
- 2023년부터 고교학점제가 도입되면 현재 중학교 2학년 학생들부터 적용받는데, 달라지는 것은 무엇인가?
  → 고등학교에서 수업량을 셀 때 사용하는 '단위'라는 표현이 '학점'으로 바뀌고, 수업량이 줄어든다. 현재 고등학교 학생들은 3년 동안 총 204단위를 이수해야 하

는데, 이는 일주일에 34교시의 수업을 듣는 양이다. 2023년부터는 고등학교 3년 동안 192학점을 이수하게 되어, 일주일에 32교시로 수업 부담이 줄어들게 된다 (교과 6학점, 창의적 체험활동 6학점 감축). 아울러, 고등학교 1학년 때 주로 듣는 공통과목 중 국어, 수학, 영어에 대해 모든 학생들이 최소한의 학업성취수준에 도달할 수 있도록 보충지도와 같은 프로그램을 실시해서 학생들의 학력 향상에도 기여하게 된다.

- 학점제는 2025년 도입인데 2023학년도부터 제도를 바꾸는 이유는?

→ 우리나라 고등학교에서는 2018학년도부터 이미 선택형 교육과정을 운영해 오고 있다. 고등학교 3년 동안 204단위를 이수해야 하는 현재의 체제에서는 월요일부터 금요일까지 하루를 빼고 매일 7교시 수업을 해야 해서 시간표 편성이 경직적이고, 학생들이 자신의 적성이나 소질을 고려해서 수업을 선택하기가 어렵다. 192학점으로 줄이면 시간표에 여유가 생기므로 이를 공강 시간으로 활용하거나, 다른 학교에서 공동교육과정 수업을 듣거나, 진로 상담도 받을 수 있다. 선생님들도 수업 부담이 줄면서 학생들의 진로 진학 지도나 수업 연구에 좀 더 집중하실 수 있을 것으로 생각된다. 이런 경험들이 쌓이면 2025학년도 고교학점제 전면 도입에도 도움이 될 것이다.

- 이런 변화로 인해 대학 진학에 불리한 부분은?

→ 2023~24년 고등학교에 입학하는 학생들은 현행 대입제도와 동일하게 입시를 치르게 되므로, 학점제 단계적 이행 기간에는 유불리가 발생하지 않는다. 현재의 내신평가 방식, 대입 정시·수시에 변화가 없기 때문에 학생들은 현행 대입제도를 기준으로 지금처럼 공부하고 입시를 준비하면 된다.

(6) 그린스마트 미래학교

그린스마트 미래학교는 노후 학교시설을 개축 또는 새 단장(리모델링)하여 '공간혁신', '그린학교', '스마트교실', '학교시설 복합화'를 통해 교수학습 혁신과 미래형 교육과정 구현이 가능한 미래 교육 인프라를 갖춘 학교로 탈바꿈하는 사업이다.

핵심요소	내용
공간혁신	기존의 학교를 창의·융합적 미래교육 및 학생 선택 중심 수업이 가능한 유연한 공간으로 바꾸어 미래 핵심역량과 웰빙을 고려한 학습과 삶이 공존하는 학교로 공간을 탈바꿈한다. • 교육과정 및 혁신적 교수법 연계 • 개별화/맞춤형 학습지원 • 사용자 참여설계

그린학교	'탄소중립 학교'를 실현함으로써 학교가 기후변화 대응에 선도적이며 모범적 역할을 수행하도록 한다. 또한 다양한 생태환경을 조성하여 체험 중심의 환경교육을 실현한다. • 에너지자립률 20% 이상 • 패시브디자인 적용 • 신재생에너지 도입 • 친환경 건축자재
스마트교실	학교라는 공간을 디지털 장비, 정보통신 설비, 스마트기기 등을 통해 미래형 교수 · 학습이 가능한 ICT기반 스마트교실을 구축한다. • 디지털 전환기반 • 정보통신인프라 • 개별화학습지원 • 지능정보기반 학교안전 인프라
학교시설 복합화	주말, 일과 이후에도 학부모와 함께 학교시설을 활용한 교육활동이 가능해지며, 지역에 다양한 공공시설을 제공하여 평생교육 및 자기계발을 지원한다. • 학교시설 + 생활SOC • 학령인구감소 대응 • 학습 · 놀이 · 돌봄 가능 • 지역사회 중심 커뮤니티

(7) 케이(K)-에듀 통합 플랫폼 구축

① K-에듀 통합 플랫폼의 정의

- 다양한 교육콘텐츠와 빅데이터를 활용하여 맞춤형 학습을 제공하는 플랫폼으로, 교실에서 일어나는 모든 교육 활동을 디지털 기반으로 전환하는 기능을 한다.
- 4차 산업혁명시대 도래 등 급변하는 환경에 능동적으로 대처할 수 있는 미래인재 양성을 위한 온 · 오프라인 혼합 교육환경 제공과 학생 맞춤형 학습지원이 가능한 미래형 교수 · 학습 기반 체계이다.

② 교육부는 K-에듀 통합 플랫폼을 구축하기 위해 정보화전략계획(ISP) 수립 사업을 완료한 상태이며, ISP/MP를 통해 세부 계획을 수립할 예정이다.

(8) 케이무크(K-MOOC; Korea Massive Open Online Course)

① 한국형 온라인 공개강좌로 대학 · 기관의 우수 온라인 강좌를 일반인이 누구나, 언제, 어디서나 무료로 수강할 수 있는 서비스이다.

② K-MOOC 준비안

- K-MOOC 교육 기반 강화

교육과정 체계화	• 한눈에 알아볼 수 있는 학습 정보 제공 • 학습자 생애주기 · 장애 등을 고려한 강좌 개발
자막 및 수어 제공	• 2022년 신규 개발 강좌: 국문, 영문 자막 필수 개발 • 교양강좌: 청각장애인을 위한 수어서비스 제공
교원 전문성 강화	• 교원 대상 연수 제공, 우수 교수자 선정 등

- 학습자 수요 기반 강좌 제공 확대

고품격 교양 강좌	• 탄소중립, 신기술 분야의 전문가 참여 다큐멘터리 형 강좌 확대 • 대중성 있는 교양강좌 확대(한국의 역사, 예술 등 테마별 문화 특강 등)
전략 분야 강좌	• 비전공자도 쉽게 이수 가능하도록 연계형(모듈형) 과정 구성(20개) • 외국어 등 수준별 강좌(32개), 심화 · 실습 강좌(7개) 제공
해외 MOOC 연계 등	• 자율 개발한 강좌 확대 및 발굴 • 해외 우수 강좌(50개) 선별 · 연계 • 언어의 장벽 없이 누구나 수강할 수 있도록 한글 자막 등 학습 지원
품질관리 강화	• 성과평가를 통한 기존 강좌 운영 활성화 • 전 강좌의 사전 · 사후 품질체계 강화 • 참여기관의 맞춤형 컨설팅 제공

- 학습자 친화적 플랫폼 환경 제공

플랫폼 고도화	학습 서비스 제공	플랫폼 연계
• 인공지능(AI) 기반 맞춤형 강좌 추천 → 학습자 친화적인 환경 조성 • 모바일, 스마트 학습 서비스 → 강좌 제공 방식 다양화	• 마이크로 러닝 등 강좌 제공 방식의 다양화 • 학문분야별 이수체계와 K-MOOC 강좌를 연계하여 지속적으로 학습경로 제공	• 유사 플랫폼 연계(매치업, KOCW 등)로 학습자의 접근성 제고 • 민관 협업 거버넌스 구축 예정

- 참여 중심 교육환경 조성

강좌 활용 확산	• 대학 정규학점 인정 • 일반국민의 K-MOOC 학점은행제 학점인정 확대 • 기업 및 공공기관 등의 재직자 교육 활용 등 • 학습자 학습지원 강화 및 우수 학습자 장학생 선발(10명)
소통 · 홍보 강화	• 콜센터 및 모니터링단 운영 • 질문에 대한 알람서비스 등 신속한 피드백 체계 구축 • 해외 무크 연계 등 국제 협력 강화

2. 관련 이슈

(1) 10대 마약사범 급증에 '마약 예방 교육 강화방안' 마련

국정감사 자료에 따르면 초·중·고교생, 대학생, 대학원생을 포함한 학생 마약사범은 2018년 140명이었지만 2019년 195명, 2020년 323명, 2021년 346명으로 급증했다. 특히 전체 마약사범이 2018년 8,107명에서 2021년 1만 626명으로 1.3배 증가하는 동안 학생 마약사범은 2.5배 증가했다.

이에 따라 교육부는 2022년 전국 초·중·고등학교 120여 개 학교를 대상으로 실시한 마약 예방 교육 실태조사를 실시하였고 학교 마약 예방 교육을 강화하는 방안을 논의 중이다. 마약 예방 교육 강화방안에는 담당 교원의 연수 과정을 신설해 운영하고, 한국마약퇴치운동본부 등 외부 전문 강사를 활용하는 등의 방안이 포함될 것으로 보인다.

「학교보건법」과 「학교안전사고 예방법」 등에서 규정한 약물 오남용 예방 교육 시간(매년 10시간)은 늘어나지 않지만, 교육부는 10시간 내에서 마약 예방 교육 시간을 학교별로 자유롭게 설정할 수 있도록 할 계획이다.

현행 약물 오남용 예방 교육의 경우 학기당 2회 이상(10차시) 3개월에 1회 이상(10시간) 이뤄지고 있지만 보건, 인터넷 중독 등에 대한 교육이 함께 이루어져 마약 예방 교육 시간이 부족하다는 지적이 제기되기도 했다.

(2) 보도 없는 초등학교 523곳, 안전한 초등학교 통학로 설치

2022년 말 서울 강남구 한 초등학생이 하굣길에 어린이보호구역(스쿨존)에서 차에 치여 숨진 사고가 있었다. 이를 계기로 정부는 '어린이 교통안전 관계기관 협의체'를 구성하여 스쿨존 안 보행로 확보 방안을 논의하기로 하였다.

스쿨존 보행로 확보는 통학 안전의 가장 중요한 요소다. 2018년부터 행정안전부와 지자체가 학교 부지 일부를 떼어 스쿨존 보행로 조성 사업을 시행했지만, 그 방식을 두고 '교육청이 학교 부지를 무상 제공해야 한다'는 지자체와 '지자체가 학교 부지를 적법하게 사야 한다'는 교육청 간 입장차로 진행이 어려웠다. 양방통행 도로를 일방통행으로 변경해 보행로를 만드는 방법도 있지만 주민들의 반대가 크다. 실제 사고가 일어난 강남구 언북초의 경우 2019년 관할 구청·경찰서에 이를 요청했다가 주민 반대로 무산되었다.

'어린이 교통안전 관계기관 협의체'에는 행정안전부와 교육부, 경찰청 등 중앙행정기관과 지자체, 시·도교육청, 시·도경찰청(서), 교통안전 전문기관이 참여한다. 행안부는 보행로 설치 수요조사와 사업 지원을 총괄하고 경찰청은 시·도경찰청 일방통행 지정 등을 위한 검토 기준을 마련한다. 교육부는 학교 부지를 활용한 보행로 설치를 홍보·

독려하고, 지자체에서는 주민 설득을 위한 주민설명회 등을 추진한다. 정부는 기관별로 진행되던 통학로 안전진단도 올해부터 정부 합동점검으로 1년에 두 차례 실시할 예정이다.

하지만 협의체 실효성에 대한 의문도 제기된다. 관계기관 간 이견을 조율하고 사업을 총괄하기 위한 협조 체계를 구축한다는 점에서는 의미가 있지만, 정작 보행로 설치방식을 둘러싼 지자체와 교육청의 이견을 어떻게 좁힐 수 있을지에 대한 좀 더 근본적인 대책이 필요하다.

(3) 학교폭력 가해자에게 실효성 있는 조치 실행 필요

국가수사본부장에서 낙마한 최종 후보의 아들이 학교 폭력으로 강제 처분을 받았음에도 불구하고, 정시로 서울대에 입학한 사건과 고등학생 시절 학교 폭력을 당한 주인공이 가해자들에게 복수하는 이야기를 다룬 넷플릭스 드라마 '더 글로리'가 인기를 얻으며 학교폭력 문제가 사회적 이슈로 다시 떠오르면서 교육부는 '학교 폭력(학폭) 처분 기록' 보관 기간을 연장하고, 대학 입시에서도 이를 반영하는 방안을 검토하고 있다.

대부분은 학교폭력을 근절하기 위해서 가해자에 대한 법적인 조치를 지금보다 더 강화해야 하며 누군가에게 평생 지우지 못할 상처와 고통을 준 가해자의 학폭 이력을 대학 입시에 반영하고 학생부에 기록하는 것을 연장하는 것이 자신이 한 일에 대한 책임을 지게 하는 방법이라며 찬성하였다. 그러나 일각에서는 학교폭력을 대학입시와 연결짓는 것이 옳은가에 대한 우려가 있으며 학생부에 기록하는 것을 연장하는 것은 폭력 사안 경도에 따라 차등적으로 이루어져야 한다면서 학생들이 반성하고 뉘우치며 사회로 돌아갈 기회를 막아서는 안 된다고 보았다.

(4) 영재학교에서 의대, 약대 진학하면 학생부 평가 '불이익'

교육부는 영재교육의 방향과 과제를 담은 '제5차 영재교육 진흥 종합계획(2023~2027년)'에서 전국 8개 영재학교, 20개 과학고 운영을 내실화하고, 인재들의 의대 쏠림을 방지하기 위해 영재학교 · 과학고가 자체적으로 마련한 '의약학 계열 진학 제재 방안'을 지속해서 적용하겠다는 방침을 밝혔다.

정부는 그동안 영재학교 · 과학고 학생들이 의약학 계열로 진학을 희망할 경우 일반고로 전출할 것을 권고하고 교육비 · 장학금을 반납하도록 하였는데, 2023년부터는 수상실적 · 연구활동 등 영재학교만의 특성이 담긴 학교생활기록부 제출도 차단하기로 하였다. 또한 영재학교가 설립 취지에 맞춰 운영되는지를 평가하는 제도도 2025년부터 실시함으로써 이공계 우수 인재 양성이라는 설립 목적에 맞게 운영되도록 영재학교의 책무성을 강화하고 영재학교 입학전형의 사교육 유발 정도도 매년 점검하여 입학전형을 개선하는 데 반영한다.

(5) 교육전문대학원 신설 논란

교육부는 2023년 업무보고에서 교사혁신 지원체제의 일환으로 교육현장 연구 · 실습을 기반으로 대학원 수준의 교원양성과 교 · 사대 혁신 지원을 위해 교육전문대학원 시범 운영을 실시한다고 발표하면서 논란이 일었다. 예비교사들은 교육전문대학원과 같은 정부 정책이 정교사 선발을 축소하고 공교육을 질을 저하시킬 우려가 있으며 사교육비가 증가하여 교육 불평등을 심화시킬 것이라고 주장하였다. 또한 교육전문대학원이 교사 양성을 입시화할 것이라고 우려하였다. 이에 대해 교육부에는 교 · 사대 학생들을 중심으로 교육과정에 대한 개선책 등 여러 의견을 듣고 있으며 의견 수렴 과정을 거쳐 추진 방향을 설정할 계획이라고 하였다.

작은 기회로부터
종종 위대한 업적이 시작된다.

− 데모스테네스 −

선거행정직

CHAPTER 01 국가공무원 선거행정직의 모든 것

01 선거행정직 공무원의 개요

1. 선거행정직 공무원이란?

(1) 선거행정직 공무원은 중앙선거관리위원회에 소속된 각급 선거관리위원회에서 근무하는 행정직렬 선거행정직류의 공무원을 말한다. 국가 및 지방자치단체의 선거(대통령선거, 국회의원선거, 전국동시지방선거, 재보궐선거, 조합장선거 등)와 국민투표 등에서 정치적 중립을 유지하고 헌법과 법률상의 신분을 보장받아 외부의 간섭없이 선거업무의 공정성을 확보할 수 있는 직을 수행한다.

(2) 선거행정직 공무원의 계급 및 직급(「선거관리위원회 공무원 규칙」 별표 1)

직군	직렬	직류	계급 및 직급								
			1급	2급	3급	4급	5급	6급	7급	8급	9급
행정	행정	선거행정	관리관	이사관	부이사관	서기관	행정사무관	행정주사	행정주사보	행정서기	행정서기보

2. 선거행정직 주요업무

(1) 선거인명부 작성, 후보자 등록, 투표 및 개표 등 각종 선거관리에 필요한 정책을 수립

(2) 유권자의 투표편의 증진 및 선거관리기법의 선진화를 위한 연구

(3) 선거관리장비 및 물품의 개발

(4) 선거사무의 전산화 · 자동화 등

1. 중앙선거관리위원회의 주요업무

(1) 선거 관리
① 「공직선거법」에 규정된 대통령선거, 국회의원선거, 지방의회의원 및 지방자치단체장 선거 관리
② 공명선거 실현을 위한 홍보 활동
③ 정책경쟁 중심의 선거분위기 조성, 각종 정책토론회 개최
④ 선거법 위반행위 예방과 감시 · 단속
⑤ 위법행위에 대한 중지 · 경고 · 시정 명령
⑥ 선거비용 관리
⑦ 국민투표, 주민투표, 주민소환 투표 관리
⑧ 정당의 당내 경선사무 관리

(2) 정당사무 관리
① 정당의 등록 · 변경 · 활동 및 소멸에 관한 감독 사무와 정당발전 지원
② 정책추진에 대한 실적공개 및 정책토론회 개최, 정책정당으로의 발전과 지원에 관한 사무

(3) 정치자금사무 관리
① 정당에 대한 국고보조금 지급, 후원회의 설립 및 운영상황 감독
② 정치자금의 수탁 및 배분, 정당의 자금운영상황 감독

(4) 민주시민 정치교육
① 새내기 유권자를 대상으로 교육 홍보 활동 전개
② 선거 · 정당 · 후원회 관계자와 대학생 · 교사 · 일반국민에 대한 연수를 실시하고 교육자료 개발 · 보급
③ 민주시민교육포럼 개최, 외국 선거관계자 연수, 민주시민교육 경험 해외전파 등 다양한 국제적 활동 전개
④ 통일대비 민주시민 정치교육 준비

(5) 선거 · 정치제도 연구

① 세계 각국 법제 연구 · 제도 개선 지원

② 선거 · 정치제도 및 선거시스템 연구

2. 선거관리위원회의 조직

(1) 선거관리위원회는 선거와 국민투표의 공정한 관리 및 정당에 관한 사무를 관리하기 위하여 행정부, 국회, 법원, 헌법재판소와 같은 지위를 갖는 「헌법」상 독립된 합의제 기관이다(1963.1.21. 창설).

(2) 선거관리위원회의 운영 및 구성

① 선거관리위원회는 중앙, 시 · 도, 구 · 시 · 군, 읍 · 면 · 동 선거관리위원회의 4단계로 조직되어 있으며, 대통령선거와 임기만료에 따른 국회의원선거를 실시할 때마다 공관에 한시적으로 재외선거관리위원회를 설치 · 운영한다.

② 선거관리위원회는 행정기관에 대응하여 중앙선거관리위원회, 시 · 도 선거관리위원회(17개), 구 · 시 · 군 선거관리위원회(251개), 읍 · 면 · 동 선거관리위원회(3,505개)로 구성되어 있다.

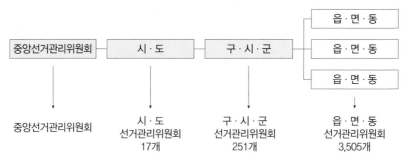

※ 출처: 중앙선거관리위원회 홈페이지(www.nec.go.kr)

(3) 선거관리위원회의 세부 구성

① 중앙선거관리위원회

• 중앙선거관리위원회는 대통령 임명 3인, 국회 선출 3인, 대법원장 지명 3인 등 총 9인으로 구성되는 독립된 합의제 헌법기관이며, 위원의 임기는 6년이다.

• 위원은 국회의 인사청문을 거쳐 임명 · 선출 또는 지명하여야 하며, 위원장과 상임위원은 위원 중에서 호선한다.

- 위원회는 위원장, 상임위원, 위원으로 구성되어 있으며, 위원장은 상근을 하지 않고 국무위원급인 상임위원이 상근을 하며 위원장을 보좌한다.

② 시 · 도 선거관리위원회
- 시 · 도 선거관리위원회의 위원은 정당 추천 각 1인, 당해 시 · 도 관할 지방법원장 추천 3인(법관 2인 포함), 교육자나 학식과 덕망이 있는 인사 3인을 선정하여 중앙선거관리위원회가 위촉한다.
- 위원장은 위원 중에서 호선하며 지방법원장인 위원을 관례적으로 선출한다.
- 상임위원은 일반직 국가공무원(1급)으로서 중앙선거관리위원회에서 지명한다.

③ 구 · 시 · 군 선거관리위원회
구 · 시 · 군 선거관리위원회 위원은 당해 구 · 시 · 군 구역 안에 거주하면서 국회의원의 선거권이 있고 정당원이 아닌 인사 중에서 국회에 교섭단체를 구성한 정당에서 추천하는 각 1인, 법관 · 교육자 또는 학식과 덕망이 있는 인사 6인을 선정하여 시 · 도 선거관리위원회가 위촉하며 위원장과 부위원장은 위원 중에서 호선한다.

④ 읍 · 면 · 동 선거관리위원회
- 읍 · 면 · 동 선거관리위원회의 위원은 당해 읍 · 면 · 동의 구역 안에 거주하면서 국회의원의 선거권이 있고 정당원이 아닌 인사 중에서 국회에 교섭단체를 구성한 정당 추천 각 1인, 학식과 덕망이 있는 인사 중에서 4인을 선정하여 구 · 시 · 군 선거관리위원회가 위촉한다. 위원장과 부위원장은 위원 중에서 호선하며 상근 위원은 없다.
- 읍 · 면 · 동 선거관리위원회에는 지방자치단체 소속 공무원을 간사와 서기로 위촉한다.
- 투표구에는 공무원 또는 교직원 중에서 선정한 투표관리관을 두어 투표에 관한 사무를 총괄한다.

⑤ 재외선거관리위원회
- 재외선거관리위원회 위원은 국회의원의 선거권이 있고 정당원이 아닌 자 중에서 중앙선거관리위원회가 지명하는 2인 이내, 국회에 교섭단체를 구성한 정당 추천 각 1인, 공관의 장 또는 공관의장이 공관원 중에서 추천하는 1인을 선정하여 중앙선거관리위원회가 위촉한다.
- 위원장과 부위원장은 위원 중에서 호선하되, 공관장(공관장 추천위원 포함)은 위원장이 될 수 없다.

- 재외선거관리위원회에는 해당 공관의 소속 직원 중에서 간사 · 서기 및 선거사무 종사원을 위촉하여 재외투표소의 투표관리 등의 업무를 하게 할 수 있다.
- 재외선거에 관한 업무를 처리하기 위하여 공관마다 해당 공관의 장을 당연직 재외투표관리관으로 둔다.

02 2023년 중앙선거관리위원회 중점과제

1. 국민에게 신뢰받는 공정한 선거관리

(1) 제22대 국회의원선거의 철저한 준비

① 제22대 국회의원선거 관리기반 구축

② 재외선거의 안정적 관리체계 마련

③ 유권자 · 정책 중심의 선거방송토론 구현

(2) 준법선거 실현 및 정치자금 투명성 제고

① 신뢰받는 예방 · 단속을 통한 공정선거 실현

② 정치자금사무 적극 지원 및 엄정한 법 집행

③ 사이버선거범죄 대응 강화

④ 인터넷선거보도의 공정성 · 객관성 확보

⑤ 선거여론조사의 전문성 · 신뢰성 제고

(3) 국민이 공감하는 법규운용

① 법규운용 전문성 신장

② 법규운용의 정확성 · 통일성 제고

(4) 제3회 전국동시조합장선거 등 위탁선거의 성공적 관리

① 조합장선거 특성에 맞춘 전략적 선거관리

② '돈 선거' 척결로 공명선거 정착

③ 위탁선거 · 주민(소환)투표의 정확한 관리

④ 생활주변 선거의 수요자 중심 지원 확대

(5) 재 · 보궐선거의 정확한 관리

① 재 · 보궐선거의 빈틈없는 관리

② 재 · 보궐선거의 공정한 선거질서 확립

2. 민주정치 발전을 위한 기반 공고화

(1) 국민 눈높이에 부합하는 제도선진화 추진

① 정치참여 활성화를 위한 정치관계법제 개선

② 민주주의 발전을 위한 정치제도 연구 강화

③ 공정하고 합리적인 국회의원선거구 획정

(2) 정당 발전을 위한 운영 지원 강화

① 정당 운영 및 정책기능 수행 지원 강화

② 깨끗한 정치자금 기부문화 조성

(3) 참여와 소통의 선거문화 확산

① 주권의식 제고 및 정책 중심의 선거문화 조성

② 정확한 선거정보 적시 제공체계 구축

(4) 민주시민교육 내실화 및 국제협력 활성화

① 국민과 함께하는 민주시민교육 체계 구축

② 국제협력을 통한 세계민주주의 발전 기여

3. 미래지향적 선거관리역량 강화

(1) 위원회 위상 제고를 위한 혁신

① 위원회의 심의 기능 및 역할 확대

② 감사기구 독립에 걸맞은 발전적 감사

③ 공정하고 합리적인 인사 · 조직관리

(2) 조직 경쟁력 강화를 위한 기반 조성

① 생산적 업무환경 및 조직문화 조성

② 실무 중심의 직무교육을 통한 전문성 강화

(3) 디지털 기반 선거정보시스템 고도화

① 블록체인 온라인투표시스템의 안정성 · 보안성 강화

② 선거정보시스템의 편의성 · 신뢰성 개선

③ 기록정보서비스의 전문성 · 활용성 증진

선거행정직 면접 기출 가이드

01 **기출 빈출 리스트**

- 선거행정직에 지원한 이유와 희망 부서에 지원한 이유는 무엇입니까?
- 선거위원회 업무 중 아쉬운 점과 개선해야 할 점이 있습니까?
- 사전투표의 장단점에 대해 말해 보시오.
- 의무투표제에 대해 어떻게 생각합니까?
- 선관위 공무원으로서 전문성을 키우려면 어떻게 해야 하는지 말해 보시오.
- 선관위 공무원이 가장 중요하게 생각해야 하는 공직가치와 그 이유는 무엇입니까?
- 선관위 공무원으로서 국민과 소통하기 위한 방법으로는 어떤 것들이 있는지 말해 보시오.
- 본인만의 장점이 있다면 말해 보시오.
- 선거행정업무에서는 조직이 함께하는 업무와 개인이 중심이 되는 업무 중 어느 것이 더 중요하다고 생각합니까? 그 이유는 무엇입니까?
- 선거행정직 관련 업무에 대한 경험이 있습니까?
- 4차 산업혁명과 관련한 중앙선거관리위원회의 정책에 대해 알고 있다면 설명해 보시오.
- 선거범죄 중 5대 중대 범죄에 대해 설명해 보시오.

1. 5분 발표

> A시에 외국인 근로자가 증가함에 따라 외국인 민원이 증가하고 있는 추세이지만 언어 장벽으로 인해 제대로 된 서비스를 제공하지 못하고 있는 상황이다. 이에 보다 양질의 서비스를 제공하기 위해 베트남어와 중국어에 능통한 공무원 두 명을 배치하여 사전 예약 시 통역 서비스를 제공하고, 주요 민원 서식을 4개 언어로 번역하여 민원실에 배치하였다.

위 제시문의 내용에서 유추할 수 있는 공직가치와 이를 실천하기 위해 필요한 공직자의 자세에 대해 자유롭게 발표해 주세요.

(면접관의 의도)

응시자의 공직관에 대해 알아보고 자신의 생각을 얼마나 논리정연하게 전달할 수 있는지, 이어지는 질문에 대해 얼마나 순발력 있게 대답할 수 있는지 평가한다.

(핵심 키워드)

적극성, 민주성, 공익, 창의성, 전문성, 다양성, 민주성 등 공직가치

도입

> 제시문의 내용은 A시에 외국인 근로자들이 늘어나면서 시청에 접수되는 외국인 민원이 증가함에 따라 사전 예약 시 제공되는 통역 서비스와 외국어로 번역된 주요 민원 서식 서비스를 시작했다는 것입니다. 제가 해당 제시문에서 유추한 공직 가치는 적극성과 다양성입니다. 양질의 서비스를 위해 통번역 서비스를 제공하였다는 데서 적극성을, 외국인 근로자를 배려하였다는 데서 다양성을 유추하였습니다.

직접작성

먼저 적극성에 대해 말씀드리겠습니다. 적극성이란 적극행정과 일맥상통하는 말로, 국민들이 더욱 편리함을 느낄 수 있도록 맡은 업무에 대해 무사안일한 태도를 버리고 적극적으로 대처하는 것을 말합니다. 선관위에서 실시하는 중증장애인을 대상으로 한 이동 지원 서비스나 승강기가 설치되지 않은 고층 투표소 1층에 임시기표소를 운영하는 등 이동약자의 참정권을 보장하기 위한 노력들이 대표적인 적극성 발휘 사례라 할 수 있습니다. 그럼 제가 적극성을 발휘한 사례를 말씀드리겠습니다. 저는 학창시절 여행사에서 SNS를 관리하는 아르바이트를 한 적이 있습니다. 회사에서 요구한 것은 회사 관련 뉴스를 양식에 맞춰 올리고 답글을 관리하는 것이었는데, 저는 SNS를 좀 더 재미있게 운영해서 사람들이 많이 오면 좋겠다고 생각하였습니다. 그래서 회사 관련 뉴스나 이슈를 다양한 형식으로 정리하고 가공하여 쉽고 재미있게 만들고자 노력하였습니다. 이에 이전보다 SNS 팔로워 수가 늘어나서 결국 정직원으로 채용되었습니다. 이처럼 적극성을 발휘하기 위해서는 요청받는 업무만 처리하는 것이 아니라 서비스를 받는 사람이 어떻게 하면 더 편리함을 느낄 수 있을지 먼저 생각하는 태도가 필요하다고 생각합니다.

두 번째로 다양성에 대해 말씀드리겠습니다. 다양성은 다양한 생각, 다양한 문화에 대해 공감·수용하는 것으로, 이를 위해서는 경청과 소통의 자세가 필요합니다. 다양성은 점점 글로벌화되고 있는 세계 속에서 국가 위상을 더욱 드높일 필요성이 있는 현시점에 더욱 중요시되고 있는 공직 가치이며, 점점 심해지고 있는 세대 간 갈등에 대해서도 다양성은 매우 중요한 화두라고 생각합니다. 특히 선관위에서는 전 국민의 적극적인 투표 참여를 이끌어내기 위해 세대의 다양성을 이해하고 각 세대별 눈높이에 맞춘 홍보를 진행해야 하며, 온오프라인을 통한 다양한 캠페인 활동이 필요합니다.

직접작성

만약 제가 공직에 들어가게 된다면 국민의 편의를 위해 적극적으로 법이나 정책을 제시하는 등 무사안일주의에 빠지지 않는 적극성을 발휘하겠습니다. 그리고 여러 사람들과 소통하고 다양한 생각을 받아들여 보다 열린 공직 사회가 될 수 있도록 노력하는 공무원이 되도록 하겠습니다.

직접작성

➕ 제시된 답안을 통해 나올 수 있는 추가 질문

• 해당 제시문에서 알 수 있는 또 다른 공직가치에는 어떤 것이 있는지 말해 보시오.

• 선거행정직 공무원에게 필요한 공직가치는 무엇이라고 생각합니까?

• 방금 언급한 공직가치를 발휘하기 위해 선관위에서 어떤 정책을 실시해야 할지 구체적으로 설명해 보시오.

• 본인이 해당 공직가치를 키우기 위해 한 노력이 있습니까?

• 최근 「공직선거법」 개정 내용 중 기억에 남는 것이 있으면 말해 보시오.

• 적극행정에 대해 언급하였는데, 본인이 선거행정직에서 적극행정을 한다면 어떤 것을 해보겠습니까?

• 적극행정으로 인한 부정적인 면도 있다고 생각합니까? 그렇다면 어떤 것이 있는지 말해 보시오.

• 제시문과 같은 적극행정을 할 경우 외국인 응대 공무원들이 업무 과중으로 반발할 수도 있습니다. 그런 경우 어떻게 하겠습니까?

• 적극행정이 바람직함에도 잘 하지 않는 이유와 적극행정을 위한 동기부여 방법에 대해 말해 보시오.

➕ 면접 플러스

면접관은 '이런 상황에서 어떻게 할 것입니까?'와 같이 구체적인 방법을 많이 묻는데, 그 방법을 자세하게 설명하지 않거나 불명확하게 얼버무리면 계속해서 추가 질문이 들어올 수 있다. 미리 공직가치를 4~5개 이상 생각해 보고 각 공직가치의 장단점 및 지원한 직렬에서 실현할 수 있는 방안에 대해 다양하게 고민해 보는 것이 좋다.

2. 경험형 문제

근무하고 싶은 부처와 직무를 기술하고, 해당 직무의 수행을 위해 어떤 노력과 경험을 하였는지 서술하시오.

[면접관의 의도]

응시자의 업무 이해도 및 업무 적합성을 평가하기 위한 질문이다.

[핵심 키워드]

희망 직무, 직무 내용, 현실적 · 구체적 노력, 업무 경험, 공직가치

희망 부처

홍보과

직접작성

희망 직무

중앙선거관리위원회 온라인 홍보, 한국선거방송 영상 기획과 편집

직접작성

해당 직무 관련 노력과 경험

- 교육 경험: 행정학과 졸업(행정 관련 지식 습득), 유튜브 제작 툴 교육
- 업무 경험: 투표사무원 종사 경험(선거인명부 등재번호 확인), 여행사에서 홍보 블로그와 SNS 운영
- 자격증: 일본어 능력시험 N2(일본어 회화 가능)
- 희망 직무 관련 경험: 선거 관련 다큐멘터리 시청, 중앙선관위 홈페이지에서 각종 보도자료 탐독

직접작성

선거행정직에 지원하게 된 이유는 무엇이며, 왜 홍보 분야에 지원하게 되었습니까?

투표사무원 업무를 경험하면서 선거행정직에 관심을 가졌습니다. 새벽부터 줄을 서서 투표를 하는 사람들을 보며 국민의 참정권이 얼마나 중요한지, 참정권을 보장해 주기 위한 선관위의 역할이 얼마나 중요한지 피부로 느꼈습니다. 이에 선거 때마다 최전선에서 고생하는 선관위의 노력과 중요성을 제대로 홍보하고 싶다는 생각을 했습니다.

직접작성

선거관리위원회에 대해 국민들이 어떻게 생각한다고 봅니까?

개인적으로 선거관리위원회는 공정한 선거관리를 통하여 우리나라 민주주의 발전에 큰 역할을 해왔다고 생각합니다. 하지만 22년 대통령선거 사전투표 때와 같이 논란의 발생으로 인해 선관위에 대한 불신의 시선 또한 존재하는 것이 사실입니다. 불신의 시선을 없애기 위해 투명하고 공정한 선거관리가 필요함은 물론이고, 이런 선관위의 노력에 대해 적극적인 홍보가 필요하다고 생각합니다.

직접작성

선거행정직 공무원에게 필요한 역량에는 어떤 것이 있다고 생각합니까?

선거법과 선거 업무에 대한 전문성이 중요합니다. 선거법과 선거 업무에 대한 이해는 선거 진행 절차나 법률 위반에 대한 처분의 측면뿐 아니라, 국민들에게 보다 가깝게 다가가기 위한 선거 방식이나 제도 등을 만들 수 있다는 점에서도 중요합니다.

```
직접작성



```

선관위에 들어오면 하고 싶은 홍보 업무는 어떤 것입니까?

최근에는 국가기관들이 유튜브나 SNS를 많이 운영하고 있으며, 이를 통해 가시적인 성과를 내고 있는 곳도 있습니다. 선관위도 유튜브를 운영하고 있지만 홍보가 잘 되어 있지는 않은데, 좀 더 다양한 사람들을 끌어모을 수 있도록 선거에 대해 쉽고 감각 있게 알려줄 수 있는 콘텐츠를 제작하고 싶습니다.

```
직접작성



```

➕ 기타 추가 질문

- 여행사 홍보 블로그와 SNS를 운영했다고 하였는데, 구체적으로 어떻게 진행했고 어떤 성과를 냈습니까? 이런 경험들이 선관위에 어떻게 도움이 될 것이라 생각합니까?
- SNS나 유튜브 외에 선관위를 홍보할 수 있는 방법에 대해 말해 보시오.
- 선거행정직을 준비하면서 「공직선거법」을 공부했을 텐데, 공부하면서 특별히 어려웠던 점이 있습니까?
- 일본어 자격증이 있는데, 이 자격증이 선관위에서 어떻게 활용될 수 있다고 생각합니까?
- 선관위 보도자료나 선관위 관련된 이슈 중 기억에 남는 것이 있습니까? 왜 그 이슈가 기억에 남습니까?
- 선관위 관련 다큐멘터리를 시청하였다고 하였는데, 정확히 어떤 것들을 시청하였습니까?
- 선관위가 하는 업무 중 개선되었으면 하는 것이나 아쉬운 점이 있습니까?
- 유튜브에서 부정선거를 주장하는 행위가 선거법에 위반된다고 생각합니까?

➕ 면접 플러스

자신의 목표가 명확하고 지원 부처에서 요구하는 배경 지식과 역량을 갖추고 있는 경우 합격할 가능성이 좀 더 높아지긴 하지만, 이를 전달하는 방식에 있어서 산만하거나 거만함이 보이면 좋은 평가를 받기 힘들다. 면접관을 대할 때는 겸손한 자세로 임한다.

█ 더 알아보기

선거범죄 중 5대 중대 범죄

선관위에서는 22년 실시된 제20대 대통령선거에서 선거부정을 예방하고 공정성을 확보하기 위해 선거질서를 해치는 5대 중대선거범죄를 선정하였다.

- 허위사실공표 · 비방 행위: 후보자에 대한 선거인의 공정한 판단에 영향을 미치거나 장애를 줄 수 있는 허위사실의 공표와 비방 행위
- 유사기관 및 사조직 설립 이용 행위: 법정 선거운동기구인 선거사무소 · 선거연락소 외에 유사한 기능을 하는 기관이나 후보자 선거운동을 위한 사조직 설치
- 공무원 등 조직적 선거관여 행위: 공무원이 자신의 지위를 이용하여 선거운동을 하거나 직무 혹은 지위를 이용하여 선거에 부당한 영향력을 행사하는 행위, 선거운동의 기획 참여나 기획 실시에 관여하는 행위 등
- 선거여론조사결과 왜곡 · 공표 행위: 선거여론조사기관으로 등록되지 않은 여론조사기관의 조사결과 공표 행위, 전 계층을 대표할 수 없거나 편향된 여론조사, 여론조사 결과를 왜곡하여 공표하는 행위 등
- 매수 및 기부 행위: 돈선거의 전형적인 범죄로 금전이나 물품을 이용한 매수나 기부 행위 등

3. 상황형 문제

귀하는 외국인 근로자 고용 업체를 관리하는 A부서의 담당 주무관입니다. 그런데 최근 외국인 근로자 사망사고가 언론에 잇따라 보도되면서 귀하는 외국인 근로자 고용제한 실시 여부에 대한 검토를 지시받았습니다. 이에 대해 인권단체는 외국인의 인권보호 차원에서 산업재해 사망사고가 발생한 사업장에 고용을 제한해야 한다고 주장하고 있습니다. 반면 사업주단체에서는 구인난으로 인한 경영악화를 이유로 외국인 근로자 고용제한을 반대하고 있습니다. 이 경우 어떻게 대처하겠습니까?

(면접관의 의도)

상황형은 문제 상황을 제시하고 이에 대한 면접자의 대처 능력 및 공직자로서의 자세를 평가하기 위한 것이다. 해당 제시문은 다양한 이해관계와 관련된 민원을 해결해야 하는 문제로, 상황에 대한 응시자의 대처 능력과 공직에 대한 이해도를 확인하기 위한 질문이다.

(핵심 키워드)

사건 발생 현황 조사, 인권단체, 사업주, 예방 교육, 제재 규정

상황 파악

- A부서 주무관: 외국인 근로자 사망사고 증가에 따라 외국인 근로자 고용제한에 대해 검토 진행
- 인권단체: 사망사고 발생 사업장에 외국인 근로자 고용제한 주장
- 사업주단체: 구인난과 경영악화 때문에 외국인 근로자 고용제한 반대 주장

직접작성

- 사전 조사
  - 사망사고 발생 현황, 외국인 근로자 수, 외국인 고용사업장의 수 파악
  - 외국인 근로자 고용사업장의 사망사고 발생 현황과 일반 사업장의 사망사고 발생 현황을 파악하여 비교
  - 외국인 근로자 고용제한 시 발생할 수 있는 예상 피해 상황 확인
  - 해당 사건에 대한 외국의 사례 조사
  - 외국인 노동자를 고용하지 않을 때 손해율이 얼마나 되는지 조사
  - 외국인 근로자, 노동부, 인권단체, 사업주 대표 등 이해관계자를 대상으로 공청회를 마련하여 외국인 근로자 사망사고 원인과 개선책을 조사
- 의견 수렴 및 자료 분석: 조사한 사망 원인 및 개선책을 바탕으로 산재예방교육과 안전교육 자료, 개선사항 리스트 등을 제작
- 당장의 고용제한은 사업주의 경영악화를 가져오므로 먼저 의견 수렴 과정을 통해 산재예방교육과 안전교육 실시 및 개선사항 리스트를 외국인 근로자 채용 업체에 배포
- 교육 후에도 재발 시에는 제재

직접작성

- 사망사고 발생 사업주에 관한 제재 규정 마련
- 공식적인 안전교육과정을 만들어 외국인 근로자 및 외국인 근로자를 채용한 사업장 전체를 대상으로 주기적으로 안전교육 과정을 이수하도록 유도
- 외국인 근로자 안전에 대한 지속 모니터링 및 외국인 근로자 안전 관리 우수 업체 선정
- 관련 단체 간 소통의 장을 마련하여 불만 사항 접수 및 해결

직접작성

서술 내용을 바탕으로 한 질문과 답변 예시

- 사전에 통계자료를 조사한다고 하였는데, 이 과정에서 발생할 수 있는 어려움은 무엇입니까? 또 조사는 사업장에서 하는 것이 맞다고 생각합니까, 아니면 근로자가 하는 것이 맞다고 생각합니까?
- 이 사례를 해결하는 데 가장 중요하게 생각하는 공직가치는 무엇입니까?
- 당장은 제재하지 않아도 결국은 고용제한을 하겠다는 이야기인데, 그렇게 생각하는 이유는 무엇입니까?
- 인권단체의 요구처럼 외국인의 인권도 중요한데 이에 대해 고려하지 않아도 된다고 생각합니까?
- 만약 조사했을 때 외국인이 있는 사업장의 인명사고가 없는 사업장의 인명사고보다 월등히 높다면 어떻게 하겠습니까?
- 안전교육만으로 사고 발생이 줄지 않는다면 어떻게 하겠습니까?
- 언론에서 위와 같은 업무 처리에 대해 부정적으로 보도한다면 어떻게 하겠습니까?
- 마지막으로 하고 싶은 말이 있습니까?

➕ 면접 플러스

질문이 이어지면 순간적으로 당황할 수 있다. 그럴 때 너무 오래 대답을 못 하여 정적 시간이 길어지는 것보다는 '잠시 생각할 시간을 주시겠습니까?'나 '그 부분을 잘 이해하지 못했는데 다시 한번 말씀 주시겠습니까?'와 같이 바로 응대하는 것이 좋다.

CHAPTER 03 선거행정직 면접 핵심 자료

01 보도자료와 정책자료

1. 보도자료

(1) 투표지분류기 제작사업 자문회의 개최

보 도 자 료		아름다운 선거 행복한 대한민국	중앙선거관리위원회 NATIONAL ELECTION COMMISSION
제공일자 2023.3.16.	총 2면	www.nec.go.kr	공보과

중앙선관위, 투표지분류기 제작사업 자문회의(착수보고) 개최
– 투표지분류기 제작 과정 공개하여 국민 신뢰와 투명성 제고 –

중앙선거관리위원회는 3월 16일 내년 실시하는 제22대 국회의원선거에 사용할 투표지분류기 제작사업 착수보고와 함께 전문가 자문회의를 개최하였다. 사용연한이 도래한 투표지분류기를 교체제작하는 사업과정을 공개하고, 시제품 시연 및 자문단의 자문·평가 및 논의 등으로 진행된 이번 자리는 국민 신뢰와 투명성을 높이기 위해 마련되었다. 투표지분류기 제작사업 자문단은 국회 의석 5석 이상인 정당 등에서 추천한 정보기술 전문가 등 8명으로 구성되어 있으며 이번 투표지분류기 제작사업 전반에 대한 자문·평가 과정에 참여한다.

투표지분류기는 밤샘 등 장시간 진행되는 개표사무에서 발생할 수 있는 실수 등을 방지하고 정확성과 신속성을 보완하기 위해 2002년 제3회 지방선거에서 개표사무 보조수단으로 처음 도입된 이후 공직선거 등에서 계속 사용되고 있다. 중앙선관위는 투표지분류기 제작 전반에 대한 전문가의 자문과 국민들의 관심을 적극 반영하여 "일각에서 제기해온 오해와 근거없는 의혹을 해소하고 선거과정에 대한 국민의 신뢰를 높이기 위해 더욱 노력"하겠다고 전했다.

※ 중앙선거관리위원회(www.nec.go.kr)의 공공저작물을 이용하였습니다.

(2) 2022년도 정당 및 국회의원 등의 회계보고 확인 · 조사 실시

보도자료	아름다운 선거 행복한 대한민국	중앙선거관리위원회 NATIONAL ELECTION COMMISSION
제공일자 2023.2.20.	총 2면	www.nec.go.kr	공보과

중앙선관위, 2022년도 정당 및 국회의원 등의 회계보고 확인 · 조사 실시
– 철저한 확인 · 조사로 정치자금 회계질서 확립하고 투명성 제고할 것 –

중앙선거관리위원회는 2022년도 정당 · 국회의원 및 후원회 등의 정치자금 회계보고가 완료됨에 따라 정치자금 회계질서를 확립하고 투명성을 높이기 위해 수입 · 지출내역을 확인 · 조사한다고 밝혔다. 조사대상은 정당(중앙당, 시 · 도당), 국회의원과 그 후원회, 중앙당후원회 및 정책연구소 등의 2022년도 정기 회계보고와 2023년도 상반기 후원회 회계보고 및 상반기 재 · 보궐선거 관련 회계보고 등이다.

중앙선관위는 중앙, 시 · 도 및 구 · 시 · 군 선관위에 정치자금조사팀을 편성하여 2월 국회의원 · 국회의원후원회의 회계보고 조사를 시작으로 대상별 서면조사 및 현지조사를 실시할 계획이다. 서면조사 단계에서는 정치자금 수입 · 지출부와 증빙서류 등 대조 · 확인, 관련 정보수집 등을 통해 수입 · 지출의 적정성 및 허위보고 여부를 확인한다. 고액의 의심거래 내역과 고의적이고 반복적인 사적경비 · 부정용도 지출 등에 대해서는 필요시 금융거래자료 분석을 통해 자금의 출처 · 흐름 등 자료를 확보하여 현지조사를 실시한다.

중점 확인사항은 다음과 같다.

정치자금의 사적 사용 · 부정용도 지출	• 정치활동으로 볼 수 없는 골프장, 유흥업소 등 업종에서 지출하였는지 여부 • 교통범칙금, 과태료 및 개인 간의 사적 회비 등을 지출하였는지 여부 • 가계지원 · 보조경비 목적으로 지출하였는지 여부
음성적 불법 자금 조성 및 수입 · 지출	• 물품 · 용역 계약에 따른 리베이트 등 불법자금 수수 및 조성 행위 • 직원 인건비를 지급한 후 반환 받아 사무실 운영비로 사용하는 등 불법 지출 여부
고의적 축소 · 확대 · 누락 등 허위 회계보고	• 정책개발 및 연구용역비 등 가공 계약 · 이중 지급 등 불법 지출 여부 • 관련 증빙서류 위 · 변조, 거짓 영수증 첨부 등 허위 회계보고서 작성 행위
기타 용도 외 지출 및 사용 위반	• 보조금을 용도(인건비, 사무용 비품 및 소모품비, 사무소 설치 · 운영비, 공공요금, 정책개발비, 당원 교육훈련비, 조직활동비, 선전비, 선거관계 비용)에 맞게 지출하였는지 여부 • 국고보조금 배분 · 지급비율(정책연구소 30%, 시 · 도당 10%) 및 사용 비율(여성정치발전비 10%, 청년정치발전비 5%) 이행 여부

조사 결과 정치자금을 부정한 용도로 사용하는 등 정치자금 회계질서를 어지럽히는 중대 위반 행위에 대해서는 엄중 조치할 방침이다.

(3) 제22대 국회의원선거 선거구획정위원회 공식 출범

보 도 자 료		아름다운 선거 행복한 대한민국	중앙선거관리위원회 NATIONAL ELECTION COMMISSION
제공일자 2022.10.11.	총 2면	www.nec.go.kr	공보과

제22대 국회의원선거 선거구획정위원회 공식 출범
– 첫 위원회의를 열고 송봉섭 중앙선관위 사무차장을 위원장으로 호선 –

중앙선거관리위원회는 제22대 국회의원선거의 선거구 획정을 위한 국회의원선거구획정위원회(이하 선거구획정위)가 공식 출범하였다고 밝혔다.

선거구획정위는 10월 11일 제1차 위원회의를 열어 송봉섭 중앙선관위 사무차장을 위원장으로 호선하고 제22대 국회의원선거 선거구 획정을 위한 활동에 들어갔으며, 이날 회의에서 위원들은 정치적 이해를 떠나 객관적이고 합리적인 기준으로 공정하게 선거구를 획정하기로 뜻을 모았다. 선거구획정위는 「공직선거법」 제24조에 따라 국회의원선거일 전 13개월(2023.3.10.)까지 선거구획정안을 마련하여 국회의장에게 제출하게 된다.

앞서 중앙선관위는 박재윤 한국외국어대 법학전문대학원 교수, 임부영 변호사, 장선화 대전대 조교수, 정상우 인하대 교수, 조진만 덕성여대 부교수, 최준영 인하대 교수, 최현선 명지대 교수, 홍재우 인제대 부교수 등 국회 정치개혁특별위원회의 의결로 선정한 8명과 중앙선관위원장이 지명하는 송봉섭 중앙선관위 사무차장 등 총 9명을 획정위원으로 위촉한 바 있다.

(4) 선거제도 및 조직 개선 연구반 운영

보도자료		아름다운 선거 행복한 대한민국	중앙선거관리위원회 NATIONAL ELECTION COMMISSION
제공일자 2022.7.12.	총 2면	www.nec.go.kr	공보과

중앙선관위, 선거제도 및 조직 개선 연구반 운영
- 변화된 선거환경에 맞는 제도개선 및 선거관리기능에 충실한 조직 개편 추진 -

중앙선거관리위원회는 변화된 선거환경에 적합한 제도 개선 및 선거관리기능에 충실한 조직 개편을 추진하기 위해 7월부터 11월까지 연구반을 편성·운영한다고 밝혔다. 연구반은 선거제도, 조직 및 인사정책 등 3개 분야로 나누어 편성·운영하며, 중앙선관위원으로 구성된 소위원회에서 운영을 총괄한다.

중앙선관위는 7월 11일 개최한 전체 위원회의에 이와 같은 내용을 담은 '선거제도·조직 개선 연구반 운영 계획'을 보고하고, 본격적인 실행에 들어갔다. 이는 지난 대선 이후 1개월간의 선거관리 혁신위원회 운영결과를 반영한 후속조치로 선거관리절차 및 선관위 조직 운영 전반에 대한 전면적인 분석을 통해 문제점을 파악하고 개선하기 위한 것이다.

- 선거제도 분야에서는 지난 양대 선거에서 노출된 문제점의 재발 방지를 위해 현행 절차사무를 면밀히 분석하여 국민 눈높이에 맞는 효율적인 개선방안을 도출하고, 선거환경 변화에 대응하는 합리적인 정치관계법 개선 방안도 마련한다.
- 조직 분야에서는 선관위 조직의 구성·운영상황을 철저히 분석하여 중앙, 시·도, 구·시·군위원회 간 기능·인력 재설계 등 선거관리기능 중심의 효율적인 조직 개편 방안을 연구하고, 중앙선관위원의 역할 강화 방안을 마련한다.
- 인사정책 분야에서는 선거관리 역량강화 관점의 승진제도 및 보직관리 방안을 연구하고, 선거기간 중 효율적이고 안정적인 인력운영 방안 등을 마련한다.

연구반은 공청회·면담 등을 통해 다양한 현장 및 전문가의 의견을 적극적으로 수렴·반영할 예정이며, 늦어도 연말까지 운영결과를 최종 확정할 계획이다. 중앙선관위는 공정한 선거관리라는 헌법적 책무를 완벽히 수행할 수 있도록 조직을 재정비하여 헌법기관으로서 국민 신뢰를 회복하기 위해 최선의 노력을 다할 것이라고 밝혔다.

※ 중앙선거관리위원회(www.nec.go.kr)의 공공저작물을 이용하였습니다.

(5) 피선거권 및 정당가입 연령 하향에 따른 정치관계법 운용기준 발표

보 도 자 료		아름다운 선거 행복한 대한민국	중앙선거관리위원회 NATIONAL ELECTION COMMISSION
제공일자 2022.1.27.	총 5면	www.nec.go.kr	공보과

중앙선관위, 피선거권 및 정당가입 연령 하향에 따른 정치관계법 운용기준 발표
– 예비후보자 등록한 청소년은 18세 미만도 선거운동 가능 –

중앙선거관리위원회는 「공직선거법」 등 개정으로 피선거권 연령이 18세로, 정당가입 연령이 16세로 각각 하향되어 이에 대한 정치관계법 운용기준을 마련하고 발생 가능한 주요 사례의 허용 여부 등을 발표하였다. 특히, 정당가입 연령 하향에 따라 16세 이상 청소년들의 통상적인 정당활동 허용 범위 등을 명확히 하기 위해 운용기준을 마련하였다고 중앙선관위는 밝혔다.

중앙선관위가 마련한 주요 운용기준은 다음과 같다.

■ 청소년의 예비후보자 등록 등

예비후보자 등록 당시 18세 미만이더라도 선거일 기준 18세인 청소년의 경우 예비후보자 등록을 할 수 있다. 선거운동을 하는 때에 18세 미만인 청소년은 선거운동을 할 수 없으나 선거일 기준 18세로 피선거권이 인정되어 예비후보자로 등록한 청소년은 선거운동을 할 수 있다.

선거운동을 할 수 있는 청소년은 선거일이 아닌 때에 개별적으로 말로 하는 선거운동을 할 수 있으나 교실 마이크나 학교방송 등 확성장치를 이용하거나 학교 운동장 등에서 이루어지는 옥외집회에서 다중을 대상으로 선거운동을 할 수 없다.

한편, 예비후보자로 등록한 18세 이상 19세 미만 청소년은 법정대리인의 동의를 받지 않고도 「공직선거법」의 공법상 행위를 할 수 있으나, 「정당법」에 따라 18세 미만인 사람이 입당신청을 하는 경우에는 법정대리인의 동의를 받아야 한다.

■ 청소년의 정당활동 등

정당에 입당하는 때에 16세 이상인 청소년은 정당의 당원이 될 수 있고 당직에 취임할 수 있으며, 당비를 납부하거나 후원회에 후원금을 기부할 수 있다. 또한, 「공직선거법」에 위반되지 않은 방법으로 후원금 기부의 고지ㆍ안내를 할 수 있으며, 선거기간이 아닌 때 정당의 계획과 경비하에 자당의 정책 등을 홍보하거나 당원모집을 하는 등 통상적인 정당활동을 할 수 있다. 다만, 후원금 모금과 기부를 매개ㆍ대행할 수 없고, 통상적인 정당활동을 넘어 선거운동을 하거나 당내경선에서 경선운동(소속 당원만을 대상으로 하는 당내경선 제외)을 할 수 없다.

중앙선관위는 정당, 청소년 및 교직원 등에게 운용기준을 적극 안내하여 위법행위를 예방하고, 청소년 대상 카드뉴스 · E-book · 교육교재 등을 제작 · 배포하여 청소년들이 피선거권 행사와 통상적인 정당활동 등을 할 수 있게 최선을 다하는 한편, 교육부 등과 긴밀한 협조를 통해 교육 현장에서 운용기준이 잘 준수되도록 하겠다고 밝혔다.

※ 중앙선거관리위원회(www.nec.go.kr)의 공공저작물을 이용하였습니다.

2. 정책자료

(1) 「공직선거법」 개정의견(2023.1.17.) 제출

① 제출 배경
- 「공직선거법」은 공직선거가 국민의 자유로운 의사와 절차의 공정성, 선거부정 방지를 통해 '민주정치의 발전에 기여'함을 목적으로 한다. 그동안 선거의 공정성 확보와 선거부정 방지에 집중해 온 결과, 선거의 공정성과 질서는 어느 정도 확립되었으나 국민의 정치적 표현의 자유는 지나치게 제한되고 있다는 평가를 받고 있다.
- 최근 정치의식이 향상되고 국민이 정치와 선거의 객체에서 벗어나 능동적 · 적극적으로 참여하는 주체로 변화함에 따라, 「공직선거법」의 궁극적인 목적을 달성하기 위해서는 규제중심의 선거운동에서 자유와 참여 중심으로 변화해야 한다.

② 주요 내용
- 선거운동 및 표현의 자유를 확대하기 위하여 일반 유권자의 소품 또는 표지물을 이용한 선거운동은 상시 허용하되 시설물과 인쇄물을 이용한 선거운동은 제한적으로 허용한다. 또한 관련 규정의 개정을 전제로 정당 · 후보자의 명의를 나타내는 물품 등의 광고를 허용하고, 선거운동과 관련한 신분증명서 등 인쇄물의 발급 · 배부 · 징구를 금지한 규정을 폐지하며, 인쇄물 · 소품을 이용한 예비후보자의 선거운동 방법을 확대한다.
- 유권자의 알 권리를 보장하기 위하여 언론기관 및 단체가 후보자 등을 초청하여 개최하는 대담 · 토론회를 상시 허용한다. 또한 선거여론조사 공표 · 보도에 관한 금지 기간을 폐지하고, 언론기관 등이 후보자 · 정당의 정책이나 공약에 관한 비교평가 시 서열화를 할 수 있도록 하며, 투표의 비밀을 침해하지 않는 방법으로 실시하는 사전투표 출구조사를 허용한다.
- 유권자의 참정권 행사를 보장하기 위하여 임시기표소를 이용한 투표 절차를 규칙에 위임하는 근거를 보다 명확히 하고, 거소투표신고인명부의 열람과 명부 누락

자에 대한 구제 절차를 신설하며, 거소투표와 관련된 제3자의 부정행위로 피해를 받은 사람이 투표할 수 있도록 구제 절차를 마련한다.

- 절차사무의 현실 적합성 제고를 위하여 선거사무에 관한 협조 의무가 있는 기관을 명확히 하고, 인터넷을 통한 후보자등록 신청 방법을 새로이 마련한다. 또한 투표구마다 사전투표소 설치 공고문을 첨부하도록 한 규정을 폐지하며, (사전)투표참관인 신고에 관한 내용을 개선하고, 투·개표소출입 제한을 완화한다.

(2) 후보자 홈페이지 무료 보안 서비스 제공

중앙선거관리위원회는 한국인터넷진흥원과 함께 2023년 상반기 재·보궐선거에 출마하는 후보자 홈페이지에 대해 무료 보안서비스를 제공한다. 외부 웹호스팅을 이용하거나 후보자가 구축·운영하는 홈페이지에 한해 서비스를 제공하며 포털사이트의 블로그나 카페 등은 대상에 포함되지 않는다. 보안서비스 내용은 디도스 사이버 대피소 지원, 홈페이지 취약점 원격 지원, 웹 보안 도구 제공 등이다. 중앙선거관리위원회는 2022년 제20대 대통령선거와 제8회 전국동시지방선거에서도 후보자 홈페이지 해킹으로 인한 피해가 발생하지 않도록 보안서비스를 무료로 지원했다.

(3) 제22대 국회의원선거 선거구획정위원회 공식 출범

중앙선거관리위원회는 제22대 국회의원선거의 선거구 획정을 위하여 국회의원선거구 획정위원회(이하 선거구획정위)를 공식 출범하였다. 선거구획정위는 2022년 10월 11일 제1차 위원회의를 열고 본격으로 선거구 획정을 위한 활동에 들어갔으며, 위원들은 정치적 이해를 떠나 객관적이고 합리적인 기준으로 공정하게 선거구를 획정하기로 뜻을 모았다. 선거구획정위는 「공직선거법」 제24조에 따라 국회의원선거일 전 13개월 (2023.3.10.)까지 선거구획정안을 마련하여 국회의장에게 제출한다.

02 **선거행정직 관련 전문 자료 및 이슈**

1. 전문 자료

(1) 거소투표제도

① 유권자가 일정한 사유로 인해 선거일 투표소에 직접 방문할 수 없는 경우 자신이 머물고 있는 곳(거소)에서 우편을 이용하여 투표하는 제도이다.

② 거소투표 대상(「공직선거법」 제38조 제4항)
- 사전투표소 및 투표소와 멀리 떨어진 영내 또는 함정에서 오랫동안 생활하는 군인이나 경찰공무원
- 병원 · 요양소에 머물거나 수용소 · 교도소 또는 구치소에 수용 · 수감된 사람
- 신체에 중대한 장애가 있어 거동할 수 없는 사람
- 중앙선거관리위원회 규칙이 정하는 외딴 섬에 사는 사람
- 중앙선거관리위원회가 공고한 지역에 오랫동안 머무는 사람
- 「감염병의 예방 및 관리에 관한 법률」에 따라 기관 · 시설 또는 자가에서 치료 중이거나 격리 중인 사람
- 선거가 실시되는 선거구 밖에 거소를 둔 사람

③ 거소투표신고자의 투표방식
- 거소투표신고자는 거소투표신고서의 '우편물을 받아볼 수 있는 장소란'에 기재한 곳에서 우편으로 투표용지를 받게 된다.
- 투표용지를 받으면 볼펜 등 필기구로 기표한 후 다시 봉투에 넣어 선거일 오후 6시까지 관할 선관위에 도착되도록 우편으로 발송해야 한다.

(2) 선거기탁금제도

① 목적
- 선거 과열로 인한 후보자 난립을 막고 선거관리를 효율적으로 진행하며, 불법행위에 대한 제재금을 사전에 확보하기 위한 것이다.
- 후보자등록을 신청하는 자는 등록신청 시에 후보자 1명마다 다음의 기탁금을 중앙선거관리위원회 규칙으로 정하는 바에 따라 관할선거구 선거관리위원회에 납부해야 한다.

② 후보자 선거별 기탁금액(「공직선거법」 제56조 제1항)

대통령	시 · 도지사	구 · 시 · 군장	국회의원	시 · 도의원	구 · 시 · 군의원
3억 원	5,000만 원	1,000만 원	지역구 1,500만 원 비례대표제 500만 원	300만 원	200만 원

③ 기탁금의 반환요건

구분	요건
대통령 선거, 지역구 국회의원 선거, 지역구 지방의회의원 선거 및 지방자치단체의장 선거	• 후보자가 당선되거나 사망한 경우와 유효투표총수의 15/100 이상을 득표한 경우에는 기탁금 전액 • 후보자가 유효투표총수의 10/100 이상 15/100 미만을 득표한 경우에는 기탁금의 50/100에 해당하는 금액 • 예비후보자가 사망하거나, 당헌·당규에 따라 소속 정당에 후보자로 추천하여 줄 것을 신청하였으나 해당 정당의 추천을 받지 못하여 후보자로 등록하지 않은 경우에는 납부한 기탁금 전액
비례대표 국회의원 선거 및 비례대표 지방의회의원 선거	• 당해 후보자명부에 올라 있는 후보자 중 당선인이 있는 때에는 기탁금 전액 • 당선인의 결정전에 사퇴하거나 등록이 무효로 된 후보자의 기탁금은 제외

※ 기탁금 전액이 국가 또는 지방자치단체에 귀속되는 사람은 과태료 및 불법시설물 등에 대한 대집행비용이 있는 경우 그 부담비용 전액을 관할 선거구선거관리위원회의 고지에 따라 그 고지를 받은 날부터 10일 이내에 납부하여야 함

④ 기탁금의 국고귀속
  • 귀속사유: 「공직선거법」 제57조 제1항의 반환요건에 해당하지 않는 경우
  • 귀속금액: 반환하지 않은 기탁금

(3) 사전투표제도

① 선거일에 투표할 수 없는 선거인은 누구나 별도의 신고 없이 읍·면·동마다 설치되는 사전투표소에서 선거일 전 5일부터 2일간 투표할 수 있는 제도이다.

② 사전투표는 유권자의 투표편의 개선을 통한 투표참여를 높이기 위해 2013년도 상반기 재·보궐선거에 처음 실시되었고, 2014년 제6회 전국동시지방선거에서 전국적으로 실시되었다.

③ 사전투표와 부재자투표의 차이점

구분	사전투표	부재자투표
사전신고 여부	사전신고 절차 없음	부재자신고 필요
투표소 설치 단위	관할구역 안의 읍·면·동마다	구·시·군마다
투표소 운영	선거일 전 5일부터 2일간(금, 토)	선거일 전 6일부터 2일간(목, 금)
투표용지 교부	사전투표소에서 인쇄 교부	등기우편 발송

(4) 선상투표제도

선원들은 투표 당일 승선하고 있다는 이유만으로 선거권을 행사할 수 없었는데, 선상투표제의 도입으로 선원들의 의사가 국정에 반영되고 그들을 위한 국가정책이 많이 나와 선원들의 권익 신장에도 기여할 수 있게 된 제도이다. 쉴드(shield)팩스를 통한 비밀투표 보장으로 먼바다 한가운데에서도 투표권을 행사할 수 있다.

> **헌법결정례**
>
> 헌재 2007.06.28, 2005헌마772 「공직선거법」 제38조 등 위헌 확인
>
> 1. 「공직선거법」(2005. 8. 4. 법률 제7681호로 개정된 것) 제38조(부재자신고) 제3항 및 「공직선거법」 제158조 제4항(부재자투표)이 부재자투표를 할 수 있는 사람과 부재자투표의 방법을 규정하면서, 해상에 장기 기거하는 선원들에 대해서는 부재자투표 대상자로 규정하지 않고 있으며, 이들이 투표할 수 있는 방법을 정하지 않고 있는 것이 그들의 선거권을 침해하는지 여부
> 2. 헌법불합치결정을 하되, 청구인들 외의 다른 국민의 선거권 행사는 보장하고 있으므로 법적 공백이나 혼란을 예방하기 위하여 입법자가 개정할 때까지 계속 적용을 명한 사례

▌더 알아보기

쉴드(shield)팩스

쉴드(shield)란 '압착하여 봉인하다.'라는 의미로 선박에서 전송된 투표지의 기표내용이 보이지 않도록 접어서 출력하는 기능을 가진 팩스이다.

(5) 귀국투표

국외부재자 또는 재외선거인으로 신고·신청하였으나, 재외투표기간 개시일 전에 귀국한 국외부재자와 재외선거인은 재외투표기간 개시일 전에 귀국한 사실을 증명할 수 있는 서류를 첨부하여 주소지 또는 최종 주소지를 관할하는 구·시·군선관위에 신고한 후 선거일에 해당 선관위가 지정하는 투표소에서 투표할 수 있다.

2. 관련 이슈

(1) 의무투표제(Compulsory Voting) 관련 찬반논쟁

① 의무투표제는 '투표가 권리일 뿐 아니라 의무'이기도 하다는 취지로 도입되었으며 투표 불참자에게 일정한 벌칙이나 불이익을 부과한다. 의무투표제는 정당한 이유 없이 기권하는 사람에 대하여 법률적 제재를 가함으로써 강제적으로 투표에 참여하게 한다는 의미에서 '강제 투표'라고도 한다. 의무투표제를 시행하는 나라들은 투표

불참자에게 소명 요구, 주의, 벌금, 참정권 제한, 공직취업 제한 등 다양한 제재조치를 가하고 있으며, 일반적으로 투표 불참자가 받는 벌칙에는 과태료 또는 투표권 박탈, 공공서비스 이용 제한 등이 있다.

② **의무투표제 시행국**: 현재 호주, 벨기에, 볼리비아, 그리스, 브라질, 싱가포르, 아르헨티나, 이집트 등 무려 30개국이 시행하고 있으며, 의무투표제를 시행하는 대부분 나라들의 투표율은 대체로 높게 나타나고 있다.

③ **의무투표제의 찬반 논쟁**

찬성	반대
• 모든 유권자가 투표에 참여하면 대표성이 더욱 높아질 수 있다. • 대부분의 국민이 투표에 참여해 당선된 대표자가 더 대표성을 가질 수 있다. • 모든 계층의 국민이 정치적 의사를 표출할 수 있는 기회를 주기 때문에 민주주의를 더욱 실천할 수 있다. • 투표 독려를 위해서 중앙선거관리위원회 등이 시민교육과 운동에 지불하는 예산을 절약할 수 있다. • 현재 정치에 관심이 없는 사람들이 정치에 관심을 가지고 행할 수 있도록 독려할 수 있는 효과가 있다.	• 투표를 강제하면 적합성을 판단할 수 없는 선거후보자가 출마할 경우 민주주의에 바람직하지 않은 문제가 발생한다. • 유권자의 기권할 권리가 박탈당하는 비민주적인 제도이다. • 투표율은 정치권의 각성을 통해 해결할 문제이지 이런 강제적인 제도를 마련하는 것은 적절하지 않다. • 의무투표제 국가들이 투표율의 저조함을 국민의 탓으로 돌릴 수 있다.

④ **투표율 독려를 위한 의무투표제의 방향**

• 투표율을 높이기 위한 의무투표제를 도입하자는 주장이 우리나라에서도 제기되고 있지만 의무투표제의 필요성에 국민들이 공감하고 있는지에 대한 조사가 선결 요건이다.

• 의무투표제가 자유선거원칙을 침해한다는 논란과 '기권'란을 만들어서 '기권할 자유'를 보장해줘야 할 필요성이 제기된다.

• 벌금 부과나 공직 지원 제한 등 그 제재 범위의 한계에 대한 논의가 필요하다.

• 의무투표제는 정치 참여에 대한 시민의 권리와 의무 사이에서 어떤 부분에 더 초점을 두느냐에 따라 운영 여부가 달라질 수 있다.

(2) 국회의원 선거구 개편

2024년 4월 10일 총선을 앞두고 국회의원 선거구 개편 논의가 시작되었다. 국회의원 전원이 참석하는 전원위원회를 구성하고 난상토론을 통해 합의안을 도출하기로 하였다. 토론에 상정될 개편안은 '도농복합형 중대선거구제와 권역별 · 병립형 비례대표제

(1안)'와 '개방명부식 대선거구제와 전국 · 병립형 비례대표제(2안)', '소선거구제와 권역별 · 준연동형 비례대표제(3안)' 총 3가지이다.

1안은 도시의 지역구는 3~5인을 선출하는 중대선거구제, 농촌은 1인을 뽑는 소선거구제를 적용하되, 비례대표는 전국을 6개 권역 또는 17개 광역지자체로 구분해 정당 득표율과 인구수에 따라 각 당에 의석을 배분하는 방식이다. 2안은 지역구에서 4~7명을 선출하는 방식으로 정당과 후보에게 각각 투표하되, 각 정당은 득표율에 따라 의석을 배정받고, 같은 정당의 복수 후보는 득표율 순으로 의석을 차지한다. 비례대표는 각 정당의 전국 득표율로 의석이 배분된다. 3안은 지역구는 소선거구제를 유지하되, 비례대표는 전국을 6개 권역으로 나눠 정당득표율, 지역구 의석수와 연동해 배분하는 방식이다. 각 정당은 선거구제 개편에 따른 유불리를 따질 수밖에 없어 치열한 논쟁이 이루어질 전망이며, 이 3가지 안 이외에 다른 개편안이 채택될 수 있다. 중대선거구제가 선택될 경우 동일 선거구에 묶이게 될 같은 당 소속 현역의원들의 이해관계가 첨예해지고, 지역구 의석을 줄이고 비례대표 의석을 늘리면 소속 정당과 관계없이 인구 감소로 지역구 통폐합 우려가 있는 지방 출신 의원들이 반발할 수 있다.

(3) 제20대 대통령선거 확진자 · 격리자 사전투표 방식 논란

제20대 대통령선거 사전투표 당시 기표를 마친 코로나19 확진자와 격리자의 투표용지를 투표사무원이 바구니와 쇼핑백에 담아 유권자 대신 직접 투표함에 넣는 방식으로 진행되어 논란이 되었다. 유권자들은 투표 관리가 지나치게 허술하고, 자신의 표가 투표함에 들어가는지 확인할 수도 없었다고 주장하였다. 현행 「공직선거법」 제157조 4항에 따르면 선거인은 투표용지를 받은 후 기표소에 들어가 투표용지에 1인의 후보자를 선택해 투표용지의 해당 란에 기표한 후 그 자리에서 기표내용이 다른 사람에게 보이지 아니하게 접어 투표참관인의 앞에서 투표함에 넣어야 한다.

선거관리위원회는 규정상 투표소마다 하나의 투표함을 설치하게 돼 있으며 투표지는 투표사무원의 감독하에 정상적으로 투표함에 넣었다고 해명하였다. 또한 확진자가 임시 기표소에서 투표한 용지를 바구니에 담아 이동한 것은 확진자와 일반인의 동선을 분리하기 위해 사전에 계획된 조치이고 쇼핑백이나 상자를 투표함으로 썼다는 내용은 사실확인이 필요하지만, 바람이 많이 불어 투표소에서 임시로 취한 조치로 보인다고 설명하였다.

PART

04

우정직

CHAPTER 01 국가공무원 우정직의 모든 것

01 우정직 공무원의 개요

1. 우정직 공무원이란?

(1) 우정직 공무원은 우정사업본부 및 산하기관에서 정책을 집행하고 정책기획 및 조사업무, 정책의 집행 및 평가업무, 대민행정업무 등 실무를 담당하는 공무원을 말한다.

(2) 우정직 공무원의 계급 및 직급(「공무원임용령」 별표 2)

직군	직렬	직류	계급 및 직급								
			우정 1급	우정 2급	우정 3급	우정 4급	우정 5급	우정 6급	우정 7급	우정 8급	우정 9급
우정	우정	우정	우정 사무관	우정 사무관	우정 주사	우정 주사	우정 주사	우정 주사	우정 주사보	우정 서기	우정 서기보

2. 우정직 공무원의 주요업무

(1) 우체국금융, 현업창구, 현금수납 등 각종 계산관리 업무

    ① 우편: 우편물 접수 · 운송 · 배달 업무, 우체국택배 및 국제특송 업무

    ② 예금: 예금 입 · 출금, 송금, 체크카드, 우편환 및 우편대체 업무

    ③ 보험: 저축성 · 보장성 보험 계약 및 보장, 보험금 지급 등

(2) 우편통계 관련 업무

1. 우정사업본부의 구성 및 주요업무

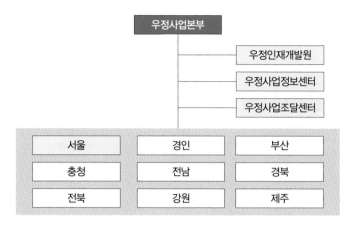

※ 출처: 우정사업본부 홈페이지(www.koreapost.go.kr)

(1) 우정사업본부

① 조직도

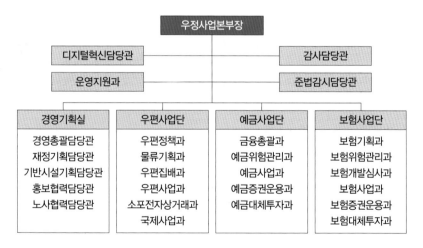

※ 출처: 우정사업본부 홈페이지(www.koreapost.go.kr)

② **주요업무:** 「우정사업 운영에 관한 특례법」에 따른 우정사업조직으로 우편물의 접수 · 운송 · 배달 등 우편사업과 우체국예금 · 우체국보험 등 우체국금융 사업에 관한 사무를 관장

• 우편: 우편물 접수 · 운송 · 배달 업무, 우체국택배 및 국제특송업무, 수탁사업
• 예금사업: 예금 입 · 출금, 송금, 체크카드, 우편환 및 우편대체업무, 펀드판매
• 보험사업: 저축성 · 보장성 보험의 계약 · 유지관리 및 보험금 지급 등

(2) 우정인재개발원

① 조직도

※ 출처: 우정사업본부(www.koreapost.go.kr)

② 주요업무: 우편, 예금, 보험 서비스를 제공할 수 있는 인재 육성 및 개발

(3) 우정사업정보센터

① 조직도

우정사업정보센터				
정보기반과	우편정보과	예금정보과	보험정보과	차세대금융정보과
정보전략팀	우편기반팀	예금기반팀	보험기반팀	차세대총괄팀
정보보호팀	인터넷우체국팀	금융계정팀	보험운영팀	차세대기반팀
정보자원관리팀	우편물류팀	예금운영팀	금융정보자산팀	차세대정보팀
운영지원팀	우편운영팀			채널공통팀
회계압류팀	경영정보팀			채널지원팀
				예금채널팀
				보험채널팀

※ 출처: 우정사업본부(www.koreapost.go.kr)

② 주요업무: 전국 우체국을 16,000여 개의 통신회선과 우정스마트 기반망으로 연결하여 무중단 · 무장애 서비스가 안정적으로 제공될 수 있도록 관리

③ 추진전략

- 우정정보시스템 안정적 운영
- 비대면 신규서비스로 디지털 혁신 강화
- 고객중심의 디지털 서비스 확산
- 정보화 조직 역할 강화

(4) 우정사업조달센터

① 조직도

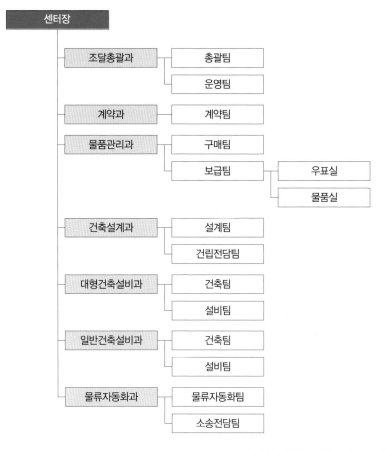

※ 출처: 우정사업본부(www.koreapost.go.kr)

② **주요업무**: 전국 우체국에서 사용하는 우정용 물자 조달 및 보급업무, 우체국·집중 국 등 우정용 건축물 건설 및 우편작업 기계화 시설의 건설, 유지보수

③ 추진전략
- '만족하는' 우수 물품 조달: 조달환경 변화에 대응한 안정적 보급체계 강화
- 사전 예방적, 체계적인 '관리'로 우정건축물 건립: 최적의 품질, 안전한 현장, 친환경 건축 구현
- '마음을 끄는' 우편물류 자동화: 고효율 · 고품질의 물류체계 구축
- 우정부동산 개발 '실현': 자산 재정립으로 전략적 · 체계적 개발
- '함께하는' 조직문화 조성: 익숙함에서 탈피한 조달문화 혁신

(5) 지방우정청

① 조직도(예 서울지방우정청)

※ 출처: 우정사업본부(www.koreapost.go.kr)

② **주요업무**: 우편 사업과 우체국 금융사업에 관한 사무 관장

(6) 우체국

① 조직도(예 광화문우체국)

※ 출처: 우정사업본부(www.koreapost.go.kr)

② **주요업무**: 편지나 소포 등을 모아 배달하는 우편업무 및 예금·보험업무 담당

2. 우정사업본부에서 바라는 인재상

(1) 창의적인 학습인

① 새로운 사고로 끊임없이 노력하는 인재

② 새로운 지식에 대해 열린 마음으로 학습하는 인재

③ 자기개발 및 연구를 통해 우정업무 전문역량을 갖춘 인재

(2) 열린사고 변화인

① 변화되는 환경에 스스로 적응하고 개척해가는 인재

② 변화와 혁신을 선도하고 실천하는 인재

③ 변화의 주체가 되는 진취적이고 역동적인 인재

(3) 주인의식 열정인

① 우정기업에 대한 주인의식을 갖춘 인재

② 조직 역량구축 및 발전을 위한 뜨거운 열정을 가진 인재

③ 분야별 우정사업 업무추진에 열과 성의를 가진 인재

(4) 국민사랑 실천인

① 국민(고객)에게 봉사하는 인재

② 고객감동 우정서비스를 실천하는 인재

③ 국민(고객)이 편하게 이용할 수 있는 우정 서비스 실현 인재

03 우정사업본부 사업 분야

1. 우편

전국 어디에서나 공평하게 적정한 우편요금으로 서신과 물품 등의 우편물을 접수·배달하는 보편적 우편서비스를 말한다. 국내 통상(서신), 소포우편, 국제우편을 접수·배달하는 기본서비스와 이에 부가하거나 부수적으로 제공되는 부가서비스 및 수탁서비스로 구분한다.

(1) 우편서비스 종류

통상우편서비스	서신 등 의사전달물, 통화(현금) 등의 우편물을 배달하는 서비스 • 일반통상: 우체통, 우체국 창구 등을 통하여 접수되었으나 기록 취급하지 않으며 배달 시 수취인 우편함 등에 투함하는 우편물 • 등기통상: 접수 배달 등의 취급과정을 기록 관리하며 우편물로 배달 시 수취인의 서명을 받는 우편물
소포우편서비스	통상우편물을 제외한 물건을 포장한 우편물을 배달하는 서비스 • 보통소포: 취급과정을 기록하지 않으며, 우체국 창구에서만 접수 • 등기소포: 우체국 창구에서 접수하는 창구 소포, 고객의 방문 접수 요청에 의한 방문 소포

국제우편서비스	국외로 발송하는 우편물을 취급하는 서비스 • 국제통상, 국제소포, 국제특급 서비스 등 • 등기취급, 보험취급 등 부가서비스 • 서류, 물품 등을 해외 우정과의 특별협정 체결을 통해 가장 빠르고 안전하게 배송하는 서비스 • 유가증권 · 귀중품 등을 실제적 · 객관적 가치에 따라 보험 취급하고, 분실 · 도난 · 훼손 시 보험가액의 범위 내에서 실 손해액을 배상하는 서비스

(2) 우표 발행

보통우표	우편서비스 제공에 대한 요금납부 증표로서 미리 발행량과 판매기간을 정하지 않고 수요에 따라 계속 발행하는 우표
기념우표	역사적으로 중요한 인물사건 및 뜻깊은 일을 기념하거나 국가적인 사업의 홍보 및 국민정서의 함양 등을 위해 발행하는 우표
나만의 우표	우정사업본부장이 지정 공고한 우표 형태에 개인의 사진 또는 기업의 로고광고 등 원하는 내용을 넣어 제작하는 고객맞춤 우표

(3) 우체국 쇼핑(mall.epost.go.kr)

농어촌 지역의 특산품을 발굴하여 생산자와 소비자가 우편망을 통해 직거래토록 하여 생산자에게 안정된 판로를 제공하고 지역경제 활성화에 기여(전국 3,500여 우체국을 통해 중간 유통과정을 거치지 않은 엄선된 특산품과 일반 상품을 소비자에게 공급)

> 예 농수축산물 등 지역 특산품, 꽃배달, 중소기업 제품(공산품), B2B 공공기관 소모품 판매, 제철계절식품, 전통시장 상품 등

(4) 수탁서비스: 타 기관 · 민간과 업무제휴를 통해 수탁상품을 판매 대행하여 국민편의 증대에 기여

> 예 우체국 알뜰폰, 수입인지(한국은행), 문화상품권((주)한국문화진흥), 분실 핸드폰 주인 찾아주기(한국정보통신진흥협회), 온누리상품권(소상공인시장진흥공단) 등

(5) 부가서비스: 등기보험증명취급, 전자우편, 모사전송(팩스) 등

(6) 우편정보화 · 자동화

우편 물류 시스템	편물의 접수에서 배달까지 전 과정을 통합 · 관리하는 정보시스템으로, 우편물의 처리 상황과 위치정보를 실시간으로 확인 가능 예 접수관리, 운송관리, 배달관리, 우편물 종적 추적 등
자동 구분기	우편물 처리 생산성 향상을 통한 우편소통품질 향상을 위해 우편집중국(물류센터 포함)과 집배국에 우편물 자동 구분 장비 351대 설치 운영

무인 접수기	우편물 접수 과정을 무인 · 자동화한 장비로서 고객 대기시간 단축과 우체국 영업 시간 외에도 우편서비스를 제공하기 위해 우체국 내외부에 216대 설치 운영
무인 우체국	우편 접수와 수령 과정을 무인 · 자동화하여 고객에게 연중무휴로 우편물 접수와 배달서비스 제공

2. 예금

(1) 업무취급 범위

① **예금상품**: 수시입출식 예금상품, 거치식 예금상품, 적립식 예금상품

② **전자금융서비스**: 인터넷뱅킹, 스마트뱅킹, 폰뱅킹

③ **체크카드**: 개인카드, 법인카드

④ **업무제한**: 일반은행과 달리 대출, 신탁, 신용카드 등의 업무를 제한받고 있음

(2) 우체국예금의 역할

① 국영 금융기관으로서 농어촌 · 도서벽지 지역에 기본적 금융인프라를 제공하고, 다양한 서민생활 지원과 함께 우편적자 보전 등 국가기관으로서의 공적 역할 수행

- 농어촌, 도서벽지 등 금융소외 지역민은 물론, 도시 서민을 중심으로 금융서비스를 제공
- 시중은행과 달리 대부분의 점포가 농어촌 등 금융취약지역에 위치
- 일부 금융기관의 독과점 지역에 경쟁체제를 유지하여 양질의 금융서비스 제공
- 시중 금융기관이 수익성을 이유로 영업망을 배치하지 않는 지역에도 우체국 창구망을 개방하여 다양한 서비스 제공

② 서민과 취약계층 보호를 위한 다양한 우대상품 제공과 서민경제 보호 역할

- 저소득층, 장애인 등 취약계층과 차상위 계층에게 다양한 금융 상품과 금리 우대 지원
- 취약계층의 금융거래 비용 절감을 위해 송금 등 각종 수수료 면제 혜택 제공 및 국가 정책 바우처 카드 활성화 지원

③ 안정적 예금사업 성과를 바탕으로 국가재정 지원 및 우편사업의 안정적 유지 달성

- 특별회계임에도 불구하고 매년 일정 경영성과를 국가 일반회계에 전출하고 있으며 IMF 당시 부실금융기관에 투여된 공적자금을 지원
- 공공재인 우편서비스의 안정적 제공을 위해 우편사업의 잉여 시설, 인력 등을 공동 활용하여 저렴한 우편서비스 제공에 기여하고 있으며, 이를 통해 전 세계에서 제일 낮은 수준의 우편요금을 유지하면서 전국에 동일한 우편서비스 유지

④ 국가기관으로서 국가경제 안정화와 함께 지역 경제 균형발전에 노력
매년 주식·채권·대체투자를 통해 중소기업·벤처기업 지원등 공적 목적의 자금운영을 수행. 특히, 2008년 금융위기 당시 국내기업 자금조달 어려움 해소를 위해 국내기업 발행 해외채권을 적극 매수하여 유동성 확보에 기여

3. 보험

보험의 보편화를 통하여 재해의 위험에 공동으로 대처하게 함으로써 국민의 경제생활 안정과 공공복리 증진에 기여하는 것을 목적으로 한다.

(1) 업무취급 범위

① 4,000만 원 이하 보험(생명신체상해연금) 상품개발판매 및 운영
② 기타 보험사업에 부대되는 환급금대출, 증권의 매매와 대여, 부동산의 취득처분과 임대 등

(2) 우체국보험의 역할

① 서민보험: 단순한 상품구조의 보험료가 저렴한 보험으로서 서민층이 간편하게 가입
② 우체국 네트워크 활용: 농어촌, 도서 지역 등 시·군지역 소재 비중이 62% 이상이므로 대도시 위주의 영업을 전개하는 민영생명보험사와는 달리, 전국적이며 보편적인 영업활동 전개
③ 공적 역할: 사익(주주이익)을 추구하지 않는 국영보험으로서 장애인, 취약계층 등에 대한 보험상품 보급 확대, 사회 소외계층을 위한 현장 밀착형 공익사업 발굴·지원 등을 통한 사회적 책임 강화

4. 공적 역할

국영 금융기관으로서 농어촌·도서벽지 지역에 기본적 금융 인프라를 제공하고 다양한 서민 생활 지원 서비스를 제공한다. 공공재인 우편서비스의 안정적 제공을 위해 우편 사업의 잉여 시설, 인력 등을 공동 활용하여 저렴한 우편서비스 제공에 기여함으로써 세계에서 제일 낮은 수준의 우편요금을 유지하고 있다.

(1) 국민 편의를 위한 다양한 공공서비스 수행: 국가적 위기 때마다 라돈 매트리스 수거, 공적 마스크 판매, 코로나19 재택키트 배달 등 사회안전망 역할 수행

(2) 우정 인프라를 활용한 범부처 협업 및 공공서비스 아이디어 제안

① **포용금융**: 취약계층 보호를 우한 신규 공익보험 보급, 은행 점포 감축에 따른 대체 창구 제공

② **따뜻한 복지**: 우편서비스(복지등기)를 활용한 복지 사각지대 발굴, 지역 빈곤계층 결식 완화를 위한 기부 물품(푸드뱅크) 운송

③ **환경·의료**: 의약품 오남용 및 환경오염 방지를 위한 폐의약품 수거 지원

④ **지역 균형 발전**: 노후 우체국을 지역에 맞는 생활 사회간접자본(보육, 요양, 행정, 문화, 창업공간 등)으로 개발

---

04 2023년 핵심 추진 전략 및 2022년 우정사업 성과

1. 2023년 우정사업본부 핵심 추진 전략

(1) **성장과 혁신의 우체국**

① 우편 사업의 내실화, 우체국 금융사업 경쟁력 재고, 우정사업의 성장 추구

② 소포 물량 적정 관리를 통한 고객 서비스 품질 유지

③ 원가분석을 토대로 부가 취급 수수료와 계약 소포·EMS 요금 등을 탄력적으로 조정하여 합리적인 요금 정책 실현

④ 고객만족도 재고를 위한 고객 맞춤형 예금·보험 상품 개발

⑤ IT 신기술 도입 및 디지털 전환 추진을 통한 디지털 혁신 마련

- 우편물 부피정보 자동획득 측정 장비 도입
- 기념우표 사전 예약판매 시스템 도입
- 모바일 우편함 전자고지 서비스 확대
- 전자문서화를 통한 편리한 디지털 금융 선도
- 우체국 디지털 헬스케어 서비스 도입

(2) **안전과 상생을 도모하는 우체국**

① 노·사가 협력하는 안전하고 건강한 일터 조성

② 노후한 400여 개 우체국을 사과·한옥 등 지역 특색을 담아 재건축하여 재해 예방 및 지역 사회 활력 거점으로 마련

③ 뇌심혈관계 질환 고위험 직원에 대한 정밀 검진비 지원 및 집배원 안전사고 예방 활동

④ 갑질 없는 일터와 성비위 근절 특별대책 수립 · 시행을 통한 평등하고 유연한 조직문화 구축

⑤ 금융, 물류, 우편 서비스의 안정적 제공

⑥ 국가 · 지자체 · 유관기관과 협업하여 폐의약품 회수 서비스, 공동 배송센터 시범운영, 창업 지원, 주민 복지 공간 마련 등 시행

⑦ 국민밀착형 복지서비스 제공

⑧ 국가 기반망 역할 수행을 통한 사회적 책임 투자 강화

(3) 우정사업 추진계획

① 국민행복 배달

- 보편적 서비스의 안정적 제공

  예 국가 · 지자체 · 유관기관과 협업하여 폐의약품 회수 서비스, 창업 지원과 주민 복지 공간 마련

- 공적역할 발굴 및 확대

  예 국민밀착형 복지서비스 제공을 위한 복지등기 사업 확대 및 엄마보험 출시

- 사회적 책임투자를 강화하여 민생안정을 위한 국가 기반망 역할 수행

② 사업의 건전한 성장

- 지속가능한 물류환경 조성을 위해 환경변화에 맞는 우편물류체계 구축 추진

- 소포 물량 적정 관리를 통한 고객서비스 품질 유지 및 우편요금 · 수수료 조정

- 미래 고객 확보를 위한 맞춤형 예금 · 보험 상품 개발

③ 우정 디지털 혁신

- 우편물 부피정보 자동획득 측정 장비 도입

- 기념우표 사전 예약판매 시스템 도입 및 모바일우편함 전자고지 서비스 확대

- 종이서류의 전자문서화로 빠르고 편리한 디지털 금융창구 조성

- 고객의 건강한 삶을 지원하는 우체국 디지털 헬스케어 서비스 도입

④ 안전하고 건강한 일터

- 직원 근로여건 개선

- 안전하고 건강한 근무환경 조성

- 노사 상생 문화 정착

2. 2022년 우정사업 성과

(1) 국민 행복배달

복지 사각지대를 발굴해 메우고, 국민이 어디서나 편리하게 금융업무를 진행하고, 생활물류 급증을 해소하기 위해 노력

① 코로나 치료지원 재택치료키트 배달

② 복지사각지대 발굴을 위한 복지등기 배달 서비스 시범 실시

③ 금융거래 소외지역 해소를 위해 4대 시중 은행과 업무제휴

④ 생활물류(소포) 급증 해소를 위해 서울시와 공동배송센터 운영 추진

(2) 민생안정을 위한 국가기반망 역할 수행

위기 대비를 위한 선제적 대응체계를 마련하고, 대화와 타협으로 문제를 해결하였으며 코로나19 감염 우려 등 어려운 상황에서 큰 사고 없이 소통 미션 완료

① 상호 신뢰를 바탕으로 대화와 타협을 통해 파업철회

② 민간택배사 파업에 따른 소포 증가, 대통령선거, 명절 등

③ 우편물 폭주기간 동안 소통 미션 완료

(3) 혁신적 사고로 서비스품질 개선

공적역할, 신사업, 우정디지털, 재정관리 분야 등 혁신과 유기적 협업을 위해 32개 혁신과제를 창출하였으며, 국민 곁의 우체국의 역할을 수행하며 최상의 서비스 제공

① 업무는 효율적이고, 고객은 편리한 차세대 금융시스템 구축

② 우정혁신 TF를 구성하여 공적역할, 신사업, 디지털 분야 33개 혁신과제 발굴

CHAPTER 02 우정직 면접 기출 가이드

01 기출 빈출 리스트

- 우정사업본부에 대해 어떻게 알고 지원하게 되었습니까? 다른 기관들도 많은데 왜 우체국에 지원하였습니까?
- 우정사업본부에서 가장 중요한 공직가치는 무엇이라고 생각합니까? 관련된 본인의 경험이나 노력이 있습니까?
- 우정사업본부에 들어온다면 어떤 공직가치를 가지고 어떻게 조직을 개편하고 싶습니까?
- 왜 사기업이 아니라 공직을 준비하게 되었습니까?
- 본인이 우체국 직원이라면 어떤 능력이 가장 필요하다고 생각합니까? 본인은 해당 능력이 뛰어나다고 생각합니까, 부족하다고 생각합니까?
- 우정사업본부에서 하는 사업 중 개선하고 싶은 것은 무엇입니까?
- 본인의 주장으로 시작된 업무가 있는데, 반쯤 진행된 후 보니 성과가 안 나오는 정도가 아니라 오히려 전보다 못한 상황이 되었습니다. 이런 경우 어떻게 하겠습니까?
- 우체국 창구에 자동화 기기를 투입하면 창구 대기 시간이 현저하게 줄어들 것이 예상되어 해당 사업을 진행하려고 하는데, 상사가 예산이 없다고 하면 어떻게 하겠습니까?
- 우체국 창구에서 고객 응대 개선을 위해 어떤 정책을 진행하려는데, 이 정책으로 인해 본인의 업무가 가중된다면 어떻게 하겠습니까?
- 격오지(내륙의 깊숙하고 외진 지역)의 우체국 인력부족 상태를 해소하기 위한 방법을 말해 보시오.
- 우편배송에 문제가 생겼다는 뉴스로 고객이 이탈하려 한다면 어떻게 대처하겠습니까?

1. 5분 발표

2021년 정부는 다중시설이나 공공시설을 이용하는 인원의 코로나 백신 접종 여부를 체크하기 위해 백신 예방접종 확인 증명서를 QR 체크 및 COOV 앱 인증 방식을 사용하여 인증하도록 하였다. 하지만 장애인 등 앱 사용이 불편한 분들에게는 이와 같은 인증 방식이 어렵다는 지적이 일었다. A부처 관계자는 이러한 지적을 바탕으로, 앱 사용 취약 계층의 경우 종이 인증서 등 다른 인증수단도 병행하여 인증할 수 있는 방안을 만들었다. A부처는 향후 취약계층을 위한 다양한 인증 방식을 고려하여 이를 반영할 예정이다.

위 제시문의 내용에서 유추할 수 있는 공직가치와 이를 실천하기 위해 필요한 공직자의 자세에 대해 자유롭게 발표해 주세요.

(면접관의 의도)

응시자의 공직관에 대해 알아보고 자신의 생각을 얼마나 논리정연하게 전달할 수 있는지, 이어지는 질문에 대해 얼마나 순발력 있게 대답할 수 있는지 평가한다.

(핵심 키워드)

공익, 투명성, 공정성, 전문성, 적극성, 민주성 등 공직가치

도입

제시문은 코로나 백신 확인 증명서를 앱으로 우선 인증하되, 앱 사용이 불편한 장애인들을 위해 종이 증명서를 사용할 수 있게 하여 장애인들의 사회공공시설 이용을 촉진한 사례입니다. 저는 이 사례에서 적극성과 책임감을 유추하였습니다.

직접작성

저는 제시문의 소외계층의 불편함을 해소하고 제도를 새롭게 개선했다는 내용에서 적극성을 도출할 수 있었습니다. 제가 생각하는 적극성은 업무관행만을 따르지 않고 능동적이고 창의적으로 업무를 수행하는 것입니다. 우정사업본부에서 적극적으로 행정을 실천한 사례로는 국민에게 더 가까이 가는 우편서비스를 시행하기 위해 시각장애인을 위한 무료우편 정책을 확대한 것과 은행 지점 폐쇄로 인한 고령층 등 국민 불편을 해소하기 위해 4대 은행과 연계하여 우체국에서 은행 업무를 볼 수 있는 시스템을 구축한 것이 있습니다. 우정사업본부의 경우 국민을 대면하고 직접적으로 서비스하는 업무가 많으므로 공무원 스스로 서비스를 받는 사람의 입장에서 어떻게 하면 더 편리함을 느끼게 할 수 있을지 항상 고민해야 할 것 같습니다. 그러면 제가 적극성을 발휘한 경험에 대해서 말씀드리겠습니다. 저는 대학 시절 조별 과제에서 팀 조장을 맡은 경험이 있습니다. 그런데 활동에 적극적으로 참여하지 않는 친구가 있어 조 내에 분란이 일어났습니다. 저는 조장으로서 이를 해결해야겠다고 생각하여 분란을 일으킨 친구에게 물어보니 저희 조에서 이번에 정한 주제가 자신이 가장 자신 없는 분야라서 부담감이 생겨 자꾸 회피하게 된다고 하였습니다. 저는 이 친구를 도와주어야겠다고 생각했고 도서관과 온라인에서 자료조사와 취합을 같이 진행하며, 주제에 대해서도 설명을 해주었습니다. 이 친구는 이후 저에게 고마워하며 팀 과제 활동에 좀 더 열심히 참여하게 되었습니다.

다음으로 책임감에 대해 말씀드리겠습니다. 저는 예방 접종 여부 인증 방식에 어려움을 겪고 있는 국민이 공공시설을 원활하게 이용할 수 있도록 다양한 인증 방식을 고안해 낸 해당 부서의 노력을 통해 업무에 대한 책임감을 유추할 수 있었습니다. 책임감은 맡은 업무에 대해 전문적으로 처리하는 것을 말합니다. 뿐만 아니라 공무원 스스로 자신의 역할이 무엇인지 깨닫고 그 소임을 다하기 위해 최선을 다하는 태도까지 포함합니다. 책임감을 키우기 위해서는 공무원 스스로 아무리 작은 임무라도 중하게 여기고 이를 완수하기 위해 하나부터 열까지 제대로 챙길 수 있어야 한다고 생각합니다. 우정사업본부의 경우 모든 구성원들이 책임을 다하고 끊임없이 노력하였기 때문에 고객만족도 조사 공공서비스 부문 23년 연속 1위 기관으로 선정될 수 있었다고 생각합니다.

직접작성

만약 제가 우정사업본부의 일원이 된다면, 우정사업본부가 최고의 공공기관으로 거듭날 수 있게 노력하신 선배들의 모습을 본받아 제 업무에 사명감을 가지고 국민과 공익을 위해 끊임없이 정진하도록 하겠습니다.

직접작성

➕ 제시된 답안을 통해 나올 수 있는 추가 질문

• 적극성과 책임감이 국가에 필요한 이유는 무엇입니까?
• 적극성과 책임감 외에 유추할 수 있는 공직가치로는 무엇이 있습니까?
• 우정사업본부에 도입할 만한 적극행정과 관련된 아이디어가 있으면 말해 보시오.
• 말씀하신 적극성과 책임감을 위해 우체국 창구 업무에서는 어떤 노력을 할 수 있습니까?
• 적극성을 가지고 공직자로서 행정 업무에 임했을 때 발생할 수 있는 문제점에 대해 말해 보시오.
• 적극성과 책임감을 기르기 위해 한 노력이 있습니까?
• 장애인 등 소외계층을 대상으로 우편서비스 지원을 한다면 어떻게 할 수 있을지 말해 보시오.
• 소외계층에 대한 우편서비스 지원이 이루어지면 역차별 논란이 생길 수도 있는데 어떻게 대응하겠습니까?

➕ 면접 플러스

공직가치에 대해 설명할 때는 보통 용어의 정의, 해당 공직가치가 필요한 이유, 해당 공직가치가 발휘된 정책이나 사례, 관련된 개인 경험 등을 이야기한다. 후속 질문이 계속 이어지므로 공직가치는 2~3가지 이내로 이야기한다.

2. 경험형 문제

근무하고 싶은 부처와 직무를 기술하고, 해당 직무의 수행을 위해 어떤 노력과 경험을 하였는지 서술하시오.

면접관의 의도

응시자의 업무 이해도 및 업무 적합성을 평가하기 위한 질문이다.

핵심 키워드

희망 직무, 직무 내용, 현실적 · 구체적 노력, 업무 경험, 공직가치

희망 부처

우체국 예금사업단

직접작성

희망 직무

예금사업부에서 우체국에서 판매하는 예금 · 증권 등 관련 상품 사업 및 운용

직접작성

해당 직무 관련 노력과 경험

- 교육 경험: 경영학 전공(경영학 원론, 회계 원리 등 수강)
- 업무 경험: 편의점 아르바이트(6개월), 마트 캐셔 아르바이트(1년), ○○은행 사무보조(1년)
- 자격증: 금융자격증(은행FP, 외환관리사), 워드프로세서 2급
- 희망 직무 관련 경험: 우정박물관, 우체국 등 우정사업본부 관련 기관 방문, 우체국 쇼핑 사용 경험(누적 포인트 있음), 택배 발송 시 우체국 택배 사용, 우체국에서 보험 가입
- 봉사활동: 대학 재학 중 ○○야학당에서 고입 검정고시 준비하는 노인들을 대상으로 사회 과목 강의(1년)

직접작성

해당 업무를 지원한 동기는 무엇입니까?

어려서 해외로 장기간 파견 나가셨던 아버지와 자주 편지로 소통하였는데, 먼 곳에서 오는 편지를 전달해 주는 집배원을 보며 우체국에 점점 관심을 갖게 되었습니다. 또 제 전공은 경영학으로 금융자격증을 획득하고 저축은행 사무보조 업무를 하는 등 금융업에 관심이 많았는데, 민간업체보다는 공공기관인 우체국에서 국민들을 위한 금융 상품을 다루는 것이 더욱 보람될 것 같아 지원하게 되었습니다.

직접작성

우정사업본부에 지원한다고 하였을 때 주변에서 어떤 반응을 보였습니까?

제 성격이 성실하고 꼼꼼하다며 주변 사람들이 이런 제 성격과 우정직이 잘 어울릴 것이라고 이야기해 주었습니다. 또 우정직은 대면업무가 많아 관련 스트레스도 많을 것 같지만, 저의 경우 평소에 고객 응대 아르바이트를 많이 했기 때문에 업무를 잘 처리할 수 있을 것이라고 격려해 주었습니다.

직접작성

우체국 업무에서 개선점이 있다면 어떤 것이 있겠습니까?

우정사업본부는 소외계층을 대상으로 한 제도가 많고 공익사업도 활발히 진행되고 있어서 추가로 개선할 부분이 잘 떠오르지 않습니다. 다만 우표 판매 사업을 한번 생각해 보았는데, 지역별 관광 명소를 대상으로 각각 우표를 만들고 해당 우표를 판매하는 기계를 해당 지역의 느린 우체통에 배치하여 그 지역에서만 구입할 수 있는 특산품으로 만들면 우정사업본부와 지역 관광을 모두 홍보할 수 있는 방안이 되지 않을까 싶습니다.

> 직접작성

업무 개선점에 대해 건의하였는데 상사가 좋아하지 않는다면 어떻게 하겠습니까?

해당 업무에 대해 오래 경험한 상사의 눈으로 보았을 때 타당한 이유가 있을 것이라고 생각합니다. 솔직하게 이유를 묻고 납득할 만한 이유라면 따르고, 아니라면 조금 더 관련 자료를 보완하여 상사를 설득해 보겠습니다.

> 직접작성

➕ 기타 추가 질문

- 봉사활동 경험이 있는데 해당 봉사활동 시 어려웠던 점과 이를 어떻게 극복했는지, 또 봉사활동을 통해 배운 것이 무엇인지 말해 보시오.
- 아르바이트를 많이 하였는데 응대한 손님 중 가장 골치 아팠던 손님은 누구이며, 그 상황을 어떻게 해결하였는지 말해 보시오.
- 개인역량을 조직역량으로 끌어올리는 방안에 대해 말해 보시오.
- 금융쪽으로 관심이 많다고 하였는데, 우정사업본부가 수익을 내기 위한 방법으로는 어떤 것들이 있습니까?
- 우체국 쇼핑몰과 택배를 이용한 경험이 있는데 이용 시 좋았던 점, 혹은 개선해야 할 점에 대해 말해 보시오.
- 금융이나 택배 업무는 민간 업체에서도 진행하고 있는데, 이를 우체국에서 하는 이유가 무엇입니까?
- 최근 국제우편으로 마약 같은 불법약품들이 오는 사례가 있다고 하는데 이를 어떻게 해결하면 좋을지 말해 보시오.

➕ 면접 플러스

본인의 경력, 경험, 지원 부서에 대해 자신이 잘 대답할 수 있는 내용을 중심으로 서술해야 한다.

3. 상황형 문제

A우체국에서 지역 사랑 상품권 할인 판매 이벤트 진행 중, 일반 업무 고객이 창구 복잡 및 대기 시간 지연에 대해 민원을 제기하여 상품권 판매 전용 창구를 마련하였습니다. 하지만 전용 창구 마련 후 상품권 구매 고객들이 상품권 판매 전용 창구가 기존 창구보다 훨씬 대기 시간이 길어졌다고 불만을 제기하고 있습니다. 귀하는 상품권 할인 판매를 담당하는 주무관으로서 이 상황에 대해 어떻게 판단할 것이며, 상황을 해결하기 위해 어떤 방법을 사용하겠습니까?

(면접관의 의도)

상황형은 문제 상황을 제시하여 이에 대한 대처 능력 및 공직자로서의 자세를 평가하기 위한 것이다. 해당 제시문은 정책의 시행과 이로 인한 민원을 조정해야 하는 문제로, 주어진 상황에 대해 대립되는 두 가지 입장 중 어느 것을 선택할 것인지 고르는 과정을 통해 응시자의 상황 대처 능력과 공직에 대한 이해도를 평가한다.

(핵심 키워드)

민원 제기, 상반된 상황, 민원인 응대 방법, 효율적인 판매 방법

상황 파악

- 일반 민원인: 전용 창구가 없다면 상품권 구매 고객과 함께 창구를 이용해야 하므로 대기시간이 길어져 불만
- 상품권 구매 고객: 전용 창구 마련 후 상품권 전용 창구만 이용해야 해서 대기시간이 길어져 불만

직접작성

- 원인 파악
  - 먼저 전용 창구에서 왜 훨씬 시간이 오래 걸리는지 파악
  - 창구의 업무 포화도 조사(업무 집중 시간대에 창구의 이용 빈도수)
- 결론: 지역상품권 판매는 일시적인 이벤트이므로 전용 창구에서 판매해야 함
- 방법: 일일 상품권 구매 인원을 파악한 후 상품권 판매 방법 및 경로를 다양화
  - 인터넷 우체국에서 사전 예약 후 수령
  - 전용 창구 수 확대
  - 시니어 서포터즈나 봉사자 배치

직접작성

- 상품권이 큰 호응을 얻고 있으므로 일반 업무 고객에게도 상품권 이용 홍보
- 향후 해당 이벤트 지속을 염두에 두고 어플 및 무인 발급기로 서비스 이용이 가능하도록 시스템 정비
- '지역' 사랑 상품권이므로 해당 지자체에 협조 요청

직접작성

- 전용창구에서 판매하겠다고 하였는데, 이와 같이 판단한 이유는 무엇입니까?
- 제시한 원인 파악 및 대처를 위해 필요한 자료들에는 무엇이 있습니까?
- 우체국에서 민원인을 잘 응대해야 하는 이유가 무엇이라고 생각합니까?
- 민원 업무 혼잡 및 민원 증가로 인사 평가가 안 좋아진다면 어떻게 대처하겠습니까?
- 민원인이 화가 나서 공개사과를 요구하고, 상사가 내 잘못이 없는데도 강제로 사과하도록 시킨다면 어떻게 하겠습니까?
- 늘어난 민원으로 인해 자신이 해야 하는 업무가 밀린다면 어떻게 하겠습니까?
- 이렇게 민원이 폭주하는 일은 언제나 발생할 수 있는데, 이로 인한 스트레스는 어떻게 해소하겠습니까?
- 마지막으로 하고 싶은 말은 무엇입니까?

➕ **면접 플러스**

대면업무가 많은 우체국 업무의 특성상 민원인을 상대하는 경우가 많으므로 민원인으로 인해 발생할 수 있는 다양한 경우와 그 해결방안에 대해 미리 정리해 두면 좋다.

▌**더 알아보기**

느린 우체통

엽서에 자신의 마음을 담아 우체통에 넣으면 6개월~1년 후에 배달되는, 디지털 시대에 느림의 미학과 기다림의 의미를 전해주는 감성우편 서비스이다. 2009년 영종대교 휴게소에서 처음 시작되었으며, 현재 전국 관광명소에 설치되어 있다.

1. 보도자료

(1) 우체국쇼핑, 우수 지역브랜드 지원 강화

우정사업본부 KOREA POST	**보 도 자 료**		다시 도약하는 대한민국 함께 잘사는 국민의 나라
보도 일시	2023.3.5.(일) 12:00 (2023.3.6.(월) 조간)	배포 일시	2023.3.3.(금) 16:00

우체국쇼핑, "우수 지역브랜드 지원 강화"

– 온라인에서 편리하고 저렴한 가격에 상품 구매…6일부터 '충남 예산군 브랜드' 특별기획전 –

과학기술정보통신부 우정사업본부(본부장 손승현)는 우체국쇼핑이 우수한 지역 브랜드에 대한 지원 강화에 나선다고 5일 밝혔다. 우체국쇼핑은 소비자에게 안전하고 믿을 수 있는 상품을 편리하게 구매토록 하고, 업체에게는 안정적인 판로를 제공한다. 우체국쇼핑은 지난해 전국 106개 자치단체·공공기관과 함께 지역 브랜드 상품을 판매해 1,518억 원의 매출을 달성했다. 또 올해부터 시작되는 '고향사랑기부제' 답례품으로 선정된 상품을 입점시켜 국민들에게 우수한 지역브랜드 상품을 제공할 예정이다. 향후 지역 상품이나 전통시장 판매업체가 우체국쇼핑 온라인몰 입점 신청을 할 경우 판매상품에 대한 촬영 및 상세정보 제작 등도 무료로 지원한다.

우체국쇼핑은 6일부터 '충남 예산군 브랜드' 특별기획전을 마련했다. 특별기획전은 최근 유명세를 타고 있는 예산군 '백종원 거리'의 일부 매장이 오는 31일까지 휴장 결정을 내리면서 매출 감소가 우려되는 상인들을 위한 조치이다. 우체국쇼핑은 현재 판매되고 있는 예산군 브랜드 70여 개 상품을 우체국쇼핑몰 메인화면에 안내해 소비자들이 보다 쉽게 상품을 구매할 수 있도록 했다. 예산군도 특별기획전에 1,000만 원의 예산을 투입, 전 상품에 대한 15% 할인을 지원한다. 우체국쇼핑이 지난 2020년부터 현재까지 예산지역 브랜드 상품 19억 원을 판매한 것으로 집계됐다.

손승현 우정사업본부장은 "특별기획전을 통해 우수한 지역브랜드의 농수산물과 전통 시장에 대한 국민적 관심이 높아질 것"이라며 "소상공인에 대한 지원으로 국민에게 행복을 배달하는 우체국으로 거듭나겠다."라고 강조했다.

(2) 저소득 중증 장애인 우체국 암보험 무료 가입

우정사업본부 KOREA POST	보 도 자 료		다시 도약하는 대한민국 함께 잘사는 국민의 나라
보도 일시	2023.3.1.(수) 12:00 (2023.3.2.(목) 조간)	배포 일시	2023.3.1.(수) 08:00

우체국 "저소득 중증 장애인 우체국 암보험 무료 가입"
– 저소득 중증 장애인 470여 명 보험료 전액 지원, 경제적 부담 해소 기대 –

과학기술정보통신부 우정사업본부(본부장 손승현)는 우체국공익재단과 함께 저소득 중증 장애인 470여 명을 대상으로 암보험 가입을 무료로 지원한다. 만 19~35세의 중증 장애인 중 국민 기초 생활 보장 수급자와 차상위 계층이 무료 보험 가입 대상이다. 대상자들에게는 장애인 전용상품으로 만들어진 우체국 '무배당 어깨동무보험(2종-암보장형)'이 가입된다. 장애인들의 보험 사각지대를 해소하고 암으로 인한 경제적 부담을 줄일 것으로 기대된다.

무배당 어깨동무보험(2종-암보장형)은 암 보장 개시일 이후 최초로 암 진단 확정시 진단금 최대 1,000만 원(소액암 300만 원)이 지급된다. 만기 생존 시에는 납입한 보험료의 30%가 지급된다. 보장 기간은 20년이며 보험료는 전액 우체국공익재단이 지원한다. 우정사업본부는 지난 2001년부터 이 사업을 시작해 지난해까지 총 6,441명에게 47억 원을 지원했다. 올해에는 470여 명에게 총 4억 원을 지원할 예정이다.

신청은 전국의 장애인복지시설 또는 단체(전국 장애인복지관, 장애인주간보호시설, 장애인직업재활시설 등)의 추천을 받아 오는 23일까지 우체국공익재단에 제출해야 한다. 우체국공익재단은 대상자를 선정하고 오는 6월 중 전국의 우체국을 통해 보험가입을 진행할 예정이다. 자세한 내용은 우체국공익재단 홈페이지(www.kopf.or.kr)를 참고하면 된다.

손승현 우정사업본부장은 "이번 암보험 가입지원을 통해 보험 사각지대에 있는 저소득 장애인들의 자산 형성과 생활 안정에 도움이 되길 기대한다."면서 "앞으로도 소외계층을 위한 공익보험을 지속적으로 개발·보급해 우체국의 공적 역할을 강화하도록 노력하겠다."라고 말했다.

(3) 집안 방치 폐의약품, 세종지역 우체통에 넣으면 안전하게 처리

우정사업본부 KOREA POST	보 도 자 료		다시 도약하는 대한민국 함께 잘사는 국민 나라
보도 일시	2022.12.26.(월) 14:00 (2022.12.27.(화) 조간)	배포 일시	2022.12.26.(월) 08:00

집안 방치 폐의약품, 세종지역 우체통에 넣으면 안전하게 처리
– 우본·환경부·세종시 등 협약, 내년 1월부터 폐의약품 회수 시범운영 –
– 의약품 폐기 절차 회수용 봉투에 폐의약품 넣고 우체통에 넣으면 끝 –

집안에 방치된 폐의약품을 우체통에 넣으면 안전하게 처리되는 '폐의약품[*] 회수 우편서비스'가 내년 1월부터 세종지역에서 시범 운영된다. 시범운영 결과를 면밀히 분석한 후 전국 서비스도 적극 추진될 예정이다.

[*] 유효기간 경과, 변질·부패 등으로 사용할 수 없는 의약품

과학기술정보통신부 우정사업본부(본부장 손승현)는 약물 오·남용과 환경오염 예방을 위해 26일 환경부, 세종시, 건강보험심사평가원, 세종시약사회와 업무협약을 맺고 세종지역에서 폐의약품 회수 우편서비스 시범사업을 진행한다고 밝혔다.

폐의약품은 토양 및 식수를 통해 인체 재유입으로 생태계의 환경문제를 유발하고 있어 반드시 분리배출을 해야 한다. 시범사업 시행으로 환경문제 해결에 기여하고, 폐의약품 분리배출이 편리해질 것으로 보인다. 현재 폐의약품은 주민센터·약국 등에서 별도 수거하고 있지만, 앞으로 우체통을 활용한 회수도 가능해진다.

〈우편서비스를 활용한 폐의약품 회수 흐름도〉

우체통, 수거함	→	우체통 및 수거함 방문회수	→	소각장으로 이동하여 소각
시민		우체국		세종시

가정에서는 물약을 제외한 폐의약품을 전용 회수용 봉투 또는 일반 우편 봉투에 '폐의약품'을 기재하여 봉함해 가까운 우체통에 넣으면 된다. 폐의약품 전용 회수용 봉투는 1월 중 가까운 약국에서 배부된다. 내 주변 우체통 위치는 인터넷 우체국 '우체통 위치

정보 알리미 서비스'를 통해 편리하게 찾을 수 있다. 또 기존에 수거 중인 약국, 보건소, 주민센터 등에서 회수한 폐의약품도 우체국 우편서비스를 통해 안전하게 분리 배출해 처리된다.

폐의약품 회수 협약으로 우정사업본부는 우체통과 약국 등을 통해 수거된 폐의약품의 회수 및 배송을 전담하게 된다. 환경부는 서비스가 원활하게 수행될 수 있도록 행정적 지원과 제도 정비를 수행할 계획이다.

세종시는 폐의약품 처리 등 시범운영이 체계적으로 운영될 수 있도록 환경을 구축하고, 건강보험심사평가원은 폐의약품 분리배출 방법 홍보, 세종시약사회는 폐의약품 수거가 원활히 진행되기 위해 약국의 참여를 독려할 예정이다. 서비스에 소요되는 우편요금은 우체국공익재단이 지원한다.

손승현 우정사업본부장은 "여러 유관기관의 협업으로 우체국 인프라를 활용해서 사회문제를 해결하고, 우체국은 공적 역할이 더욱 강화할 수 있게 됐다."라며 "집배원을 통해 찾아가는 서비스를 지속 발굴하고, 폐의약품 회수 우편서비스가 전국적으로 확산될 수 있도록 노력하겠다."라고 말했다.

(4) 자율주행 무인우체국 상용화 본격 가동

우정사업본부 KOREA POST	보 도 자 료		대한민국 대전환 한국판뉴딜
보도 일시	2022.5.19.(목)	배포 일시	2022.5.19.(목)

우정사업본부 자율주행 무인우체국 상용화 앞당긴다!
– 서울대에서 자율주행 차량으로 우편물 무인 접수 · 배달 시연 –

과학기술정보통신부 우정사업본부(본부장 손승현)는 "집배원 및 택배노동자의 근로환경을 개선하기 위하여 5월 19일(목) 서울대학교에서 '자율주행 무인우체국' 시범사업 시연회를 개최하였다."라고 밝혔다. 자율주행 무인우체국은 대학교 학내 우편물을 집배원 보조 없이 무인으로 일괄배달하고, 대학교 숲 구간에서 수요자가 원하는 시간에 운영하는 첨단 무인 우편물 접수 · 배달 서비스이다. 그동안 우정사업본부는 5G, 데이터, AI 등 ICT 신기술로 고도화된 자율주행 무인 접수 및 배달서비스를 구현하기 위해 2020년 4월부터 현재까지 3년간 국비 약 160억 원을 투입하여 핵심기술개발 및 시범서비스를 추진하고 있으며 내년부터 상용화를 준비하고 있다.

오늘 시범운영 행사에는 먼저, 자율주행 무인 우체국 시연에서는 국산 자율주행 차량(현대 솔라티)에 설치된 무인 우편 접수기에서 고객의 우편물을 수집하여 자율 주행 차량이 집배원의 보조없이 집합건물을 중심으로 일괄 배달 서비스를 제공하는 서비스를 구현하였다. 우편물 접수는 고객이 우체국 앱을 통해 사전 접수하고, 발급된 접수 바코드를 키오스크에 인식시키면, 열린 보관함에 우편물을 넣으면 완료된다.

수신처에서는 고객이 앱에서 안내한 차량도착 예정시간과 인증번호를 참고하여 무인우체국 키오스크에 인증번호를 입력하면, 무인 보관함이 자동으로 열리고, 우편물을 수령 할 수 있도록 고도화된 기능을 선보였다.

이어진 간담회에서는 자율주행 무인 우체국을 전국으로 확대하기 위해 자율주행 인프라 설치, 실도로 실증 등 진행 상황을 점검하고, 배달 로봇 기술개발 현황과 국제동향 등 자율주행 관련 이슈에 대해 논의하였다.

이날 회의를 주재한 손승현 본부장은 앞으로 "자율주행 무인우체국은 디지털 뉴딜의 핵심사업 중 하나로 우편·물류산업의 패러다임을 전환하는 모멘텀이 될 것"이라고 강조하며, 앞으로 "국민이 체감할 수 있는 자율주행 우편서비스 발굴, 자율주행 선도기술 확보 등 우편·물류산업의 디지털 전환을 위한 지원을 아끼지 않을 것"이라고 밝혔다.

(5) 우체국에서 코로나19 '재택치료키트' 배송

우정사업본부 KOREA POST	보 도 자 료		대한민국 대전환 한국판뉴딜
보도 일시	배포 즉시	배포 일시	2022.2.16.(수)

2018년 라돈 매트리스 수거, 2020년 공적마스크 공급
우체국에서 코로나19 '재택치료키트' 배송
- 국민들 어려울 때마다 공적역할 수행… 당일접수·당일배송 -

우체국 집배원이 2월 16일부터 코로나19 재택치료자들에게 재택치료키트를 배송한다. 2018년 라돈 매트리스 수거, 2020년 공적마스크 공급에 이어 국가재난 상황에서 우체국이 공적역할에 또 나선다.

과학기술정보통신부 우정사업본부(본부장 손승현)는 최근 오미크론 확산으로 코로나19 확진자가 급증하면서 재택치료자에 대한 재택치료키트의 적시 배송이 중요해짐에 따라 국가기관으로서 공적역할을 충실히 수행하고 범정부적인 코로나 극복을 위해 우체국 집배원이 재택치료키트를 배송한다고 밝혔다.

전국의 우체국과 보건소에서 재택치료키트 원활한 배송을 위한 실무 협의를 진행 중이다. 보건소에서 배송 정보(성명, 주소, 연락처)를 인터넷 우체국에 등록하면 집배원이 당일 비대면(문앞)으로 배송한다. 국민들은 전국 배송망을 갖추고 있는 우체국을 통해 보다 안심하고 안전하게 재택치료키트를 받을 수 있다.

배송이 완료되면 배송완료 메시지(문자, 카카오톡)를 발송하기 때문에 집에서 안내메시지를 확인한 후 받으면 된다. 재택치료키트에는 해열제, 체온계, 산소포화도측정기, 세척용소독제 등이 들어 있다. 집배원이 재택치료키트를 배송함에 따라 보건소 공무원의 업무가 줄어들어 방역 담당자들이 업무에 더 집중할 것으로 보인다.

집배원의 안전대책도 함께 이뤄진다. 재택치료키트를 배달하는 집배원에게는 마스크 보호구, 손소독제 등 방역물품이 지급된다. 이륜차, 우편차량은 하루 2회 소독을 실시해 방역을 강화한다. 업무 과중을 방지하기 위해 배달물량·구역 조정, 인력 지원 등도 신속하게 지원할 예정이다.

2. 정책자료

(1) 복지 사각지대 발굴·지원체계 개선 대책

① 추진 배경

수원 세 모녀 사건 등 생활고를 겪는 위기가구의 사망 사건이 발생하면서 복지 사각지대 발굴·지원체계 전반을 재점검할 필요성이 대두되었다. 질병이나 채무로 생활고를 겪고 있는 경우 지자체의 가정방문 시 주민등록지와 실거주지가 불일치하거나 연락처가 없어 상담과 지원이 불가능한 경우한 경우가 많다.

② 추진 방향

- 목표: 모두가 행복한, 촘촘한 사회안전망 구현
- 전략: 정확한 발굴로 신속하고 두터운 위기가구 지원, 집배원이 복지등기를 배달하면서 위기가구의 상황 파악, 복지 사각지대 발굴 강화 및 적극 지원
- 추진 과제

정확한 위기가구 발굴	• 위기정보 입수 확대 및 사각지대 발굴 시스템 고도화 • 지자체 인력운용 개선 및 발굴역량 강화 • 지역 기반 민관협력 발굴체계 강화 • '전국민 복지위기 알림·신고체계' 구축 및 대국민 홍보
신속하고 두터운 위기가구 지원	• 위기가구 연락처 정보연계 및 신속한 소재 파악 • 복지멤버십 및 민간기관 신청지원 확대로 위기가구 예방 • 기초생활보장제도의 보장성 강화 • 발굴 후 공공–민간자원 연계 강화

新 복지 사각지대 발굴 · 지원	• 고독사 예방 · 관리체계 구축 • 자립준비청년 보호종료 전–후 자립지원 강화 • 新 취약청년(가족돌봄청년, 고립은둔청년) 발굴 · 지원체계 마련 • 청년 지원정책 정보 통합 제공 및 정책 소통 강화

(2) 마이데이터

개인이 자신의 정보를 적극적으로 관리 · 통제하는 것은 물론 이러한 정보를 신용이나 자산관리 등에 능동적으로 활용하는 일련의 과정을 말한다. 마이데이터를 이용하면 각종 기관과 기업 등에 분산돼 있는 자신의 정보를 한꺼번에 확인할 수 있으며, 업체에 자신의 정보를 제공해 맞춤 상품이나 서비스를 추천받을 수 있다.

우체국 마이데이터는 디지털 소외계층의 모바일 접근성을 고려한 큰 글씨, 유니버스 디자인 등 지원서비스 발굴을 통해 포용할 수 있는 보편적 서비스를 제공하고, 우체국 창구의 인프라와 인력자원을 적극 활용해 '나의 자산관리' 결과를 모바일 및 리포트 형태로 배달하는 서비스도 가능하다. 특히 자산분석을 통한 건전한 금융 활동 지원, 통합 자산 현황 실시간 조회, 은퇴 계산기 · 안전자금 만들기 · 자산 트래커를 통한 위험관리 등의 자산관리 서비스, 자산리포트 배달서비스 등도 선보인다.

(3) 2022년 우정사업본부 적극행정

은행 지점 폐쇄 등으로 인한 고령층 등 국민 불편 해소와 금융거래 이용권 보장을 위해 우정사업본부와 금융위원회 · 4대 은행(KB · 신한 · 하나 · 우리은행) 간 전담팀(TF)을 운영해 기관 간 입출금 내역 전송 · 정산 · 조회 업무 등에 대한 연계 시스템 구축을 추진했다. 우체국과 4대 은행 간 호환 가능한 통합통장리더기 장비를 개발해 2022년 11월까지 전국 우체국 창구에 보급하였으며 이에 따라 4대 은행 고객이 우체국 창구를 통해 해당 은행 업무를 이용할 수 있도록 우체국이 금융서비스의 중심지 역할을 수행하게 되었다.

1. 전문 자료

(1) 휴면예금

은행 및 우체국의 예금 중에서 소멸시효(은행예금 5년, 우체국예금 10년)가 완성된 이후에 찾아가지 않은 예금을 말한다. 고객은 자신의 휴면예금을 전국은행연합회 홈페이지(http://www.sleepmoney.or.kr)의 통합조회시스템을 이용하여 확인하거나 가까운 은행 방문을 통해 확인할 수 있으며, 휴면계좌가 존재하는 경우 고객은 해당 금융기관으로 직접 방문하여 정해진 절차에 따라 수령할 수 있다. 우체국예금의 경우, 법령에서 정한 일정한 사유에 해당하는 경우 원권리자의 지급청구권을 영구히 보장하고 있으며, 예금자 청구 시 언제든 예금을 지급하고 있다.

우체국은 캠페인 기간 동안 휴면예금 보유고객을 대상으로 알림톡, 안내장(우편), 전화 등을 통해 안내를 진행하고 우체국 홈페이지와 스마트뱅킹 앱, 전국 우체국 창구에 안내문을 게시하여 조회 · 지급 방법을 홍보한다.

(2) 탄소중립

개인, 회사, 단체 등에서 배출한 이산화탄소를 다시 흡수해 실질적인 배출량을 0(Zero)로 만드는 것을 말한다. 즉, 배출되는 탄소와 흡수되는 탄소량을 같게 해 탄소 '순배출이 0'가 되게 하는 것으로, '넷-제로(Net-Zero)'라고도 부른다. 일례로 온실가스를 흡수하기 위해서는 배출한 이산화탄소의 양을 계산하고 탄소의 양만큼 나무를 심거나 풍력 · 태양력 발전과 같은 청정에너지 분야에 투자해 오염을 상쇄하는 개념이다.

2016년 파리협정 이후 121개 국가가 '2050 탄소중립 목표 기후동맹'에 가입하는 등 전세계의 화두가 됐다. 우정사업본부는 한국환경공단과 함께 업무협약을 맺고 각종 종이, 플라스틱, 일회용품을 사용하지 않는 등의 방법으로 국민이 일상생활 속에서 탄소중립을 실천할 수 있도록 지원한다. 이번 업무협약 체결로 한국환경공단에서 추진 중인 '탄소중립실천포인트제'에 참여하는 고객은 우체국 '초록별사랑 정기예금'에 가입 시 0.3%p 우대금리를 받을 수 있다.

(3) 환매조건부채권(RP)

금융기관이나 채권발행자가 일정 기간이 지나면 다시 구매하는 조건으로 채권을 팔고, 경과기간에 따른 확정이자를 지급하는 채권이다. 주로 금융기관이 보유한 국공채나 특수채, 신용우량채권 등을 담보로 발행하기 때문에 환금성이 보장된다. 대부분의 나라에서 중앙은행과 예금은행 간 유동성 조절수단으로 활용하고 있다.

레고랜드 채무불이행(디폴트) 사태가 촉발한 유동성 경색으로 각 지방자치단체의 신용도가 하락하고, 기업들이 회사채 발행에 실패하는 등 우리 채권시장에 대한 우려가 커졌을 때, 한국은행은 자금난이 심각한 증권사와 증권금융 등에 환매조건부채권 매입을 통해 6조 원의 유동성을 공급하겠다고 나서기도 하였다.

2. 관련 이슈

(1) 타인 우편물 개봉으로 '편지개봉죄' 위법 가능성

우편물 송·수신 업무를 맡은 직원이 신원이 확인되지 않는 수취인의 우편물을 개봉했다가 '편지개봉죄' 혐의로 위법 판결을 받았다. 그 직원은 전임자로부터 사무실로 오는 우편물 중 발송인이 공적 기관이고 수취인이 개인인 우편물은 정확한 전달을 위해 업무상 개봉 권한이 있다고 들었다고 했지만 재판부는 사무실에 오는 우편물에는 직원뿐만 아니라 임대사업장 근무자들, 파견업자들에 대한 것도 있었는데 수취인의 신원을 확인하려는 조치를 소홀히 했고, 만약 전임자로부터 편지 개봉 권한이 있다고 믿었을지라도 편지 개봉을 막으려는 진지한 노력을 다했다고 볼 수 없다며 유죄 판결을 내렸다.

'편지개봉죄'란 비밀침해죄 중 하나로, 봉함 기타 비밀장치한 사람의 편지·문서·도화를 개봉하거나 특수매체 기록의 내용을 기술적 수단을 이용해 알아냄으로써 성립하는 범죄를 말한다. 「형법」 제316조에 따르면 '봉함 기타 비밀장치한 사람의 편지·문서·도화를 개봉한 자는 3년 이하의 징역이나 금고 또는 500만 원 이하의 벌금에 처한다.'라고 되어 있다. 비밀장치가 있었는지, 비밀장치가 없었더라도 상황과 보관상태상 비밀유지 의사가 객관적인지 등에 따라 법 위반 여부가 갈리게 된다.

(2) 우표에 사용된 디지털 기술, 스마트폰으로 위조 감별 가능

'대금'과 '천마총 관모'를 소재로 한 일반 우표 2종에 위조 감별을 위한 국내 독자적인 기술이 적용됐다(각각 1,000원, 2,530원). 우표 인쇄에 디지털 기술을 적용해 스마트폰 전용 앱인 '수무늬(한국조폐공사 제조)'로 찍어 보면 위조 여부를 바로 확인할 수 있다. 인쇄 방식은 우리나라의 독자적인 기술로 활용 범위가 매우 넓고 위변조 방지에 탁월한 효과가 있다. 특수 보안패턴이 적용돼 육안으로는 볼 수 없지만, 수무늬앱을 통해 보면 숨어 있는 우정사업본부 로고를 확인할 수 있다. 우표 소재로 쓰인 '대금'은 국악의 독주나 합주에 두루 쓰이는 우리나라의 대표적인 관악기이다. '천마총 관모'는 경북 경주시 천마총에서 출토된 신라시대의 순금 관모이다. 2014년 등기우편용 위조 우표가 발견돼 경찰에 검거된 사례 이후 위조 우표 관련 추가 확인 사례는 없으며, 위조 우표 사례 적발 이후 우정사업본부는 미세문자, 시변각 잉크, 지도 모양 천공 등을 활용해 위조가 불가능하도록 우표를 제작해 오고 있다.

(3) 우체국위탁택배 파업

전국민주노동조합총연맹 전국택배노조 우체국본부(택배노조)가 2023년 3월 14일부터 전면 파업을 하기로 결정했다. 우정본부는 경기침체로 인해 소포우편물 접수 물량이 줄어들었으며 2022년은 코로나19 등으로 접수 물량이 많았기 때문에 2022년을 기준으로 물량을 보장하기 어렵다며, 기준물량을 전년도 소포위탁배달원별 연간 일평균 배달물량으로 하되, 가능한 175~190개 수준을 유지하는 최종교섭안을 제시하였다. 하지만 택배노조는 우정본부가 사실상 최저임금에 해당하는 기준물량을 축소하려 한다며 반발하였고 우정본부의 최종교섭안에 따르면 월 130만 원의 임금이 줄어든다고 주장하였다.

교섭이 진척되지 않고 택배노조의 전면 파업이 결정되자 우정본부는 집배원의 소포우편물 배달량을 늘리고 현장 인력 지원 등을 통해 안정적 배달서비스를 유지한다는 방침을 발표하였다. 하지만 집배원이 가입된 민주노총 공공운수노조 전국민주우체국본부 또한 집배원들에 대한 물량 전가가 위험한 수준이 이르렀고, 택배노조의 쟁의행위가 있을 때마다 집배원을 대체인력으로 활용해 파업을 무력화시키고 과중한 노동을 지시한다며 불법대체인력시도를 저지하고 노동권을 지키기 위해 투쟁하겠다고 하였다.

(4) 별정우체국 소속 직원, 국가공무원 인정 소송에서 패소

별정우체국 소속 직원(사무원 및 집배원)들이 제기한 '별정우체국 직원 근로자 지위 확인' 소송에서 패소했다. 별정우체국은 도서, 산간 벽지 등 정부가 우편업무를 취급하기 어려운 곳에 설립된 민자우체국으로 별정우체국장은 국가나 지방자치단체 등으로부터 권한 일부를 위임 받아 직원을 고용하고 직접 설비 등에 투자한다. 하지만 실질적으로 우정본부가 채용을 비롯한 인사전반에 관여하고 있어 정부가 근로를 제공받고 근로조건을 정하며, 별정우체국장은 노무대행기관에 불과하기 때문에 별정우체국 소속 직원들을 국가공무원으로 인정해 주어야 한다고 주장했다. 하지만 재판부는 별정우체국장을 사실상 사업주로 판단하여 국가의 근로자가 아닌 것으로 판결하였다.

경찰행정직

국가공무원 경찰행정직의 모든 것

경찰행정직의 개요

1. 경찰행정직 공무원이란?

(1) 경찰행정직 공무원은 폐지 후 2019년에 부활한 직렬로 경찰청에서 순경 공채, 경행 특채 등을 통해 선발하는 경찰공무원과는 다르게 국가직 공무원 공개경쟁채용시험을 통해 선발되며 경찰청에 소속되어 경찰행정, 업무 지원, 시설관리, 보고서 작성 등의 행정 분야 업무를 담당하고 민원 봉사실에서도 근무하는 경찰청 소속 일반행정직 공무원이다.

(2) 경찰행정직 공무원의 계급 및 직급(『공무원임용령』 별표 1)

직군	직렬	직류	계급 및 직급						
			3급	4급	5급	6급	7급	8급	9급
행정	행정	일반 행정	부이사관	서기관	행정 사무관	행정 주사	행정 주사보	행정 서기	행정 서기보

2. 경찰행정직 공무원의 근무처 및 주요업무

(1) 근무처: 경찰청 소속기관 시·도경찰청(18개), 시·도 경찰서(258개), 교육기관(경찰대학·경찰인재개발원·중앙경찰학교·경찰수사연수원 등)과 경찰병원이 있다.

(2) 주요업무: 경찰청의 행정업무와 지원, 경찰청 시설관리 담당, 사회복무요원 소집 및 관리, 전문연구원, 산업기능요원 관리 등

1. 경찰청의 주요업무

(1) 민생치안, 사회질서 유지, 경찰의전 · 행사 및 회의

(2) 국 · 공유 재산관리, 청사관리 · 유지 및 공무집행, 도급경비 지급 업무

(3) 교통안전 계도, 교통 통제에 관한 업무

2. 경찰청의 조직 및 부서별 주요업무

(1) 경찰청의 조직도

※ 출처: 경찰청 홈페이지(www.police.go.kr)

(2) 경찰청의 부서별 주요업무

부서	주요업무
경무인사기획관	• 경무, 경리, 청사관리, 복무관리 • 인사, 교육, 양성평등정책의 기획 · 운영
기획조정관	• 경찰행정 업무 총괄 · 지원 • 주요정책의 수립 · 종합 및 조정 • 예산 편성 및 조정과 결산 • 자치경찰 관련 각종 정책과 계획의 수립 · 종합 및 조정 • 시 · 도 조례 제 · 개정에 관한 협의 · 조정
치안상황관리관	• 치안상황 운영에 관한 기획 · 지도 • 위기정책의 총괄 · 조정 • 치안상황의 접수 및 전파, 긴급상황 발생 시 초동조치
미래치안정책국	• 정보화 사업 · 시스템 · 인프라 · 보안 업무 총괄 · 조정 및 지원 • 경찰 피복 · 장구 · 차량 · 무기 · 드론 구매 보급 운영 • 치안 분야 연구개발 성과창출 및 현장실증 등 사업관리
생활안전국	• 범죄예방을 위한 프로그램 기획 · 운영 • 생활질서 유지 및 청소년 보호 • 성폭력, 가정폭력 등으로부터 여성 보호를 위한 정책 기획
경비국	• 경찰기동대 운영의 지도 및 감독 • 의무경찰의 모집 · 선발 · 교육 • 치안상황실 운영, 안전관리 · 재난상황 · 위기상황 · 관리기관과의 연계체계 구축 운영 • 경호계획의 수립 및 지도 • 경찰항공기의 관리 및 운영
외사국	• 외사경찰업무 관련 기획 및 지도 • 해외 파견 경찰관 선발 · 교육 · 관리 • 국제공항, 국제해항 보안활동 계획 · 지도 • 외국인 관련 범죄수사 기획 · 지도 • 외국경찰기관과의 교류 및 협력
교통국	• 도로교통 관련, 종합기획 및 심사분석 • 도로교통 관련, 법령 정비 및 행정제도 연구 • 교통경찰공무원에 대한 교육 · 지도 • 도로교통사고 예방 홍보 · 지도 및 단속 • 교통정보의 수집 · 분석 및 제공
공공안녕정보국	• 신원조사 및 기록관리, 교육업무 • 집회 · 시위, 재해 · 재난 등 공공안녕에 대한 위험의 예방과 대응을 위한 정보활동 • 국가중요시설의 안전 및 주요 인사의 보호에 관한 정보활동 • 국민안전, 국가안보, 국가중요시설의 안전, 주요 인사의 보호에 관한 첩보의 수집 및 협력 업무

수사인권담당관	• 수사절차상 인권보호 관련 제도 기획·관리 • 유치장 관련 업무(현장점검, 사고관리, 제도 개선, 소송대응 등) • 인권위·권익위 등 유관기관의 교류 협력 • 수사윤리 관련 제도·정책 수립
수사기획조정관	• 수사경찰행정 및 주요 수사정책에 관한 업무의 총괄·지원 • 형사사법정보시스템(KICS) 운영 및 관리에 관한 사항 • 수사 절차·기법 관련 법령·제도·정책 등 연구 및 관리에 관한 사항
과학수사관리관	• 과학수사 현장지원(감식, 화재, 수중, 체취증거견) • 주민등록증발급신청서 보관·관리, 지문(긴급) 감정
수사국	• 반부패, 공공범죄 수사 • 경제·금융범죄 수사 • 법인자금 횡령, 업무상 배임 등 기업·조세범죄, 주가조작 등 증권·금융 범죄, 공정거래 관련 범죄 등 대형경제범죄 직접수사 • 뇌물·직권남용 등 전·현직 공무원 직무 관련 범죄, 공공기관 부패, 국책사업·입찰 비리, 방산비리, 지역 조합비리 등 권력형 비리 직접수사 • 기타 수개의 시·도경찰청에 관할이 있는 사건, 고위공직자 또는 경찰관이 연루된 비위사건 등 수사공정성이 의심받을 수 있는 사건 직접수사
형사국	• 강력범죄, 폭력범죄 수사 • 마약·조직범죄 수사 • 외국인 관련 범죄수사 기획·지도 • 스토킹 및 데이트폭력, 성폭력, 가정폭력 및 아동학대범죄 수사
사이버수사국	• 사이버범죄 관련 정보 수집·배포, 수사기법 연구·개발 • 사이버범죄 수사 지휘·감독 • 사이버테러범죄 등 국가 사이버안보 사건 현장대응·수사·피해회복 • 디지털포렌식 수행
안보수사국	• 안보경찰업무에 관한 기획 및 교육 • 북한이탈주민 신변보호 • 안보범죄정보 및 북한공개정보 등 종합분석 • 국가안보와 국익에 반하는 범죄에 대한 첩보 수집 및 수사
감사관	• 감사, 감찰 업무에 관한 기획, 지도 및 조정 • 비위사항의 조사·처리 • 경찰 직무수행과정상의 인권보호 및 개선 • 경찰공무원의 인권침해사항에 대한 상담 조사 및 처리 • 범죄피해자의 보호 및 지원에 관한 경찰정책의 수립·종합 및 조정
대변인	• 주요정책 관련, 대국민 홍보계획 수립·조정 및 협의·지원 • 언론보도 내용 확인 및 정정보도 등 • 경찰청 방송국(PBN) 운영 • 경찰청 내 업무의 대외 정책발표 및 브리핑 지원 • 경찰청 홈페이지 운영

3. 경찰의 이해

(1) 경찰 헌장

우리는 조국 광복과 함께 태어나, 나라와 겨레를 위하여 충성을 다하며 오늘의 자유 민주 사회를 지켜온 대한민국 경찰이다. 우리는 개인의 자유와 권리를 보호하며 사회의 안녕과 질서를 유지하여, 모든 국민이 평안하고 행복한 삶을 누릴 수 있도록 해야 할 영예로운 책임을 지고 있다. 이에 우리는 맡은 바 임무를 충실히 수행할 것을 다짐하며, 우리가 나아갈 길을 밝혀 마음에 새기고자 한다.

우리는, 모든 사람의 인격을 존중하고 누구에게나 따뜻하게 봉사하는 친절한 경찰이다.

우리는, 정의의 이름으로 진실을 추구하며, 어떠한 불의나 불법과도 타협하지 않는 의로운 경찰이다.

우리는, 국민의 신뢰를 바탕으로 오직 양심에 따라 법을 집행하는 공정한 경찰이다.

우리는, 건전한 상식 위에 전문지식을 갈고닦아 맡은 일을 성실하게 수행하는 근면한 경찰이다.

우리는, 화합과 단결 속에 항상 규율을 지키며, 검소하게 생활하는 깨끗한 경찰이다.

(2) 경찰서비스 헌장

우리는 국민의 생명과 재산을 보호하고 법과 질서를 수호하는 국민의 경찰로서 모든 국민이 안전하고 평온한 삶을 누릴 수 있도록 다음과 같이 실천하겠습니다.

하나, 범죄와 사고를 철저히 예방하고 법을 어긴 행위는 단호하고 엄정하게 처리하겠습니다.

하나, 국민이 필요하다고 하면 어디든지 바로 달려가 도와드리겠습니다.

하나, 모든 민원은 친절하고 신속, 공정하게 처리하겠습니다.

하나, 국민의 안전과 편의를 제일 먼저 생각하며 성실히 직무를 수행하겠습니다.

하나, 인권을 존중하고 권한을 남용하는 일이 없도록 하겠습니다.

하나, 잘못된 업무는 즉시 확인하여 바로잡겠습니다.

생활안전경찰	• 범죄와 사고예방활동: 범죄예방, 사고예방 및 긴급구조 • 112신고 즉응태세 확립: 112기동순찰, 신속·정확한 현장 출동 • 생활 주변의 불법행위 추방: 기초질서 정착, 인권보호, 범죄유발환경 정화 • 국민에게 친절봉사: 파출소를 치안서비스센터로 운영, 다양한 외근 활동, 유실물 처리 • 인·허가 업무의 신속 공정한 처리

수사경찰	• 국민생활 침해범죄 척결: 강력범죄 척결, 조직폭력 근절, 안전한 학교주변 만들기, 경제관련사범 단속 • 범죄로부터 여성보호: 가정폭력 제거, 성폭력범죄 예방 및 피해자 보호 • 신속하고 공정한 법집행: 적법절차 준수, 인권보호, 증거 위주의 과학수사체계 확립, 국민편익 중심의 수사행정 구현
교통경찰	• 안전하고 원활한 교통정리: 원활한 소통확보, 교통단속 활동 • 신속 · 공정한 교통사고 조사 • 운전면허시험: 기능시험용 차 정비 • 친절하고 신속한 민원처리
경찰민원	• 민원인을 맞이하는 자세: 민원업무 우선 처리, 민원인의 불편해소, 친절한 민원상담, 공손한 전화 응대 • 신속 · 공정한 업무처리 및 편리도모: 신속 · 공정한 업무처리, 민원인의 편리도모, 개인정보 보호 • 잘못된 업무처리는 즉시 시정 • 국민의 협조 요망
진료	• 환자 중심의 병원 • 노약자를 위한 안내원 배치 • 환자 대기시간 단축 • 최선의 적정치료와 저렴한 진료비 부담 • 쾌적한 병원환경 조성과 선진병원상 확립

03 경찰청 주관 국정과제

1. 국정 비전과 목표

(1) 국정 비전과 운영원칙

① 비전: 다시 도약하는 대한민국, 함께 잘 사는 국민의 나라

② 운영원칙: 국익, 실용, 공정, 상식

(2) 국정 목표

① 상식이 회복된 반듯한 나라

② 민간이 끌고 정부가 미는 역동적 경제

③ 따뜻한 동행, 모두가 행복한 사회

④ 자율과 창의로 만드는 담대한 미래

⑤ 자유, 평화, 번영에 기여하는 글로벌 중추 국가

⑥ 대한민국 어디서나 살기 좋은 지방시대

2. 국정과제

(1) 공정과 책임에 기반한 역량 있는 공직사회 실현

① **목표**: 직무 중심의 공정한 인사시스템 확립과 소신껏 일할 수 있는 여건 조성 등으로 일 잘하는 공직사회를 구현

② **주요 내용**

- 통합 채용서비스 제공 및 직무 중심 공정인사: 공무원 채용시험 통합시스템 구축으로 수험생 · 채용담당자 대상 원스톱 서비스 구현 → 우수 인재의 승진 기회 확대 등 전략적 인사관리 강화, 한 분야에 근무하는 전문직공무원 적용 부처 · 대상 확대, 민간 전문성 필요 분야 개방형 직위 발굴

- 자율 · 책임 기반 공직여건: 공무원 공익신고자 보호, 범정부 적극행정 활성화, 책임장관제를 위한 장관의 인사자율성 확대 등으로 직무몰입 강화 → 출산 · 육아기 공무원의 근무여건과 원격근무 등 개선, 직급 · 업무특성을 고려한 공직윤리제도의 합리적 운영 및 재산공개창구 일원화

- 현장공무원 보호 · 지원: 공무상 재해에 대한 신속한 심의 · 보상 체계 구축 및 공상 공무원 전문 재활서비스 지원 확대 등으로 현장공무원 사기 제고 → 공상 경찰관 대상 위로금 지원 확대, 소방심신수련원 건립 등 근무여건 개선

- 공직기강 확립: 국가 '주요 정책 · 사업 점검체계'를 마련하고, 감사 사각을 최소화. 비위정보 수집체계 개선으로 고품질 감찰 정보 생산

③ **기대 효과**: 채용시험 통합시스템의 범정부적 활용(중앙부처 본부, 소속기관 등 약 140여 개 기관), 재산공개 창구 일원화(250여 개 기관 개별 공개 → 통합 공개), 공상공무원 재활서비스 접근성 강화(연계 의료기관 40여 개 → 150여 개) 등으로 공직사회의 효율성 · 책임성 제고

(2) 국민이 안심하는 생활 안전 확보

① **과제 목표**: 교통 및 건설 · 건축 현장의 안전관리 체계 확립과 치안 약자 등 사회적 약자 보호시스템 강화를 통해 국민이 안심할 수 있는 생활환경 조성

② **주요 내용**

- 교통안전: 보행자를 최우선으로 하는 교통체계(속도 · 신호등) 개선, 고령자 · 어린이 보호 의무 확대, 이륜차 · 화물차 등 사고 취약 요인 관리 강화

- 사회적 약자 보호: 여성 · 아동 대상 범죄 대응력 강화를 위한 시스템 구축, 실효적인 학교폭력 예방을 위해 학교전담경찰관 역할 실질화 등 추진

- 선진 법질서 문화 확립: 법과 원칙에 따른 일관된 법 집행을 통해 국격에 걸맞은 법질서 준수 문화 정착
- 건설 · 건축안전 관리: 건설 주체(발주 · 시공 · 감리)의 안전 확보 책무를 강화하고, 건설 현장에 지능형 CCTV 등 스마트 안전장비를 확대 → 건축 안전에 대한 지자체의 부족한 전문성을 보완하는 지역건축안전센터를 확대 · 설치하고, 건축 자재 품질인정제 적용 범위를 확대
- 안전한 국토 조성: IoT 등 스마트 기술과 로봇 · 드론 등을 활용하여 시설물 안전 관리를 강화하고, 싱크홀 예방을 위한 장비 · 인력 확충 → 노후 인프라 총조사 등을 통해 시설별 최적 관리안을 도출 · 시행

③ 기대 효과
- 교통사고 사망자를 50% 수준으로 감축하여 OECD 36개국 중 27위인 교통안전 수준을 10위까지 상향, 교통안전 선진국으로 도약
- 기후 변화로 인한 재난에 선제적으로 대비하고, 건설 · 건축 등 생활안전사고 우려 요소를 집중 관리하여 관련 재해를 감축

경찰행정직 면접 기출 가이드

01 기출 빈출 리스트

- 주위 사람들이 본인을 평소에 어떻게 평가한다고 생각합니까?
- 그동안 지원한 직렬에 들어오기 위해 한 노력으로 어떤 것이 있습니까?
- 남을 도운 경험이 있습니까? 해당 경험을 통하여 무엇을 배웠습니까?
- 평소 경찰이나 경찰 조직에 대하여 어떻게 생각하고 있습니까?
- 경찰청에서 시행 중인 정책 중 마음에 들거나 관심 있는 정책은 무엇입니까?
- 갈등상황이 발생했을 때 상급자와의 소통과 동료와의 소통은 방식이 다를 텐데 각각 어떻게 대응할지 예를 들어서 설명해 보시오.
- 경찰청의 경우 특히 조직의 목표가 중요한데, 조직 목표와 본인의 목표가 다르다면 어떻게 하겠습니까?
- 경찰 관련 업무가 언론에 보도되는 일이 많은데, 만약 언론에서 본인의 업무에 대해 부정적으로 보도한다면 어떻게 하겠습니까?
- 경찰의 역할과 경찰행정의 역할에 대해서 말해 보시오.
- 경찰과 행정관의 차이로 인해 갈등이 생길 경우 어떤 능력이 가장 필요한지 말해 보시오. 그리고 이 상황을 어떻게 해결할지 말해 보시오.

1. 5분 발표

외국인 이민자가 증가하면서 우리나라에 거주하는 외국인 비중이 증가 추세에 있으며, 향후에도 계속 증가할 예정이다. 이로 인한 문화 충돌, 거주환경의 차이, 소득 차이로 인한 사회통합 저해 문제가 대두되고 있다.

위 제시문의 내용에서 유추할 수 있는 공직가치와 이를 실천하기 위해 필요한 공직자의 자세에 대해 자유롭게 발표해 주세요.

면접관의 의도

응시자의 공직관에 대해 알아보고 자신의 생각을 얼마나 논리정연하게 전달할 수 있는지, 이어지는 질문에 대해 얼마나 순발력 있게 대답할 수 있는지 평가한다.

핵심 키워드

다양성, 민주성, 공정성, 전문성, 건전한 상식 등

도입

제시문은 우리나라 거주 외국인 비중이 증가하며 이로 인해 사회통합 저해 문제가 대두되고 있다는 내용입니다. 저는 여기에서 다양성과 민주성이라는 공직가치를 유추하였습니다.

직접작성

다양성은 글로벌 시대의 다양한 생각과 문화를 존중하는 것을 말하며, 급속도로 세계적 위상이 올라가고 있는 우리나라의 행정에 있어 중요성이 점점 강조되고 있는 공직가치라고 생각합니다. 제시문의 갈등 상황은 각자의 문화에 대한 인식과 경험이 부족하여 발생하는 것이라고 생각합니다. 따라서 사회통합을 위해 먼저 우리 스스로 우리나라에 익숙하지 않은 외국인을 이해하고 배려하는 자세가 필요하며, 더불어 정부 차원에서도 외국인 일자리 창출이나 서로의 문화를 이해할 수 있는 프로그램을 만드는 등 여러 가지 방안을 강구하는 것이 좋을 것 같습니다. 이러한 다양성을 실천한 사례로는 경기경찰청에서 한국어가 능숙하지 않은 다문화가정에서도 폭력신고를 할 수 있도록 총 13개국 언어로 제작된 다국어 위험성 조사표를 제작한 것이 있습니다. 다양성의 실천은 이러한 작은 배려로부터 시작된다고 생각합니다.

다음으로 민주성은 국민이 자유롭게 참여할 수 있는 공개행정을 실천하는 것으로, 저는 다양한 구성원의 참여를 보장하고 여러 의견을 반영할 수 있는 행정을 실현한다는 것에서 민주성을 도출하였습니다. 민주성에 대한 경찰청 사례를 말씀드리면 대표적으로 대화경찰제도가 있습니다. 대화경찰관이 집회나 시위 현장에서 상충되는 이해관계자들의 이야기를 듣고 이를 중재함으로써 실제로 불법 시위 발생이 50% 이상 줄었다는 기사를 보고, 민주성의 적극적인 실천이 평화를 담보할 수 있다는 것을 깨달았습니다. 그럼 민주성과 관련된 제 경험을 말씀드리겠습니다. 대학 시절 동아리 활동을 하였는데, 차기 동아리 부장을 정하는 과정에서 의견 대립이 있었습니다. 이에 원래 부장직에 있던 선배님이 그냥 지명하자는 의견이 나왔지만, 저는 그렇게 될 경우 선배님의 개인적인 친분에 의한 선택이 될 수도 있고 차후 다른 불만이 나올 수도 있겠다고 생각하여 익명 투표를 진행하는 대신 전원 참석하여 투표하기가 힘들기 때문에 온라인으로 투표를 진행하자고 제안하였고 모두 이 의견에 찬성하여 공정한 인사를 진행할 수 있었습니다.

직접작성

만약 제가 경찰행정직에 합격한다면, 다양성을 지향하고 민주성을 실천하는 공무원이 되도록 노력하겠습니다.

직접작성

➕ 제시된 답안을 통해 나올 수 있는 추가 질문

• 공직가치 중 경찰행정직에서 중요한 가치는 무엇이라고 생각하며, 그 이유는 무엇입니까?

• 본인이 언급한 다양성과 민주성에 상충되는 공직가치에는 무엇이 있습니까?

• 다문화 가정을 지원하기 위한 정책추진 시 가장 먼저 고려해야 할 점은 무엇입니까?

• 외국인 지원 정책을 실시할 때 발생하는 문제점으로는 어떤 것이 있습니까?

• 외국인에 대한 일자리 창출을 언급하였는데, 만약 이에 대해 국민들이 역차별이라고 주장한다면 어떻게 하겠습니까?

• 국내에 체류하는 외국인을 위한 정책에 반대하는 사람들을 어떻게 설득하겠습니까?

➕ 면접 플러스

내가 유추한 가치와 상충되는 공직가치가 무엇인지 묻는 질문이 종종 출제되므로, 내가 선택한 공직가치의 장단점과 이를 해결할 수 있는 방안에 대해 미리 고민해 보는 것이 좋다.

2. 경험형 문제

근무하고 싶은 부처와 직무를 기술하고, 해당 직무의 수행을 위해 어떤 노력과 경험을 하였는지 서술하시오.

면접관의 의도

응시자의 업무 이해도 및 업무 적합성을 평가하기 위한 질문이다. 경찰행정직의 경우 현장과 연결된 업무가 많으므로 이를 염두에 두어야 한다.

핵심 키워드

희망 직무, 직무 내용, 현실적 · 구체적 노력, 업무 경험, 공직가치

희망 부처

경찰서 경무과

직접작성

희망 직무

- 직원 인사 및 교육, 복지 등
- 전반적인 행정업무를 효율적으로 진행하여 현장에서 고생하는 경찰들을 충분히 지원하고 현장 경찰들의 노고를 조금이나마 줄이는 데 도움이 되고 싶음

직접작성

해당 직무 관련 노력과 경험

- 교육 경험: 사회복지학과 전공
- 업무 경험: ○○복지관 총무팀에서 사무보조(1년), ○○기업 인턴 활동(6개월)
- 희망 직무 관련 경험: 경찰청 홈페이지의 22년 경찰청 업무계획 정독, 블로그와 SNS 게재글 탐독(사이버캅, 탄력순찰제도 등)
- 봉사활동: 저소득층 초등학생 대상으로 교육봉사활동(1년 6개월)

직접작성

경무과를 희망하였는데, 경무과에서 가장 중요하다고 생각하는 역량을 말해 보세요.

경무과는 인사관리 및 행정업무 전체를 총괄하는 부서입니다. 전 직원을 상대하는 부서이므로 다양한 관계자들의 의견을 경청하고 적극적으로 소통하여 조직에 소속된 개개인에게 적절한 도움을 주는 것이 가장 중요하다고 생각합니다.

직접작성

경찰 조직에 필요한 전문성이 있다면 어떤 것이 있을까요?

공무원 시험을 통해 행정학과 행정법 총론 등 기본적인 행정 관련 과목을 공부하였지만, 경찰관 직무를 보다 잘 이해하려면 「형사소송법」이나 「형법」과 같은 경찰 관련 전문법에 대한 이해가 필요하다고 생각합니다. 때문에 만약 합격하여 경찰 조직에 몸담게 되면 경찰 조직에 대한 이해 및 원활한 현장 지원을 위해 관계 법령에 대해서도 자세하게 공부할 생각입니다.

직접작성

경찰은 다양한 분야에서 활약하고 있는데, 경찰에서 특히 더욱 관심을 가져야 할 분야는 무엇이라고 생각합니까?

급변하는 사회 속에서 사회적 약자에 대한 범죄가 점점 늘어나고 있는 만큼 사회 안전을 위해 소외계층에 대해 더욱 관심을 가지고 지켜보고, 사건이 발생하면 발 빠르게 대처해야 한다고 생각합니다.

직접작성

경찰 업무 중 아쉬운 점이 있다면 무엇입니까?

경찰청에서 실시하고 있는 좋은 제도들이 많은데 홍보 미비로 인하여 국민들이 제대로 알지 못하는 것 같습니다. 예를 들어 지문사전등록제도의 경우, 아동이나 노약자 실종 시 큰 역할을 할 수 있는데도 불구하고 이런 제도가 있는지 몰랐다는 비율이 거의 50%에 달한다는 기사를 보았습니다. 경찰 제도나 다양한 업무에 대해 보도자료 배포뿐 아니라 여러 가지 방식으로 홍보할 수 있다면 좋을 것 같습니다.

직접작성

➕ **기타 추가 질문**

- 해당 업무에 지원한 동기는 무엇입니까?
- 경찰청의 블로그와 SNS를 보았다고 하였는데, 기억에 남는 이슈가 있습니까? 그 이유는 무엇입니까?
- 본인의 성격이 경찰행정과 잘 어울린다고 생각합니까? 어떤 부분에서 그런지 말해 보시오.
- 작성한 내용에서 경찰행정 업무에 도움이 될 만한 경험은 무엇이 있습니까?
- '소통'이 중요하다고 이야기하였는데, 이와 관련된 경험이 있습니까?
- 일반인들의 경찰에 대한 이미지가 어떻다고 생각합니까?
- 공직에 들어오게 되면 해보고 싶은 것이 있습니까?
- 주도하여 조직을 운영하거나 누군가의 참여를 독려해본 경험이 있습니까?

❗ **이런 말은 안 돼요**

경찰의 업무나 정책 중 아쉬운 것을 묻는 질문이 종종 나오는데, 솔직하게 말하되 너무 민감한 내용은 언급하지 않는 것이 좋다.

3. 상황형 문제

> 귀하는 ○○보호관찰소 치료명령 담당 주무관입니다. 귀하가 담당하는 대상자A는 1년 동안 치료명령을 받아 치료를 받고 있던 중, 처방받고 있는 약의 부작용 및 심리적 거부감을 이유로 치료 명령의 중지를 요청하였습니다. 하지만 귀하의 상관은 다른 보호관찰대상자들과의 형평성 문제 및 재범 가능성을 이유로 이를 반대하고 있습니다. 이 경우 귀하는 담당 주무관으로서 어떻게 처리하겠습니까?

면접관의 의도

상황형은 문제 상황을 제시하여 이에 대한 대처 능력 및 공직자로서의 자세를 평가하기 위한 것이다. 해당 제시문은 공직 상황에서 발생할 수 있는 민원을 예시로 주고 어떻게 조정할 것인지 묻는 문제로, 제시된 상황에 대해 대립되는 두 개의 상황 중 하나를 선택하고 해결하는 과정을 통해 응시자의 상황 대처 능력과 공직에 대한 이해도를 평가한다.

핵심 키워드

형평성, 공익성, 사익, 상관의 의견, 전문가 의견, 사례와 관련된 선례

상황 파악

- 대상자A: 약의 부작용 및 심리적 이유로 치료명령 중지 요구
- 상관: 형평성 및 재범 가능성을 이유로 반대

직접작성

- 사전 조사
  - 해당 사례와 유사한 선례가 있는지 자료 조사 및 참고
  - 주치의와 면담하여 환자의 현재 건강상태 및 부작용 여부 확인하고 약 복용 외에 다른 방법이 없는지 문의
  - 주변인 상담을 통해 환자 심리 상태 및 재범 가능성이 있는지 확인
- 결론
  - 약물의 부작용이 심하고 재범 가능성이 낮다고 판단: 사전 확인 자료를 근거로 하여 치료명령을 중지하거나 약물의 양을 조절하는 등의 대안을 제시하여 상관을 설득
  - 약물의 부작용 정도가 약하며 재범 가능성이 높다고 판단: 상관 의견에 따라 치료명령 진행

직접작성

향후 대처

- 재범 방지를 위해 대상자의 지속적인 모니터링 실시
- 치료명령 대상자에게 법령에 근거하여 시행한 제도인 만큼 요구조건을 무조건 수용할 수는 없으므로 대상자의 상황을 파악하여 적절한 방법을 모색하겠다고 전달

직접작성

• 위와 같이 대처하는 것에 대한 판단 근거는 무엇입니까?

• 부작용 정도가 약할 경우 치료 명령을 진행하겠다고 하였는데, 대상자에게 이를 전달하였을 때 대상자가 크게 반발
  한다면 어떻게 대처하겠습니까?

• 상사의 의견은 공익을 추구한 것이고 반대 의견은 사익을 추구한 것이라 볼 수 있는데, 만약 이와 같이 공익과 사익
  이 충돌하는 경우에는 어떻게 해결해야 할지 말해 보시오.

• 위 상황에서 누구의 의견이 가장 중요하다고 생각합니까?

• 위 상황에서 전문가와 상사의 판단이 충돌한다면 누구의 의견을 따르겠습니까?

• 부작용이 심할 경우 대안을 제시하여 상관을 설득하겠다고 하였는데, 구체적으로 어떤 대안이 있습니까?

• 마지막으로 하고 싶은 말은 무엇입니까?

➕ **면접 플러스**

보통 면접관은 대립되는 상황 중 응시자가 선택한 상황하에서 발생할 수 있는 문제점을 끊임없이 제시하며 압박 질문
을 할 수 있습니다. 답변 작성 시 대처 방안의 근거에 대해 미리 잘 정리해 놓아야 합니다.

█ 더 알아보기

지문사전등록제도

실종자 발생 시 경찰이 등록된 자료를 이용하여 신속히 찾을 수 있도록 지문과 사진, 보호자 인적사항 등을 미리 등록
해 놓는 제도이다. 14세 미만 아동, 지적 장애인, 치매질환자 중에서 보호자가 원하면 누구나 등록할 수 있다.

대화경찰관 제도

스웨덴의 '대화경찰(Dialogue Police)'에서 온 제도로, 적법한 집회와 시위를 최대한 보장하고 위법한 시위로부터
국민을 보호하여 집회 및 시위의 권리보장과 공공의 안녕·질서가 적절하게 조화하도록 하는 것을 목적으로 제정된
법률이다. 대화경찰관은 집회참가자들과 소통하여 집회가 평화적으로 진행되도록 지원하고, 현장 인근의 불만·요구
사항을 집회 주최측에 전달하여 양측을 중재하는 역할을 하며, 집회나 시위가 물리적인 충돌로 확산되지 않도록 노력
한다. 실제 대화경찰관을 투입한 경찰서는 투입하지 않은 경찰서보다 위법시위가 50% 이상 감소하며 대화경찰관 제
도의 필요성에 공감하는 시민들이 점점 늘어나고 있다.

경찰행정직 면접 핵심 자료

01 보도자료와 정책자료

1. 보도자료

(1) 대각선 횡단보도를 확대하고 제한속도 탄력적으로 운영

🛡️ 경찰청	보 도 자 료		다시 도약하는 대한민국 함께 잘사는 국민의 나라
보도 일시	2023.3.14.(화) 17:00	누리망 · 방송	2023.3.14.(화) 17:00
"교통안전은 높이고, 국민 불편은 줄이고" **대각선 횡단보도 확대하고, 제한속도 탄력 운영한다.** – 전국 교통경찰 워크숍 개최, 2023년 주요 교통정책 추진 방향 공유 –			

경찰청(청장 윤희근)은 3.14.(화) 이화여고 100주년 기념관에서 전국 시도경찰청 및 경찰서 교통과장 300여 명이 모인 가운데 '2023년 전국 교통경찰 워크숍'을 개최하였다. 전국에서 모인 교통경찰은 이번 워크숍에서 교통사고 사망자를 줄이기 위한 주요 추진 정책을 공유하고, 미래 사회환경 변화에 대비하여 교통경찰이 나아갈 방향에 대해 논의하였다.

조지호 경찰청 차장은 준법 문화 확산을 위해 교통 법질서 확립을 강조하는 한편, "고령자와 어린이 등 교통약자들이 신뢰할 수 있는 수준의 교통안전 확보를 위해 노력해달라."라고 주문하였다. 특히, "교통정책에 대해 많은 국민이 공감할 수 있도록 안전은 높이면서 불편은 줄이는 정책을 시도자치경찰위원회와 함께 중점 추진해주길 당부한다."라고 하였다.

이날 워크숍을 통해 경찰청이 밝힌 주요 교통정책은 다음과 같다.

첫 번째, 대각선 횡단보도 및 동시보행신호를 확대한다. '대각선 횡단보도'는 대각선 방향을 포함, 모든 방향으로 보행자 횡단이 가능해 보행자의 교차로 횡단 횟수를 1회로 단축하고, 모든 방향의 보행 녹색신호를 켜줌으로써 차량의 진입을 근본적으로 차단하여 보행 안전과 편의를 모두 확보할 수 있는 시설이며, '동시보행신호'는 교차로 내 모든 방향의 횡단보도 보행 녹색 신호를 한꺼번에 켜주는 신호 운영방법이다. 대각선 횡단보도와 동시보행신호는 교차로에서 우회전하는 차량으로 인한 사고를 예방하는 데 효과가 있을 것으로 기대되며, 특히 어린이 보호구역에서 교통사고 감소 효과가 커 보호구역을 중심으로 확대할 예정이다.

두 번째, 제한속도를 탄력적으로 운영하는 도로를 확대한다. 도시부 도로에 시속 50km 제한속도의 기본체계는 유지하되, 보행자의 도로 횡단 가능성이 낮거나 교량·터널과 같이 보행자 접근이 어려운 구간 등은 시속 60km로 제한속도를 상향하는 한편, 간선도로 등에 있는 어린이 보호구역은 교통사고 위험성을 고려하여 시간대별로 제한속도를 상·하향 조정하는 '탄력적 속도제한'을 추진한다. 현재 어린이보호구역 내 통학 시간대 속도 하향은 2개소, 야간시간대 속도 상향은 9개소에서 시범운영을 추진 중이며, 효과 분석을 거쳐 올해 하반기까지 전국 확대 여부를 검토할 계획이다.

세 번째, 기존 2종 보통면허에만 적용하던 자동변속기 조건을 1종 보통면허에까지 확대한다. 주로 승용 차량에 장착되던 자동변속기가 현재는 모든 차종에서 일반화되고 있음에도, 여전히 11~15인승 승합차나 4~12톤 화물차를 운전하기 위해선 수동변속기 조작 방법을 익혀서 1종 보통면허를 취득했어야 했다. 하지만 1종 보통면허에 자동변속기 조건이 확대되면 이러한 불편이 사라질 것으로 기대된다. 경찰청에서는 올 하반기 도로교통법령 개정을 완료하고, 시험용 장비 교체 등 사전 준비를 거쳐 2024년 하반기 중 '자동변속기 조건부 1종 보통면허'를 도입할 계획이다.

네 번째, 이륜차의 신호 위반·과속 등 교통법규 위반 행위를 단속할 수 있는 '후면 무인 교통단속용 장비' 도입을 추진한다. 이륜차의 경우 번호판이 후면에만 있어 기존 전면 무인 교통단속용 장비로는 단속이 어려웠으나, 새로 도입된 후면 무인 교통단속용 장비는 인공 지능 기반 영상 분석 기술로 모든 차량의 후면번호판을 인식할 수 있어 이륜차의 교통법규 위반 행위도 단속할 수 있다. 경찰청에서는 작년 12월부터 시험 운영을 진행하였으며, 올해는 이륜차 교통사고 다발 지역 등을 분석하여 전국 5개 시도경찰청(서울, 부산, 경기남부, 경남, 경북) 25개소에 위 장비를 설치할 예정이다. 아울러, 자치단체와 협조하여 설치 장소를 추가로 확대할 계획이다.

마지막으로, 그간 코로나로 인해 위축되었던 야외활동이 올해부터 급증하면서 교통사고 증가가 우려돼, 각 시도자치경찰위원회와 긴밀히 협업하여 고령자·보행자·화물차·개인형 이동장치 등 교통사고 취약 요인별로 '맞춤형 안전 활동'을 추진한다. 대한노인회 등 관련 단체와 협업하여 '고령자 대상 교통안전 홍보'를 강화하고 사회복지사·경찰관의 방문 교육을 확대할 예정이며, 보행자 안전을 위해 개정된 '교차로 우회전 통행 방법'도 적극적인 현장 계도와 다양한 홍보를 통해 운전자의 이해도를 높여나갈 계획이다. (계도기간 1.22.~4.21.) 또한, 물류 증가에 따른 화물차 사고에 대비해 화물차주 교육 강화와 과적·불법개조 등 사고요인 행위 집중단속도 전개할 예정이다. 경찰청 관계자는 "초고령사회 진입, 과학기술의 발전 등 사회환경 변화에 맞춰 교통경찰의 정책도 변화가 필요하다."라면서, "이번 워크숍을 계기로 교통안전은 높이면서 국민 불편을 줄이는 교통정책을 더 발굴하기 위해 노력하겠다."라고 말했다.

(2) 다크웹 · 가상자산 · 디도스 범죄 추적 주도적으로 나서다

⊙ 경찰청	**보 도 자 료**		다시 도약하는 대한민국 함께 잘사는 국민의 나라
보도 일시	2023.3.7.(화) 조간	누리망 · 방송	2023.3.6.(월) 12:00

경찰청, 다크웹 · 가상자산 · 디도스 범죄 추적을 위해 주도적으로 나서다
– 주제별 분과 구성, 대응기술 고도화 착수 –

경찰청 국가수사본부(사이버수사국)는 다크웹·가상자산·디도스(DDoS) 공격을 경찰이 시급하게 해결해야 할 '3대 사이버테러수사 역점과제'로 선정하고, 관련 대응기술 및 수사기법을 고도화를 위해 '사이버 범죄플랫폼 대응 특별전담조직(TF)'를 구성·운영*하기로 하였다.

* 사이버 범죄플랫폼 대응 특별전담조직(TF): 다크웹 추적, 가상통화 분석, 디도스(DDoS) 공격 추적을 주제로 '3개 분과' 구성. 사이버테러 공격의 진원지 추적을 위한 대응기술 및 수사기법 연구를 목적으로 운영 예정

'사이버 범죄플랫폼 대응 특별전담조직(TF)'은 민간 정보기술(IT) 업체에서 네트워크·시스템·소프트웨어 개발 전문가 경력을 인정받아 채용되거나 차세대 정보보안 리더*로 선발된 국내 최고의 정보기술(IT)을 보유한 수사관들로 구성하였으며, 한국인터넷진흥원(KISA), 미국 연방수사국(FBI) 등 국내외 사이버 분야 전문기관과도 긴밀한 협조 관계를 유지해 나갈 예정이다.

* 차세대 정보보안 리더(BoB): 과기부·한국정보기술연구원 주관, 매년 지원자 200명을 대상으로 집중 교육과정을 거쳐 최정예 정보보호 인재 10명(Best of the Best)을 선발

경찰은 다크웹·가상통화·디도스(DDoS) 공격 대응을 3대 역점과제로 선정한 배경에 대해, 해당 기술이 익명화된 네트워크와 지불수단으로서 사이버테러 범죄뿐만 아니라 일반범죄에서도 많이 악용되고 있으며, 추적을 위해 상당한 전문성과 기술은 물론 시간과 노력이 소요된다는 점에서 미래치안을 위협하는 핵심 요인으로 판단하였다.

- 다크웹은 '익명화된 네트워크' 서비스로 특수한 프로그램을 설치해야만 접속할 수 있는 온라인 공간으로, 서버와 접속자의 아이피(IP) 주소가 노출되지 않는다는 특징이 있다. 이 때문에 금품 요구 악성 프로그램(랜섬웨어)과 같은 악성 프로그램 유통, 마약·아동성착취물·불법촬영물 거래 등 범죄의 온상으로 세계적으로 이용자가 계속 증가하는 추세다.

〈다크웹 이용자 통계〉

연도		2018	2019	2020	2021	2022
다크웹 주소(개)		92,405	82,130	150,730	143,819	760,033
사용자 (IP주소)	전체	2,401,258	2,063,963	2,124,776	2,207,942	2,525,546
	한국	8,825	12,337	15,379	14,183	17,889

※ 출처: http://torproject.org

- 가상자산은 '익명화된 지불수단'으로, 다크웹상에서 사용되는 주요 통화로 자리 잡으면서 각종 불법 매체를 구매·판매하거나 금품 요구 악성 프로그램(랜섬웨어) 등 범죄수익금을 지불받는 수단으로 악용되고 있다. 가상자산은 소유자를 쉽게 알 수 없어 추적이 불가능할 것이라고 생각하기 때문에 범행에 자주 이용된다.
- 디도스(DDoS) 공격은 다수의 시스템으로 동시에 대량의 데이터를 전송하여 인터넷 서비스를 마비시키는 대표적인 사이버테러 범죄다. 최근에는 대량의 데이터를 전송하면서 공격지의 아이피(IP) 주소까지 위조하는 '익명화 공격 수법'까지 등장하여, 현재 보안 업계에서는 추적보다 예방과 대응에 초점이 맞추어져 있는 실정이다.

이번 다크웹 추적, 가상통화 분석, 디도스(DDoS) 공격 추적기술 고도화는 기술 발전에 수반하여 범죄가 지능화·첨단화되는 새로운 유형의 위협요인에 대해 과학기술을 기반으로 선제적 대응하는 것으로, 개별사건이나 특정 유형의 범죄에 대한 수사를 넘어 경찰청 차원에서 범죄플랫폼에 대응하기 위한 원천기술을 고도화하여 미래치안을 확보하는 기반을 마련한다는 점에 의의가 있다.

경찰은 "이번 특별전담조직(TF) 운영 및 기술·기법 고도화를 통해 웰컴투비디오 사건*, 랜섬웨어 사건**과 같은 초 국경적 대형·중대범죄 수사에 있어 한국 경찰이 구심점 역할을 담당하는 등 미래치안의 선도국가로 자리매김하겠다."라고 밝혔다.

(3) 혼성 경찰관기동대 시범운영 확대

🛡 경찰청	보 도 자 료		다시 도약하는 대한민국 함께 잘사는 국민의 나라
보도 일시	2023.1.27.(즉시)	누리망 · 방송	2023.1.27.(즉시)

경찰, 혼성 경찰관기동대 시범운영 확대
– 작년 시범 운영한 경남청 혼성기동대를 7개 청에 확대 운영 –

경찰청(경찰청장 윤희근)에서는 이번 상반기 정기인사 시에 혼성 경찰관기동대를 종전
1개 기동대(경남)에서 15개 기동대로 확대하여 편성할 예정이다. 지난해 8월부터 경남
경찰청 2기동대(남성경찰관 3개 제대)에 여성경찰관 1개 제대를 추가로 편제하여 혼성
기동대 시범운영을 시작한 바 있다. 5개월간 혼성기동대를 시범운영한 결과, 집회참가
자 성별에 구분 없이 즉각적인 대응이 가능해 현장 대응 속도가 빨라지고, 민생치안 지
원 시에도 남녀경찰관이 합동근무함에 따라 임무 수행 범위가 확대되는 등 현장 대응
역량이 강화됐다.

특히, 지난해 11월 말부터는 남녀경찰관을 제대 별로 구분하지 않고 경남 2기동대 전
체 팀(16개 팀)에 여성기동대원을 1~2명씩 배치하여 운영(팀별 남 5명+여 1~2명)함
에 따라 남녀기동대원 간 소통이 더욱 원활해져 결속력이 강화되고, 남녀기동대원을
구분하지 않고 소속 제대장이 통합하여 지휘함에 따라 지휘체계가 일원화되는 효과가
있었다. 또한, 작년 경찰청 국정감사 시에 이채익 행정안전위원장을 비롯한 위원들은
전국 최초로 경남경찰청에서 운영 중인 혼성기동대를 전국적으로 확산할 필요가 있다
고 강조하기도 했다.

이에 따라서, 종전에 여성경찰관 기동대 · 제대를 별도로 운용하던 6개 경찰청(서울,
부산, 대구, 광주, 경기남부, 경기북부)을 대상으로 혼성기동대를 확대 편성하는 한편,
정부세종청사를 관할하는 세종경찰청 기동대에도 여성경찰관을 신규 배치하여 혼성기
동대 시범운영을 확대한다.

〈혼성기동대 확대 편성(안)〉

시도	혼성부대 편성 규모 · 방식	비고
서울	8개 혼성부대 편성〈남2제 + 혼성1제(남3팀 + 여1팀)〉	확대
부산		확대
대구		확대
광주	각 1개 혼성부대 편성〈남3제 + 여1제〉	확대
경기남부		확대
경기북부		확대
세종	1개 혼성부대 편성〈남2제 + 혼성1제(남3팀 + 여1팀)〉	확대
경남	1개 혼성부대 운영 중〈전체 팀별 남5명 + 여1~2명〉	기존

※ 부대 단위별 정원: 제대 26명(4개 팀), 팀 6명

혼성기동대 시범운영 확대를 위해 각 시도경찰청별로 치안수요, 청사시설 등 여건을 감안하여 혼성기동대 재편 규모 · 방식을 검토하였으며, 작년 연말부터 여성경찰관 기본시설(대기실, 샤워실, 화장실 등)을 추가로 조성하는 등 준비해 왔다.

2월에 실시될 각 시 · 도경찰청별 정기인사 시에 혼성기동대를 확대 편성할 예정이며, 특히 서울 혼성기동대장(8명)은 경찰청 주관으로 남녀 구분 없이 충분한 역량을 갖춘 사람을 선발할 예정이다. 이렇게 확대편성되는 혼성기동대는 남녀경찰관 구분 없이 동일하게 임무를 수행하게 된다. 이에 따라, 여성기동대원이 필요한 경우에 여성경찰관 기동대(제대)를 기다릴 필요 없이 신속하게 대응할 수 있게 되고, 여성경찰관 기동대원이 소속이 다른 남성경찰관 기동대에 지원근무함에 따라 발생하는 지휘체계 불일치 문제점도 해소될 수 있다.

다만, 혼성기동대가 확대 편성됨에 따라 여성기동대원도 철야근무 · 심야긴급동원이 되면서 발생할 수 있는 육아공백 우려를 해소하기 위해 다양한 지원방안을 추진한다.

우선 12세 이하 자녀를 둔 기동대원(남녀불문)은 사전에 예측 · 공지되지 않은 심야긴급출동 · 타시도 지원근무 등으로 인해 육아공백의 우려가 있는 경우에는 출동에서 제외하는 등 '육아배려근무'를 적극 실시할 예정이다.

※ 2023.1. 전체 기동대원(10,728명) 중 12세 이하 자녀를 둔 기동대원은 2,801명 (26.1%) / 여성기동대원 전체 405명 중 72명(18%)이 12세 이하 자녀 양육

육아배려근무에도 불구하고 육아공백이 발생할 경우를 대비해 대형 민간돌봄업체와 업무협약을 체결하여 '필요한 때'에 돌봄 도우미가 원활히 연계되도록 추진하고, 대규모

집회 · 재난 등이 발생하여 전국 경찰기동대가 비상근무할 경우에 지원 가능한 돌봄비용 예산도 확보할 계획이다.

윤희근 경찰청장은 "현재 경찰기동대는 남성경찰관 중심으로 구성 · 운영되고 있고, 이에 비해 여성경찰관 기동대는 제한적인 임무를 수행하는 것이 현실이다."라고 하였다. 또한, "혼성기동대는 경찰청 내 성별 직무분리를 해소하고 2026년 남녀경찰관 통합선발 전면시행의 마중물 역할도 하게 될 것이기에 기본시설 확충, 기동대 지휘관 대상 교육 실시, 육아공백 해소정책 추진을 통해 혼성기동대 운영에 사각지대가 발생하지 않도록 정책적 노력을 다하겠다."라고 밝혔다.

(4) 수사역량 강화를 위한 엄격한 자격관리

🛡 경찰청	보 도 자 료	다시 도약하는 대한민국 함께 잘사는 국민의 나라
보도 일시	2022.12.30.(금)	

경찰청, 올해 책임수사관 21명, 전임수사관 3,160명 선발
– 국민 기대에 부응하는 수사역량 강화를 위해 엄격한 자격관리 –

경찰청 국가수사본부는 수사경찰의 전문성 향상을 위해 2022년 제3회 책임수사관 21명, 제2회 전임수사관 3,160명을 선발하였다.

'수사관 자격관리제'는 수사관의 '역량'과 '경력' 중심의 체계적인 인사관리를 통해 자질 있는 예비수사관이 능력을 갖춘 수사지휘자로 성장해 갈 수 있도록 설계한 수사경찰 인사제도이다.

> **수사관 자격관리제 개요**
> • 운영: 수사관들의 역량 향상을 유도하기 위해 4단계의 자격등급 체계 정립, 자격에 맞추어 수준별 사건배당 및 희망부서 우대 배치
> • 자격: ① 예비수사관(수사부서 전입 전) → ② 일반 수사관 → ③ 전임수사관(경력 7년 이상, 심사) → ④ 책임수사관(경력 10년 이상, 시험 · 심사)

'책임수사관'은 가장 높은 자격등급의 수사관으로서 '전임수사관' 중 수사경력이 10년 이상이면서 수사 · 형사 · 사이버 분야 수사기록에 관한 적용법률 분석, 수사지휘 등에 대한 서술형 시험에 합격하고, 자격 심사를 통과하여 선발된다.

- 자격 요건: 수사부서에서 근무 중인 수사경력 10년 이상의 전임수사관
- 선발 시험: 수사기록을 토대로 법률적용, 수사지휘서 · 강제수사서류 등 작성, 인권 보호 등 수사역량을 종합적으로 평개(주관식 서술형 시험)
- 자격 심사: 수사경력 자료를 바탕으로 수사역량 · 청렴성 등 적격 심사
- 분야별 선발 현황: 수사 분야 71명, 형사 분야 95명, 사이버 분야 12명
  ※ 중복 자격취득 현황: 제2회 3명, 제3회 4명

(5) 족적 · 윤적 · 문서(인영)감정 분야 국제공인시험기관(KOLAS) 인정 획득

🛡 경찰청	보 도 자 료	다시 도약하는 대한민국 함께 잘사는 국민의 나라
보도 일시	2022.12.9.(금)	

경찰청, 족적 · 윤적 · 문서(인영)감정 분야
국제공인시험기관(KOLAS) 인정 획득
— 세계 118개국 수사기관 및 법정에서 감정결과 상호인정 가능 —

경찰청(청장 윤희근)은 족적 · 윤적 · 문서(인영)감정 등 3개 분야에 대해 한국인정기구(KOLAS; Korea Laboratory Accreditation Scheme)로부터 국제공인시험기관 인정을 획득했다.

국제공인시험기관 인정은 국제표준에 따라 시험기관의 조직, 시설 · 환경, 인력 등을 평가하여 특정 분야에 대한 시험 역량이 있음을 공인하는 제도로 우리나라에서는 국가기술표준원 산하 한국인정기구가 주관한다.

그간 경찰청은 지문감정(2010년)을 시작으로 디지털포렌식(2020년), 얼굴인식 · 영상(번호판)분석(2021년) 분야 인정을 지속적으로 추진해 왔으며 특히, 이번 족적 · 윤적 · 문서(인영)감정 분야에 대한 인정을 획득함에 따라 이 분야의 감정절차 및 방법은 국내뿐만 아니라 국제적으로도 전문성과 객관성을 인정받게 되었다.

윤희근 경찰청장은 "국제공인시험기관 분야가 확대됨에 따라 경찰 법과학 감정 분야에 대한 국제적 신뢰성과 법정에서의 증거능력이 한층 향상될 것으로 기대된다."라고 말했다.

(6) 보행자 보호의무 강화

🛡️ 경찰청	보 도 자 료	*다시 도약하는 대한민국* *함께 잘사는 국민의 나라*
보도 일시	2022.10.13.(목)	

보행자가 보이면 우회전을 멈추세요
– 보행자 보호의무 강화 3개월 후 우회전 교통사고 사망자 대폭 감소,
10월 12일부터 제도 정착 시까지 단속보다 계도 · 홍보로 안전의식 제고 방침 –

경찰청(청장 윤희근)은 보행자 보호의무를 강화한 개정 「도로교통법」에 대해 3개월간 계도기간을 운영한 결과 교통 사망사고가 대폭 감소하는 등 법 개정의 효과가 나타나고 있다는 판단에 따라, 10월 12일부터 홍보 · 계도와 함께 단속을 병행해 제도의 안정적 정착을 도모해 나갈 계획이다.

지난 7월 12일 시행된 「도로교통법」은 보행자가 횡단보도를 '통행할 때'뿐 아니라 '통행하려고 할 때'까지 일시정지하도록 함으로써, 운전자가 먼저 보행자를 살펴 차량 중심의 교통문화를 보행자 중심으로 변화시키기 위해 개정되었다.

다만, 시행 초기 아직 많은 운전자들이 법개정 내용을 인지하고 못하고 있고 기준도 다소 확실하지 않다는 지적이 있어, 개정법에 대한 이해를 돕기 위해 3개월간의 충분한 계도기간을 두고 다양한 홍보활동을 실시해 왔다. 계도기간 동안 우회전 교통사고는 3,386건, 사망자는 22명으로, 전년도 대비 사고는 24.4%, 사망자는 45% 감소하는 등 운전자들의 인식이 보행자 중심으로 변화한 것이 확인되었다.

경찰청에서는 '횡단하려는' 보행자에 대한 판단이 보행자의 주관에 따라 결정될 수 있다는 운전자의 우려를 불식시키기 위해, 보행자가 횡단보도를 통행하려는 행동과 의사가 외부에서 명확히 확인 가능하여 누구나 공감할 수 있는 경우에만 단속을 실시한다. 그 외에 경우에는 제도에 대한 인식이 정착될 때까지 계도 위주로 안전활동을 전개할 예정이다. 또한, 경찰청은 법규에 대한 국민 이해도를 높이기 위해 보행자 보호를 주제로 한 공익광고 등 다양한 홍보수단을 마련해 올바른 통행 방법을 지속적으로 홍보 · 계도해 나갈 계획이다.

경찰청 관계자는 "운전자들은 우회전 시 보행자 신호가 아닌 횡단보도 주변의 보행자를 확인해야 하며, 보행자가 보이면 일단 멈추는 운전습관을 생활화하는 것이 좋다."라고 강조했다.

(7) 전세 사기 전국 특별단속 실시

⊙ 경찰청	보 도 자 료	다시 도약하는 대한민국 함께 잘사는 국민의 나라
보도 일시	\multicolumn{2}{c}{2022.7.25.(월)}

경찰청, 전세사기 전국 특별단속 실시
– 7.25.(월)부터 6개월간 '무자본 갭투자 · 깡통전세' 등 불법행위 강력 단속 –
– 경찰청에 전세사기 전담수사본부(본부장: 수사국장) 설치, 시도청 · 경찰서에 전담수사팀 운영 –
– 다액 · 조직적 전세사기는 구속수사 원칙, 국토부 등 관계기관 공조체계 구축 –

서민의 중요한 주거형태인 전세제도 관련 보증금 편취 등 사기범죄는 기본권인 주거권을 침해하고 사실상 피해자의 전 재산을 잃게 하며 피해 회복이 쉽지 않은 중대한 악성 범죄이다. 또한, 최근 금리인상으로 서민의 주거비 부담이 높아지고 부동산 가격 하락 가능성에 따른 이른바 '무자본 · 갭투자, 깡통전세' 사기 등 사회적 우려가 증가하고 있다. 특히, 서민 및 부동산 거래지식이 부족한 사회초년생의 여건을 악용하는 브로커와 일부 중개인 등의 조직적 불법행위로 보증금을 반환받지 못한 사례가 지속 발생하여 심각한 피해를 입고 있다.

이에 경찰청 국가수사본부는 서민경제 안정 및 건전한 거래질서 확립을 위해, 경찰청에 수사국장을 본부장으로 2022.7.25.(월)부터 2023.1.24.(화)까지 6개월간 전세사기 전담수사본부를 설치 · 운영한다. 아울러, 시도경찰청 반부패경제범죄수사대와 경찰서 지능팀 등 전문인력 중심으로 전담수사팀을 지정하고 추후 강력한 단속을 추진할 예정이다.

경찰은 그간 전세사기 단속사례를 자세히 분석하여, 무자본 · 갭투자, '깡통전세' 등 고의적 보증금 미반환, 부동산 권리관계 허위고지, 실소유자 행세 등 무권한 계약, 위임범위 초과 계약, 허위보증 · 보험, 불법 중개 · 매개행위 등 7개 유형을 중점 단속대상으로 선정하였다.

피해 규모가 크거나 건축주 · 분양대행사(브로커) · 공인중개사 등이 공모한 조직적 범죄는 구속수사를 원칙으로 하고, 개별적 사안에 대해서도 수사 초기부터 전국적 · 통합적으로 집중수사하여 피해 확산을 차단하고 전체 범죄에 대해 철저히 수사할 계획이다. 아울러 국토교통부, 지방자치단체 등 유관기관과 공조체계를 구축하여 범죄정보를 공유하며 수사 과정에서 확인되는 제도개선 필요사항은 관계기관에 적극 통보할 예정이다.

(8) 과학치안 · 조직혁신을 기반으로 한 '미래 치안전략' 제시

⊙ 경찰청	보 도 자 료	다시 도약하는 대한민국 함께 잘사는 국민의 나라
보도 일시	2022.9.29.(목)	

과학치안 · 조직혁신을 기반으로 한 '미래 치안전략' 제시
– 경찰 미래비전위원회 '경찰 미래비전 2050' 발표 –
– 윤희근 경찰청장, '선도적 미래치안의 대장정 시작' 선언 –

경찰 미래비전위원회(위원장 이광형, 이하 위원회)는 2022.9.29.(목) 경찰의 미래 치안 전략을 담은 '경찰 미래비전 2050'(이하 '미래비전 2050')을 발표하였다.

'미래비전 2050'은 지금부터 한 세대 앞인 30년을 내다보고 2050년의 치안환경 변화에 대비하여 국민안전을 더욱 든든히 지키는 데 필요한 중장기 정책목표와 방향성을 제시하는 미래 치안정책 종합계획이다.

경찰청은 4차 산업혁명에 수반하는 새로운 위협의 등장, 사회 · 경제의 대전환, 자치경찰제 도입 등 조직 대변혁에 따라 지금까지 겪어보지 못한 변화에 직면할 것이라는 인식 아래 2021.12. '미래전략 TF'를 구성하여 '비전 초안'을 마련하였으며, 보다 전문적인 시각에서 미래전략을 수립하고자 지난 2월 이광형 한국과학기술원 총장이 위원장을 맡고, 각계 전문가 15명이 참여하는 미래비전위원회를 발족하였다.

위원회는 위원별 전문분야를 고려하여 '뉴노멀 치안 · 조직구조 혁신' 분과로 나누어 운영하였으며, 8개월간 전체회의(격월) 및 분과회의(매월)와 위원과 경찰청 기능 간 수시 실무논의를 거쳐, 첨단기술을 기반으로 하는 과학치안 전략과 이를 뒷받침하기 위한 인재양성 · 조직개편 · 업무프로세스 혁신 등 기존의 틀을 뛰어넘는 '경찰 미래상'을 제시하였다.

2. 정책자료

(1) 범죄 피해자 보호 및 지원 정책(「범죄피해자 보호법」)

① 범죄피해자: 타인의 범죄행위로 피해를 당한 사람과 그 배우자, 직계친족 및 형제자매

② 범죄피해자의 권리
- 신뢰관계인 동석 신청권: 피해자가 수사기관 조사 및 법원 증인 신문 시 현저히 불안 · 긴장을 느낄 우려가 있는 경우 신뢰관계자와 동석 가능

- 고소권, 항고권, 재정신청권: 피해자는 고소할 수 있고, 검사의 불기소 처분에 불복하는 고소인은 관할 고검에 항고(처분통지 받은 날로부터 30일 이내) 및 관할 고법에 재정신청 가능
- 재판절차 의견진술권, 심리비공개 신청권: 피해자는 재판절차에 증인으로 출석하여 사건에 관한 의견을 진술할 수 있고, 사생활·신변보호 필요성 등 정당한 사유가 있으면 심리 비공개 신청 가능
- 형사절차상 정보제공 요청권: 피해자는 수사결과 및 공판진행사항, 가해자의 법집행·보호관찰집행 상황 등 정보를 제공받을 수 있음
- 소송기록의 열람·등사 신청권: 피해자는 필요한 경우 소송 중인 사건의 공판기록의 열람 또는 등사를 법원에 신청 가능

③ 범죄피해자 안전조치
- 절차

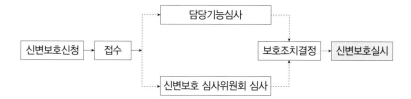

- 범죄피해자 안전조치 대상: 범죄피해자 안전조치 대상자는 범죄신고 등과 관련하여 보복을 당할 우려가 있는 범죄피해자, 신고자, 목격자, 참고인 및 그 친족 등이며, 그 외에 반복적으로 생명 또는 신체에 대한 위해를 입었거나 입을 구체적인 우려가 있는 사람도 해당된다.
- 범죄피해자 안전조치 접수

경찰서에서 수사가 진행 중인 상황인 경우	진행 중인 사건 없이 바로 범죄피해자 안전조치를 신청하는 경우
사건담당자와 상담 후 '범죄피해자 안전조치 신청서'를 작성하여 사건담당자에게 신청	가까운 경찰서 민원실 지구대·파출소를 방문하여 안내 및 상담을 받은 후 '범죄피해자 안전조치 신청서'를 작성하여 접수

↓

범죄피해자 안전조치 신청서가 접수되면 사건 담당부서 또는 '범죄피해자 안전조치심사위원회'에서 범죄피해자 안전조치 필요성에 대한 심사를 거쳐 범죄피해자 안전조치 여부를 결정

- 범죄피해자 안전조치 보호 유형: 대상자의 주거지 순찰 강화, 임시숙소 제공, 신변경호, 전문 보호시설 연계, 위치추적장치 대여 등이 있으며 대상자의 위험성 및 여건 등을 고려하여 가장 적합한 보호조치 유형이 선택된다.

④ 범죄피해자 지원제도

- 경제적 지원제도

범죄피해자 구조금제도	유족구조금, 장해 · 중상해구조금
긴급복지 지원제도	생계 지원, 의료 지원, 주거 지원, 복지시설 이용 지원, 교육 지원, 기타 지원
무보험차량교통사고 및 뺑소니피해자 구조제도	사망사고, 부상사고, 장애사고별 금액 지원
이전비(이사실비) 지원제도	이사 후 소용 비용(견적서 첨부한 영수증 제출)
주거지원제도	국민임대주택을 시중 전세 시세의 55~83% 수준으로 지원, 매입임대 또는 전세임대 지원
자동차사고 피해가족지원제도	중증후유장애인 재활보조금 지원, 피부양노부모 보조금지원, 초 · 중 · 고등학생 유자녀 장학금 지원, 유자녀 생활자금 무이자 대출, 유자녀 자립지원금 지급
배상명령제도	형사사건(범죄로 인한 물적 피해, 치료비, 위자료), 가정보호사건 (가정폭력범죄로 인한 물적 피해, 치료비, 부양료)
보험급여 지원제도	입원(공단부담금 80%, 본인부담금 20%), 통원치료(공단부담금 50%, 본인부담금 50%)

- 법률적 · 심리적 지원제도

무료법률구조제도	무료법률 상담, 소송서류 무료 작성, 민사 · 가사사건 등 소송대리, 형사사건 무료변호, 준법계몽 활동 등
형사조정제도	형사조정위원회의 분쟁 조정, 사건 기소 처분
법률홈닥터	법률상담 및 정보제공, 소송방법 및 절차안내, 법률구조기관 등 조력기관 연계, 대상자 맞춤형 법 교육
화해제도	합의 내용이 공판조서에 기재된 경우, 재판상 화해와 같은 효력 부여로 강제집행 가능
스마일센터를 통한 심리치료지원	심리상담 및 진단평가, 심리치료 등으로 범죄후유증 회복 지원
CARE (피해자심리전문요원)	각 경찰성 피해자전담경찰관 또는 각 지방경찰청 청문감사담당관실(피해자보호팀)에 지원 요청

- 기타 지원제도: 피해자 임시숙소제도, 성폭력피해자 보호시설, 가정폭력피해자 보호시설, 이주여성 지원제도, 의사상자 예우 및 지원제도, 범죄피해자지원센터, 스마일센터, 여성긴급전화 1366센터, 성폭력피해자 등 통합지원센터, 아동보호전문기관, 노인보호전문기관

(2) 인권 보호 정책

① 인권경찰 구현을 위한 개혁방안: 경찰청은 경찰청 인권위원회와 경찰청장 주요 지휘부가 참석한 가운데 '인권경찰 구현을 위한 경찰개혁 로드맵'을 발표

② 인권경찰 구현을 위한 경찰개혁 추진방안

경찰권의 민주적 통제 제도화	• 경찰은 외부 전문가를 영입하여 '개방형 인권정책관'을 신설: 시민의 시각으로 경찰 인권정책 총괄과 인권침해 사건 조사 지휘 등 실질적인 내부통제 역할 수행 • 청문감사인권담당관 설치: 경찰의 인권보호 업무를 주도하고, 실질적 내부 통제 역할을 하도록 업무체계 정비 • 국가수사본부 안에 내부 통제체계 확립: 경찰 수사과정상의 인권침해 예방 및 수사권 오·남용을 차단
경찰 활동 전반의 인권 관련 국민 고충을 청취	• 전국 18개 시도경찰청과 서울권 경찰서 2개소에 '현장인권상담센터' 설치 • '시민 인권보호관' 배치로 인권 관련 민원상담 및 피해구제를 함으로써 시민 권리 보장 기구로 운영
경찰 인권정책 기본계획 수립	경찰활동 전반을 국민의 인권보호와 증진을 목표로 재설계
경찰 수사활동을 국민 권익 보호와 피해자 보호 중심의 책임수사체계로 확립	• 경찰인권보호 수사규칙 제정 • 변호인 수사과정 모니터링제 도입 • 인공지능(AI) 음성인식 피해조사·지원 시스템 등 첨단 조사기법으로 피해자 조서 작성, 2차 피해 방지

(3) 자치경찰제

① 자치경찰제의 개요

- 주민에 의한, 주민을 위한, 주민의 경찰행정을 지향하면서, 지방분권의 이념을 바탕으로 지방자치단체가 지역 치안에 대하여 국가와 함께 책임을 지며 주민의 의사와 지역특성을 반영하여 자주적으로 자치 경찰 활동을 수행하는 제도이다.
- 우리나라의 자치경찰제는 국가경찰과 자치경찰의 조직을 분리하지 않고 사무만 구분하여 국가경찰사무는 중앙의 경찰청이, 자치경찰사무는 시·도 단위의 광역자치단체장 소속의 자치경찰위원회가 지휘·감독하며, 자치경찰사무 담당 경찰관의 신분도 국가경찰로서 신분을 유지하는 일원화 모형이다.

② 자치경찰사무의 목적
- 경찰사무를 국가경찰사무와 자치경찰사무로 나누어 각 사무별 지휘·감독권자를 분산
- 자치경찰위원회가 자치경찰사무를 지휘·감독하도록 함으로써 경찰권 비대화의 우려를 해소
- 지방행정과 치안행정의 연계성을 확보하여 주민의 수요에 적합한 양질의 치안서비스를 제공
- 국가전체의 치안역량을 효율적으로 강화

③ 자치경찰사무의 구분
- 자치경찰사무: 생활 안전, 여성·청소년, 교통, 다중운집 행사 안전관리 등 주민밀착형 경찰 사무
- 국가경찰사무: 홍보, 청문 감사, 112상황실, 경무, 정보화 장비, 경비, 공공안녕 정보, 외사 등
- 수사사무: 범죄 수사

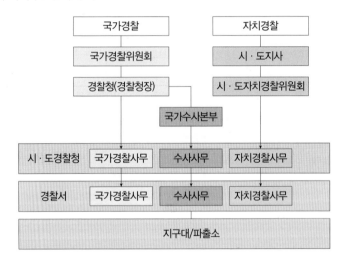

④ 주요업무

생활 안전	• 생활안전순찰, 범죄예방 진단과 시설 설치 · 운영, 주민참여 방범활동 지원 • 일상생활 관련 사회질서의 유지 및 그 위반행위 지도 · 단속 • 아동 · 여성 · 청소년 · 노인 · 장애인 등 사회적 약자 보호 • 안전사고 및 재해 · 재난 긴급구조지원 등
교통 · 경비	• 교통위반 단속, 교통안전 교육 · 홍보 • 교통안전시설 심의 · 설치 · 관리 • 지역 다중 운집행사 교통 및 안전관리 등
수사	• 학교폭력 등 소년범죄 • 가정폭력 · 아동학대 · 데이트 폭력 등 • 공연음란, 성적 목적 다중이용장소 침입 • 교통사고, 가출인 · 실종아동 수색 등

⑤ 자치경찰위원회
- 경찰업무에 대한 지방분권의 상징이자 경찰행정의 민주성을 보장하는 기관으로, 자치경찰사무에 대하여 시 · 도경찰청장을 지휘 · 감독하는 역할을 수행한다.
- 자치경찰위원회는 시장 소속의 독립된 합의제 지방행정기관으로 7명의 위원으로 구성된다.
- 시의회가 2명, 국가경찰위원회가 1명, 시교육감이 1명, 위원추천위원회가 2명을 각각 추천하고 시장이 지명하는 1명을 포함하여 총 7명을 시장이 임명한다.
- 위원회는 모든 소관 사무를 심의 · 의결을 통해 수행하도록 규정하며, 위원장이라도 독자적으로 또는 사무기구를 통해서 의사결정을 하지 못하도록 하여 민주성, 정치적 중립성과 업무수행의 독립성을 보장하고 있다.
- 주요 심의 의결사항
  - 자치경찰활동 목표 수립 및 평가
  - 자치경찰사무 관련 인사 · 예산 · 장비 등 주요 정책, 시 · 도 경찰청장 임용 협의
  - 부패방지, 인권남용 제도개선 및 시정
  - 자치경찰사무와 관련된 주요 사건 · 사고 및 현안의 점검
  - 자치경찰사무 감사(감사 의뢰), 자치경찰사무 담당 공무원에 대한 감찰 요구 및 징계 요구, 고충심사(사기 진작)
  - 국가경찰 · 자치경찰 사무의 협력 · 조정 관련한 경찰청장과 협의 등

1. 전문 자료

(1) 호프테이프(Hope Tape)

호프테이프는 실종아동 정보가 인쇄된 포장용 박스테이프를 지칭하며, 이를 부착한 택배물은 전국 각지로 배송되어 장기실종아동에 대한 관심을 유도하는 임무를 수행하고 있다. 호프테이프의 주요 특징은 표면에 경찰청 나이변환 몽타주가 인쇄되어 있으며, 표면에 '실종 예방을 위한 QR코드'를 삽입하여 경찰관서에 방문할 필요 없이 휴대전화로 간편하게 실종 예방을 위한 지문 등을 미리 등록할 수 있는 '안전 Dream 앱' 설치 페이지로 연결할 수 있다. 2020년 경찰청은 포장용 박스테이프 표면에 장기실종아동 28명의 실종정보, 신체특징, 실종 당시 모습, 나이변환 몽타주로 재현한 현재의 모습, 경찰청 '안전 Dream 앱'과 모바일 지문등사전등록 홍보페이지에 연결된 QR코드 부착을 인쇄하여 우체국과 한진택배를 통해 홍보물이 부착된 택배 상자를 전국 각지로 배송, 실종아동 문제에 관한 관심을 유도하였다.

(2) 순찰신문고(탄력순찰)

각종 범죄·112신고 등 치안통계를 토대로 경찰의 입장에서 순찰시간·장소를 선정해 왔으나, 탄력순찰은 온·오프라인을 통해 시민이 순찰을 희망하는 시간과 장소를 직접 선택하면 경찰이 순찰서비스를 제공해주는 새로운 순찰방식이다. 탄력순찰은 온라인 '순찰신문고' 홈페이지와 스마트 국민제보, 오프라인 지도에 순찰 희망시간과 장소를 요청하면 그 시간·장소와 112신고량을 분석한 후 우선순위·순찰주기를 결정하여 순찰계획에 반영한다.

(3) 층간 소음(「공동주택 층간소음의 범위와 기준에 관한 규칙」)

공동주택 층간소음의 범위는 입주자 또는 사용자의 활동으로 인하여 발생하는 소음으로서 다른 입주자 또는 사용자에게 피해를 주는 직접충격 소음과 공기전달 소음을 말한다. 다만, 욕실, 화장실 및 다용도실 등에서 급수·배수로 인하여 발생하는 소음은 제외한다.

(4) 스마트 치안

스마트 치안은 전략적 관리(Strategic Management), 분석과 연구(Analysis & Research) 그리고 기술(Technology)을 통한 경찰활동을 말한다. 이는 인공지능, 로봇기술, 생명과학 등 신생산업을 필두로 하는 '4차 산업혁명' 시대를 맞아, 신종·지능형 범죄 등 급변하는 치안환경에 발맞춰 선제적으로 준비하기 위해 경찰 내부에서부터 새로이 추진하고 있는 치안활동이다.

스마트 치안 실현을 위해서는 먼저 체계적인 데이터수집·관리가 선행되어야 하는데, 인구통계, 지형 정보, 기상 정보 등 정부 각 부처의 공공데이터는 물론이고, 범죄 정보, 교통 정보 등 치안데이터에 CCTV, 민원, 신고 정보 등 실시간 데이터까지 치안 관련 각종 자료를 수집과 동시에 '치안 빅데이터'로 저장해 활용 가능하도록 지원해야 한다.

(5) 디지털 성범죄

카메라 등 디지털 기기를 이용해 상대방의 동의 없이 신체 일부나 성적인 장면을 불법 촬영하거나, 불법촬영물 등을 유포·유포 협박·저장·전시 또는 유통·소비하는 행위 및 사이버 공간에서 타인의 성적 자율권과 인격권을 침해하는 행위를 모두 포괄하는 성범죄를 의미한다.

디지털 성범죄의 유형에는 카메라 등을 이용한 동의 없는 촬영, SNS 등 온라인상 외모 품평, 성희롱 등, 성착취물의 제작 및 유포, 웹하드·음란사이트·SNS·단톡방에 유포, 피해자의 일상사진을 성적인 사진·영상과 합성 후 유포, 피해 촬영물을 도구로 협박하는 것 등이 있다.

디지털 성범죄의 대처방안으로는 개인의 신상 정보를 보호하고 비밀번호를 강화하며 채팅방은 그대로 보존하고 영상이 게시된 사이트 화면을 캡처하여 증거를 수집한다. 모은 증거 및 영상을 담은 자료를 경찰서에 제출하여 가해자를 신고하고 방송통신심의위원회 피해 접수, 인터넷 사이트의 영상 삭제 등을 요청한다.

2. 관련 이슈

(1) 경찰국 공식출범

① **행정안전부 내 경찰국의 출범**: 2022년 8월 2일 일선 경찰들의 반발 속에 경찰국이 공식 출범했다. 경찰국은 총경 이상 경찰공무원 임용 제청 권한 등 행정안전부(이하 행안부) 장관의 책임·권한 수행 등을 지원한다.

② **입법 예고도 고작 나흘, 발표 보름 만에 출범**: 정부는 경찰국을 신설하면서 그 근거로 대통령인 「행안부와 그 소속기관 직제」를 일부 개정했고, 부령인 「행안부 장관의 소속청장 지휘에 관한 규칙」을 제정·시행했다. 앞서 행안부는 경찰국 신설 최종안을 발표한 날 바로 관련 시행령 개정안을 입법 예고했다. 이는 '국민의 권리·의무와 관련이 없는 경우에 한해 법제처장과 협의해 기간을 단축할 수 있다'는 예외규정을 이용한 것이다. 그러나 경찰국이 경찰의 독립성·중립성 훼손 등의 우려를 불식

하지 못한 상태에서 출범하여 반발이 더욱 거세지고 있다. 국가경찰위원회도 경찰국 출범 당일 기자회견에서 그동안 치안정책의 최고 심의 · 의결기구로서 법령상 · 입법 체계상 문제점을 지속 제기해왔지만 의견이 전혀 반영되지 않았다며 「헌법」에 근거한 경찰 관련 법령의 준수 여부를 더 촘촘하게 살피겠다고 경찰국에 경고했다.

③ **경찰의 중립성 · 독립성은 헌법적 가치**: 경찰국은 전적으로 경찰인사와 관련해 행정부의 지시를 받는다. 이때문에 1960년대 행정부의 전신인 내무부의 지시를 받던 치안국의 계보를 잇는다는 비판이 크다. BBC 코리아는 4 · 19혁명으로 경찰의 중립화는 헌법의 가치가 됐는데, 행안부 밑에 경찰 지원조직(경찰국)을 신설하는 것은 '경찰 중립화'라는 기본 헌법정신에 반하는 조치며 경찰국 신설에 의문을 던졌다. 일선 경찰들 사회적 공감대 형성을 위한 숙고의 시간이 필요하며, 경찰청의 중요 정책사항 승인, 사전보고 등을 규정한 지휘규칙을 놓고 경찰의 중립성을 훼손할 것이라고 비판하였다.

▌ **더 알아보기**

국가경찰위원회

• 행정부로부터 독립된 지위에서 경찰이 스스로 치안정책을 수립 · 집행하고 예산편성권을 갖는 합의제 국가기관
• 독립된 국가기관으로서 경찰예산 편성권을 갖고 스스로 치안정책을 수립하며 경찰업무와 경찰행정 제반문제의 처리기준에 대하여 심의 · 의결

(2) 안전속도 5030 폐지 논란

① 안전속도 5030은 도시지역 간선도로는 시속 50km 이내, 주택가 등 이면도로는 시속 30km 이내로 통행속도를 제한하는 정책이다. 하지만 10월 24일 경찰이 교통사고 사망자를 줄이기 위해 도심 차량 제한속도를 낮추는 '안전속도 5030' 정책을 축소해 적용 중인 것으로 드러났다. 경찰청의 '안전속도 5030 개선 추진현황'에 따르면 제한속도를 시속 50km에서 60km로 올리기로 추진 중인 도로는 전국 14개 시 · 도 100개 구간 223.05km에 달하며, 이 중 35개 구간은 이미 경찰이 '안전속도 5030' 정책을 뒤집어 제한속도를 시속 60km로 올려 시행 중이다.

② 안전속도 5030 폐지 찬반

찬성	반대
차별적 반영 필요 • 정책 시행 이전보다 통행속도가 느려져 차량 이용 시 극심한 교통체증을 겪고 있음 • 시간대, 보행자 통행 여부 등 도로여건에 맞게 제한속도에 차등을 두어야 함 • 자동차의 경제속도가 시속 70~90km 정도에 맞춰져 있는 만큼 낮은 제한속도는 환경을 해침	**차보다 사람** • 극심한 도로의 교통체증은 안전운전 5030 정책으로 발생한 것이 아님 • 신호 한 번 걸릴 정도의 시간만으로 이웃의 생명을 지킬 수 있음 • 차보다 사람이 우선되는 운전패러다임이 후퇴하는 일은 없어야 함

(3) 피의자 신상공개와 실효성 강화

피의자의 신상공개는 수사기관이 피의자 얼굴, 성명, 나이 등의 개인적인 신상에 대한 정보를 일반인에게 공개하는 것이다. 신상공개의 주체는 검사 또는 사법경찰관이며, 대상은 범죄 피의자이다. 경찰청 인권위원회는 피의자 신상공개가 형사처분에 준하는 효과가 있고 가족·지인 등에 대한 2차 피해도 심각하며, 확정판결 전 신상이 공개된 피의자에게 무죄가 확정된 경우에도 회복할 수 없는 피해를 초래하므로 범죄예방이나 수사상 목적으로만 필요 최소한의 범위에서 공개하도록 권고하고 있다.

한편, 최근 잇달아 살해한 혐의로 구속된 피의자의 운전면허증 사진이 실물과 전혀 다른 모습이어서 피의자 신상 공개 실효성에 문제가 제기되고 있다. 국회에 강간 등을 저지른 흉악범의 시상을 공개할 때 최근 30일 이내에 촬영한 얼굴 사진을 사용하도록 관련 법률 개정안이 대표 발의되기도 하였다.

▮ 더 알아보기

피의자 신상공개 요건
• 범죄 피의자가 그 죄를 저질렀다고 믿을 만한 충분한 증거가 존재하는 경우
• 국민의 알권리 보장·피의자의 재범방지 및 범죄예방 등 공공의 이익을 위해 필요한 경우
• 피의자가 청소년에 해당하지 않는 경우
• 범행수단이 잔인하고 중대한 피해가 발생한 경우(「특정강력범죄법」에 한정함)
• 공개 정보: 해당 피의자의 얼굴, 성명, 나이 등 신상에 관한 정보
• 오·남용 금지: 공개 시 피의자의 인권을 고려하여 신중하게 결정, 남용 금지
• 특이사항: 공개시기, 절차, 방법, 기간, 권리구제 수단 등의 내용은 법령에 명시되어 있지 않음

(4) 스토킹, 개별 처분법으로 명문화

스토킹으로 인해 정상적인 일상생활이 어려울 만큼 정신적·신체적 피해 사례가 증가하고, 스토킹이 폭행·감금·살인 등 신체 또는 생명을 위협하는 강력범죄로 이어지는 사건이 발생함에 따라 스토킹이 더욱 심각한 범죄로 이어지는 것을 방지하기 위한 목적으로 2021년 4월 20일 「스토킹범죄의 처벌 등에 관한 법률(스토킹처벌법)」이 제정되었다. 이 법은 '범죄 발생 전 스토킹행위'에 대해서도 긴급응급조치를 할 수 있게 규정하여 범행 이전에 위험상황이 있는 경우에도, 경찰이 상당 기간(최장 1개월)의 접근금지 조치를 할 수 있도록 하였다. 이는 스토킹 행위를 개별 처벌법에 명문화하여 경찰의 재량권 행사 영역이 확대되었다는 점에서 의의가 있다.

고용노동직 · 직업상담직

국가공무원 고용노동직·직업상담직의 모든 것

고용노동직·직업상담직 공무원의 개요

1. 고용노동직 공무원이란?

(1) 고용노동부 소속 국가공무원으로 일자리 창출, 국민취업 지원, 노동자 권익 보호, 노동환경 개선 관련 행정 업무를 담당한다. 2018년부터 고용노동 행정의 전문성 강화를 위해 일반행정직과 별개로 고용노동부 소속 행정직 공무원인 고용노동직을 신설하고 9급과 7급 공무원을 채용했다. 이때 고용노동부 소속 공무원의 또 다른 직렬인 직업상담직도 만들어졌다.

(2) 고용노동직 공무원의 계급 및 직급(「공무원임용령」 별표 1)

직군	직렬	직류	계급 및 직급						
			3급	4급	5급	6급	7급	8급	9급
행정	행정	고용노동	부이사관	서기관	행정사무관	행정주사	행정주사보	행정서기	행정서기보

(3) 고용노동직 공무원의 주요업무

① 실업급여 심사 및 지급
② 취업성공 패키지나 내일 배움카드 등 취업 지원 관련 업무
③ 노동시장 조사 · 분석

2. 직업상담직 공무원이란?

(1) 고용노동 행정의 전문성 강화를 위해 2018년 신설된 직렬로 9급만 공채로 선발한다. 직업상담직 공무원은 고용노동부 산하기관인 지방노동청의 고용센터에서 구직자 대상 직업상담과 취약계층 구직을 위한 직업능력개발훈련 프로그램 운영을 담당한다.

(2) 직업상담직 공무원의 계급 및 직급(「공무원임용령」 별표 1)

직군	직렬	직류	계급 및 직급						
			3급	4급	5급	6급	7급	8급	9급
행정	직업 상담	직업 상담	부이사관	서기관	행정 사무관	직업 상담 주사	직업 상담 주사보	직업 상담 서기	직업 상담 서기보

(3) 직업상담직 공무원의 주요업무

① 구인·구직 상담, 구인발굴 등 일자리 개척, 취약계층 취업지원 사업, 직업진로지도 및 집단상담

② 고용안정지원금 등 고용안정사업 집행

③ 실업인정 및 실업급여 지급, 취업지원 설명회

④ 재직자 훈련 과정 인정 및 비용 지원, 내일배움카드 발급 및 비용 지원, 직업훈련기관 지도·점검 등

---

02   고용노동부의 개요

1. 고용노동부의 주요업무

(1) 노동자 중심의 안전한 일터 조성, 노동자 권익 보호

(2) 양질의 일자리 창출, 일자리 안전망 강화

(3) 성별·연령별 맞춤형 일자리 지원

(4) 미래 노동시장에 대비하는 직업능력개발 체제 구축

2. 고용노동부의 조직

(1) 고용노동부 조직도

※ 출처: 고용노동부 홈페이지(www.moel.go.kr)

(2) 소속기관

① 6개 지방청 및 40개 지청, 2개 출장소

지방고용노동청	지청
서울지방고용노동청	서울강남, 서울동부, 서울서부, 서울남부, 서울북부, 서울관악
중부지방고용노동청	인천북부, 부천, 의정부, 고양, 경기, 성남, 안양, 안산, 평택, 강원, 강릉, 원주, 태백, 영월출장소
부산지방고용노동청	부산동부, 부산북부, 창원, 울산, 양산, 진주, 통영
대구지방고용노동청	대구서부, 포항, 구미, 영주, 안동
광주지방고용노동청	전주, 익산, 군산, 목포, 제주근로개선지도센터(제주도 관할), 여수
대전지방고용노동청	청주, 천안, 충추, 보령, 서산출장소

② 위원회(15개)

- 노동위원회(중앙노동위원회, 12개 지방노동위원회): 노·사·공의 3자로 구성된 준사법적 성격을 지닌 합의제 행정기관으로 노동관계에서 발생하는 노사 간의 이익 및 권리분쟁을 신속하고 공정하게 조정·판정하는 행정위원회이다.
- 최저임금위원회: 노·사·공 각 9인(현 27인)의 위원으로 구성된 준사법적 성격을 지닌 합의제 행정기관으로 최저임금에 관한 심의 및 재심의, 의결, 최저임금 적용사업의 종류별 구분에 관한 심의, 최저임금제도의 발전을 위한 연구 및 건의, 기타 최저임금에 관한 중요사항으로서 고용노동부장관이 부의한 사항을 심의하는 행정위원회이다.
- 산업재해보상보험재심사위원회: 위원장을 포함한 60인 이내의 위원으로 구성된 합의제 특별 행정심판위원회로 산재보험급여와 관련한 근로복지공단의 처분에 대하여 이의가 있는 당사자가 심사청구를 한 후, 그 심사결정에도 불복하여 재심사를 청구할 경우 이에 대하여 심리·재결하는 행정위원회이다.

(3) 산하기관: 근로복지공단, 안전보건공단, 한국산업인력공단, 한국장애인고용공단, 한국고용정보원, 한국폴리텍대학, 한국기술교육대학교, 노사발전재단, 건설근로자공제회, 한국사회적기업진흥원, 한국잡월드, 한국고용노동교육원

3. 고용센터 및 노동청의 주요업무

(1) 고용센터의 책무 및 주요업무

① **고용센터의 책무**: 취업지원, 실업급여 지급, 직업진로지도, 직업능력개발, 기업지원 등 종합적인 고용서비스를 제공함으로써 원활한 인력수급 및 인적자원개발 촉진에 기여(「고용센터 및 고용 관련 부서 운영 규정」 제2조)

② **고용센터의 주요업무**(「고용센터 및 고용 관련 부서 운영 규정」 제2장)

구분	주요업무
지역 노동시장 조사 · 분석	• 지역 내 인구구조, 경제활동상황, 산업동향, 구인 · 구직, 인력수급, 직업능력개발 등 관할 지역의 고용정보를 체계적으로 수집 · 분석 • 지역노동시장 여건 등을 감안하여 지역의 고용대책을 수립 · 시행
취업 지원	• 구직 신청 내용을 토대로 개인별 맞춤 정보 제공 • 상담, 직업심리검사 등을 통한 취업의욕, 취업능력, 구직기술 등 진단 • 구직자 유형 분류 및 개인별 취업지원계획 수립 지원 • 구직자에게 적합한 직업진로지도, 직업능력개발 및 취업지원 프로그램 안내 • 구직자의 적성과 능력에 적합한 일자리 알선 • 취약계층에 대한 동행면접 등 집중 취업서비스 제공 • 실업급여 수급자에 대한 실업인정 및 실업급여 지급 • 고용센터에 구직 등록 후 취업한 사람에 대한 사후관리 • 고용센터 직원별로 담당할 중점 취업지원 대상자 및 구인업체 배정 · 관리
기업 지원	• 기업에 대한 인재 알선, 고용장려금 및 직업능력개발 지원 등 원활한 인력 채용에 필요한 서비스 제공 • 구인내용의 법령위반 여부, 적정성 등 확인 및 지도 • 기업이 제출한 구인신청의 전산 등록 및 관리 • 채용박람회, 구인구직 만남의 날, 상설채용관 운영 등을 통한 구직자 알선 및 채용대행서비스 제공 • 기업에 대한 직업능력개발제도 및 고용장려금 안내 · 지원 등 • 기업이 필요한 지원을 제공하는 고용노동행정 종합컨설팅 서비스 실시
구인 · 구직 개척	관계기관과 유기적으로 협조하여 양질의 일자리와 구직자를 발굴하도록 노력
직업진로 지도	청소년, 일반 구직자의 평생 직업진로지도 서비스를 위한 프로그램 운영 • 초 · 중 · 고교생: 직업세계의 이해 및 진로선택을 지원하는 프로그램 등 • 대학생 등 청년층 구직자: 자신의 적성에 맞는 직업선택 및 구직기술 향상을 지원하는 프로그램 등 • 일반 구직자: 취업의욕 및 구직기술 향상을 지원하는 프로그램 등 • 고령자 · 장애인 · 저소득층 등 취약계층 구직자: 구직에 대한 자신감 향상 및 원만한 직업생활 적응을 지원하는 프로그램 등

직업능력 개발	• 직업능력개발 훈련을 실시하도록 훈련비 등 지원(국민내일배움카드) • 훈련수요에 적합한 직업훈련 과정의 인정, 훈련시설의 지정 및 지도점검 • 구직자 개인별 직업훈련 상담 및 안내 • 상담 과정에서 직업훈련이 필요하다고 판단되는 사람에 대한 직업능력개발계좌 발급 • 직업훈련 참여자에 대한 직업진로지도 프로그램 운영 • 직업훈련 수료자의 일자리 알선 및 정보 제공 등 • 국가직무능력표준(NCS) 및 일학습병행제 확산 지원(학습기업의 지정, 일학습병행 지역단위 운영협의회 운영 등 유관기관 협력, 학습 근로자 기업연계, 보호 및 관리 등)
고용보험 관리	• 근로자에게는 실업급여와 능력개발비용을, 사업주에게는 고용유지와 교육훈련 비용을 지원 • 고용보험 피보험자 관리: 자격심사 · 과태료부과 등 • 부정수급자 관리: 실업급여, 모성보호급여, 각종 지원금 · 장려금에 대한 부정수급의 예방, 적발 및 사후 조치 시행
사회적 기업 육성	사회적기업의 육성 및 활성화 업무
국민취업 지원제도	취업취약계층(저소득 구직자, 청년 구직자, 경력단절여성, 중장년층 등)에게 취업할 수 있도록 심층상담, 직업진로지도, 직업능력개발 및 집중 취업알선 등의 맞춤형 고용 · 복지서비스를 제공
국민취업 지원제도 연계 · 협업 체계 구축	국민취업지원제도 참여자에게 맞춤형 고용 · 복지서비스를 제공하기 위하여 업무처리절차 · 정보시스템 등을 연결하거나 고용센터 시설을 공동으로 사용하는 등 협력하여 서비스를 제공하는 지방자치단체 일자리센터, 여성새로일하기센터 등의 참여기관과 국민취업지원제도 연계 · 협업체계를 구축
실업급여 업무	• 실업급여 수급자격 상담, 신고접수, 심사, 지급 등 • 수급자 재취업 지원
외국인 채용지원	외국인고용 허가제에 따라 국내 인력을 구하지 못한 기업이 적정 규모의 외국인 근로자를 합법적으로 고용할 수 있도록 지원
모성보호	• 임산부, 출산 전후, 출생 후 1년, 초등 자녀 육아에 맞춰 근로자를 보호 • 출산휴가급여, 육아휴직급여, 육아기간 근로시간 단축급여 등
청년 강소기업 체험 프로그램	청년 등에게 다양한 현장 연수를 통한 직업탐색과 경력형성을 지원하기 위하여 청년 강소기업 체험 프로그램 운영
각종 공모사업 수행	지역별 특색에 맞는 고용서비스가 이루어질 수 있도록 본부의 사업계획 등에 근거하여 지방자치단체, 유료 · 무료 직업소개사업자, 학교 등을 대상으로 하는 각종 공모사업 수행
고객만족도 관리	• 고용센터의 고객 만족도를 높이기 위하여 소속 직원을 대상으로 분기별 1회 이상 친절교육 실시 • 연 1회 이상 고객만족도를 조사하여 서비스 개선

(2) 노동청 주요업무

구분	주요업무
부정수급 조사	• 부정수급 조사: 실업급여, 고용안정, 모성보호, 직업능력, 민간위탁 • 부정수급 예방 및 홍보
노사상생 지원	• 사업장 지도 감독, 임금교섭 지도, 실근로시간 단축 등 지원 • 원청 하청 상생협력 지원, 비정규직 고용 및 차별시정제도 개선 등 지원 • 노사협력 증진 및 노사문화 개선 지도 • 노동조합 및 노사관계 운영 지도
근로개선 지도	• 노동 관련 신고사건 처리(체불임금, 부당해고 등) • 근로조건 개선 • 노동권리 구제 지원 • 노동관계법 질의 회신, 신고 및 인허가 업무 • 남녀고용차별 개선 • 직장내 성희롱예방 업무 • 「근로기준법」과 그 밖의 노동관계법 위반 사건 처리 • 최저임금 이행 지도
근로 감독/ 산재예방 지도	• 사업장 근로 감독 • 노동관계법 관련 근로 감독 • 사업장의 재해예방에 관한 지도 감독 • 산업안전보건법령 위반사항에 대한 조치 • 근로자의 건강관리 및 건강진단 • 사업장 작업환경 측정 및 직업병 예방 지도 • 중대산업재해 조사 및 조치

---

02 2023년 고용노동부 핵심 추진 과제

1. 노동개혁의 완수

(1) 노사 법치주의 확립

① 노조 회계 투명성 제고

② 불법 · 부당한 관행 개선

③ 공정 채용 문화 확산

④ 5대 불법 · 부조리 근절

(2) 노동규범 현대화

① 연장근로시간 관리단위 확대: 1주 단위 → 연 단위까지 확대

- 선택근로제 정산기간 확대: 연구개발 외 1개월 → 전 업종 3개월

- '근로시간 저축계좌제' 도입: 연장근로 등을 적립하여 휴가로 사용

- 11시간 연속휴식 보장 등 근로자 건강보호

② 포괄임금 등 편법적 임금지급 관행 기획감독 및 근절대책 수립

- 오남용 방지: 감독 강화, 온라인 신고센터 운영, 임금명세서 교부 지도 등

- 자율 개선 지원: 컨설팅 사업 확대 개편, 영세기업 인센티브 지원

- 근로시간 기록관리 지원 등

③ 30인 미만 사업장 추가연장근로제 일몰 관련 후속조치

- 1년간 계도기간 부여, 근로시간 컨설팅 등 행·재정적 지원

- 1:1 전문가 컨설팅 집중 제공, 근로자 건강권 보호를 위한 사업장 자가진단표 배포

④ 파견제도 선진화: 동일가치노동 동일임금 원칙 구현, 파견·도급기준 법제화, 파견 대상 확대

⑤ 근로자대표의 민주적 선출절차 등의 제도화 및 직종·직군 특성에 따라 자신에게 맞는 근로조건을 선택하도록 부분 근로자대표 도입

⑥ 노사 대등성 확보를 위한 노조설립·단체교섭·대체근로 등 개편 검토

- 경사노위 연구회 운영(1월~) → 정부안 마련(6월) → 법안제출(~8월)

- 온라인플랫폼(경사노위), 2030 서포터즈 운영 등 미래세대와 국민의 목소리를 노동개혁에 반영

(3) 중대재해의 획기적 감축

① 취약분야 집중 지원: 고위험 중소기업 대상 등 3대 사고 8대 요인 집중 점검, 8대 요인 중심 스마트 안전장비(인공지능 인체 감지 등) 집중 지원(250억 원)

3대 사고	추락 · 끼임 · 부딪힘(사망사고의 62.8%)
8대 요인	추락(비계, 지붕, 사다리, 고소작업대), 끼임(방호장치, LOTO(Lock Out, Tag Out), 부딪힘(혼재작업, 충돌방지장치 등)

② 위험성 평가를 보편적 예방 수단으로 확립

- 중대재해 예방·재발방지 핵심수단으로 위험성 평가 개편 및 의무화(2023년: 300인 이상 → 2025년: 5인 이상, 「산업안전보건법」 개정)

- 감독(1.7만 개), 컨설팅(2.6만 개), 기술지도(20만 개), 교육 등을 위험성 평가 중심으로 개편

- 중대재해 발생 시 위험성 평가 적정성, 근로자 참여 여부 등 엄정 수사
- 참여와 협력으로 안전문화 확산: 위험성평가 근로자 참여 확대 및 위험상황 발생 시 근로자 작업중지권 활성화(상반기 가이드라인 마련)

③ 안전보건산업 육성 방안 마련
- 스마트기술 안전장비 개발 · 보급(신규 250억 원) 등 디지털 신기술 기반 산업 육성
- 일터 안전보건산업 육성을 위한 법률 제정 추진 등 안전산업 기반 조성 및 육성 방안 마련

④ 산업안전보건 관계법령 정비
- 중대재해 예방 실효성 강화를 위해 「중대재해처벌법」 개선방안 마련
- 현 「산업안전보건법」 체계 정비

2. 노동시장 이중구조 개선

(1) 상생형 임금체계 개편
① '상생임금위원회' 설치: 임금격차 실태조사 및 결과 공표, 정책 권고 등
② 임금체계 개편 컨설팅 확대 등 임금체계 패키지 신설

(2) 상생과 연대의 산업 · 노동 생태계 조성
① 조선업 상생협력 실천 협약 체결 · 이행 및 정부 패키지 지원 → 상생모델 구축(1분기)
② 패키지 지원 모듈화: 향후 타업종 확대 시 업종별 특성에 맞게 맞춤형 인센티브로 적용(지원방안 지속보완)
③ 패키지 지원 모듈화 예시

인력수급 지원	외국인력 우선 배정, 청년희망공제, 대 · 중소기업공동훈련센터 등
임금 · 복지격차 완화	대 · 중소기업 공동근로복지기금 활성화 등
공공거래질서 확립	ESG 가점, 납품단가 연동제 등
산업안전	스마트 안전장비, 원하청 안전협력 사업 등

④ 이중구조 실태조사 추진(1분기) 및 타겟 업종 선정, 자율확산 기반 조성 → 중층적 사회적 대화 활성화
- 모델확산(3분기): 철강 등 타분야 확장
- 원하청 상생연대기금 · 공동노사훈련 등 자율협력 유도, 공정거래질서 확립 등

(3) 법적 보호의 사각지대 해소

① 노무제공자의 권리보장을 위한 입법 추진(하반기): 다양한 고용 형태 보호를 위해 서면계약 의무화, 분쟁조정 절차 마련 등

② 5인 미만 사업장에 근로기준법을 단계적으로 적용

③ 차별시정제도 실효성 강화(비교대상근로자 범위 확대, 신청기간 연장 등) → 이중구조 개선 대책 마련(노동 + 공정거래 + 산업 등 정책 패키지, 1분기)

3. 일자리 불확실성에 선제 대응

(1) 기업 구인난 해소

① 업종 · 지역 · 기업 맞춤형 취업 지원

② 산업현장에 바로 투입할 수 있는 핵심 인력 신속 양성

③ 외국인력의 유연한 활용

(2) 취약계층 일자리 장벽 제거

청년	• '재학 → 구직' 단계별 지원, 프로그램의 양과 질 제고
	• 고교: 현장직무 · 역량 기반 직업계고 신기술 훈련 강화 및 일 학습병행 확대
	• 대학: 재학 중 조기개입, 직업훈련 · 일경험 등 맞춤형 서비스 제공
	  – 대학일자리플러스센터 중 10개교 시범 실시
	  – 빌드업(저학년): 직업포트폴리오 설계 → 점프업(고학년): 취업활동계획 수립 및 수당 지원
	• 일경험 지원확대(1만 명 → 2만 명, 프로그램 다양화) 및 구직단념청년 지원 프로그램 고도화, 도전준비금 신설(최대 300만 원, 8천 명)

여성	• 출산−육아−돌봄의 전과정에서 일 · 가정 양립을 지원
	• 경력단절 예방, 맞돌봄 문화 확산에 중점을 두고 '모성보호제도' 개편
	  – 육아휴직: 부모 공동육아 사용시 휴직기간 1 → 1.5년 확대
	  – 육아기 근로시간 단축: 대상자녀 연령(만 8세 → 만 12세 이하), 사용기간 확대
	  – 대체인력 채용지원 강화(경력단절여성 DB 기능 개선, 대체인력 취업알선 내실화)
	• '성별근로공시제' 단계적 도입(2023년 하반기, 공공기관), 직장 내 성희롱 피해 신속 구제 등 성별 근로조건 격차 해소 → 고용상 성별현황(채용 · 임금 · 임원 비율 등) 공시를 통해 자율적 성별 격차 개선 유도

고령자	• 오래 일할 수 있는 환경 조성 및 중장년 이 · 전직 지원 강화 • 임금체계 개편과 계속 고용 법제화 등 사회적 논의 착수(상반기), 계속고용장려금 지원 확대 등 자율적 계속고용 지원 강화: 정년 이후에도 계속 고용한 사업주 지원(1인당 분기 90만 원, 2년, 3천 명 → 8.3천 명) • 퇴직예정자 재취업지원서비스 확대 등 중장년 재취업 지원 강화: 1,000인 미만 기업 자율적 이행지원 신설, 200개소

장애인	• 양질의 일자리 창출 및 직접지원 확대 • 대기업·금융업 장애인 일자리 창출에 기여한 표준사업장 확산을 위해 상호출자제한, 금산분리 등 자회사 설립 제한 규제 완화 협의(금융위, 공정위): 표준사업장 판로확대를 위해 공공기관 우선구매비율 상향(0.6% → 0.8%) • 고용장려금 단가 상향 등 장애인 고용사업주 지원을 강화하는 한편, 근로지원인, 출퇴근 비용 등 장애인 근로자 직접 지원 확대

(3) 노동시장 참여 촉진형 고용안정망으로 개편

실업급여 수급자	• 반복수급자 단계적 감액 등 재취업 강화 • 실업인정 재취업 활동 강화기준 전면 적용, 면접불참 등 허위·형식적 구직활동 제재, 부정수급 기획조사·특별점검 강화
국민취업 지원제도	• 지자체 협업을 강화, 비경활인구의 노동시장 진입 촉진 • 국민취업지원제도 참여 중 일정수준 이상 소득이 발생하더라도 구직촉진수당 일부 지급, 일자리 탐색기회 보장(법개정 추진, 환노위 계류): (현행) 57.7만 원 이상 소득발생 시 수당지급 정지 → (개선) 소득수준에 따라 부분 감액 지급 • 구직촉진수당 차등화, 조기취업 시 잔여수당의 50% 지급 등 근로의욕 고취: (현행) 월 50만 원 → (개선) 부양가족에 따라 수당 차등 지급(월 최대 90만 원)
전달체계 고도화	• 급여지원에서 취업·채용서비스 전문기관으로 도약 • 고용-복지 융합 서비스를 강화하는 오프라인 '고용서비스 통합네트워크'와 온라인 '고용24(가칭)' 구축
제도 기반 구축	고용보험 관리체계의 소득기반 전환(2023년 하반기 개정안 제출) 및 고용서비스 기본법으로 「직업안정법」 전면 개정(환노위 계류중) • 소득파악체계 기반 조세·사회보험 신고사무 효율화 등 추진 • 신산업 확대에 따른 플랫폼 규정 및 지자체 복지서비스 연계를 위한 근거규정 마련
퇴직연금	• 다층 연금체계를 통해 노후소득 보장이 강화될 수 있도록 단계적 의무화, 연금성 확대, 취약계층 재정·세제지원 등 추진 → '퇴직연금 기능 강화방안' 마련 • 주요 일자리 대책 발표 일정 – 청년: 청년 일경험 활성화 방안, 재학생 맞춤형 고용서비스 추진방안(1월) – 여성: 제7차 남녀 고용평등과 일·가정 양립 기본계획(2월) – 고령자: 고령자 고용촉진 및 직업재활 기본계획(4월) – 장애인: 장애인 고용촉진 및 직업재활 기본계획(4월) – 고용서비스: 고용서비스 고도화 방안(1월)

(4) 고용상황 대응: 단기 컨틴전시 플랜 + 중장기 체질 개선

단기		• 노동시장 모니터링 → 일자리 경기 불확실성 및 고용둔화 대응 • 범정부 '일자리 TF' 구축, 고용악화 시 '비상경제회의'와 연계 　– 일자리 과제 · 대책 발굴 + 일자리 사업 총괄 점검 　– 선제적으로 고용둔화를 예방, 고용상황 악화시 단계별 대응전략(Contingency Plan) 　　즉시 가동
	1단계	• 기존사업 조기 집행: 장려금 신속집행, 직접일자리 조기 착수
	2단계	• 재직자 고용유지: 고용유지지원금 확대, 특별고용지원업종 지정 • 취약계층 생계안정: 구직급여 신속지원 · 확대, 위기지역 · 업종 지정에 　따른 고용 · 산재보험 납부 유예 • 재취업 지원: 국민취업지원제도 확대, 실업자 · 취약계층 훈련 확대
중장기		정부 일자리 대책을 담은 '고용정책기본계획' 수립 • 산업 · 인구구조 전환 미래 일자리 대응체계 구축 • 신성장산업, 사회서비스 등 일자리 블루오션 발굴 지원 • 단기일자리 지원은 축소, 고용서비스 · 직업훈련 투자는 확대

고용노동직·직업상담직 면접 기출 가이드

기출 빈출 리스트

- 자신의 장점이 고용노동부에 어떤 도움이 될 수 있을 것 같습니까?
- 고용노동부에서 무슨 일을 하는지 말해 보시오.
- 과제에서 작성한 내용 외에 본인이 역량을 발휘할 수 있는 업무가 있습니까?
- 본인이 희망하는 업무를 맡지 못할 수도 있는데 어떻게 생각합니까?
- 현재 근무하는 부처의 업무와 적합성이 떨어지는 업무가 주어졌다면 이를 어떻게 극복하겠습니까?
- 형편이 어려운 민원인이 서류상 가족 문제로 인해 지원을 받지 못하는 경우 어떻게 해결하겠습니까?
- 최저 임금 인상이 끼치는 사회적인 영향에 대해서 말해 보시오.
- 본인이 저소득 근로자 보조금 지원 담당자일 때, 만약 기준 미달 보고서를 발견한다면 어떻게 하겠습니까?
- 취업성공패키지의 개선점에 대하여 말해 보시오.
- 민원인이 보상 기준이 모호하다면서 보상에 대한 담당자의 재량을 요청하고, 기관장과의 면담을 요구하는 등 이성적인 대화가 불가능할 때 어떻게 대처하겠습니까?
- 만약 본인이 근로감독관인데 근로자가 임금을 못 받았다고 주장하는 반면 사업주는 주었다고 주장합니다. 이 경우 어떻게 해결하겠습니까?

1. 5분 발표

> 부동산세 관련 법률이 개정되어 국민들에게 개정 내용에 대한 안내가 필요한 상황이다. 이에 국세청 A부처의 주무관 갑은 개정된 법률 내용을 국민들에게 쉽게 알려주기 위해 법률 내용을 Q&A 형식으로 구성한 『백문백답』이라는 책자를 제작, 배포하였다. 해당 책자는 국민들에게 큰 호평을 받았으며, 더불어 세무직 공무원에 대한 신뢰감을 향상시켰다.

위 제시문의 내용에서 유추할 수 있는 공직가치와 이를 실천하기 위해 필요한 공직자의 자세에 대해 자유롭게 발표해 주세요.

(면접관의 의도)

응시자의 공직관에 대해 알아보고 자신의 생각을 얼마나 논리정연하게 전달할 수 있는지, 이어지는 질문에 대해 얼마나 순발력 있게 대답할 수 있는지 평가한다.

(핵심 키워드)

공익, 창의성, 전문성, 적극성, 다양성, 민주성 등 공직가치

도입

제시문은 주무관 갑이 개정된 법률 내용을 국민에게 쉽게 알려주기 위해 『백문백답』을 제작, 배포하여 국민들에게 큰 호평을 받았다는 내용입니다. 제시문에서 제가 유추해 낸 공직가치는 적극성과 전문성입니다. 정책이 바뀌어 법규 안내의 필요성이 증가하자 공무원 갑은 국민들의 문의에 대한 단순 안내 응대로 대응한 것이 아니라 국민의 이익을 위해 적극적으로 방안을 모색하였고, 공직자로서의 전문성을 살려 직접 안내 책자를 제작 · 배포함으로써 국민의 신뢰까지 얻을 수 있었다는 데서 적극성과 전문성을 찾아볼 수 있었습니다.

직접작성

우선 적극성에 대해 말씀드리겠습니다. 적극성은 공익을 위해 책임감을 가지고 능동적으로 솔선 수범하는 자세를 말합니다. 어느 조사 결과를 본 적이 있는데 국민들의 62%가 공무원이 무사안 일하다고 생각하고 있으며, 이에 따라 과거와 달리 정부와 공무원이 보다 적극적으로 국민을 위해 일하길 원하고 있다고 합니다. 공무원이 적극성을 발휘하기 위해서는 우선 늘 하던 업무 관행을 쫓는 소극적인 태도를 버리는 것이 중요합니다. 사실 현재 공무원 사회의 경우 개인적인 노력을 통해 적극행정을 수행하더라도 그 성과에 상응하는 보상도 부족하고, 적극행정으로 인해 잘못이 발생한 경우에도 공무원 개인이 책임을 져야 하는 부분이 있습니다. 따라서 이에 대해 정부에서 어느 정도 보호해 줄 수 있는 조치가 필요하다고 생각합니다. 적극성과 관련된 고용노동부 정책으로는 부산일포유 앱을 들 수 있습니다. 워크넷의 일자리 정보뿐 아니라 구직자, 업체, 창업자들에게 정부가 지원하는 제도를 한눈에 볼 수 있도록 정리한 좋은 앱이라고 생각합니다. 그럼 과거 제가 적극성을 발휘했던 경험을 말씀드리겠습니다. 저는 대학 시절 봉사동아리에서 활동하였는데, 새로 들어온 후배들을 위해 동아리에서 진행하는 각종 행사 및 봉사 대상과 관련한 교육 자료를 자발적으로 제작하고 교육을 진행하여 후배들이 빨리 동아리에 적응할 수 있도록 도와 크게 호평을 받은 경험이 있습니다.

다음으로 전문성에 대해 말씀드리겠습니다. 전문성은 자신의 지식, 경험, 기술을 바탕으로 투철한 직업의식을 가지고 직무를 수행하는 것을 말합니다. 전문성을 가지기 위해서는 우선 자신이 맡은 업무를 할 때 업무에 대한 맥락과 업무 진행 프로세스를 명확하게 이해하고 있어야 합니다. 이런 이해를 위하여 공무원 스스로 자신의 분야에 대해 공부하고 끊임없이 자기계발을 해야 할 필요가 있다고 생각합니다. 두 번째로는 대상자에 대하여 명확하게 파악하여야 합니다. 특히 고용노동부의 경우 '노동자'라는 대상자가 명확하게 정해져 있는데, 노동자의 계층이 다양하고 그들이 필요로 하는 요구 조건도 다양합니다. 따라서 이런 다양한 노동자들의 요구를 반영하기 위해서는 우선 대상을 명확하게 분석해야 할 필요가 있다고 생각합니다. 현재 고용노동부는 다양한 맞춤형 정책을 통해 이러한 전문성을 실현하고 있는데, 이와 관련된 고용노동부 정책에 대해 말씀드리겠습니다. 정부에서 진행하고 있는 한국판 뉴딜 사업의 경우, 저희 고용노동부가 주축 부서로 자리잡고 있습니다. 특히 고용노동부는 디지털 뉴딜과 관련하여 내일배움카드 정책을 실시하고 있으며, 신기술과 관련된 배움에는 추가 지원이 되고 있습니다. 저희 형님이 구직이 잘 되지 않아 고생하다가 내일배움카드의 K-디지털 트레이닝 과정 중 블록체인 기반 핀테크 과정을 수료하여 훈련비를 전액 지원받았고 이후 취업에 성공할 수 있었는데, 이를 통해 고용노동부의 구직자를 위한 전문적이고 다양한 지원에 크게 관심을 가지게 되었습니다.

```
직접작성




```

제가 만약 고용노동부의 일원이 된다면 공무원으로서의 책임감을 가지고 전문성을 키울 수 있도록 노력하며 국민들에게 한 발 더 다가가는 적극행정을 실현하는 공무원이 되도록 노력하겠습니다.

```
직접작성




```

➕ 제시된 답안을 통해 나올 수 있는 추가 질문

- 적극성과 전문성에 대하여 이야기하였는데 이를 공직에 들어와서 어떻게 활용하겠습니까?
- 해당 사례는 얘기한 것과 같이 적극행정에 대한 내용인데, 합격 후 고용노동부에서 적극행정을 한다면 어떤 것을 해보겠습니까?
- 본인이 하려는 적극행정에 대해 동료나 상사의 의견이 다르거나, 이에 반대한다면 어떻게 하겠습니까?
- 적극성을 실천한 사례 외에 전문성을 실천한 사례에 대해서도 말해 보시오.
- 지금 언급한 공직가치 외에 해당 제시문에서 더 유추할 수 있는 가치가 있습니까?
- 공직가치 중 실현하기 어려운 가치가 있다면 어떤 것이라고 생각합니까?
- 적극성을 얘기하며 봉사 동아리 경험을 얘기했는데, 직접 교육을 진행하는 것에 대해 동기나 다른 선후배들은 어떻게 생각했습니까? 또 봉사 동아리 경험을 하며 힘들었던 경험이 있습니까?

➕ 면접 플러스

보통 전문성을 추구하다 보면 다양성, 민주성을 놓치는 경우가 많다. 전문성을 이야기하였는데 면접관이 반대되는 가치를 물었다면 다양성, 민주성을 엮어 설명하는 것이 좋다.

2. 경험형 문제

근무하고 싶은 부처와 직무를 기술하고, 해당 직무의 수행을 위해 어떤 노력과 경험을 하였는지 서술하시오.

(면접관의 의도)
응시자의 업무 이해도 및 일을 대하는 방식에 대해 묻는 질문이다.

(핵심 키워드)
희망 직무, 직무 내용, 현실적·구체적 노력, 업무 경험, 공직가치

희망 부처

고용노동부 취업지도과

직접작성

희망 직무

국민취업지원제도 관련 업무

직접작성

해당 직무 관련 노력과 경험

- 교육 경험: 행정학 학사(행정학 개론, 행정법 총론 등 수강)
- 업무 경험: 초등 영어학원 강사(1년), 편의점 아르바이트(6개월)
- 자격증: 직업상담사 2급
- 희망 직무 관련 경험: 고용노동부 홈페이지 방문하여 보도자료 및 노동정책 파악, 고동노동부 유튜브 시청(고대한 뉴스, 랜선노동법, 레알노동법)
- 봉사활동: 학부 시절 서울시에서 운영하는 대학생 봉사 활동단에서 활동하며 봉사정신을 함양하고 소통과 협업능력 발휘(1년), 고용센터 실업급여팀에서 봉사활동(1년)

직접작성

서술 내용을 바탕으로 한 질문과 답변 예시

해당 업무를 지원한 동기는 무엇입니까?

지인 중 생활 형편이 어려운 분이 있는데, 이분이 국민취업지원제도를 통하여 구직촉진수당을 지원받았으며, 직업훈련 프로그램에 참여하여 훈련 완료 후 취업에 성공하였습니다. 취업취약계층을 위한 훌륭한 제도라고 생각하여 관심을 가지게 되었고, 제가 이 제도를 더욱 효율적으로 운영하는 데 보탬이 되고 싶다는 생각을 하였습니다.

직접작성

봉사활동을 통해 소통 능력을 키웠다고 하였는데, MZ세대와 기성세대 사이의 소통을 어떻게 하면 좋을지 말해 보세요.

확연하게 다른 두 세대의 소통을 위한 방법 중 가장 중요한 것은 '공감'입니다. 상대방의 입장을 생각하고 역지사지하면서 상대방의 입장에 공감하는 것에서 소통이 시작한다고 생각합니다. 공감하기 위해 제일 먼저 해야 할 것이 서로의 성향과 가치관, 소통방식이 다르다는 것을 인지하고 이를 인정하는 것입니다. 그리고 대화 방법을 바꾸어 일방적, 하향식의 대화보다는 양 세대 모두 예의를 갖추고 수평적으로 대화하려는 자세가 필요합니다.

직접작성

고용노동부의 정책 중 관심있는 것이 있습니까?

「중대재해처벌법」에 대하여 관심이 있습니다. '노동'이란 단순히 돈을 버는 수단이 아니라 자기계발, 타인과의 소통, 사회활동 등 삶을 영위해 나가는 중요한 수단이라 생각합니다. 때문에 근로환경이 나쁘거나 불의의 사고를 당해 일을 하지 못하는 것은 삶의 중요한 부분을 타의에 의해 포기당하는 것이라고 봅니다. 「중대재해처벌법」은 사업장 안전에 대한 기업들의 각성을 촉구하여 불행한 사고를 방지하는 데 도움이 될 것이라고 생각합니다. 다만, 처벌보다는 안전보건확보의 의무를 다하는 것에 초점을 맞추고, 고용노동부도 기업들이 사업장 안전을 잘 관리할 수 있도록 끊임없이 계도해 나가야 할 것 같습니다.

> 직접작성

실업급여팀에서 봉사활동을 했다고 하였는데 혹시 민원을 응대해 보았나요? 민원을 응대하는 데 있어 가장 중요한 것은 무엇이라고 생각합니까?

경청과 공감이 가장 중요하다고 생각합니다. 실업급여팀에서 제가 직접 민원을 상대하진 않았지만 민원 응대 모습을 많이 지켜보았습니다. 사실 타당한 민원도 많지만 악성 민원도 꽤 있는데, 악성 민원의 원인을 조사해보니 담당 공무원이 소극적이고 형식적으로 응대하여 기분이 상했다는 반응이 많았습니다. 때문에 먼저 민원인의 이야기를 자세하게 듣고 공감하는 태도로 다가가야 할 것 같습니다.

> 직접작성

➕ 기타 추가 질문

- 고용노동부의 정책 중에 마음에 드는 것이 있습니까?
- 본인이 고용노동부에 들어온다면 제안하고 싶은 정책은 어떤 것이 있습니까?
- 원치 않았던 일을 한 경험이 있습니까?
- 고용노동부에서 필요한 전문성에는 어떤 것이 있고, 또 이런 전문성을 가지기 위해 어떤 노력을 했습니까?
- 봉사활동 경험이 많은데, 봉사활동을 많이 한 이유가 있습니까? 이를 통해 무엇을 얻었습니까?
- 봉사활동을 통해 협업 능력을 키웠다고 했는데, 정확히 어떤 일을 해보았고, 거기서 어떤 역할을 했습니까?
- 조직을 위해 자신을 희생해 본 경험이 있습니까?
- 고용노동부 공무원으로서의 포부에 대해 말해 보시오.

➕ 면접 플러스

봉사활동 경험은 면접관들이 선호하는 소재이지만, 그 경험을 멋지게 포장하기 위한 거짓말은 좋지 않다. 면접관은 수험생의 과장을 바로 눈치채고 압박 질문을 이어나가므로 최대한 솔직하게 대답한다. 또한 봉사활동은 타의에 의한 것이 아니라, 자발적·지속적으로 했음을 어필하는 것이 좋다.

3. 상황형 문제

귀하는 A국립대학교에 소속되어 교내식당 관리를 담당하는 주무관입니다. A국립대학교의 교내
식당은 원래 민간 위탁으로 운영되어 근로자들이 비정규직이었지만, 정부의 정규직 전환정책에
따라 교내식당을 직접 운영하고 비정규직 근로자를 정규직으로 전환하게 되었습니다. 그런데 이
에 따라 정규직으로 전환된 직원들이 기존 교직원과 같은 수준의 임금 인상 등 처우 개선을 요구
하고 있습니다. 반면 A국립대학교 측은 신입생 정원 미달로 등록금이 확보되지 못해 예산이 부
족하여 교내 식당 직원들의 요구를 받아들이기 어려운 상황이다. 귀하는 담당 주무관으로서 어
떻게 대응하겠습니까?

(면접관의 의도)

상황형 문제는 문제 상황을 제시하여 이를 해결하는 능력 및 공직자로서의 자세를 평가하기 위한 것이다. 해당 제시
문은 조직 소통 방법에 대한 문제로 상반되는 두 개의 상황을 제시하고 그중 어떤 입장을 선택할 것인지 고르는 과정
을 통해 응시자의 상황 대처 능력과 공직에 대한 이해도를 평가한다.

(핵심 키워드)

비정규직 정규직 전환, 형평성, 상생, 예산, 사례집

상황 파악

- 근로자: 임금 및 처우를 교직원 수준으로 개선시켜줄 것을 요구
- A대학교: 신입생 정원 미달로 인한 예산 부족으로 처우 개선에 부정적 입장

직접작성

- 사전 조치
  - A대학의 예산을 검토하여 낭비되는 예산이 있는지 확인하고 예산 확보
  - 현황 파악: A대학 교내식당 근로자들과 타학교 근로자들의 임금 비교, A대학 교내식당 근로자들과 A대학 기존 교직원들의 임금 비교, 타학교(혹은 타기업)의 정규직 전환 시 연봉 적용 사례에 대하여 조사
- 예산 관련 확인
  - 예산 확보가 가능하다면 A대학교 측과 협상하여 처우를 개선하는 방향으로 유도
  - 예산 확보가 불가능할 시 국가(고용노동부 등)나 A대학이 속해 있는 지자체의 예산을 지원받을 수 있는지, 금전적인 부분 외의 지원도 가능한지 확인
- A대학 예산 확보 및 국가 지원이 모두 불가능할 경우
  - 정규직으로 전환된 노동자와 학교 간의 협의체 구성하여 조율 방안 논의: 양측의 상생을 위해 양보가 필요하다는 것을 전달, 노동자 측에는 당장 연봉 인상이 힘들다는 것을 이해시키고, 점차적으로 올리는 방안으로 설득(경력이나 숙련도에 따라 순차적으로), 대학 측에는 연봉 외에 지원해 줄 수 있는 부분에 대해 논의(휴식 공간 확장, 건강검진, 고용보험 가입 등)
  - 예산 확보를 위해 교내식당을 지역 주민에게 개방하고 이를 홍보하는 방안을 논의

직접작성

- 조율한 내용이 잘 적용되고 있는지 지속적으로 확인
- 해당 사례의 진행 방향 및 결과에 대한 보고서를 만들어, 추후 다른 담당자들이 이용할 수 있도록 배치

직접작성

➕ 제시된 답안을 통해 나올 수 있는 추가 질문

- 내용을 보면 결론적으로는 바로 올려줄 수 없다는 입장인데, 그렇게 생각한 이유는 무엇입니까?
- 현황을 파악한다고 하였는데, 현황 파악을 위해 필요한 자료에는 어떤 것들이 있습니까?
- 위와 같은 방법으로 노동자를 설득하였음에도 노동자들이 반발한다면 어떻게 하겠습니까?
- A대학 측에서 귀하가 제시한 휴식 공간 확장이나 건강검진과 같은 기본적인 것들도 지원하기 힘들다고 하면 어떻게 하겠습니까?
- 예산을 확보했음에도 A대학 측에서 지원을 거절한다면 어떻게 하겠습니까?
- 휴식 공간 확장, 건강검진 등도 모두 예산이 필요한 방법인데, 예산을 확보할 수 있는 방법으로 어떤 것이 있습니까?
- 지역주민들에게 식당을 개방한다고 하였는데, 이를 학교에서 반대할 경우 또 다른 예산 확보 방법이 있습니까?
- 비정규직을 정규직으로 전환하면 인천공항 사태도 있고, 기존 정규직들의 반발이 심할 텐데, 이런 부분은 어떻게 처리하겠습니까?
- 마지막으로 하고 싶은 말은 무엇입니까?

➕ 면접 플러스

지원 정책은 어떤 정책이든 기본적으로 예산이 필요하기 때문에 지원 정책을 실시하겠다고 언급할 때는 먼저 예산을 어떻게 조달할 것인지에 대해 고민해야 한다.

▌더 알아보기

한국판 뉴딜

코로나19로 인해 최악의 경기침체와 일자리 충격에 직면한 상황에서 위기를 극복하고 코로나 이후 글로벌 경제를 선도하기 위해 2020년 마련된 국가발전전략이다. 디지털 뉴딜, 그린 뉴딜, 안전망 강화 등 세 개를 축으로 2025년까지 분야별 투자와 일자리 창출이 이루어진다.

k-디지털 트레이닝

'디지털 핵심 실무인재 양성'을 목표로 추진 중인 한국판 뉴딜의 대표 사업이다. 국민내일배움카드를 통해 무료로 참여할 수 있다.

고용노동직·직업상담직 면접 핵심 자료

01 보도자료와 정책자료

1. 보도자료

(1) 청년 노동권! 민·관이 함께 지켜갑니다.

🏛️ 고용노동부	보 도 자 료		*다시 도약하는 대한민국 함께 잘사는 국민의 나라*
보도 일시	2023.3.21.(화) 15:30 2023.3.22.(수) 조간	배포 일시	2023.3.21.(화)

고용노동부, '노동의 미래 포럼' 발대식 개최
– 다양한 분야 청년 약 40명, 노동개혁에 대한 청년세대 및 국민과의 소통창구로서 역할 다짐, 현장 목소리 폭넓게 모아 정책 제언하기로 –

고용노동부(장관 이정식)는 3월 21일(화) KT&G 상상플래닛에서 '노동의 미래 포럼' 발대식을 개최하였다. '노동의 미래 포럼'은 그간 대통령이 노동개혁은 미래세대를 위한 것이며, 다양한 소통을 강조한 데 따른 후속 조치이다. '노동의 미래 포럼'에는 대학생, 재직자(사무직·현장직), 플랫폼기업 대표, 중소기업 노사협의회 근로자위원, 전문직, 청년활동가, 각 부처 청년보좌역 등 다양한 직업과 경력의 청년 약 40명이 참여했다. 포럼위원들은 현장방문, 간담회 등 다양한 대국민 행사와 노동개혁 논의체에 참여하는 전문가들과의 연석회의 등을 통해 청년 등 국민 여론 수렴, 정책 홍보, 개혁과제에 대한 제언 등의 역할을 수행할 계획이다.

이날 발대식에 참석한 이정식 고용노동부 장관은 "노동개혁의 성공을 위해서는 이해관계자와의 충분한 소통과 폭넓은 의견수렴이 중요하다."라며 "현장과 함께하는 소통을 확대하고자 한다."라고 강조했다. 또한, 포럼 위원들에게 "앞으로 다양한 현장에서 청년을 포함한 여러 분야의 이해관계자들과 잦은 소통의 기회를 가지면서 젊고 참신한

시각으로 바라본 현장의 목소리를 가감 없이 생생하게 전달해주길 바란다."라고 당부하면서, 정부는 "포럼 활동을 적극 지원하는 한편, 국민의 다양한 의견을 경청하겠다."라고 말했다.

최근 입법예고 중인 근로시간 제도 개편안에 대해서도 "현장에서는 정당한 보상 없이 연장근로만 늘어나고 일한 후 제대로 쉴 수 없는 것 아닐까 하는 불안과 우려가 있다."라며 "정부는 이러한 우려를 불식시킬 수 있도록 입법예고 기간 동안 청년을 비롯한 국민의 다양한 의견을 폭넓게 수렴하고 제도 개편 취지가 현장에서 구현될 수 있도록 실효성 있는 보완방안을 강구하겠다."라고 했다. "특히, 공짜노동에 대해서는 무관용 원칙으로 강력히 대처해 현장의 편법·불법·불신을 해소하고 준법과 신뢰의 노동질서를 만들겠다."라고 강조했다.

이후 발대식에서는 임소형 위원이 포럼 활동계획을 발표했고, 이어서 상생임금위원회 위원으로 참여하고 있는 한석호 전태일재단 사무총장이 '노동시장 이중구조 개선 필요성과 방향'에 대해 발제했다. 발제 이후에는 '청년이 바라는 노동개혁'이라는 주제로 포럼 참여 청년들과 함께 토론이 진행되었다. 우선, 앞서 발제한 노동시장 이중구조 개선과 관련해 중소기업의 경쟁력을 높이고 근로 여건을 개선해 양질의 일자리를 만들어 달라는 요청이 있었다.

청년의 목소리

- 일한 만큼 벌 수 있는 사회로 전환되어야 한다. 그런 측면에서 이중구조 해결에 대한 방향성은 매우 중요하며, 중소기업 또는 소상공인의 재정부담 완화 개선책이 필요하다.
- 우리나라는 양질의 일자리가 상당히 부족하다. 중소·중견기업에서 일하는 노동자들에게도 만족할 만한 대우를 받을 수 있게 정부와 사측이 고민해야 한다.
- 중소기업이 창의적이고 경쟁력을 갖출 수 있게 정부의 강력한 지원이 필요하고, 청년들이 일하고 싶은 중소기업의 이미지를 만들어야 한다.

정부가 추진 중인 근로시간 제도개편에 대해서도 기대와 우려의 목소리가 나왔다. 제도개편 필요성에 공감하면서도, 공짜 야근, 임금 체불, 장시간 근로 관행, 연차 사용의 어려움 등이 해소되어야 실질적으로 지지와 공감을 받을 수 있다는 의견이 많았다.

- 정부의 노동개혁 전반에 공감하며 근무를 집약적으로 하기 위한 52시간 완화 역시 필요하다. 그러나 포괄임금 오·남용, 임금체불 및 연차 소진 부조리 등이 먼저 해결되어야 한다.
- 근로시간 제도 개편안은 효율적이지 못하다고 생각한다. 근로자의 삶의 질은 떨어지고 휴가·성과급 등을 누리지 못할 가능성이 크다.
- 근로시간 개편안은 일할 때 일하고, 쉴 때 쉬자는 것으로 업무 집중에 좋을 것이라 생각한다. 회사의 업무가 시급한 경우 노사가 합의해서 40시간 외의 근무는 수당을 주므로 급여 면에서도 괜찮다고 느껴진다. 다만 현장에선 지금도 연차를 못 쓰고 있으며 시간 외 수당을 받지 못하는 경우가 있어, 업종별·업무별 등 세부적으로 접근해야 한다.
- 책임있는 워라밸이 전제되어야 한다. 국가는 법적인 계도와 지침을 설정하고, 사업주는 적시된 규정을 준수하며, 근로자는 이를 악용하지 않아야 한다.

한편, 노사 법치주의 확립이라는 노동개혁 방향에 대해 다수 청년들이 공감하면서, 직장 내 괴롭힘, 불공정 채용 등 청년들이 체감하는 현장의 불법·불합리한 관행을 확실하게 개선해달라고 말했다.

- 5대 불법·부조리가 근절되는 일터를 희망한다. 더 이상 직장 내 괴롭힘 등으로 자신의 일터를 두려워하는 문화를 없애야 한다.
- 노조원의 자녀 세습 취업은 공정의 가치를 해치는 편법/불법으로 청년 취업 문제와 연결되며 입시 비리와 함께 불공정을 상징한다. 부모가 노조이든 아니든 본인의 실력에 따라 공정하게 경쟁하여 취업할 수 있도록 제도를 마련할 필요가 있다.
- 노조 회계 공시에 대해 투명한 시스템 구축이 필요하다. 조합원의 민주적 권리를 강화하고 사회적 책임을 지게 함으로써 근로자의 신뢰를 제고할 수 있다.
- 일터에서의 안전보장도 중요하다. 지난해 제빵공장 끼임 사고에 대해 많은 청년이 분노했다. 중대재해를 효과적으로 감축하는 것이 선진일터로 가는 길이다.

토론을 마무리하며, 이정식 고용노동부 장관은 "청년들이 바라는 미래 일터의 모습이 현실이 되려면 청년들이 직접 목소리를 높여야 한다."라며, 앞으로 적극적인 포럼 활동을 통해 노동개혁의 취지를 국민께 잘 전달하고, 다양한 현장의 목소리도 모아주기를 당부했다. 정부는 앞으로 청년, 중소기업(제조·도소매·음식·숙박업 등), 미조직근로자 등을 대상으로 다양한 의견을 수렴할 예정이며, 노·사 단체 의견도 폭넓게 수렴할 계획이다.

(2) 외국인근로자 직업훈련 강화

🏛️ 고용노동부	보 도 자 료		다시 도약하는 대한민국 함께 잘사는 국민의 나라
보도 일시	2023.3.15.(수) 12:00 2023.3.16.(목) 조간	배포 일시	2023.3.15.(수)

고용노동부, 외국인근로자 직업훈련 강화
– 조선업종 E-9 외국인력 대상 컨소시엄 직업훈련 시범 시행 –

- "E-9 외국인근로자에 대해 제대로 된 직업훈련 과정이 없었는데 원청 공동훈련센터에서 4주 컨소시엄훈련 용접 과정을 개설한다고 하여 교육을 신청할 예정입니다. 이 훈련으로 외국인근로자의 용접기술이 향상되고, 내국인이 고용되기 힘든 직무에 외국인이 숙련인력으로 장기근속하게 되면 숨통이 좀 트일 것 같습니다." (삼성중공업 사내 협력사 사업주)
- "작년부터 E-9 외국인 근로자 입국이 증가하고 있으나, E-9 외국인력을 위한 별도의 직업훈련 교육과정이 없었습니다. 이번 E-9 대상 조선업종 시범 훈련을 통해 체계적인 직무 훈련뿐만 아니라 한국 언어, 문화 교육 등을 종합적으로 제공하게 되어 외국인 근로자의 조기적응과 장기근속에 큰 도움이 될 것 같습니다." (현대중공업 직업훈련 관계자)
- 주말을 이용해 자동차정비에 대하여 배웠어요. 한국에서뿐만 아니라 귀국해서도 큰 도움이 될 것 같습니다. (재직자훈련 수료 베트남 외국인근로자)

– 외국인력 직업훈련 관련 현장 목소리, 2023년 –

고용노동부(장관 이정식)는 E-9 외국인근로자 숙련화를 위한 직업훈련을 강화하겠다고 밝혔다. 그간 코로나19로 인해 외국인근로자의 입국이 제한되면서 산업현장에서 인력난이 가중되었으나, 2022년 하반기부터 코로나 상황이 완화되면서 고용노동부는 외국인력의 신속한 입국을 추진하였다. 이에 따라 2022년 한 해 동안 코로나 이전(2019년)의 1.7배에 달하는 외국인력이 입국하여 산업현장의 인력난 해소에 기여하고 있다.

※ 입국추이: 2019년 51,365명 → 2020년 6,688명 → 2021년 10,501명 → 2022년 88,012명 → 2023년 12만 명(예정)

한편, 산업현장에서는 숙련 외국인력에 대한 수요도 증가[*]하고 있다. 이에 고용노동부는 현재 시행 중인 E-9 외국인근로자에 대한 입국 후 2박 3일간의 단기 취업교육[**]에 추가하여 숙련기능을 높이는 장기 직업훈련을 시행하기로 했다.

[*] 비전문인력(E-9)에서 숙련기능인력(E-7-4)으로의 전환 신청 증가(2020년 490명 → 2022년 1,248명)

[**] 입국 후 즉시 중기중앙회, 노사발전재단 등에서 노동관계법, 산업안전 등 교육

2023년 상반기에 국가인적자원개발컨소시엄 공동훈련센터를 통해 비전문 외국인력 특화훈련을 시범운영하되, 인력난이 심각하고 숙련인력에 대한 수요가 높은 조선업종을 대상으로 우선 시행하고, 향후 타업종으로 확대해 나갈 예정이다.

국가인적자원개발컨소시엄은 대기업 등이 중소기업 등과 컨소시엄을 구성하고(협약체결), 협약기업의 재직자 및 채용예정자를 대상으로 직무훈련을 시행하는 대중소상생형 공동훈련모델로, 2.27.(월) 조선5사* 원·하청 대표가 체결한 '조선업 노동시장 이중구조 개선을 위한 상생협약'을 기점으로 E-9을 위한 대중소 공동훈련을 확산할 계획이다.

* 현대3사(현대중공업, 현대미포조선, 현대삼호중공업), 삼성중공업, 대우조선해양

그간 외국인 근로자를 대상으로 한 별도의 훈련과정은 없었으며, 내국인 대상의 단기교육(1~5일)에 외국인력이 일부 참여하는 방식으로 진행되었다. 향후, E-9 특화과정을 통해 외국인 근로자를 대상으로 입국 초기에 3~4주 동안 용접, 도장 등 조선업에 필요한 기술훈련과 산업안전교육 뿐만 아니라, 언어 등 문화장벽을 해소하고, 조선업에 대한 인식개선을 통해 장기근속할 수 있도록 언어·문화 교육도 종합적으로 제공할 예정으로, 2023년 6개 조선사*에서 1~2천여 명을 대상으로 첫 훈련을 개시한다.

* 현대중공업, 현대삼호중공업, 현대미포조선, 삼성중공업, 케이조선, 대한조선

이를 위해 고용노동부는 장기유급휴가훈련 제도를 활용하여 임금의 일부를 지원하면서, 외국인 맞춤형 훈련과정 개발 및 숙식 제공, 통·번역비 등을 고려하여 훈련비를 우대 지원하는 등 적극적인 우대 조치를 할 예정이다. 또한, E-9 외국인근로자 직업훈련을 적극 시행하는 업종이나 기업에 대해 외국인근로자 고용한도 상향 조치 및 고용허가서 발급 시 가점 부여를 검토하는 한편 2022년에 발표한 고용허가제 개편방안에 따라 장기근속 특례 인정을 위한 근속기간 요건 단축과 관련하여 이번 컨소시엄훈련 시범사업에 참여한 E-9 외국인근로자에 대한 우대방안을 적극 검토할 예정이다.

※ 직업훈련예 참여한 외국인력 장기근속 특례 인정을 위한 근속기간 단축(예: 제조업 30개월 → 24개월)

E-9 외국인근로자가 장기근속 특례 인정을 받을 경우, 해당 근로자는 별도의 출국 없이 체류기간을 연장받을 수 있고 기업은 숙련인력을 안정적으로 확보할 수 있게 된다.

재직 중 훈련 및 입국 전 송출국 현지 직업훈련도 강화한다. 현재 사업장에 재직 중인 E-9 외국인근로자는 희망할 경우 주말 등을 활용해 자동차정비, 용접 등에 대해 훈련을 받을 수 있는데, 2022년에는 1,146명이 동 훈련을 수료하였으며, 올해에는 수요조사 등을 통해 신규 훈련직종을 발굴하고 참여 인원도 확대해 나갈 계획이다.

2022년에 베트남, 우즈베키스탄, 키르기스스탄에서 시범적으로 시행한 송출국 현지훈련은 2개월 용접과정에 대해 281명이 참여하였다. 이중 한국어시험에 합격한 152명

을 최종 선발하여 현재 사업장 알선 중이며, 올해에는 고용 사업주 대상 만족도 조사 및 송출국과의 협의를 통해 훈련직종과 대상 국가를 확대할 예정이다.

아울러, 공적개발원조(ODA) 사업을 통한 송출국의 훈련원 기반시설 개선도 지원한다. 현지 수요에 기반하여 훈련 직종에 맞는 기자재를 제공하고 연수를 통해 훈련교사 역량을 강화할 예정이다.

이정식 고용노동부 장관은 "산업현장 구조 변화에 따라 증가하는 E-9 외국인근로자에 대한 숙련화 수요에 부응하기 위해 E-9 외국인근로자에 대하여 체계적인 직업훈련을 시행하여 E-9 외국인력이 산업현장에서 필수인력으로 자리매김할 수 있도록 하면서, 외국인력의 숙련화가 고용허가제로 입국한 외국인력 개인에게는 한국사회에 적응하고 장기근속할 수 있는 토대를 제공하고, 나아가 한국과 송출국의 경제 발전에 기여하는 마중물 역할을 할 것으로 기대한다."라고 말했다.

(3) 기업의 고령근로자 재취업지원서비스 지원 확대

🏛 고용노동부	보 도 자 료		다시 도약하는 대한민국 함께 잘사는 국민의 나라
보도 일시	2023.3.9.(목) 12:00 2023.3.10.(금) 조간	배포 일시	2023.3.9.(목)

기업의 고령근로자 재취업지원서비스 지원 확대
- 2023년 1,000인 이상 재취업지원서비스 의무 대상 기업 1,054개소 확정 -
- 300인 이상 기업 재취업지원 무료 컨설팅 제공, 서비스 비용 지원 신설 -

고용노동부(장관 이정식)는 근로자 1,000명 이상 기업 1,054개소[*]를 대상으로 정년퇴직, 경영상 필요나 회사 불황에 따른 인원감축 등의 비자발적 사유로 이직이 예정된 50세 이상 근로자에게 기업이 진로설계, 취업알선 등 재취업서비스를 제공하도록 안내했다고 밝혔다.

* 958개소(2020년) → 1,031개소(2021년) → 1,043개소(2022년) → 1,054개소(2023년)

급속한 고령화에 대비하여 고령자들이 노동시장에서 오랫동안 활동할 수 있는 제도적 기반을 조성하고자, 「고용상 연령차별금지 및 고령자고용촉진에 관한 법률」을 개정하여, 2020.5.1.부터 근로자 수 1,000명 이상 기업은 퇴직예정자에게 재취업지원서비스를 의무적으로 제공하도록 했다. 나아가 2023년부터는 의무화 대상이 아닌 중소·중견 기업도 자율적으로 재취업지원서비스를 도입할 수 있도록 지원제도를 신설하였다.

재취업지원서비스 제도의 확산을 위해 2021년부터 시행한 무료 컨설팅 사업의 대상을 기존 1,000인 이상 의무 기업에서 300인 이상 중소·중견기업까지 확대(400개사, 34억 원)하고, 컨설팅을 받은 중소ᆞ중견기업이 사업 참여 이후 취업규칙 또는 단체협약 등에 제도를 반영하고 이직 예정 근로자에게 재취업지원서비스를 제공하는 경우, 서비스 제공 인원 1인당 50만 원 범위 내의 비용을 기업에 지원(1,000명, 5억 원)할 예정이다.

지원금 신청 방법은 3개월 단위로(1차 3.6.~3.31., 2차 6.5.~6.30., 3차 9.4.~9.29.) 노사발전재단 누리집(www.nosa.go.kr)을 통해 공고하며, 제도 도입 전 사업주 또는 컨설팅 위탁기관이 재단 누리집을 통해 신청서류를 제출하면 된다.

또한, 재정 여력이 부족해 불가피하게 재취업지원서비스를 제공하지 못하고 있는 비영리법인의 근로자에 대해서는 사전 승인 신청을 받아 노사발전재단 중장년내일센터(12개소)를 통해 재취업지원서비스를 직접 제공할 계획이다. 서비스 제공을 희망하는 비영리법인은 3월 말까지 고용노동부 고령사회인력정책과로 '재취업 관련 공공서비스 지원신청서'를 제출하면 심사를 거쳐 승인 결정 통지된다.

한편, 고용노동부는 기업에서 올해 3월 말까지 제출한 2022년도 재취업지원서비스 운영 결과를 분석하여 서비스 실시율이 낮은 사업장 등 제도 운영이 미흡하거나 다수 근로자에 대해 희망퇴직을 실시한 기업에 대해 현장점검을 실시할 계획이다.

김성호 고용정책실장은 "재취업지원서비스에 대한 1,000인 이상 기업의 이행률을 높이고 노사의 인식을 제고하며, 중소ᆞ중견 기업에 대한 지원을 신설하여 고령 인력의 효율적 활용과 이들이 노동시장에 원하는 만큼 더 오래 일할 수 있도록 노력할 것"이라고 말했다.

■ 추진배경

초고령사회에 대비하여 50대 이상 준ᆞ고령층이 노동시장에서 보다 장기간 활동할 수 있는 제도적 기반 조성을 위해 2020.5.1. 1000명 이상 대기업의 50세 이상 비자발적 이직예정자에 대한 재취업지원서비스 제공 의무화

■ 주요 내용

• 의무 사업주: 고용보험 피보험자의 수가 1,000명 이상 사업

• 의무 제공 근로자: 1년 이상(계약직은 3년 이상) 근속한 50세 이상의 정년, 경영상 필요 등 비자발적 사유로 이직하는 근로자

  ※ 근로자의 참여 거부: 질병, 재취업 확정으로 서비스 참여가 불필요하는 등 사유로 해당 근로자의 참여 거부 의사 확인 시 제외

• 재취업지원서비스의 내용: 진로ᆞ생애경력설계(경력ᆞ적성 등의 진단 및 향후 진로 설계), 취업알선, 취ᆞ창업교육

  ※ 그 밖의 고용노동부장관이 재취업에 필요하다고 인정하는 서비스

• 제공 시기: 해당 근로자 이직(예정)일 직전 3년 이내 제공

※ 경영상 해고, 희망퇴직 등의 경우 이직 전 1년, 이직 후 6개월 이내 제공

• 제공 방식: 사업주가 직접 제공하거나, 전문기관*에 위탁하여 제공, 근로자가 전문기관에서 바우처 방식으로 참여 가능

  * 직업안정법에 따른 유·무료 직업소개소, 근로자직업능력 개발법에 따른 직업능력개발훈련 위탁기관

• 운영체계: 사업주는 재취업지원서비스를 제공하고, 다음 연도 3월 말까지 지방고용노동관서에 운영 결과 제출

(4) '불합리한 노동관행 개선 전문가 자문회의' 개최

◎ 고용노동부	보 도 자 료		다시 도약하는 대한민국 함께 잘사는 국민의 나라
보도 일시	2023.1.12.(목)	배포 일시	2023.1.12.(목)

'불합리한 노동관행 개선 전문가 자문 회의' 개최
– 노동조합 회계 투명성 강화, 노사 불법·부당행위 개선방안 등 논의 –
– 노동관행 개선 추진 과정에서 전문가들에게 상시적인 자문 역할 당부 –

고용노동부 이정식 장관은 1월 12일(목) 오전 노동법 및 회계·세법 전문가들과 '불합리한 노동관행 개선 전문가 자문 회의'를 개최하여 노동조합 회계 투명성 강화, 노사 불법·부당행위 개선 등 노동관행 개선 추진 방향에 대해 의견을 나눴다. 이번 회의는 불합리한 노동관행 개선은 노사 법치주의의 기본으로, 국가와 산업의 경쟁력 강화를 위해서는 반드시 노사관계의 불합리한 관행을 개선하여 합리적 노사관계로 나아가고, 공정한 노동시장을 만들어가야 한다는 인식하에 마련됐다.

※ '미래노동시장연구회 권고문(2022.12.)'에서도 노동시장 개혁을 위해 낡고 경직적인 제도 개선뿐만 아니라 산업현장 노사의 의식·관행 개선을 권고한 바 있음

(5) 2023년은 신직업·미래직업에 관심을 가질 때!

◎ 고용노동부	보 도 자 료		다시 도약하는 대한민국 함께 잘사는 국민의 나라
보도 일시	2023.1.12.(목)	배포 일시	2023.1.12.(목)

2023년은 신직업·미래직업에 관심을 가질 때!
– 워크넷 신직업 섹션 신설, 신직업·미래직업 정보 체계적으로 제공 –
– 대학생용 청년 미래직진 프로그램 상반기 개발, 하반기 제공 –

한국고용정보원(원장 나영돈)은 12일부터 워크넷(www.work.go.kr)에 신직업 게시판을 신설해 '신직업 · 미래직업' 정보를 본격적으로 제공한다고 밝혔다.

[워크넷] → [직업 · 진로] → [신직업 · 미래직업] 신설 게시판에서 제공되는 내용은 정부가 육성 · 지원하는 신직업 및 미래형 직업에 대한 상세정보(직업의 내용, 현황, 전망, 진출하는 방법 등)로 9개 산업별(경영/기획/공공, 정보통신/과학, 건축/환경/안전, 교육/법률/사회복지, 의료/보건, 문화/예술/미디어, 개인서비스, 운송/설치/정비, 농림어업), 4개 적합 대상별(청년 적합, 3050 여성 적합, 중장년 적합, 정부육성지원 신직업)로 구분되었으며, 사용자 편의를 위한 검색 기능도 마련되었다. 또한, 신직업 · 미래직업 정보를 더 쉽고 생동감 있게 전달하기 위한 '카드로 보는 직업정보', '직업인 인터뷰 동영상', '가상현실 직업체험 콘텐츠' 등 다양한 매체별 콘텐츠도 제공된다.

한국고용정보원은 체계적인 신직업 정보제공뿐만 아니라 대학생의 미래지향적 진로 탐색을 지원하기 위한 특별한 교육과정(가칭: 청년미래직진프로그램)도 마련한다. 올해 상반기 중 청년미래직진프로그램의 커리큘럼 개발을 완료하고, 2학기부터 고용노동부의 '재학생 맞춤형 고용서비스' 사업 시범학교에 제공된다.

한편, 한국고용정보원은 2013년부터 550여 개의 신직업을 발굴하였으며, 그간 발굴한 신직업 중 인공지능전문가, 빅데이터전문가, 미디콘텐츠창작자, 3D프린팅운영전문가, 사물인터넷전문가, 증강현실전문가, 자동차튜닝엔지니어, 생활코치, 주변환경정리가, 주거복지사가 상대적으로 활성화되고 향후에도 지속 성장가능성이 있는 직업으로 나타났다.

(6) 워크넷 '인공지능(AI) 일자리 매칭 서비스' 3년 연속 취업 성과 향상

🏛️ 고용노동부	보 도 자 료		다시 도약하는 대한민국 함께 잘사는 국민의 나라
보도 일시	2023.1.10.(화)	배포 일시	2023.1.10.(화)

워크넷 '인공지능(AI) 일자리 매칭 서비스', 3년 연속 취업 성과 향상
- 2022년 인공지능(AI) 매칭 서비스를 이용한 전체 취업자는 57,844명으로 전년 대비 36.3% 증가 -
- '취업성공 수기 공모전' 통해 청년, 중 · 장년, 경단녀 등 취업 성공 사례 10건 선정 -

2022년 고용노동부는 인공지능(AI) 일자리 매칭 서비스를 활용한 취업 성과를 제고하기 위해 서비스의 알고리즘을 고도화하고, 이용자의 접근성 제고를 위한 기능 개선 및 유관기관과의 협력 강화 등을 실시했다.

이 결과 2022년 인공지능(AI) 일자리 매칭 서비스를 이용한 전체 취업자[*]는 57,844명으로 전년 대비 36.3% 증가했고, 구인 기업이 해당 서비스를 활용하여 구직자에게 입사를 제안한 건수도 3배 이상 증가^{**}했다.

<small>* 전체 취업자: 인공지능(AI) 추천 일자리에 입사 지원 후 취업을 사유로 워크넷 구직 마감이 된 전체 취업자는 57,844명으로 전년(42,436명) 대비 36.3% 증가</small>

<small>순수 취업자: 인공지능(AI) 추천 일자리에 입사 지원 후 해당 일자리에 취업하고 고용보험 취득까지 확인된 순수 취업자도 9,283명으로, 전년(4,979명) 대비 86.4% 증가</small>

<small>** 입사제안: (2020년 7~12월) 979건, (2021년) 9,344건, (2022년) 34,697건</small>

(7) 2023년 일자리 예산 30.3조 원, 미래 경쟁력 확보와 고용취약계층 노동시장 진입 중점 편성

🏛️ 고용노동부	보 도 자 료		다시 도약하는 대한민국 함께 잘사는 국민의 나라
보도 일시	2023.1.2.(월)	배포 일시	2023.1.2.(월)

2023년 일자리 예산 30.3조 원,
미래 경쟁력 확보와 고용취약계층 노동시장 진입 중점 편성

❶ 신산업 · 전략산업의 직업훈련 확대
❷ 청년 취업지원과 기업 · 구직자 맞춤형 고용서비스 강화
❸ 고용안전망 확충 및 취약계층에 대한 지원 강화
❹ 지역고용 활성화와 인구구조 변화 대응

1 신산업 · 전략산업 및 맞춤형 직업훈련 확대

미래전략산업 인재양성

- 디지털: '첨단산업 · 디지털핵심실무인재 양성사업' 등을 통해 디지털 전문인력을 양성하고, 재직자의 디지털분야 전환교육도 지원한다.

  ※ (고용부) 디지털 핵심 실무인재 양성: (2022년) 3,248억 원, 2.9만 명 → (2023년) 4,163억 원, 3.7만 명

- 반도체: 폴리텍 반도체학과(10개) · 첨단산업 공동훈련센터(15개)를 신설하고 기업과 연계한 조기취업형 계약학과 운영 대학도 확대(8개 → 11개)한다.

- 노동전환 지원: 신기술 확산, 친환경 · 저탄소 등 산업 재편에 따라 신속한 대응이 필요한 업종(전기차 등) 중심으로 산업전환을 지원한다.

중소기업 훈련 · 국가기간 전략산업 인재양성 강화

- 중소기업: 중소기업 인적자원개발 전 단계를 지원해 주는 '능력개발전담주치의' 제도와 근로자의 훈련 활성화를 위한 '기업직업훈련카드'를 도입한다.

- 기간산업: 금속, 전기 등 전통적 중요 산업분야 훈련 지원을 확대하고 내일배움카드 훈련단가(인력부족직종 +10%, 일반직종 +5%)와 훈련장려금(월 11.6 → 20만 원)도 인상한다.

② 청년 취업 지원 강화 및 고용서비스 고도화

청년 취 · 창업 지원 확대

- 도약준비금: 구직 단념 청년들이 자신감 회복 및 취업역량 강화를 위한 중장기 특화 프로그램에 참여 · 이수한 경우 도약준비금(300만 원)을 지급하는 가칭 청년도약프로그램을 신설한다.

- 일 · 경험: 직무경험을 중시하는 채용 경향을 고려하여 청년 일경험을 종합적으로 지원하는 '청년 일경험지원' 사업도 대폭 확충(+553.3억)한다.

  ※ (2022년) 중소기업 직무체험 등 1만 명 → (2023년) 기업탐방 · 프로젝트 · 인턴 등 2만 명

  (2022년) 직무체험 → (2023년) 직무탐색 · 기초역량 · 실전역량 등 유형 다양화, 프로젝트(실무) 경험

- 창업지원: 청년 · 대학생 등 창업도전자의 혁신아이디어 사업화 지원을 강화하고 청년의 지역창업을 활성화하기 위해 '지역주도형청년일자리사업(상생기반대응형)(행안부)'을 확대한다.

고용서비스 고도화

- 기업 · 구직자: 기업 · 구직자 특성을 고려하여 맞춤형 서비스를 패키지로 지원하는 '기업 · 구직자 도약보장 패키지'를 신설한다.

- 국민취업지원제도: 구직촉진수당 보장성 및 조기재취업수당 범위를 확대하여 노동시장 참여유인을 강화하고 신속한 취업을 유도한다.

③ 고용안전망 확충 및 장애인 등 취약계층 지원 강화

두텁고 촘촘하게 고용안전망 확충

- 저소득 근로자 등: 최저임금 인상, 높은 물가상승률 등을 고려하여 저소득 근로자 · 예술인 · 노무제공자의 사회보험료 지원대상을 확대(월 보수 230 → 260만 원 미만)한다. 예술인 · 노무제공자의 경우, 종사자 부담분에 한해 사업규모에 상관없이 10인 이상 사업의 경우에도 사회보험료를 지원한다.

- 출산급여, 가사근로자: 고용보험 미적용자 출산급여를 확대(2022년, 127.8억 원 → 2023년, 155.7억 원)하고, 올해부터 운영된 가사근로자 사회보험료 지원도 확대(2022년, 16.8억 원 → 2023년, 58.1억 원, +41.3억 원)한다.
- 자영업자: 자영업자 고용보험료 지원대상을 종전 1인 소상공인에서 모든 소상공인으로 늘리고, 지원 규모도 확대(2022년, 36.3억 원 → 2023년, 50억 원)한다.

장애인 · 노인 등 취약계층 지원 강화

- 장애인: 장애인 고용장려금 지급수준을 상향(최대 80 → 90만 원)하고, 좋은 일자리 모델인 표준사업장을 확대하여 장애인의 고용을 촉진한다. 그리고 장애인 구직자의 디지털 역량 습득을 위해 직업훈련 기반시설을 확충하고, 보조공학기기 지원을 강화하여 장애인 근로자의 취업애로를 해소한다.
- 직접일자리: 내년도 직접일자리는 총 104.4만 명으로 노인일자리 확대(+3.8만 개)로 전년 대비 소폭 증가(+1.4만 명)하였으며, 청년 · 경력단절여성 등이 주로 참여하는 직접일자리는 국민취업지원제도 이수를 의무화하는 등 민간일자리 이동 유인을 강화한다.

④ 지역고용 및 인구구조 변화 대응

지역 구인난 해소 지원

지역의 고용상황 · 인력수요 등 지역별 특성에 맞는 일자리창출사업인 지역혁신프로젝트 사업을 확대(+356억 원)한다. 특히 중앙정부 일자리사업과 연계하여 지역 · 산업별 특성에 따라 지원범위 · 수준 · 내용 등을 우대(PLUS)하는 '플러스사업'을 신설하고, 조선업 · 뿌리산업 등 지역 주력산업의 구인난 해소를 집중 지원한다.

고령 인구 및 일하는 부모 지원 확대

- 고령자: 고령자 고용지원금, 계속고용장려금 확대를 통해 고령자의 직무능력과 노하우를 지속적으로 활용할 수 있도록 하고 중장년 일자리센터 – 산업 협단체가 협력하여 특화교육 · 채용지원을 통합 제공하는 사업주 컨설팅 패키지도 신설(360개 기업, 중장년층취업지원 +10억 원)한다.
- 일하는 부모: 자녀돌봄수요 증가 등 현장 호응을 고려하여 육아기 근로시간단축급여 지원규모를 2배 이상 확대하고, 3+3 부모육아휴직제 본격 시행을 위한 예산도 반영한다.

2. 정책자료

(1) 대상자별 정책

청년	청년고용 활성화 및 자산형성 지원	청년친화형 기업 ESG 지원 사업, 청년일자리도약 장려금, 청년내일채움공제
	진로탐색	대학일자리플러스센터 운영, 재학생 맞춤형 고용서비스
	직무능력 키우기	일학습 병행, 산업계 주도 청년맞춤형 훈련
	일경험 기회	청년 일경험 지원
	해외 취업	해외 취업 지원
	기타	능력 중심의 투명한 공정채용문화 확산, 청년도전지원사업, 채용절차의 공정성 제고
여성	출산 · 육아 지원	모성보호 육아 지원, 출산육아기 고용안정 지원, 육아 등 대체인력 채용지원서비스, 고용보험 미적용자 출산급여 지원, 직장어린이집 지원
	여성고용 촉진	경력단절여성 취업 지원
신중년	고용안정(재직근로자)	고령자 계속고용장려금, 고령자 고용지원금
	재취업	중장년내일센터, 생애경력설계서비스, 고령자인재은행
	퇴직 후 사회공헌 및 일자리 지원	신중년 경력형 일자리, 재취업지원서비스 시행 지원
장애인	장애인 고용장려금, 장애인 신규고용장려금, 장애인 표준사업장 설립지원, 자회사형 표준사업장 설립 지원, 장애인 보조공학기기 지원, 장애인 고용관리비용 지원, 장애인 근로지원인 제도, 장애인고용시설 설치비용 융자, 장애인고용시설 · 장비 무상 지원, 중증장애인지원 고용, 장애인 직업능력개발 지원, 장애인 인턴제, 장애인 취업성공패키지, 중증장애인 지역맞춤형 취업 지원, 중증장애인근로자 출퇴근 비용 지원 사업, 근로장애인 전환 지원, 고용 지원 필요도 결정	
외국인	고용허가제도, 외국인노동자 사업장 변경제도, 재입국 특례 외국인노동자 취업제도, 특별한국어시험 재취업제도, 외국인노동자 체류 지원, 외국인노동자지원센터 운영, 외국인력 상담센터 운영	

(2) 분야별 정책

취업 및 채용 지원		고용센터 홍보영상, 고용복지 + 센터, 구직자 취업지원 서비스, 기업 도약보장 패키지, 심리안정지원 프로그램, 구직자 취업역량강화 프로그램, 국민취업지원제도, 국민취업지원제도 일경험프로그램
사업주 지원	고용장려금	고용창출장려금(총괄), 일자리함께하기 지원, 국내복귀기업 고용지원, 신중년 적합직무 고용지원, 고용촉진장려금, 청년일자리도약장려금
	고용안정 및 일생활 균형 장려금	고용유지지원금, 고용안정장려금(총괄), 워라밸일자리 장려금, 일 · 가정 양립 환경개선 지원, 정규직 전환 지원, 출산육아기 고용안정 지원
	사회적기업	사회적기업 육성, 사회적기업가 육성
	지역고용	지역산업맞춤형 일자리 창출 지원, 지역고용촉진 지원금, 지역일자리 목표 공시제, 고용위기지역 지정, 특별고용지원업종 지정
	기타	고용영향 평가제도, 고용형태공시제도, 고용노동 통계조사, 인력수급전망
고용 안전망		고용보험제도, 고용보험 피보험자격 관리, 구직급여 · 연장급여, 취업촉진수당, 사회보험 사각지대 해소(두루누리)사업, 자영업자 고용보험, 실업크레딧 지원, 건설노동자 퇴직공제제도, 건설일용근로자 기능향상 지원
직업능력 개발	개인	국민내일배움카드, 국가기간 · 전략산업직종 훈련, 일반고특화 직업능력개발훈련, 첨단산업 디지털 핵심 실무인재 양성훈련, K-디지털 기초역량 훈련, 중장년 새출발카운슬링
	기업	국가인적자원개발 컨소시엄, K-Digital Platform, 사업주 직업능력개발 지원, 중소기업 훈련 지원, 산업전환 공동훈련센터
	기타	국가직무능력표준(NCS), 과정평가형 국가기술자격, 직업능력개발훈련기관 심사평가, 직업훈련 생계비 대부, 숙련기술 장려, 직무능력은행제
근로조건 개선	근로개선	일터혁신 컨설팅 지원사업, 일 · 가정 양립 환경개선 지원, 직장 내 괴롭힘 금지제도, 근로시간 단축 및 운영지원
	차별개선	근로자 파견제도, 비정규직 차별시정제도, 차별없는 일터 지원단, 비정규직 고용구조개선 지원단
	임금보장	최저임금보장제도, 임금채권보장제도, 체당금 조력지원제도, 무료법률 구조 지원
	근로복지	근로복지기금 지원, 우리사주제도, 근로자지원프로그램(EAP) 무료 지원, 근로자 생활안정자금 융자, 근로자 신용보증지원제도, 근로자 휴양콘도 이용 지원, 근로자 문화예술제
	퇴직연금	퇴직연금제도, 퇴직연금제도 도입 지원, 중소기업퇴직연금기금제도 도입

안심일터	산재예방	업종별 재해예방, 위험 기계·기구의 근원적 안전성 확보, 유해 작업환경 개선, 근로자 건강보호, 산재예방시설 융자, 클린사업장 조성 지원, 산재예방 요율제 지원, 원·하청 산업재해 통합관리제도
	산재근로자	산재근로자 직업훈련, 산재근로자 직장복귀 지원, 대체인력 지원사업(산재근로자), 산재근로자 및 자녀장학사업, 산재근로자 생활안정자금 융자, 진폐근로자 건강진단, 진폐위로금 지급
노사관계	노사관계	근로시간 면제제도, 복수노조 교섭창구 단일화, 노동쟁의 조정, 노사협의회, 부당노동행위, 부당해고 등 구제신청
	노사협력	노사파트너십 프로그램 지원, 지역 노사민정 협력 활성화 지원, 노사문화 우수기업·대상 선정 지원, 고용·노사관계 전문가 육성 지원

(3) 고용노동부 주요 정책

청년친화형 기업 ESG 지원 사업	• 청년을 정규직으로 채용한 중소·중견기업에 인건비를 지원함으로써 양질의 청년 일자리 창출 • 지원 대상: 기업이 ESG 경영 차원에서 새롭게 수행하거나 기존에 비해 개선·확대하여 운영하는 청년고용 지원 프로그램* * 직무훈련 + 일경험 + 취업역량 강화 + 채용연계 등 혼합 유형 프로그램 우선지원, 다양한 산업 분야, 지방 청년, 대학교 재학생 등 대상

청년내일채움공제	• 지원 대상: 5인 이상~50인 미만 건설·제조업 중소기업에 신규 취업한 청년 및 해당 청년을 채용한 기업
	• 지원 내용(청년·기업·정부의 3자 적립): 만기금 1,200만 원(청년 400만 원 + 기업 400만 원 + 정부 400만 원)
	  − 청년, 기업: 최초 20개월 월 16만 원, 이후 4개월 월 20만 원 → 총 24개월 납입
	  − 정부지원금 중 200만 원(고용보험기금)은 기업지원 방식으로 청년에게 지원

일 학습 병행제	• 기업이 청년 등을 선채용 후 NCS기반 현장훈련을 실시하고, 학교·공동훈련센터의 보완적 이론교육을 통해 숙련형성 및 자격취득까지 연계하는 새로운 현장 중심의 교육훈련제도 • 지원 대상: 1년이내 신규 입사자, 특성화고·대학 등 재학생

능력중심의 투명한 공정채용문화 확산	• 우수 인재 채용에 어려움을 겪는 중소기업을 중심으로 공정채용제도에 대한 교육·컨설팅 제공(2023년 신설, 150개소)
	• 직무별 필요한 능력을 평가할 수 있도록 NCS에 기반한 채용모델을 개발·고도화하고, 실제 기업에서 도입할 수 있도록 채용모델 활용지원
	  − 공공: 공공기관 블라인드 채용 모니터링 실시 등, 공공기관·지방공기업 인사담당자 및 내부면접관 상설교육과정 운영
	  − 민간: 민간기업 채용모델 활용 컨설팅 지원 및 인사담당자 교육 실시
	• 취업준비생을 위한 직무전문가를 활용한 모의면접 및 멘토링 제공, 직무능력 중심 채용 대비를 위한 1:1 맞춤형 취업 코칭 솔루션 제공

출산휴가 · 육아휴직
급여 지원
	• 대상: 출산 전후 여성 근로자, 육아 중인 근로자
	• 출산 전후(유산 · 사산)휴가 급여 지원: 임신 중 여성근로자의 건강 보호와
	  출산으로 인한 여성근로자의 이직 방지
	• 육아휴직 · 육아기 근로시간 단축급여 지원: 근로자의 고용안정과 취업여성
	  의 경력단절을 방지하고 일과 가정의 양립을 지원

여성새로일하기센터	• 여성새로일하기센터(새일센터)를 지정하여 경력단절 여성을 위한 종합적인
	  취업지원 서비스 제공
	• 대상: 출산 · 육아, 가족구성원 돌봄 등의 사유로 경제활동을 중단하였거나
	  경제활동 경험이 없는 여성(결혼이민자 포함) 중에서 취업을 희망하는 여성

유연근무제 지원	유연근무, 재택, 원격근무 등의 근무제도를 중소기업에 도입 · 확산하여 근로 관행 개선 및 일 · 가정 양립 고용환경 조성
워라밸일자리 장려금	근로자가 가족돌봄, 본인건강, 은퇴준비, 학업 등 필요시에 근로시간 단축제도 를 활용하도록 지원하여 다양한 일자리 수요를 충족시키고 일 · 삶의 조화에 기여
고령자 계속고용 장려금	근로자가 정년 이후에도 계속 일할 수 있도록 정년퇴직자 계속고용제도(재고 용, 정년연장, 정년폐지 등)를 도입한 사업주 지원
신중년 경력형 일자리	• 신중년의 경력을 활용하는 지역사회에 필요한 공공일자리 제공 • 대상: 만 50세 이상 만 70세 미만 신중년 구직자
생애경력설계서비스	• 40세부터 생애경력설계로 경력관리 · 능력개발 등을 지원하여 장기적으로 경제적 안정을 추구하도록 함 • 대상: 만 40세 이상 중장년 재직(퇴직예정)자 및 구직자
장애인 고용장려금	장애인 의무고용률 3.1%를 초과하여 장애인을 고용한 사업주에게 초과 고용 장애인 근로자 1인당 월 35~90만 원 지급
외국인 근로자지원 센터 운영	• 외국인 근로자의 국내 생활 적응 및 원활한 취업 활동을 촉진하여 중소기업 사업주의 외국인력 활용의 원활화를 도모 • 대상: 외국인 근로자 및 사업주

▌ 더 알아보기

장애인 고용의무제도

국가 · 지방자치단체와 50인 이상 공공기관 · 민간기업 사업주에게 장애인을 일정 비율 이상 고용하도록 의무를 부과하고, 미준수 시 부담금을 부과하는 제도이다. 2022년 의무고용률 기준은 국가 및 지자체, 공기업은 3.6%, 민간기업은 3.1%이다.

1. 전문 자료

(1) 근로감독관

① 근로감독관은 「근로기준법」에 규정된 근로조건의 실시 여부에 대한 감독업무를 담당하는 공무원으로, 노동관계법령을 위반한 범죄에 대해 「형사소송법」의 규정에 따라 사법경찰관의 직무를 행할 수 있다.

② 근로감독관의 직무(「근로감독관집무규정」 제2조)

- 노동관계법령과 그 하위규정의 집행을 위한 업무: 사업장 근로감독, 신고사건의 접수 및 처리, 인·허가 및 승인, 취업규칙 등 각종 신고의 접수·심사 및 처리, 과태료 부과
- 노동관계법령 위반에 대한 수사 등 사법경찰관의 직무
- 노동조합, 노사협의회의 설립·운영 관련 업무
- 노동동향 파악, 노사분규 및 집단체불 예방과 그 수습지도
- 우리사주조합, 사내근로복지기금의 설립·운영
- 건설근로자퇴직공제사업의 운영
- 파견근로자, 기간제 및 단시간근로자의 근로조건 보호·차별시정
- 퇴직급여제도의 설정 및 운영
- 성별에 따른 근로조건 차별시정
- 근로자의 임금채권보장

③ 최근 근로감독관의 업무는 사업장 근로감독, 신고사건 처리 등 전통적인 업무 외에도 불법파견, 사내하도급, 취약계층 노동인권 감독 등으로 다양화·세분화되고 있다.

(2) 국민취업지원제도

① 취업을 원하는 사람에게 취업지원서비스를 종합적으로 제공하고, 저소득 구직자에게는 생계를 위한 최소한의 소득을 지원한다.

② 국민취업지원제도 참여 자격요건을 갖춘 사람에게 고용복지플러스센터에서 관련 취업지원서비스와 수당(비용)을 지원한다.

③ 지원 내용과 지원 대상

- 지원 내용: 취업지원서비스 및 소득지원을 결합하여 지원

구분	취업지원서비스	생계지원
Ⅰ유형	• 상담 · 진단을 통해 취업역량 파악, 취업지원 경로(IAP) 설정 • 직업훈련 · 일경험 · 창업 · 해외취업 및 복지프로그램(생계, 의료, 금융, 돌봄서비스 등) 등 연계 • 구직활동지원 프로그램 연계 및 집중취업알선 진행 등	• 구직촉진수당: 월 50만 원 + 부양가족 1인당 10만 원(월 최대 40만 원) 추가 지원 × 6개월 　- 부양가족: 18세 이하, 70세 이상, 중증장애인 • 조기취업성공수당: 취업활동계획 수립 후 3개월 내 취업 시 잔여 구직촉진수당의 50% 지급 • 취업성공수당: 최대 150만 원(중위소득 60% 이하)
Ⅱ유형		• 취업활동비용: 최대 195.4만 원 　- 취업활동계획 수립 참여 수당 15~25만 원, 직업훈련 참여지원수당(월 28.4만 원 × 6개월) 등 • 조기취업성공수당: 취업활동계획 수립 후 3개월 내 취업 시 50만 원(생계급여 조건부수급자) • 취업성공수당: 최대 150만 원(중위소득 60% 이하 및 특정계층)

- 지원 대상

Ⅰ유형	Ⅱ유형(기존의 취업성공패키지)
• 요건심사형: 15~69세 구직자 중 가구 단위 중위소득 60% 이하이고 재산이 4억 원 이하이면서 최근 2년 이내 100일 또는 800시간 이상의 취업 경험이 있을 것 • 선발형: 요건심사형 중 취업경험 요건을 충족하지 못한 자(단, 청년(18~34세)은 중위소득 120% 이하)	• 특정계층: 15~69세 • 청년: 18~34세 • 중장년: 35~69세, 중위소득 100% 이하

(3) 부당노동행위와 부당해고

① 부당노동행위(「노동조합 및 노동관계조정법」 제81조)

- 근로자가 노동조합에 가입 또는 가입하려고 하였거나 노동조합을 조직하려고 하였거나 기타 노동조합의 업무를 위한 정당한 행위를 한 것을 이유로 그 근로자를 해고하거나 그 근로자에게 불이익을 주는 행위
- 근로자가 어느 노동조합에 가입하지 아니할 것 또는 탈퇴할 것을 고용조건으로 하거나 특정한 노동조합의 조합원이 될 것을 고용조건으로 하는 행위. 다만, 노동조합이 당해 사업장에 종사하는 근로자의 3분의 2 이상을 대표하고 있을 때에는 근로자가 그 노동조합의 조합원이 될 것을 고용조건으로 하는 단체협약의 체결은 예외로 하며, 이 경우 사용자는 근로자가 그 노동조합에서 제명된 것 또는 그 노

동조합을 탈퇴하여 새로 노동조합을 조직하거나 다른 노동조합에 가입한 것을 이유로 근로자에게 신분상 불이익한 행위를 할 수 없다.

- 노동조합의 대표자 또는 노동조합으로부터 위임을 받은 자와의 단체협약체결 기타의 단체교섭을 정당한 이유없이 거부하거나 해태하는 행위
- 근로자가 노동조합을 조직 또는 운영하는 것을 지배하거나 이에 개입하는 행위와 근로시간 면제 한도를 초과하여 급여를 지급하거나 노동조합의 운영비를 원조하는 행위
- 근로자가 정당한 단체행위에 참가한 것을 이유로 하거나 또는 노동위원회에 대하여 사용자가 이 조의 규정에 위반한 것을 신고하거나 그에 관한 증언을 하거나 기타 행정관청에 증거를 제출한 것을 이유로 그 근로자를 해고하거나 그 근로자에게 불이익을 주는 행위

② 부당해고: 사용자가 정당한 이유 없이 해고하는 것을 말하며, 정당한 이유의 존재 여부는 법원의 판례와 노동위원회의 결정, 고용노동부의 유권 해석 등을 통해 결정된다.

③ 부당노동행위 및 부당해고의 구제 방법

신청 대상	• 사용자로부터 정당한 이유없이 해고·휴직·정직·전직·감봉 기타 징벌을 당한 근로자는 관할 지방노동위원회에 부당해고 등의 구제신청을 할 수 있다. • 사용자로부터 노동조합의 업무를 위한 정당한 행위를 한 것을 이유로 불이익을 받는 등 부당노동행위로 인하여 권리를 침해당한 근로자 또는 노동조합은 관할 지방노동위원회에 부당노동행위 구제신청을 할 수 있다.
신청 방법	• 구제신청을 하고자 하는 근로자 또는 노동조합은 소정의 구제신청서에 필요한 입증자료를 첨부하여 각 2부를 사업자의 소재지를 관할하는 지방노동위원회에 제출한다. • 구제신청은 부당해고 또는 부당노동행위가 있은 날(계속되는 행위는 그 종료일)부터 3개월 이내에 해야 한다.

2. 관련 이슈

(1) 최저 임금 인상 논란

① 최저임금제도

최저임금제도란 국가가 노·사간의 임금결정 과정에 개입하여 임금의 최저수준을 정하고, 사용자에게 이 수준 이상의 임금을 지급하도록 법으로 강제함으로써 저임금 근로자를 보호하는 제도이다. 최저임금제도의 목적은 근로자에 대하여 임금의 최저수준을 보장하여 근로자의 생활안정과 노동력의 질적 향상을 꾀함으로써 국민

경제의 건전한 발전에 이바지하는 것이다(「최저임금법」 제1조). 최저 임금의 결정 기준은 근로자의 생계비, 유사 근로자의 임금, 노동 생산성, 소득 분배율이며, 최저 임금액 결정 단위는 시간·일·주·월이다. 최저 임금은 공익위원·사용자·근로자가 각각 균등한 비율로 참여하는 27명의 최저임금위원회에서 심리·의결하고 매년 8월 5일까지 고용노동부 장관이 결정하여 고시한다(「최저임금법」 제8조, 제14조). 최저임금액은 1명 이상 근로자를 사용하는 모든 사업 또는 사업장에 사업의 종류를 구분하지 아니하고 적용되나, 수습의 경우는 최저임금액의 90%가 적용되는 경우도 있다. 2023년 최저임금은 시급 9,620원으로, 월급으로는 2,010,580원(주 40시간, 유급 주휴 8시간 포함)이다.

② 최저 임금 인상 찬반

찬성	반대
• 계층 간 소득격차 해소에 도움 • 최저소득층의 가계수지 안정화 효과	• 물가상승, 영세자영업자 인건비 부담 가중, 고용 감소 • 고용취약계층 고용에 부정적인 영향

(2) 청년실업

① 통계청이 발표한 2023년 2월 청년실업자 수는 29.1만 명이고, 청년실업률은 7.0%이다. 대학생이거나 대학(전문대 포함)을 졸업한 25~39세 인구 중 취업 경력이 전혀 없는 '취업 무경험자'도 사상 최대로 나타나면서 사회적 문제로 대두되고 있다. 청년들은 구직난을, 중소·중견기업은 구인난을 호소하고 있는 현 상황에서 청년 고용 부진의 전반적인 원인은 다음과 같다.

- 기술혁신, 자동화로 인한 사무직·생산직 일자리가 감소하고, 경력직 채용 증가
- 반도체·조선·자동차 등 기존 주력산업 고용창출력 둔화, 신산업 창출 지체로 민간일자리 수요 감소
- 대기업 신규 채용 감소
- 중소기업 기피와 대기업·공공기관 선호
- 산업수요에 못 미치는 대학 교육

② 청년실업 대책

중소기업과 대기업의 임금격차 해소	• 청년일자리도약장려금: 5인 이상 우선지원 대상기업에서 취업애로청년을 정규직으로 채용하고 6개월 이상 고용유지 시 최장 2년간 최대 1,200만 원 지원 • 청년내일채움공제: 중소기업 정규직 취업 청년의 자산형성 지원(청년 400만 원 + 기업 400만 원 + 정부 400만 원 = 1,200만 원)
제도개선을 통한 지원	• 취업청년의 소득 · 주거 · 자산형성, 고용증대기업 지원 강화 • 창업 활성화: 기술 · 생활 혁신 등 창업 유도 • 새로운 취업기회 창출: 해외취업 · 신서비스 일자리 수요 확대 • 재취업 · 창업 역량 강화: 군장병교육훈련, 선취업-후학습, 일 학습병행제 등

(3) 정년연장 논란

① 정년연장 공론화

현재 우리나라의 정년은 60세인데, 최근 정년연장에 대한 의견이 공론화되고 있는 배경에는 다양한 사회적 상황이 뒷받침하고 있다. 우선, 급속한 고령화사회로 진입함에 따라 2018년부터 생산가능인구가 감소하고 노인부양률이 높아지는 추세이다. 따라서 정년연장을 통해 숙련인력을 사회로 이끌어 냄으로써 경제활동 및 노동의 기회를 부여하여 연금 고갈 문제, 노동력 부족 문제, 부양인구 부족으로 인한 금전적 부담 등 노동시장이 직면한 다양한 문제를 해결해야 한다는 주장이 제기되고 있다. 또한 2019년 대법원이 손해배상의 기준이 되는 일반육체노동자의 가동 연한을 기존 60세에서 65세로 상향했는데, 이는 1989년 전원합의체 판결로 가동연한을 55세에서 60세로 올린 지 30여 년 만이다. 재판부는 '노동가동연한을 60세로 올린 1989년 선고 이후 우리나라의 사회적, 경제적 구조와 생활여건이 급속하게 향상 · 발전하고 법제도가 정비 · 개선되었으며 국민 평균여명은 남자 67.0세, 여자 75.3세에서 2017년에는 남자 79.7세, 여자 85.7세로 늘었고, 1인당 국내총생산(GDP)은 6516달러에서 2018년에는 3만달러에 이르는 등 경제 규모가 4배 이상 커졌다'고 하였다. 그리고 육체노동의 경험칙상 가동 연한을 만 60세로 보아온 견해는 더 이상 유지하기 어렵고, 이제는 특별한 사정이 없는 한, 만 60세를 넘어 만 65세까지도 가동할 수 있다고 보는 것이 경험칙에 합당하다고 판시했다.

② 정년연장 정부 추진 정책

• 고령자 고용연장 방안: 60세 이상 고령자 고용지원금, 고령자 계속고용장려금 신설, 신중년 경력형 일자리, 계속고용제도(재고용, 정년연장, 정년 폐지 등), 고령자 재취업 지원 및 고용안정

- 임금피크제: 근로자가 일정 연령에 도달하는 시점(피크)부터 근로시간 조정 등을 통해 임금을 점차 줄이는 제도로, 일정 나이까지 근무 기간을 보장해 주는 대신, 일정 나이가 지나면 임금을 삭감하는 제도이다. 우리나라는 2013년 60세 정년 연장법이 국회를 통과한 후 2016년부터 본격적으로 시행되고 있다.

③ 정년연장에 대한 논란

기성세대와 청년세대의 세대 갈등	기업부담 가중
정년연장이 일자리 부족으로 이어져 청년실업을 가중할 것	• 인건비 부담으로 경제 전체에 마이너스로 작용 • 사회적 공감대가 필요함

많이 보고 많이 겪고 많이 공부하는 것은
배움의 세 기둥이다.

- 벤자민 디즈라엘리 -

통계직

국가공무원 통계직의 모든 것

---

01   **통계직 공무원의 개요**

1. 통계직 공무원이란?

(1) 통계직 공무원은 국가공무원 행정직 중 통계직렬로 선발하는 공무원이다. 주로 통계청에 소속되어 근무하나 통계업무가 필요한 다른 부처로 발령이 나기도 하므로 일반행정, 전산 등 여러 직무 분야에서 근무할 통계학 전공자 외 타전공자들도 충분히 자신의 능력을 발휘할 수 있다.

(2) **통계직 공무원의 계급 및 직급(「공무원임용령」 별표 1)**

직군	직렬	직류	계급 및 직급						
			3급	4급	5급	6급	7급	8급	9급
행정	통계	통계	부이사관	서기관	통계사무관	통계주사	통계주사보	통계서기	통계서기보

2. 통계직 공무원의 주요업무

(1) 국가 통계 활동 기획 및 작성

(2) 표준분류조사를 설계하여 경제 · 사회에 관련된 통계조사 실시 · 공표

(3) 통계정보자료 유지 · 관리

(4) 통계조사방법 수집

1. 통계청의 주요업무

(1) 국가통계 활동의 기획 및 조정

(2) 국가통계 신뢰성 제고를 위한 품질진단 및 통계 기준 설정

(3) 국가정책 수립의 기초가 되는 주요 국가 기본통계 생산

(4) 국가통계정보 통합관리 및 통계자료 서비스 제공

(5) 통계 전문교육 실시 및 통계기법 연구 · 개발

2. 통계청의 조직

(1) 통계청 조직도

※ 출처: 통계청 홈페이지(kostat.go.kr)

(2) 소속기관

① 통계교육원

교육기획과	• 교육훈련계획의 수립 및 시행 • 교육에 관한 국제 협력사업의 실시 • 외국인 통계업무종사자에 대한 교육과정의 기획 및 운영 • 보안 · 관인관리 및 인사 • 예산 · 결산 · 회계 · 용도 및 국유재산관리 • 비상계획, 청사 · 기숙사 · 후생시설의 관리 • 교육홍보 및 대외업무 • 통계교육을 통한 통계이용 활성화
교육운영과	• 교육운영계획수립 및 교육운영실적 평가 • 업무혁신 관련 교육과정 운영 • 통계 전문교육과정 운영 • 정보화 교육과정 운영 • 강사선임, 교육생 선발, 등록 및 학적관리 • 교재의 편찬 및 발간

② 통계개발원

연구기획실	• 통계개발원 행정 · 기관 운영 • 연구기획조정 · 연구사업 관리 • 국가통계 개선 연구
통계방법 연구실	• 통계작성방법 연구 • 조사표 개선 · 개발 • 데이터정보보호 연구
경제사회통계 연구실	• 경제통계의 개선 · 개발 · 분석 · 예측 • 사회통계의 개선 · 개발 · 분석 · 예측 • 인구통계의 개선 · 개발 · 분석 · 예측
정책통계 연구팀	• SDGs 지표 연구 • 정책통계 · 지표의 개선 · 개발 연구

③ 5지방통계청, 1지청(34개 사무소, 16개 분소)

- 5지방통계청: 경인지방통계청, 동북지방통계청, 호남지방통계청, 동남지방통계청, 충청지방통계청
- 1지청: 강원지방통계지청

3. 통계청 부서별 주요업무

부서	주요업무
감사담당관	• 통계청과 그 소속기관 및 산하단체에 대한 감사 • 다른 기관에 의한 통계청 및 그 소속기관과 산하단체에 대한 감사결과의 처리 • 진정 및 비위 사항의 조사 · 처리 • 공직기강 및 사정, 반부패 및 청렴 업무에 관한 사항 • 공직자 재산등록, 심사, 선물 신고 및 취업제한 제도에 관한 사항 • 그 밖에 청장이 감사에 관하여 지시한 사항
운영지원과	• 공무원의 임용 · 복무 · 교육훈련 · 연금, 그 밖의 인사사무 • 보안업무에 관한 사항 • 관인 및 관인 대장, 기록물의 분류 수발 보존 관리 및 기록관 운영 • 도서실 · 통계전시관의 운영 및 관리 • 예산의 집행 및 결산 • 물품의 구매 및 조달 • 국유재산 및 물품의 관리 • 정부 비상 훈련 기타 비상계획, 공무원 노동조합에 관한 사항 • 기타 청 내 다른 국의 주관에 속하지 아니하는 사항
경제동향통계 심의관	산업 동향, 서비스업 동향 등 동향 통계를 생산하며, 경제 상황 분석을 강화하여 신속한 경기진단 및 지표 설명자료 제공 등 이슈별 맞춤형 정책분석자료 제공
통계서비스 정책관	• 정보화 기본계획의 수립 및 시행 • 통계데이터베이스 시스템, 통계전산처리 시스템의 개발 및 운영 • 국정 모니터링 시스템의 운영 • 공간정보서비스 기본계획의 수립 및 운영 • 전산장비의 도입 · 관리 • 전산실 및 통신망의 운영 · 관리 • 업무포털 시스템 • 통계청 홈페이지의 개선 · 운영 등
기획조정관	• 주요 업무계획의 수립 및 조정 • 예산 편성 및 집행의 조정 • 대국회 업무의 총괄 • 업무처리절차 및 조직문화의 혁신 등 혁신업무의 총괄 · 지원 • 조직진단 및 평가를 통한 조직과 정원의 관리 • 국제통계협력, 정부 업무평가 및 책임운영기관에 관한 사항 등
통계정책국	• 중장기 국가통계발전계획의 수립 및 운영 • 통계작성기관의 지정 및 지도 • 통계정책기반평가제도의 운영계획 수립 및 시행 • 국가통계 품질관리계획의 수립 및 실시 • 각종 통계의 기준설정 등

통계데이터 허브국	• 통계데이터 구축 · 관리 · 활용과 관련된 제도의 발전계획, 데이터의 개인정보보호 에 관한 기본계획 수립 및 시행 • 통계 생산 및 분석을 위한 행정자료의 정비 관리 및 시스템 운영 • 빅데이터를 활용한 통계의 기획 및 작성 • 마이크로데이터 서비스의 보존 · 관리 및 제공 등
경제통계국	• 경제총조사, 산업통계, 소득통계 등 구조통계를 생산 • 국가경쟁력 강화를 위해 중장기 산업 · 기술구조변화를 심층 분석하여 제공
사회통계국	• 사회통계 전반에 관한 기본계획 수립 및 시행 • 인구동태에 관한 통계의 작성 및 분석 • 경제활동인구조사 · 가계동향조사 · 농어업조사의 기획 및 실시 등
조사관리국	• 현장조사 기획관리 및 환경개선 • 등록센서스, 인구주택총조사의 기획 및 실시 • 통계조사의 표본설계 및 관리 • 통계조사의 대행 • 비대면 조사 실시 및 관리에 관한 기본계획 수립 및 시행 등

03 2023년 통계청 업무추진 여건과 핵심 추진 과제

1. 업무추진 여건

(1) **통계생산**: 변화하는 사회 · 경제구조 진단을 위한 통계 수요에 적극 대응 필요

　① **개선**: 기존 활용 통계를 국민이 더욱더 공감하고 시의성 있게 이용할 수 있도록 통계 개선 요구 지속

　② **개발**: 새로이 부각되는 경제 · 사회 이슈 해결 및 정책 연구 · 설계를 뒷받침할 수 있는 맞춤형 통계 개발 필요성 확산

(2) **통계데이터 서비스**: 더 많은 통계데이터에 대한 수집 · 분석 요구 증가

　① **플랫폼**: 통계와 데이터를 더 많이 모아, 더 편리하게 이용할 수 있는 제도적 보완 및 데이터 융합 · 분석 요구 확대

　② **서비스 혁신**: 국민의 소중한 답변으로 작성된 통계정보를 더욱 쉽고, 빠르게 활용할 수 있는 국민 중심 통계서비스 혁신 요청 증대

(3) 통계관리 · 미래 대비: 통계 발전을 견인하는 효율적 관리와 미래 대비 절실

　① **통계관리**: 증거 기반 의사결정을 지원할 수 있게 국가통계 관리 방식의 효율성을 높이고, 통계 발전 인프라(통계법 개정, 스마트방식 조사체계 구축, 조사시스템 개선 등) 조성 요구 지속

　② **통계역량**: 새로운 통계기법 · 이론 등을 선제적으로 연구하고, 학생 · 일반인의 통계 소양 교육 확대 및 통계종사자 전문성 제고 필요

　③ **국제협력**: 개도국의 통계지원사업에 대한 요구와 국제기구와의 협업사업 발굴 · 파트너십 강화 필요성 증대

2. 핵심 추진 과제

(1) 국가통계 수요에 적극적으로 대응

　① 국민이 체감 가능한 통계 생산 확대

물가지수 개편	• 최근 소비지출 구조 변화를 시의성 있게 반영 • 지수가중치 개편: 가구 소비구조 변화 등을 반영한 소비자물가 품목별 가중치를 2022년 기준으로 최신화하고 결과를 공표 • 외식배달비 개발: 외식 대상처별 매장가격 및 배달가격 동시조사를 통해 외식배달비 현황을 파악 → 소비자물가지수와 별도로 외식배달비 지수 공표 • 자가주거비 개선: 소비자물가지수 자가주거비 작성방법 개선요구에 맞추어 보조지표가 아닌 주(主)지표 전환 가능성 검토 및 의견수렴을 통해 물가 체감도 제고 • 가구 특성별 물가지수 공표: 가구 구성, 연령대 등 다양한 가구 특성별 물가지수 작성을 통해 통계 현실 체감 개선 및 이용자 적합성 제고
경제 동향 개편	• 경기 흐름에 대한 정밀하고 정확한 동향 정보 제공 • 경제 상황의 정확한 진단을 위해 광공업생산지수 등 경제 동향 통계의 대표 품목과 가중치를 2020년 기준으로 작성, 공표
자연재해 SGIS 개발	• 자연재해 통계지리정보 개발로 재난대응 지원 • 자연재해정보와 공간통계정보를 융합하여 재해 발생 시 사전 · 사후 분석이 가능한 통계지리정보서비스 개발
빅데이터	• 빅데이터를 활용한 시의성 있는 통계 개발 • 나우캐스트 포털 지표 확대: 기존 신용카드이용액, 온라인 구인 현황 등 8개 지표 이외에 신규 지표(배달앱 이용 소비자 외식 지출, 도로교통량 등)를 발굴 · 서비스 • 근로자 이동행태 통계 개발: 통신사 위치정보와 통계청 통계등록부의 가명정보를 결합, 근로자 이동행태 관련 실험적 통계(통근자 현황, 출퇴근 소요시간, 근무지 체류시간 등)를 개발 • 지역 활동 특성 분석 확대: 관광 이동 경로, 인기 관광지 등을 통해 관광상품 개발, 관광 약자 정책지원 등에 활용하기 위해 통신사, 카드사 등과 협업을 통하여 지역별 관광 특성, 생활행태 특성 등 분석 확대

② 사회적 이슈에 선제 대응

저출산	• 저출산 지표체계를 구축하여 인구 미래 전략 정책 지원 • 저출산 실태 및 원인 진단을 위해 통계지표 발굴, 연구용역(2023년) 수행 및 통계지표를 구성 후 정합성 점검(2024년) 등을 거쳐 지표체계 마련(~2025년)
인구	• 인구위기 현실화에 대응하는 인구통계 개선 및 제공 • 인구추계: 추계 주기를 단축(5년 → 2년)하여 급변하는 인구구조·지역 특성 변화를 반영한 장래인구추계(전국, 시도) 결과 작성·제공 • 이주민통계: 포용적 문화 정착에 필요한 이주 배경 아동·청소년 통계 및 청년 세대통계를 인구주택총조사 기반으로 제공
고용	• 사회환경변화에 맞춘 고용통계 개선 • 경제활동인구조사: 고령화, 고용형태 다변화에 맞추어 고령층 세분화
가계 경제	• 가계금융복지조사를 통한 정확한 가계 경제 파악 기반 조성 • 빈곤: 노인 빈곤 통계 체감도 향상을 위해 자산을 반영한 소득 보조 지표 개발 및 행정자료(사적연금 소득) 추가 활용 추진 • 가상자산: 1차 시험 조사(2022년)에 이어, 가상자산 보유 현황 파악을 위한 2차 시험 조사 실시 및 가상자산 통계작성 방식 검토

③ 맞춤형 지역 통계 확충

소득통계 확충	• 지역경제 관련 시의성 있는 데이터 산출·공유 • 지역경제발전 정책 수립·평가 및 지역경제에 대한 신속한 예측을 위해 지역소득통계 속보를 개발
지역 통계 확충 및 지원 강화	• 지역 통계데이터 확충: 인구·기업부문 통계등록부와 지자체 보유 행정자료 연계 등 지역 정책 개발을 위한 지역 통계데이터 활용 지원 • 표준 메뉴얼 확산: 지역 통계의 통일성과 신뢰성을 높이기 위해 통계작성 단계별로 방법론을 제시한 4종(귀농귀촌실태조사, 일자리종합실태조사, 노인등록통계, 영유아통계)의 표준 메뉴얼 개정지역 통계 확산을 위한 지원 강화
新 지역분류 체계 구축	• 다양한 지역 통계 생산 기반 마련 • 행정구역이 아닌 사회경제적 기능에 따라 도시·비도시 구분 및 도시권을 설정하는 新 지역분류체계 개발 및 적용 방안 연구
맞춤형 통계 데이터 분석	• 지역사회 현안 해결 적극 지원 • 지역 현황 파악 및 현안 해결에 필요한 통계데이터 분석을 통해 지역 정부의 다양한 지역사회 정책 수립 적극 지원

(2) 통계데이터 허브 기능 강화

① 다양한 원천별 데이터 간 연계·활용을 뒷받침하는 데이터 융복합 관리시스템 구축

② 데이터 연계·분석 과정에서 데이터 유출 위험을 원천 차단하기 위한 동형암호 등 데이터 보호 신기술 개발을 지속 추진

③ 통계등록부 구축 고도화

인구통계등록부	• 인구통계 데이터의 통합적 분석 지원 • 아동 · 청년 등 생애주기 및 취약계층 등 맞춤형 정책 분석 지원을 위해 인구 · 가구, 취업활동 통계등록부의 핵심 항목 통합 구축
기업통계등록부	• 기후변화 대응, ESG(Environmental, Social and Governance) 등 기업대상 정책 수립 지원 • 기업혁신, 기후변화, 기업 공간정보 등 항목 추가 확대 • 시의성 있는 정책 지원을 위해 월간 기업통계등록부(SBR; Statistical Business Registers) 구축 · 서비스

④ 통계데이터 연계 · 활용 활성화

연금통계 개발	• 국민의 다층적 노후소득 보장정책 수립 지원 • 각 부처의 연금데이터를 통계등록부 기준으로 연계한 연금통계를 개발, 개인 · 가구 특성별 연금 가입 · 수급 현황 등 파악
가구 부채분석	• 가계부채 대책 지원을 위한 가구 단위 특징 분석 • 통계등록부와 민간신용자료를 결합 • 우리나라 전 가구를 대상으로 가구별 부채의 특성 심층 분석

(3) 국민 중심 통계서비스 혁신

① 통계정보서비스 확대

KOSIS 개편	• 국민 누구나 체감 가능한 통계 서비스 확대 • 성별 · 연령별 · 지역별 등 생활 속에서 통계를 쉽고 재밌게 체험할 수 있는 서비스 확대 · 개편
SGIS 확대	• 통계를 지리정보 기반으로 쉽고 빠르게 활용토록 지원 • 지역별 이슈 및 관심 지표를 서비스하는 지역변화 분석지도 및 기업생태 분석지도, 2종 본격 서비스

② 통계데이터 협력 · 개방 확대

SDC · RDC 서비스	• 원하는 데이터를 편하게 활용하는 기반 조성 • 데이터 연계 · 활성화를 위해 통계데이터센터(SDC) 서비스와 마이크로데이터 이용 센터(RDC; Research Data Center)를 일원화 및 확대하고, 원격분석 서비스도 추진
데이터 거버넌스 협력 강화	• 범정부 데이터 공동 활용 촉진 • 데이터 정책과 관련된 각종 협의체에 참여 · 협력하고, K-CURE 사업 등 통계데이터 공동 활용도 적극 지원

③ 국가통계를 뒷받침하는 IT 인프라 강화

디지털조사 플랫폼 구축	• 정확하고 신속한 국가통계 작성 환경 조성 • 대면조사, 종이조사표 기반의 현 나라통계시스템을 비대면 조사, 디지털 조사표, AI 기반 분류까지 가능한 차세대 시스템으로 구축 완료
통계정보 플랫폼 및 원포털 구축	• 미래형 지능 정보화 추진 • 통계생산 · 분석 · 서비스 전 단계에 걸친 미래 모델 '통계정보 플랫폼 및 원포털' 구축을 위한 정보화전략계획 수립 및 업무 프로세스 재설계

(4) 국가통계 관리체계의 효율화

① 미래대비 국가통계시스템 구축

관리체계 개선	• 통계환경 변화에 맞춰 국가통계 관리체계 유연화 • 다양한 원천을 이용한 통계생산 및 활용에 장애가 되었던 사전승인 중심의 국가통계 관리체계를 품질관리 중심으로 개편
통계법	• 데이터 활용 기반 강화를 위한 통계법 개정 • 데이터 간 연계 활성화를 위해 통계등록부 및 통계데이터센터의 법적 근거 마련을 위한 통계법 개정안 국회 통과 추진

② 실험적 통계 활성화 및 정책통계 발굴

실험적 통계 활성화	• 작성 · 공표 확대 및 이용자 편의성 강화 • 실험적 통계의 작성 · 공표를 지속 확대하고 이용자가 One-Stop으로 편리하 게 활용토록 KOSIS(국가통계포털)에 통합하여 정보 제공
필요통계 적극 발굴 · 지원	• 중앙행정기관 필요통계 지원 강화 • 국정과제 등 주요정책과정이 통계에 기반하도록 필요통계 발굴, 개발 · 개선 방안 제안 및 통계개발 지원

③ 국가통계 생산 인프라 혁신

통계분류	• 국제기준과 국내 환경변화에 맞춰 통계분류 최신화 • 신성장산업 출현 등 급변하는 환경변화에 맞는 경제, 사회 정책 지원을 위해 통계분류 개정 수요를 반영한 표준분류를 적기에 개정

스마트조사
안정화
	• 디지털시대에 대응한 조사체계 구축
	• 스마트기기 및 IT 기술을 활용하여 스마트조사를 확대하고, 시스템 확충(통
	  계조사 과정 데이터 분석 및 업무분장 자동화시스템, 상담 시나리오 구축 추
	  진 등), 홍보 강화 등으로 스마트조사의 조기 정착 추진

(5) 통계역량 및 위상 강화

① 과학적 통계 연구 기반 조성

과학적 통계기법 연구	• 국가통계의 정확하고 과학적인 생산 지원 • 더 과학적인 통계생산을 위해 물가, 지방소멸 등 주요 이슈들에 대해 연구 및 통계분류에 대한 머신러닝 기법 시험적용 분석
사회 · 환경 통계 연구	• SDGs 이행 및 삶의 질 연구 강화 • SDGs 신규지표개발(국가 전체 녹지공간 지수화, 녹지분류 기반 탄소배출량 추정 등)으로 한국의 지속 발전 가능 목표 체계적 이행을 지원하고, 국민 삶의 질 연구 확대

② 통계역량 및 소양 교육 활성화

전문역량 강화	• 통계청 및 통계작성기관의 통계 · 데이터 전문 역량 제고 • 데이터 사이언스 교육 콘텐츠를 확대하고, 통계작성기관 등을 대상으로 맞춤 형 특화 교육을 강화
통계리터러시 함양	• 학생통계 교육 강화 및 일반인 통계 소양 증진 • 다양한 학생통계 교육프로그램의 체계적인 운영(교과서 등 교육콘텐츠 개 발 · 보급 및 전국학생통계활용대회 등 프로젝트형 통계교육 지원) 및 일반 국민 대상 '찾아가는 통계 아카데미', '통계와 인문학' 강연 등 실시

③ 국제사회에서의 통계리더십 강화로 위상 제고

통계외교 확대 및 북한통계 정비	• 국제교류 활성화 및 북한통계 활용성 제고 • 다자협력 내실화: 국가통계발전과 직결되는 이슈(데이터 인재양성, 행정자 료기반 통계작성, 통계데이터 허브 플랫폼 구축 등)를 중심으로 UN, OECD 등 국제기구와의 협업 프로젝트 주도 • 북한통계 개선: 관계기관 분야별 협의체 운영 등으로 남북한 비교 지표 등 을 발굴하고 북한통계의 신뢰성 제고
ODA 확대	• 통계 분야 개도국 협력 강화로 국제 위상 제고 • 핵심통계 지원사업을 모듈화하고, 국내외 관련기관과의 연계 · 협업 등으로 무상 위주에서 유상원조까지 확대하여 국제사회 선도

---

04 2022년 통계청 추진성과

1. 정책 맞춤형 통계 확충 → 정책 고객을 포함한 통계이용자들의 만족도 향상

(1) 맞춤형 통계: 저출산, 새로운 고용형태 출현 등에 대응한 맞춤형 통계확충으로 국정 목
표인 '함께 따뜻한 동행'을 위한 국가정책 지원

(2) 지역통계: 지역별 특화산업 육성, 지역발전정책 수립에 도움이 되는 지역 통계 확충으로 골고루 잘사는 지역 균형 발전정책 수립 지원

2. 국민 중심의 통계 데이터 서비스 강화 → 통계정보서비스 활용성 증가

(1) 통계정보 서비스: KOSIS 시각화 서비스 개선, 지리정보 기반 SGIS 서비스 확대 등으로 이용자 친화적 통계정보서비스 제공(12월)

(2) 통계데이터 융합: 통계등록부를 확충하고 연계·분석도 활성화하여 통계데이터 가치 제고
圆 카드, 행정자료 등을 활용한 속보지표 체계인 나우캐스트(Nowcast) 포털 서비스(4월)

3. 국가통계 관리 효율화 → 국가통계생산 방식 다변화 구조 마련

(1) 국가통계 제도: 국가통계 발전 방향을 제시하는 3차 기본계획 수립(2023~2027), 관련 법령·지침 개정 추진 등으로 통계환경변화에 대응

(2) 국가통계관리: 품질관리 강화 및 통계분류 적기(適期) 개편 등을 차질 없이 수행하여 국가통계를 효율적으로 관리

(3) 실험적 통계: 빅데이터 등 새로운 유형의 데이터 활용 또는 새로운 방식을 적용한 실험적 통계의 작성·활용 확대

4. 통계역량과 위상 제고 → 통계교육의 저변을 확대하고, 국제사회에 기여

(1) 통계역량: 통계인력 전문성 향상 및 대국민 통계데이터 리터러시를 함양(중앙·지방 공무원 통계교육 확대, 전국학생통계활용대회 개최 등)

(2) 국제협력: 공적개발원조(ODA; Official Development Assistance)·다자·양자 협력 강화를 통해 선진 통계기법을 공유·확산하는 등 국제사회 선도(수출입은행, 아시아개발은행 등 국내외 기관과 MOU 체결 등)

01 기출 빈출 리스트

- 통계란 무엇이라고 생각합니까?
- 본인이 통계청에 대해 기사를 쓴다면 어떤 기사를 쓸 것 같습니까?
- 통계청에 입직하기 위해서 했던 노력이나 앞으로 어떤 노력을 해야 할지 말해 보시오.
- 통계청에서 제공하는 통계 중 관심 있는 것이 있습니까?
- 통계청의 업무는 본청업무와 조사업무로 나뉘는데 어떤 업무를 더 하고 싶습니까?
- 통계청의 홍보 방안에 대해 말해 보시오.
- 통계청의 조사에 대해 무응답자가 점점 늘어나고 있는데, 그 이유가 무엇이라고 생각합니까?
  또 응답률을 높이는 방법에는 무엇이 있는지 말해 보시오.
- 통계청의 정책 중 관심이 있는 것과 그 개선점에 대해 말해 보시오.
- 통계청의 적극행정 우수사례에 대해 말해 보시오.
- 통계청의 업무에 대해 자세히 설명해 보시오.
- 통계청 홍보대사가 누구인지 아십니까?
- 통계직에서의 본인의 단점(혹은 장점)은 무엇입니까?

1. 5분 발표

> 서울시청에서 행정을 담당하는 관리자A는 초과근무체크기를 허위로 조작하여 초과근무수당을
> 부당하게 수령하였고, 이에 강등이라는 중징계를 받았다. 이에 B부처에서 관리자A의 부서에 감
> 사를 진행해 120여 명의 공무원이 집단으로 초과근무수당을 부당 수급한 사실을 발견하였으며,
> 고위 공직자의 출장지 부정 수급 등도 무더기로 적발되었다. 적발된 공무원들은 이에 따른 징계
> 를 받았다.

**위 제시문의 내용에서 유추할 수 있는 공직가치와 이를 실천하기 위해 필요한 공직자의 자세
에 대해 자유롭게 발표해 주세요.**

(면접관의 의도)

응시자의 공직관에 대해 알아보고, 자신의 생각을 얼마나 논리정연하게 전달할 수 있는지, 이어지는 질문에 대해 얼
마나 순발력 있게 대답할 수 있는지 평가한다.

(핵심 키워드)

도덕성, 청렴성, 적극성, 투명성, 책임성, 공정성, 정직과 성실, 법규와 규정 등

도입

> 제시문은 초과근무수당을 부당하게 수령한 관리자의 부처에 감사를 진행해 집단으로 부정한 행
> 위를 한 공무원을 적발하였으며, 이에 따른 징계를 내렸다는 내용입니다. 저는 여기서 도덕성과
> 적극성이라는 공직자의 자세를 유추하였습니다. 공직자는 옳고 그름을 가리는 태도를 유지해야
> 하는데 부당수급이라는 범법행위를 저질렀다는 데서 도덕성을 유추하였으며, B부처에서 이를 개
> 인의 일탈로 치부하지 않고 전 부서를 대상으로 감사를 진행하였다는 데서 적극성을 유추하였습
> 니다.

직접작성

우선 도덕성에 대해 말씀드리겠습니다. 도덕성은 옳고 그름을 분별하여 법을 지키는 자세로, 공적인 업무를 처리하는 공무원에게는 무엇보다도 중요한 윤리관이라고 생각합니다. 「국가공무원법」 제56조에는 모든 공무원은 법령을 준수하며 성실히 직무를 수행하여야 한다고 나와 있습니다. 도덕성을 준수하려면 우선 불법을 멀리하고 준법정신을 생활화하는 태도가 필요합니다. 과거 제가 도덕성을 발휘한 사례를 말씀드리겠습니다. 저는 과거 ○○쇼핑몰에서 상품을 관리하고 쇼핑몰 홈페이지에 판매 상품을 배치하는 상품 MD 일을 한 적이 있는데, 자신의 상품을 더 좋은 곳에 배치해 달라며 금품을 제공하는 경우가 종종 있었습니다. 하지만 저는 이런 금품 제공을 거부하고 우수하고 가격이 합리적이라서 소비자들이 더 많이 구매할 것이라고 판단되는 좋은 상품들을 우선적으로 배치하였습니다.

다음은 적극성에 대해 말씀드리겠습니다. 적극성이란 업무 관행을 따르지 않고 능동적으로 업무를 수행하는 것으로, 최근 정부에서 국민에게 한 발짝 더 다가가는 적극행정을 지향하면서 적극성의 중요성이 더욱 부각되고 있습니다. 통계청에서 어린이들이 통계를 쉽게 생각할 수 있도록 '통계놀이터' 서비스를 만든 정승훈 주무관의 예가 대표적인 적극행정이라 할 수 있습니다. '통계'라는 분야는 국민들이 어렵게 생각하는 분야인데 어린이들을 대상으로 교육현장에서도 활용할 수 있는 쉬운 자료를 만들었다는 것은 공무원 개인이 적극적인 태도로 우리 통계청의 업무를 알리고 통계청의 이미지까지 제고하는 데 큰 역할을 한 사례라고 생각합니다.

직접작성

통계청은 국민권익위원회에서 진행한 청렴도 종합평가에서 9년 연속으로 1등급 평가를 받았습니다. 제가 통계청에 들어간다면 그런 통계청의 위상에 걸맞은 청렴하고 책임감 있는 공무원으로서 더욱 발전된 통계청을 만드는 데 일조하도록 노력하겠습니다.

직접작성

➕ 제시된 답안을 통해 나올 수 있는 추가 질문

- 도덕성과 적극성이 공직사회에서 중요한 이유는 무엇입니까?
- 도덕성과 적극성을 공무원들이 잘 지키지 못하는 이유가 무엇이라고 생각합니까?
- 도덕성을 통계청에서 어떻게 발휘할 수 있는지 말해 보시오.
- 도덕성과 적극성을 증진시킬 수 있는 방안으로 어떤 것이 있는지 말해 보시오.
- 소극행정은 무엇이고 어떤 사례가 있는지 말해 보시오.
- 초과근무수당을 허위로 작성한 사람이 많다면 그 이유는 무엇이라고 생각합니까?
- 제시된 사례와 같이 부정으로 수당을 지급한 상황을 언론에서 접한 적이 있습니까?
- 만약 상사가 위와 같이 출퇴근을 허위로 체크하도록 부당 지시하면 어떻게 하겠습니까? 만약 안 된다고 설득해도 관행이라면서 계속 시키면 어떻게 하겠습니까?

➕ 면접 플러스

도덕성과 공무원의 일반적 관행이 상충하는 내용이라면 그런 상황에서 도덕성을 어떻게 실현할 수 있는지 원론적인 내용보다 현실적인 방안을 고민하여 말하도록 한다.

2. 경험형 문제

근무하고 싶은 부처와 직무를 기술하고, 해당 직무의 수행을 위해 어떤 노력과 경험을 하였는지 서술하시오.

면접관의 의도

응시자의 업무 이해도 및 업무 적합성을 평가하기 위한 질문이다.

핵심 키워드

희망 직무, 직무 내용, 현실적 · 구체적 노력, 업무 경험, 공직가치

희망 부처

통계교육원 교육기획과

직접작성

희망 직무

실용통계교육 기획 및 외국인 통계 관련 인력 교육 기획 · 관리

직접작성

해당 직무 관련 노력과 경험

- 교육 경험: 통계학과 졸업(조사분석법, 심리통계 등 관련 과목 이수), 미국에서 1년 동안 어학연수
- 업무 경험: 다국적 회사 영업 지원실에서 근무(1년 6개월, 영업 자료 수집과 분석, 각종 자료 작성, 자료 관련 부서별 교육), ○○쇼핑몰 상품 MD(1년, 영업몰 데이터를 수집하여 판매자료 분석, 사이트에 제품 디스플레이), 국내 리서치 기업 서베이 매니저 인턴(6개월, 기업에서 진행한 서베이 관리)
- 자격증: 사회조사분석사 2급, 토익 920점
- 희망 직무 관련 경험: 통계청 유튜브 · 홈페이지 등 정독하며 각종 보도자료 검토, KOSIS(국가통계포털) · 서울데이터광장 등 통계청 제공 자료 이용 경험
- 봉사활동: 외국인 어학당 교육 봉사(1년), 학과 교환학생 멘토링 프로그램(중국 학생)

```
┌─────────────────────────────────────────────────────┐
│  직접작성                                            │
│                                                     │
│                                                     │
│                                                     │
│                                                     │
│                                                     │
│                                                     │
│                                                     │
│                                                     │
│                                                     │
│                                                     │
└─────────────────────────────────────────────────────┘
```

서술 내용을 바탕으로 한 질문과 답변 예시

해당 업무를 지원한 동기는 무엇입니까?

리서치 기업에서의 서베이 매니저 경험과 다국적 회사에서의 영업 자료 분석 경험을 통하여 자료 분석 결과는 기업의 방향을 결정할 만큼 중요하며, 그만큼 통계청의 업무야말로 국가의 나아갈 방향을 정하는 데 큰 역할을 한다는 것을 느꼈습니다. 또 저의 전공인 통계학과 어학연수, 각종 봉사활동, 다국적 회사 근무 등의 다양한 경험이 합쳐져 시너지 효과를 낼 수 있는 곳이 바로 교육기획과라고 생각하였습니다.

```
┌─────────────────────────────────────────────────────┐
│  직접작성                                            │
│                                                     │
│                                                     │
│                                                     │
│                                                     │
└─────────────────────────────────────────────────────┘
```

본인의 장점은 무엇이며, 그것을 통계청 직무에서 어떻게 활용할 수 있습니까?

제 장점은 굉장히 꼼꼼하고 소통을 잘한다는 것입니다. 처음 근무했던 다국적 회사에서는 타 부서에서 판매자료를 분석한 후에 이를 필요로 하는 부서에 제공하고 그 내용에 관해 설명하는 역할을 하였습니다. 자료 요청이 다양한 방식으로 와서 처음에는 힘들었지만 일을 진행하면서 부서별로 어떤 자료가 필요한지 인식하게 되었고, 제 친화력을 바탕으로 관계자들과 친해지면서 점점 해당 부서의 니즈를 반영하여 세심한 자료를 만들게 되어 호평을 받았습니다. 제가 실용통계교육 업무와 관련하여 지원하였는데, 제 장점을 바탕으로 관리 대상을 친화력 있게 대하며 그들의 니즈를 읽어 맞춤형 교육과 관리가 가능할 것이라고 생각합니다.

직접작성

공직사회의 문제점과 그 개선 방안을 말해 보세요.

예전에 어느 기사에서 공공행정 전문가들이 공직사회의 대표적인 문제점으로 폐쇄성을 뽑았다는 내용을 보았습니다. 조직문화가 경직되어 있고 직급과 부처, 세대 간에 장벽이 있어 외부 시대의 변화에 발 빠르게 대응하지 못한다는 것입니다. 이런 상황에서 가장 중요한 해결책은 역시 '소통'과 '개방성'이라고 생각합니다. 모든 조직에 절차가 있고, 이를 정확하게 지키는 것이 가장 중요하지만 공무원 스스로 이런 경직된 현 문화를 '당연한 것'이라고 생각하지 말고 직급별, 부처별, 세대별, 또 외부와의 소통을 적극적으로 해나가야 21세기 경쟁 사회를 맞아 국제적으로 선도해 나갈 수 있을 것이라 생각합니다.

직접작성

표본조사와 전수조사의 장단점에 관해 말해 보세요.

전수조사는 전체 모집단 전부를 조사하기 때문에 다양하고 희귀한 모집단 개개의 특성을 파악할 수 있고 일반화하기에 용이하지만 경제성과 신속성이 떨어져 조사과정에서 비표본오차가 발생할 가능성이 높습니다. 반면, 표본조사는 표본오차는 발생하지만 모집단 전체 조사가 불가능한 경우에 활용할 수 있고 비표본오차의 감소와 조사대상의 오염 방지를 통해 전수조사보다 더 정확한 자료를 얻을 수 있다는 장점이 있습니다.

직접작성

➕ 기타 추가 질문

• 여러 행정 직군 중 통계직에 지원한 이유는 무엇입니까?

• 지원부처의 업무에서 가장 중요한 것은 무엇입니까?

• 통계학을 전공하였는데, 수강과목 중에 어떤 과목이 가장 어려웠습니까?

• 멘토링 프로그램 경험이 있다고 하였는데 어려웠던 점과 성과에 대해 말해 보시오.

• 회사에서 자료를 만들고 이를 부서별로 교육하였다고 하였는데 어떤 방법으로 실시하였으며 교육 후 어떤 점이 개선되었습니까?

• 유튜브와 홈페이지를 보았다고 하였는데, 인상 깊었던 통계청의 정책이 있습니까?

• 통계청 유튜브 조회수가 낮은 이유는 무엇이라고 생각합니까? 이를 어떻게 개선할 수 있는지 말해 보시오.

• 국가통계포털 등을 이용해 보았다고 하였는데 어떤 점이 도움이 되었고, 어떤 점이 불편하였습니까?

• 외국인 응대 경험이 많다고 하였는데 어떤 부분이 가장 힘들었으며, 이를 어떻게 극복하였습니까?

• 통계청 업무 중에서 외국에 자랑하거나 소개할 만한 업적이 있다면 말해 보시오.

• 쇼핑몰 상품을 판매하였다면 고객과 제품사를 모두 상대해야 했을 텐데 이 경우 민원이 발생한 적이 있습니까? 이를 어떻게 해결하였습니까?

➕ 면접 플러스

여러 노력과 경험 중에서 직무 능력 입증에 도움이 되지 않는 것은 큰 노력과 시간을 투입한 것이라 해도 과감히 버릴 수 있어야 한다. 또한 자기소개서에 기술한 경험 내용은 갈등이 발생한 후 이를 해결한 적이 있거나 실패했지만 교훈을 얻은 사례를 기술하여 추후 면접관의 질문 시 해당 갈등을 어떻게 해결하였는지, 어떤 점을 배웠는지 설명할 수 있으면 좋다.

3. 상황형 문제

귀하가 관리하는 공익근무요원 B는 업무능력도 훌륭하고 좋은 태도로 부서 내 평판도 좋습니다. 하지만 최근 부서의 허락을 받지 않은 불법적인 아르바이트를 하다가 적발당해 처벌받을 예정입니다. 본인은 생계가 어려워서 아르바이트를 하였다고 주장하였으나 실제로 조사해 보니 어려운 상황인 것은 맞지만 생계 곤란까지는 아닌 것으로 파악되었습니다. 하지만 해당 공익근무요원은 계속해서 생계 곤란을 호소하며 처벌을 내리지 말아 달라고 요청하고 있습니다. 담당자로서 어떤 조치를 내려야 한다고 생각합니까?

면접관의 의도

상황형은 문제 상황을 제시하여 이에 대한 대처 능력 및 공직자로서의 자세를 평가하기 위한 것이다. 해당 제시문은 공직 윤리에 대한 딜레마 상황을 제시하고 이를 해결하는 과정을 통해 응시자의 상황 대처 능력과 공직에 대한 이해도를 평가한다.

핵심 키워드

공정성, 도덕성, 준법정신, 선례, 선처, 원칙, 평판

상황 파악

- 평판이 좋은 공익근무요원 B가 부서 허락 없이 아르바이트한 것이 적발되어 처벌받을 예정
- 공익근무요원B는 생계 곤란을 이유로 선처 요청
- 실제 조사해보니 어려운 상황이기는 하지만 생계 곤란까지는 아닌 것으로 파악

직접작성

- 기준
  - '공정성'과 '도덕성(준법정신)'이 중요
  - 추후 발생할 수 있는 비슷한 사례에 대한 선례를 남기기 위해 원칙대로 처리
- 처리 방법
  - 객관적인 조사 결과 생계 곤란은 아니므로 이를 자료로 제시하며 공익근무요원 B에게 설명
  - 직접 관리하는 공익요원이므로 생계의 어려움을 해결하는 데 도움이 되는 각종 지원 정책을 알아보고 지원

직접작성

향후 대처

- 동일하게 불법 아르바이트를 하고 있지만 적발되지 않은 공익요원이 있을 수 있으므로 전수조사 실시
- 공익근무요원 전체를 대상으로 비슷한 문제가 재발하지 않도록 교육 진행

직접작성

• 원칙대로 처리하겠다고 하였는데 이를 해당 공익근무요원에게 어떻게 설명하겠습니까?

• 공익근무요원에게 조사에서 나오지 않은 다른 어려운 사정이 있어서 실제로 돈이 필요한 상황이었다면 어떻게 하겠습니까?

• 본인이 1년 넘게 담당하면서 친하게 지낸 사이였더라도 처벌을 내리겠습니까?

• 만약 해당 공익요원이 징계가 과하다며 화를 내면 어떻게 대응하겠습니까?

• 만약 다른 공익근무요원들이 징계가 너무 세다며 항의하면 어떻게 하겠습니까?

• 정부 지원 정책을 소개해준다고 하였는데 어떤 것들이 있는지 말해 보시오.

• 이와 같은 딜레마 상황이 조직에서 종종 발생하여 스트레스를 받는 경우가 많은데, 그럴 때는 어떻게 스트레스를 해소하겠습니까?

➕ 면접 플러스

'선처하지 않는다.', '선처한다.' 모두 가능한 대답이지만, 자신이 해당 대답을 선택하게 된 원칙과 근거를 확실히 제시해야 한다.

03

01 보도자료와 정책자료

1. 보도자료

(1) 우리나라 인구 통계를 한눈에, '인구로 보는 대한민국'

◎ 통계청	**보 도 자 료**		다시 도약하는 대한민국 함께 잘하는 국민의 나라
보도 일시	2023.2.27.(월) 10:00	배포 일시	2023.2.27.(월) 08:00

우리나라 인구 통계를 한눈에, '인구로 보는 대한민국
– 국가통계포털(KOSIS), 인구를 주제로 한 통계시각화콘텐츠 등 개편 –

통계청(청장 한훈)은 국민 누구나 인구 통계를 쉽고 재밌게 경험할 수 있는 KOSIS 통계시각화콘텐츠, '인구로 보는 대한민국'을 개편하여 2월 27일부터 새롭게 서비스한다. KOSIS 통계시각화콘텐츠란 정보의 양이 방대한 텍스트 위주의 통계에서 핵심정보를 추려 누구나 쉽게 이용하고 이해할 수 있도록 도표 · 애니메이션 · 인포그래픽과 같은 시각적 요소로 표현한 콘텐츠이다.

통계시각화콘텐츠 '인구로 보는 대한민국'은 인구구조의 변화가 사회 · 경제에 미치는 영향에 대해 이용자가 다양한 방법을 통해 경험하고 이를 바탕으로 미래를 전망할 수 있도록 개편되었다. 주요 개편 내용은 다음과 같다.

- 지표 확충: 인구구조의 변화와 함께 연관된 지표(고령화 · 다문화 등)를 분석하여 서비스 지표를 기존 13종에서 142종으로 확대
- 콘텐츠 강화: 인구의 과거 · 현재 · 미래 변화를 먼저 한눈에 살펴보고(인구상황판), 주제별로 연관된 지표를 관계도맵, 러닝차트 등을 통해 보다 직관적으로 비교 · 분석(인구이야기, 인구더보기)할 수 있도록 재구성

- 편의성 제고: 시계열 조정, 연관통계표 조회 등 편의기능을 추가하고, 최신 디자인 트렌드를 반영하여 이용자 친화적인 그래픽 중심 서비스로 전환

'인구로 보는 대한민국'과 함께 '100대지표'와 '통계놀이터' 콘텐츠도 확대·개편하여 제공한다. '100대지표'는 국민의 관심도가 높고, 영역별 대표성을 가진 통계지표 100개를 선정하여 중요한 정보만을 간편하게 압축·제공하는 통계시각화 콘텐츠이다.

'100대지표' 개선 사항
- 지표 최신화: KOSIS 이용실적과 지표선정연구를 통해 국민 관심과 사회변화를 반영하여 지표 최신화
- 연관지표 제공: 해당 지표와 관련된 여러 연관지표를 추가로 제공함으로써 이용자의 통계 경험 확대
- 편의성 제고: 불필요한 텍스트를 시각적 요소로 교체하고, 시계열 조정 등 편의기능 강화

'통계놀이터'는 교과과정과 연계하여 어린이가 통계를 쉽게 이해하고 데이터 활용 능력을 체득할 수 있도록 한 통계교육 콘텐츠이다.

'통계놀이터' 개선 사항
- 초등교과연계 콘텐츠 확대: 5·6학년 신규 검정교과서(176종) 내의 100여 개 통계표(중복 제외)를 추가 서비스
- 초등학교 선생님의 통계 프로젝트 수업을 지원하는 '통계클래스룸' 기능 개발: 교과서와 연계된 최신의 통계표와 통계 수업자료로 교사와 학생이 함께 토의할 수 있는 공간 제공

이번에 개편된 서비스는 반응형 웹 기술을 적용하여 PC·스마트폰·태블릿 등 이용자의 다양한 정보기기 환경에서 쉽게 접근하여 이용할 수 있다.

한훈 통계청장은 "통계시각화콘텐츠와 통계놀이터 같은, 통계에 대해 흥미를 느끼고 쉽게 접근할 수 있는 콘텐츠를 지속해서 개선·발굴함으로써 국민이 체감할 수 있는, 국민 중심의 통계서비스를 확대해 나갈 것"이라 밝혔다.

(2) 한국신용데이터와의 데이터 제공 및 활용 협력 체결

⊙ 통계청	보 도 자 료		다시 도약하는 대한민국 함께 잘사는 국민의 나라
보도 일시	2023.1.18.(수)	배포 일시	2023.1.18.(수)

통계청, 한국신용데이터와 데이터 제공 및 활용 협력
– 빅데이터 기반 미래 경쟁력 강화를 위한 업무협약 체결 –

통계청(청장 한훈)과 주식회사 한국신용데이터(대표 김동호)는 2023년 1월 18일(수) 한국신용데이터 본사에서 '빅데이터 기반 미래 경쟁력 강화를 위한 업무협약'을 체결하였다. 양 기관은 이번 업무협약을 통해 '나우캐스트(Nowcast) 포털[*] 서비스 확대, 공공·민간 데이터 융합 분석을 통한 소상공인 동향 연구 등에 상호 협력할 것을 합의하였다.

[*] 나우캐스트(Nowcast) 포털: 공공·민간 빅데이터를 이용하여 가계, 사업체, 일자리, 공중보건 4대 부문의 속보성 지표 8개를 주간단위로 시의성 있게 제공하여, 경제위기와 같은 충격이 유발하는 경제·사회적 영향을 신속히 표현하는 시스템

한훈 통계청장은 빅데이터 기반의 새로운 통계생산에 한국신용데이터의 자료를 활용할 수 있게 되어 의미가 크다고 하면서, "양 기관의 데이터 교류 및 분석역량 부문에서 상호 협력하여 데이터 가치를 높이는 또 하나의 협력 사례가 될 것이며, 서로의 강점과 경험을 충분히 살려 데이터 기반의 미래 경쟁력 강화로 공공과 민간이 상생할 수 있는 기회가 될 수 있기를 희망한다."라고 밝혔다.

한국신용데이터 김동호 대표는 통계청과의 협업이 한국신용데이터가 '캐시노트'를 통해 축적한 전국 130만 소상공인의 정보를 기반으로 현실을 더욱 빠르고 정확하게 알릴 수 있을 것으로 기대한다며, "한국신용데이터의 데이터는 소상공인의 경영 현황을 실시간에 가깝게 반영하는 장점이 있지만, 정확성을 100% 담보하지 못하는 한계가 있었는데, 통계청과의 협업을 계기로 지역 경제, 소상공인의 현황을 보다 빠르고 정확하게 파악할 수 있을 것이다."라고 말했다.

양 기관의 업무협약으로 통계청은 '나우캐스트 포털'에 속보성 지표를 추가로 개발하여 연내에 서비스할 계획이며, 앞으로도 데이터 기반의 의사결정 문화 정착에 기여할 수 있도록 협력관계를 더욱 확대해 나갈 것이다.

(3) 공공기관 종합청렴도 최우수기관(1등급)으로 선정

⊙ 통계청	보 도 참 고 자 료		다시 도약하는 대한민국 함께 잘사는 국민의 나라
보도 일시	2023.1.26.(목)	배포 일시	2023.1.26.(목)

통계청, 공공기관 종합청렴도 최우수기관(1등급)으로 선정

통계청(청장 한훈)은 국민권익위원회에서 2023년 1월 26일 발표한 '2022년도 공공기관 종합청렴도 평가결과'에서 종합청렴도 최우수 기관(1등급)에 선정되었다.

통계청의 종합청렴도는 100점 만점 중 90.2점으로 나타나 같은 평가대상인 21개 차관급 중앙행정기관 전체 점수(84.3)보다 5.9점 높았다. 이는 2013년부터 청렴도 최우수 기관으로 평가되어 오다가, 2022년 개편한 청렴 평가체계에서도 1등급으로 평가되어 최근 10년간 청렴도 최우수기관으로 선정되었다.

종합청렴도를 구성하는 청렴체감도는 업무처리과정에서 발생할 수 있는 부패 인식 및 경험에 대한 평가 영역으로 상위 수준의 평가를 받아 일반국민들은 통계청을 청렴한 기관으로 인식하고 있음을 보여 주었다.

청렴노력도는 반부패 추진 노력과 운영실적 등에 대한 평가 영역으로 「이해충돌방지법」, 「청탁금지법」의 안정적 운영 등 청렴시책 추진에 있어서도 모범적으로 수행하고 있음을 나타내었다.

통계청이 종합청렴도 최우수 기관으로 선정된 것은 전 직원이 청렴정책에 적극 참여하고 소통과 공유를 통하여 통계청의 반부패 청렴가치를 능동적으로 실현하기 위한 노력의 결과이다. 또한, 청렴문화를 조직차원에서 정착시키기 위해 신고자 보호, 불공정관행 근절, 예방감사 등을 전개하며 지속적인 청렴 교육과 메시지 전파 등을 통해 직원들의 업무환경에서 청렴의식을 배양하도록 도운 결과이기도 하다.

한훈 통계청장은 "앞으로도 조직의 청렴문화를 선도하고 수평적 소통환경을 조성하며 갈등 및 부패요인을 사전에 발굴하여 예방하는 등 국민들에게 더욱 신뢰받는 통계청으로 다가갈 수 있도록 최선을 다할 것이다."라고 하였다.

※ 본 저작물은 공공누리 제1유형에 따라 통계청(www.kostat.go.kr)의 공공저작물을 이용하였습니다.

(4) 제3차 국가통계 발전 기본계획 수립

🏛️ 통계청	보 도 자 료		다시 도약하는 대한민국 함께 잘사는 국민의 나라
보도 일시	2022.12.28.(수)	배포 일시	2022.12.28.(수)

제3차 국가통계 발전 기본계획 수립
– 관계부처 합동으로 국가통계의 발전방향을 담은 중장기 계획을 마련 –

통계청(청장 한훈)은「통계법」제5조의4에 의거 '제3차 국가통계 발전 기본계획 (2023~2027년)'을 국가통계위원회의 심의·의결을 거쳐 국회에 제출하였다. '제3차 국가통계 발전 기본계획'은 향후 5년간 국가통계가 나아가야 할 비전과 방향을 담은 중 장기 계획으로 중앙행정기관·지방자치단체, 주요 통계작성지정기관의 통계 개발·개 선 및 인프라 확충을 위한 추진과제를 기반으로 작성되었다.

■ 제3차 국가통계 발전 기본계획의 주요 내용

국가통계 적극 개발·개선

향후 5년간 88종의 신규통계 개발·기존통계의 개선을 추진하여 최근 사회·경제·환 경변화를 반영한 정책수립 및 의사결정 지원

〈분야별 주요통계 개발·개선 과제(총 88건)〉

인구·주거 (5건)	장래인구·가구추계, 인구총조사, 전국주택가격동향조사, 빈집 통계 등	보건·복지 (15건)	장기기증 및 이식 통계, 장기요양 실태조사, 장애인 편의시설 설치 현황조사 등
고용·경제 (13건)	경제활동인구조사, 일·가정양립 실태조사, 국민시간이전계정, 경제총조사	교육·훈련 (12건)	교육기본통계조사, 학생건강검사 조사, 평생학습개인실태조사, 진로교육조사 등
문화·여가 (7건)	예술산업현황조사, 스포츠위성계정, 게임산업조사, 문화다양성 실태조사 등	환 경 (11건)	국가 온실가스 통계, 지역 녹색산업 현황 통계, 한국수문통계, 상하수도 통계 등
범죄·안전 (6종)	119구급활동조사, 위험물유통실태조사, 가정폭력실태조사, 성폭력실태조사 등	농림·수산 (10건)	농산물소득조사통계, 축산환경 실태조사, 수산물가공업 통계, 해양 수산업통계 등
과학·정보 (3종)	웹 접근성 실태조사, 디지털정보격차실태조사, 기후기술 산업통계 등	사회일반 등 (6건)	자살실태조사, 청소년종합실태조사, 인권의식실태조사 등

국가통계 관리체계 효율화

- 실험적 통계 활성화, 사전승인제도를 사후품질관리 중심으로 개편하는 국가통계 관리체계 합리화 등 국가통계 승인 및 관리제도 개선
- 필요통계 개발 지원을 통해 국정과제 성과 극대화, 품질관리의 대상을 국가통계에서 통계 및 데이터로 확대 추진하여 데이터 품질 제고

통계데이터 허브 플랫폼 구축

- 통계등록부로 각 기관 자료를 연계하여 디지털 플랫폼 정부와 데이터 기반 정책을 지원하는 '통계데이터 허브 플랫폼'을 구축
- 다양한 정책 수립 지원을 위해 통합통계등록부 · 기업통계등록부 등 통계등록부 확충, 최신 정보보안 기술을 도입하여 개인정보보호 강화

통계에 대한 접근성 및 활용도 강화

- 이용자 편의성 향상을 위해 분산된 대국민 통계서비스를 통합하여 서비스하는 통계정보플랫폼 및 원포털 구축
- KOSIS, MDIS, SGIS 등 다양한 통계서비스를 이용자 중심으로 개편하여 통계 · 데이터에 대한 이용자 접근성 및 활용도 향상

통계 작성방식 선진화 및 기준년 개편을 통한 시의성 제고

- 차세대 나라통계시스템 활용 확산을 통해 통계생산의 전문성을 향상하고, 센서스 업무에 GIS 활용, 클라우드 인프라 등 정보기술(IT) 패러다임 전환을 반영
- 비대면조사 확대를 통해 통계생산방식의 다변화를 도모하고, 주요 경제지표를 개편하여 최근의 산업구조 변화를 반영하고 정확성을 제고

통계 역량 · 위상 강화로 미래 대비

데이터 분석 · 활용 선도를 위한 데이터 사이언티스트 양성, 통계연구를 통해 증거기반 정책지원, 공적개발원조(ODA) · 다자 · 양자협력 강화를 통해 국제사회에 기여

(5) 통계개발원, 「KOSTAT 통계플러스」 2022년 겨울호 발간

⬡ 통계청	보 도 자 료		다시 도약하는 대한민국 함께 잘사는 국민의 나라
보도 일시	2022.12.23.(금)	배포 일시	2022.12.22.(목)

통계개발원, 「KOSTAT 통계플러스」 2022년 겨울호 발간
- 한국인의 행복수준, 지난 25년간 주거 특성 변화 등 -

통계청 통계개발원에서는 경제·사회·인구 등 다양한 분야의 주제를 심층 분석하는 「KOSTAT 통계플러스」 2022년 겨울호를 발간하였다.

이슈분석에서는 한국인의 행복 수준과 행복 취약계층을 위한 국가의 역할을 살펴보고, 지난 25년간 우리나라의 주거 특성변화를 분석하였다.

'한국인의 행복, 무엇을 해야 할까?'에서는 주요국가 대비 우리나라 국민의 행복수준, 행복 불평등 수준 및 행복 취약계층을 살펴보았다. 우리나라는 경제 수준 대비 국민들의 행복 수준이 낮고 행복 불평등 수준도 높았으며, 노인, 1인 가구, 사회적 관계 불만족 및 경제 수준이 낮은 집단이 행복 취약계층으로 파악되었다.

'지난 25년, 우리가 사는 집에는 어떤 변화가 있었나?'에서는 인구·주택총조사 자료를 활용하여 1995~2020년 동안의 주거 특성변화를 분석하였다. 지난 25년간 주택의 절대 부족 문제는 해결되었으나 자가 점유율은 55% 전후에서 거의 정체된 상태이며, 주거 빈곤 가구 규모는 2005년 305만 가구에서 2020년 176만 가구로 지속해서 감소하였음을 분석하였다.

통계프리즘에서는 '국민 암 예방수칙에 대한 인식 및 실천행태', '코로나19 발생 이후 우리 집 소비는 어떻게 바뀌었는가?' 및 '코로나19가 중소기업에 미친 영향'을 살펴보았다.

국민 암 예방수칙에 대한 인식 및 실천행태'에서는 2021년 국민 암 예방수칙 인식 및 실천행태 조사결과를 분석하였다. 국민 약 80%가 암이 예방 가능하다는 사실을 알면서도 이를 위한 실천율은 약 40%에 머물러 예방수칙 실천율 제고 노력이 더 필요한 것으로 나타났다.

'코로나19 발생 이후 우리 집 소비는 어떻게 바뀌었는가?'에서는 가계동향조사 결과로 본 코로나19 발생 전후 소비지출 변화를 살펴보았다. 전년 대비 가구당 월평균 소비지출은 2020년과 2021년에 각각 2.3% 감소 및 3.9% 증가하였으며, 대면 소비 지출은 감소 후 일부 회복되는 모습을 나타냈다.

'코로나19가 중소기업에 미친 영향'에서는 중소기업 기본통계 자료를 활용하여 코로나 19가 중소기업에 미친 영향을 분석하였다. 2019년에 존재한 중소기업의 2020년 매출 액은 전년 대비 1.0% 감소하였으며, 특히 방역 조치 대상 산업의 매출이 크게 감소한 것으로 나타났다.

SRI 리서치노트에는 '데이터경제는 어떻게 측정할 수 있을까?'를 수록하였다. 데이터 경제(Datanomics)의 정의, 데이터경제 관련 국제기구 및 국내·외 연구보고서에 대한 워드 클라우드 및 단어 간 유사도를 분석하였다. 또한, 데이터경제 측정을 위한 개념적 프레임워크(Framework)를 제시하였으며, 데이터 경제를 핵심·협의·광의로 구분하고, 데이터 활용단계(단순, 일상화, 지능화)와 디지털 기술 활용 단계를 다음과 같이 분류하였다.

디지털화	아날로그 정보를 디지털로 변환하는 것
디지털 일상화	디지털 기술을 이용해 비즈니스를 효율적으로 운영하는 것
디지털전환	구독경제 또는 소비자 직접판매(D2C) 등을 구현하는 것

※ 본 저작물은 공공누리 제1유형에 따라 통계청(www.kostat.go.kr)의 공공저작물을 이용하였습니다.

2. 정책자료

(1) 행정자료 우선활용 제도

① 행정자료 우선활용 제도는 통계작성기관이 통계작성 승인·협의 전에 행정자료를 활용한 통계작성 가능 여부를 우선 판단하거나 통계청장에게 판단을 의뢰하는 제도 이다.

② 의의: 각종 조사를 실시하기 전에 행정자료를 우선 활용할 수 있는지를 검토하여 조사에 활용하는 것은 중복조사를 사전에 방지하고 조사의 한계를 극복한다는 측면에 서 의의가 있다.

③ 장점
  • 비용 절감과 국민 응답 부담을 감소시킬 수 있다.
  • 통계작성 주기를 단축할 수 있어서 시의성을 향상할 수 있다.
    예 등록센서스 도입: 인구주택총조사(전수) 주기 단축(5년 → 1년)이 가능
  • 조사통계의 응답오류 및 무응답 항목 대체로 통계 정확성을 제고할 수 있다.
  • 장기연구에 적합하다.

④ 유의점: 행정자료는 관리목적으로 수집된다는 특징을 가지므로, 조사단위 및 정의가 일치하기 어려워 단위나 기준을 일치화해야 하고, 행정자료를 활용한 통계 작성 시에는 접근 가능성, 정보 노출, 오용의 위험 등이 고려되어야 한다.

⑤ 활용 사례
- 경제통계: 기업활동조사에서 경영실적은 국세청, 특허 건수는 특허청, 수출입액은 관세청 통관 수출입액으로 전면 대체한다.
- 주택소유통계: 건축물대장, 재산세, 주택공시가격, 임대사업자 자료 등을 파악하여 통계작성에 활용 가능한 행정자료인지 검토한다.

(2) 통계기반 정책평가 제도

① 중앙행정기관의 장이 소관 법령의 제정 또는 개정을 통하여 새로운 정책과 제도를 도입하거나 종전의 정책과 제도의 중요 사항을 변경하는 경우에 그 도입·변경되는 정책과 제도의 집행·평가에 적합한 통계의 구비 여부 등에 대한 평가를 통계청장에게 요청해야 하는 제도이다. 통계청장은 정책의 집행·평가에 필요한 통계지표의 구비 여부 및 통계개발·개선계획의 타당성을 평가하고 중앙행정기관의 장은 평가 결과에 따라 필요 통계지표를 작성하여 정책에 활용해야 한다(「통계법」 제12조의2 제1항).

② 도입 배경: 정확한 통계에 기반한 과학적 정책 수립 체계 확립을 위해 통계와 정책의 연계를 강화하여 정책의 효과성을 제고하기 위해 마련되었다.

③ 활용 사례
- 과학기술정보통신부: 디지털방송의 난시청 해소 지원으로 소출력 중계기 구축, 마을 공시청시설, 위성수신기 보급 등 디지털방송 수신환경조사 분석을 통해 난시청 해소 및 수신환경 개선 정책에 활용하고 있다.
- 소방방재청: 연구비용, 기술 및 특허 건수 등 소방산업 통계조사 결과를 소방산업 진흥 시행계획 수립에 활용하고 있다.

(3) 통계청의 적극행정

① 어린이 통계활용서비스 KOSIS 통계놀이터 신규 개발: 교과과정과 연계한 국가통계를 어린이 눈높이에서 제공하여 교육에 활용할 수 있게 지원하고, 공신력 있는 통계자료 및 콘텐츠를 제공하여 신뢰할 수 있는 통계 사용의 생활화를 유도하고 있다.

② 파이썬(Python) 활용 통계 피드백 서비스 리플릿 제작 업무 자동화: 한 번의 파이썬 코딩 실행으로 조사결과나 도표 및 그래프 등이 포함된 가구별 통계 피드백 서비스 리플릿 제작을 자동화함으로써 업무 효율성을 증대하고 있다.

③ 가상세계인 메타버스를 활용한 홍보 및 서비스 혁신: 온라인 가상세계인 메타버스를 기반으로 기관 홍보, 통계조사 안내 등 홍보콘텐츠를 제작하여 국민의 통계 이해도를 높이고 있다.

02 **통계직 관련 전문 자료 및 이슈**

1. 전문 자료

(1) 등록센서스
전국의 모든 가구를 직접 방문하지 않고, 행정자료를 이용하여 인구나 가구, 주택 등에 대한 통계를 생산하는 새로운 방식의 인구주택총조사이다.

(2) 메타버스(Metaverse)
가상을 의미하는 메타(Meta)와 현실 세계를 의미하는 유니버스(Universe)의 합성어로, 현실 세계와 같은 사회 · 경제 · 문화 활동이 이뤄지는 3차원 가상세계를 뜻한다.

(3) 빅데이터(공공빅데이터 + 민간빅데이터)
① 디지털 환경에서 생성되는 대용량의 매우 빠른 속도로 생산되는 다양한 데이터이다.
② 의의: 신속하게 각종 사회 현상에 대한 정보나 시사점을 줄 수 있다.
③ 특징(3V)
  • Volume(크기): 저장되는 데이터의 물리적 크기
  • Velocity(속도): 고도화된 실시간 처리 속도
  • Variety(다양성): 정형, 비정형, 반(半)정형 등 다양한 형태의 데이터
④ 유사용어
  • 공공데이터: 데이터베이스, 전자화된 파일 등 공공기관이 법령 등에서 정하는 목적을 위하여 생성 또는 취득하여 관리하는 광(光) 또는 전자적 방식으로 처리된 자료 또는 정보(「공공데이터법」 제2조 제2호)
  • 공공빅데이터: 정부, 지자체, 공공기관에서 관리하는 빅데이터 성격을 갖춘 자료

(4) 국가통계포털(KOSIS; KOrean Statistical Information Service)
① 국내 · 국제 · 북한의 주요 통계를 한곳에 모아 이용자가 원하는 통계를 한 번에 찾을 수 있도록 통계청이 제공하는 One-Stop 온라인 통계 서비스이다.

② 300여 개 기관이 작성하는 경제·사회·환경에 관한 1,000여 종의 국가승인통계를 수록하고 있으며, 국제금융·경제에 관한 IMF, Worldbank, OECD 등의 최신 통계도 제공하고 있다.

③ 쉽고 편리한 검색기능, 일반인들도 쉽게 이해할 수 있는 다양한 콘텐츠 및 통계설명 자료 서비스를 통해 이용자가 원하는 통계자료를 쉽고 빠르고 정확하게 찾아볼 수 있다.

(5) SGIS(Statistical Geographic Information Service) 시각화 지도 서비스

① 개방, 공유, 소통, 참여가 가능한 개방형 플랫폼으로, 사용자에게 통계정보와 지리 정보를 융·복합하여 새로운 서비스를 만들 수 있는 기반을 지원하는 통계청 온라인 서비스이다.

② 다양한 대화형 통계지도, 통계 주제도 등의 여러 서비스를 이용할 수 있다.

(6) 통계데이터센터(SDC; Statistical Data Center)

이용자가 행정통계자료 및 민간자료를 편리하게 이용하고, 연계·융합이 가능하도록 구축된 통계청 데이터 플랫폼이다.

(7) 마이크로데이터

통계조사 원자료에서 조사·입력 오류 등을 수정한 개별단위(개인, 가구, 사업체 등) 자료이다.

(8) 마이크로데이터 통합서비스(MDIS; MicroData Integrated Service)

통계청 자체 작성 마이크로데이터뿐만 아니라 정부 각 부처, 지자체, 연구기관 등 타 통계작성기관의 마이크로데이터를 한곳에 모아, 이용자들이 다양한 통계자료를 편리하게 이용할 수 있도록 제공하는 통계청 온라인 서비스이다.

(9) 가명정보

가명(개인정보의 일부를 삭제하거나 일부 또는 전부를 대체하는 등의 방법으로 추가 정보가 없이는 특정 개인을 알아볼 수 없도록)처리함으로써 원래의 상태로 복원하기 위한 추가 정보의 사용·결합 없이는 특정 개인을 알아볼 수 없는 정보이다(「개인정보 보호법」 제2조 제1호).

(10) 머신러닝(Machine Learning)

사람이 학습하듯이 컴퓨터에도 빅데이터를 부여하여 학습하게 함으로써 인지·판단·예측 능력을 키우도록 알고리즘과 기술을 개발하는 인공지능의 한 분야이다.

(11) SDGs(Sustainable Development Goals, 지속 가능한 개발 목표)

2016년부터 2030년까지 인류의 보편적 문제와 지구 환경문제, 경제 사회문제 등 17가지 주목표와 169개 세부목표를 정해서 이행하는 유엔과 국제사회의 최대 공동목표이다.

(12) 워드/태그 클라우드(Word/Tag Cloud)

단어 구름이라는 뜻처럼 말뭉치에서 각각의 태그를 분석하여 중요도나 단어의 출현 빈도수에 비례하여 단어의 크기, 색상 등이 표시되는 이미지를 생성하는 방법이다.

(13) 나우캐스트(Nowcast) 포털

공공·민간 빅데이터를 이용하여 가계, 사업체, 일자리, 공중보건 4대 부문의 속보성 지표 8개를 주간 단위로 시의성 있게 제공하여, 경제위기와 같은 충격이 유발하는 경제·사회적 영향을 신속히 표현하는 시스템이다.

(14) 소비자물가지수

① 정의: 소비자가 구입하는 상품과 서비스의 가격변동을 측정하기 위한 지표이다.

② 체감물가와 괴리 이유
- 현행 소비자물가지수의 조사품목은 소비지출 품목에 한정되고 세금이나 건강보험료 등 비소비지출은 포함하지 않고 있으나 체감물가는 이러한 부분까지 물가변동으로 느끼게 되기 때문이다.
- 조사품목의 선정이나, 품목가중치를 5년마다 변경하고 있으므로 빠르게 변화하는 소비구조를 반영하지 못하기 때문이다.

(15) 지니계수

빈부격차와 계층 간 소득의 불균형 정도를 나타내는 수치로, 소득이 어느 정도 균등하게 분배되는지를 알려준다. 지니계수는 0부터 1까지의 수치로 표현되는데, 값이 '0'(완전 평등)에 가까울수록 평등하고 '1'(완전 불평등)에 근접할수록 불평등하다는 것을 나타낸다. 통계청은 매월 실시하는 가계동향조사에서 수집된 표본가구의 가계부 작성 결과를 통해 가구별 연간소득을 기초로 매년 지니계수를 작성·공표하고 있다.

(16) 딥러닝(Deep Learning)

인공지능 컴퓨터가 외부 데이터를 스스로 조합하고 분석하여 학습하도록 하는 방법인 머신러닝 중 하나다. 사람의 뇌 속 신경망 구조를 모방하여 학습시키는 방법으로 많은 데이터를 분류하여 같은 집합들끼리 묶고 상하관계를 파악하는 기술이다. 딥러닝을 통해 인공지능이 획기적으로 발전하게 됐다.

2. 관련 이슈

(1) 통계청, '2021년 인구주택총조사' 결과 발표

통계청이 발표한 '2021년 인구주택총조사 결과'에 따르면 2021년 11월 1일 기준 우리나라 총인구는 5,173만 8,000명으로 전년 대비 0.2% 감소한 것으로 나타났다. 2021년 외국인을 포함한 우리나라 총인구가 대한민국 정부수립 이듬해인 1949년 센서스 집계가 시작된 이래 72년 만에 처음으로 감소했다. 인구성장률은 1960년 3.0%로 정점을 찍은 후 줄곧 하락하면서 1995년부터는 1% 미만으로 떨어졌고, 2021년 사상 처음으로 마이너스 성장을 기록했다. 반면 노인 인구는 한 해 동안만 42만 명이 급증해 871만 명으로 불어나면서 생산연령인구 4명이 노인 1명을 부양하는 상황이 됐다.

한편 2021년 20년 이상 된 노후주택은 943만 5000호로 전체 주택의 50.2%를 차지했다. 건축 연도별로 보면 1990년대에 지어진 주택이 전체의 28.8%로 가장 많았다. 그 다음으로 2010년대 주택이 25.4%를 차지했다. 1990년대에 지어진 아파트는 전체 아파트의 31.3%, 해당 시기에 지어진 연립 및 다세대주택의 26.2%를 차지했다. 주택당 평균 거주인 수는 2.8명으로 5년 전보다 0.3명 감소했으며 주택종류별로는 단독주택이 3.6명, 아파트 2.6명, 연립주택 2.4명, 다세대주택 2.2명 순이었다. 2021년 빈집은 139만 5000호로 전체 주택의 7.4%를 차지했다. 전년 대비 빈집은 서울을 제외한 모든 시도에서 감소한 것으로 나타났다.

(2) 국회도서관에 통계데이터센터 신설

통계청이 국회도서관 국가전략정보센터에 통계데이터센터(이용자가 행정통계자료 및 민간자료를 편리하게 이용하고, 연계·융합이 가능하도록 구축된 데이터 플랫폼)를 신설하여 운영하고 있다. 통계데이터센터에서는 통계등록부 등 행정통계자료와 통계별 기초자료, 통신·카드·신용 등 민간데이터를 이용할 수 있다. 이용자가 다양한 데이터를 직접 연계해 심층분석 할 수 있고 센터에 상주하는 분석전문가를 통해 컨설팅과 주문형 분석 서비스를 의뢰할 수도 있다. 통계청은 앞으로 데이터를 얼마나 잘 활용하는지가 공공·민간은 물론 개인의 경쟁력과 성과를 결정한다고 보고 데이터의 활용 가치를 높이기 위한 통계데이터센터를 확충할 것이라고 발표하였다.

(3) 한·일, 저출산·고령화 등 통계 노하우 공유

통계청은 코로나19 사태로 교류가 끊겼던 일본 통계 당국과 2023년부터 협력을 재개하기로 합의했다. 여기에 더해 중국을 포함한 아시아 국가들이 모두 참여하는 '아시아통계협의체'(가칭·아시아스탯) 설립을 주도하여 국제 표준에 아시아 특성이 잘 반영되지 않는 부분을 보완해 나갈 계획이다.

PART

08

세무직

국가공무원 세무직의 모든 것

01 세무직 공무원의 개요

1. 세무직 공무원이란?

(1) 세무직 공무원은 국가공무원과 지방공무원으로 나뉘며 그중 국가공무원은 정부의 재원인 국세에 관한 업무를 담당하고 국세청과 세무서 등에서 근무한다.

(2) 세무직 공무원의 계급 및 직급(「공무원임용령」 별표 1)

직군	직렬	직류	계급 및 직급						
			3급	4급	5급	6급	7급	8급	9급
행정	세무	세무	부이사관	서기관	행정 사무관	세무 주사	세무 주사보	세무 서기	세무 서기보

2. 세무직 공무원의 주요업무

(1) 관세를 제외한 소득세 · 법인세 · 부가가치세 등 10개 세목의 보통세와 교육세 등 3개 세목의 목적세를 부과 · 징수

(2) 기업 및 개인 등에 대한 세무조사

(3) 부과 · 징수에 따라 발생된 체납세금 정리

(4) 체납자의 재산 압류 · 공매처분

1. 국세청의 주요업무

(1) 국가 재원의 조달, 「세법」이 정하는 바에 따라 세금을 부과 · 징수

(2) 세금신고 안내, 세무상담, 세금해설책자 제작 · 배부

(3) 세금신고 · 납부자료의 관리 · 분석

(4) 불성실납세자 선정 · 조사

(5) 체납자에 대한 세금 강제징수

2. 국세청의 조직

(1) 국세청 조직 현황

① 국세청은 본청, 지방국세청, 세무서, 소속기관(국세공무원교육원, 주류면허지원센터, 국세상담센터)으로 구성되어 있다.

② 국세청은 세금과 관련된 업무를 보다 효율적으로 관리하기 위해 전국에 7개의 지방국세청과 그 산하에 133개의 세무서를 전국 주요 지역에 두고 운영하고 있다.

지방국세청	위치	소속 세무서
서울지방국세청	서울특별시	종로, 중부, 남대문, 용산, 성북, 서대문, 은평, 마포, 영등포, 강서, 양천, 구로, 동작, 금천, 관악, 강남, 삼성, 반포, 서초, 역삼, 성동, 동대문, 중랑, 도봉, 강동, 송파, 잠실, 노원
중부지방국세청	경기도	안양, 동안양, 안산, 동안산, 수원, 동수원, 화성, 동화성, 평택, 성남, 분당, 이천, 경기광주, 남양주, 구리, 시흥, 용인, 기흥, 춘천, 홍천, 원주, 영월, 삼척, 강릉, 속초
인천지방국세청	인천광역시	인천, 부평, 계양, 서인천, 남동, 연수, 김포, 부천, 남부천, 의정부, 포천, 고양, 동고양, 파주, 광명
대전지방국세청	대전광역시	대전, 서대전, 북대전, 세종, 청주, 동청주, 영동, 충주, 제천, 공주, 논산, 보령, 서산, 홍성, 예산, 천안, 아산
광주지방국세청	광주광역시	광주, 북광주, 서광주, 광산, 군산, 전주, 북전주, 익산, 정읍, 남원, 목포, 나주, 해남, 순천, 여수

대구지방국세청	대구광역시	동대구, 서대구, 남대구, 북대구, 수성, 경산, 경주, 포항, 영덕, 안동, 김천, 구미, 상주, 영주
부산지방국세청	부산광역시	부산, 서부산, 부산진, 수영, 해운대, 북부산, 부산강서, 동래, 금정, 양산, 울산, 동울산, 마산, 창원, 김해, 거창, 통영, 진주, 제주

(2) 국세청 조직도

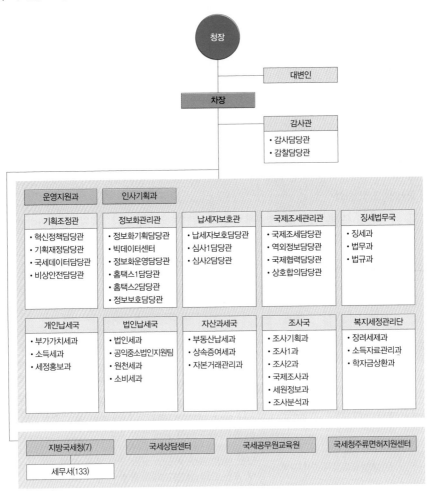

※ 출처: 국세청 홈페이지(www.nts.go.kr)

3. 국세청 부서별 주요업무

(1) 본청

부서		주요업무
인사기획과	인사기획과	인사기획
운영지원과	운영지원과	공무원의 임용, 복무, 교육훈련 및 기타 인사 실무
징세법무국	징세과	국세 징수업무 총괄
	법무과	소송 및 심판 수행 업무, 행정정보공개업무 총괄
	법규과	조세 법령 관련 질의회신의 총괄
	세정홍보과	국세에 관한 안내 책자 발간 및 홍보물 제작
개인납세국	부가가치세과	부가가치세 관련 업무 총괄, 중요업무계획수립, 국회 업무, 예산 집행 등
	소득세과	종합소득세의 신고관리와 기준경비율 제정 및 기준경비율 심의회 운영
	전자세원과	신용카드, 직불카드, 현금영수증 관련 정책 수립
법인납세국	법인세과	법인세 관련 업무 총괄
	공익중소법인지원팀	공익법인 관련 업무, 중소기업 세무 컨설팅
	소비세과	주세, 개별소비세, 교통 · 에너지 · 환경세 및 인지세업무의 기획
	원천세과	원천세 관련 신고 · 경정 · 환급 · 감면업무의 분석 및 기획
자산과세국	부동산납세과	양도소득세 관련 업무
	상속증여세과	상속증여세 관련 업무 · 신고 관리, 부과, 감면 관련 업무 등
	자본거래관리과	주식 양도 · 증여에 관한 신고관리 및 부과
조사국	조사기획과	내국세세무조사 총괄 기획 · 관리
	조사1과	법인납세자 및 관련인에 대한 실태분석 · 관리, 개인납세자 및 관련기업에 대한 분석 · 관리
	조사2과	
	국제조사과	국제 거래의 중요 탈세유형에 대한 분석 · 관리
	세원정보과	탈세 및 세원정보자료의 수집 · 분석 및 관리
	조사분석과	지하경제 등 세원양성화 취약분야 정보수집 · 분석 및 관리

복지세정관리단	장려세제운영과	소득지원국 기획 총괄
	장려세제신청과	근로 · 자녀장려금 신청 총괄
	학자금상환과	취업 후 학자금(ICL) 상환 기획 · 운영
기획조정관	혁신정책담당관	주요 업무계획의 지침 수립, 종합 및 조정
	기획재정담당관	예산의 편성 및 집행의 조정
	국세데이터담당관	국세통계 기획 및 공개 총괄, 국세통계연보 발간
	비상안전담당관	국가비상사태에 대비한 제반 계획의 수립 및 종합 조정
정보화관리관	정보화기획담당관	정보화 기획, 조직 총괄, 예산 편성, 계약 · 집행
	빅데이터센터	국세행정 관련 빅데이터 관리 및 관련 시스템 운영
	정보화운영담당관	엔티스 시스템 인프라 관리, 엔티스 유지관리 사업
	홈택스1담당관	홈택스(PC), 모바일 홈택스 관련 전산 개발 · 운영, 소득세 · 법인세 · 소비세 · 국제세원 관련 전산 개발 · 운영
	홈택스2담당관	
	정보보호담당관	정보보안, 국세 통신망 운영, 개인정보보호, 보안실태 점검
감사관	감사담당관	국세청 및 소속기관에 대한 회계 및 업무 감사
	감찰담당관	국세청 및 소속관서 공무원에 대한 비위 사항의 조사 · 처리 및 복무 자세 감찰
납세자보호관	납세자보호담당관	납세자권익보호 및 고충 민원 처리 업무 총괄
	심사1담당관	내국세에 대한 심사 청구 · 과세전적부심사 및 감사원 심사 청구
	심사2담당관	
국제조세관리관	국제조세담당관	국제 조세 관리 업무 총괄
	역외정보담당관	역외탈세정보 수집 · 분석
	국제협력담당관	세무 관련 국제회의 및 국제기구 · 외국기관과의 세무 협력
	상호합의담당관	상호합의(MAP), 정상가격산출사전승인(APA)제도 운영

(2) 지방국세청 ※ 지방국세청의 규모와 업무에 따라 하부조직이 상이할 수 있음

부서	주요업무
성실납세지원국	• 내국세의 신고 · 경정 · 부과 · 감면 및 조사대상자의 선정 • 과세자료의 수집 및 관리 • 근로장려세제 및 자녀장려세제, 취업 후 학자금의 상환 및 관리
징세송무국	• 내국세의 징수와 세외수입의 감독 • 체납액의 정리 • 소송사무, 심판청구
조사1국	• 법인세 · 법인 관련 부가가치세 · 주세 · 개별소비세 · 교통세 · 증권거래세 및 인지세의 과세표준과 세액의 조사 · 경정 조사 및 조사계획수립 • 법인세 신고상황에 대한 서면조사 • 정부간 정보교환 자료의 수집 및 처리
조사2국	• 부가가치세관련 정보수집 · 분석과 과세자료 추적조사 및 경정 조사 • 종합소득세 · 퇴직소득세 및 산림소득세 관련 정보수집 · 분석과 과세자료 추적조사 및 경정 조사 • 양도소득세 · 상속세 및 증여세의 조사

(3) 세무서 ※ 세무서의 규모와 업무에 따라 하부조직이 상이할 수 있음

부서	주요업무
체납징세과	• 주요업무 계획 수립 및 심사분석 · 평가 • 내국세 및 세외수입에 관한 세수 계획의 총괄 • 세입 징수의 결정과 세입금의 수납 • 국세환급금 및 교부금의 지급
세원관리과	• 개인에 대한 부가가치세의 신고 · 부과 · 감면 · 징수 및 환급 • 법인에 대한 부가가치세 및 종합부동산세의 신고 · 부과 · 감면 · 징수 및 환급 • 근로장려금 및 자녀장려금 신청 접수 · 심사 · 결정 · 지급 및 부적격수급혐의자 조사 · 사후관리 등 • 원천징수
부가가치세과	• 부가가치세 과세유형 전환과 간이과세 배제기준에 관한 업무 • 부가가치세 면세사업자의 세적 관리 및 사업장현황신고 • 주사업장 총괄납부, 사업자 단위 과세
소득세과	• 소득세 및 이에 부가되는 농어촌특별세, 개인에 대한 교육세의 신고 · 부과 · 감면 · 징수 및 환급 • 납세조합 관련 업무
부가소득세과	• 부가가치세 과세사업자에 대한 세원관리 • 세금감시고발센터에 접수된 자료 중 신용카드 관련 자료의 처리 및 누적관리

재산세과	• 양도소득세 및 이에 부가되는 농어촌특별세의 신고 · 부과 · 감면 · 징수 및 환급 • 양도소득세 · 상속세 · 증여세 및 종합부동산세의 조사와 과세자료의 수집 · 통보 · 처리 및 관리 • 상속세 · 증여세 및 종합부동산세의 신고 · 부과 · 감면 · 징수 및 환급
법인세과	• 법인세와 법인에 대한 농어촌특별세 및 교육세의 신고 · 부과 · 감면 · 징수 및 환급 • 법인세적의 관리 • 법인세신고 내용에 대한 서면분석 및 감면 법인의 사후관리
재산법인과	• 공익법인의 출연재산에 대한 사후관리 • 법인세 신고내용에 대한 서면 분석 및 감면 법인의 사후관리 • 외국법인 및 외국인투자법인에 대한 법인세 및 교육세의 신고 · 부과 · 감면 · 징수 및 환급
조사과	• 조사계획의 수립과 조사 관련 통계 • 세원 정보자료의 수집 및 관리 • 탈세 제보의 접수 및 처리
납세자보호 담당관	• 국세에 관한 과세표준신고서 · 수정신고서 · 세금계산서합계표 그 밖의 소득 자료의 접수 • 사업자등록신청서 및 사업자등록증 재교부신청서의 접수 · 처리 및 교부 • 내국세와 관련된 진정 및 고충 처리

(4) 소속기관

기관	주요업무
국세공무원교육원	• 교육훈련의 평가 · 관리 및 성과의 측정 · 분석 • 교육훈련 계획의 수립 및 교육과정의 운영 • 교과 연구 및 교육 지도에 관한 사항
주류면허지원센터	• 주류 제조에 관한 원료의 연구 · 분석 및 감정 • 주류 제조 기술 및 주류 제조 시설의 개선에 관한 연구 · 분석 • 주류 기타 과세물품의 연구 · 분석 및 감정에 관한 사무
국세상담센터	• 전화 자동 세무 상담 및 방문 납세자에 대한 세무 상담 • 세무 상담사례에 대한 데이터베이스 구축 및 상담을 통한 제도개선 사항 수집 • 고객의 소리 통합관리시스템 운영을 통한 납세 서비스의 개선

1. 성실납세 지원을 통한 세입예산의 안정적 조달

(1) 안정적 세입예산 확보로 튼튼한 국가재정 뒷받침

① 2023년 소관 세입예산(안): 388.1조 원으로 2022년 세입예산(추경예산 385.1조 원) 대비 3.0조 원 증가한 규모

② 치밀한 세수관리 실시 및 세수전망 정확도 제고

- 매월 세수상황 점검회의를 통해 변동요인 및 세수관리 방안을 점검하고 진행상황을 관리
- 다양한 경제지표 활용하여 자체 세수전망을 정교화하고, 세수오차 축소를 위해 평가방식 개선 등 전망하여 정확도 제고 노력

(2) 디지털 혁신으로 쉽고 편리한 납세서비스 구현

① 디지털 · 온라인으로 모든 것이 가능한 납세서비스 실현

- 디지털 기술을 기반으로 납세자가 원하는 서비스를 정확하게 파악하고, 신속하게 제공하는 지능형 서비스로의 개편 추진

〈2023년 홈택스 개편 기본방향〉

분류	주요 내용
화면이해도 제고	쉽고 명확한 표현을 사용하고, 문의가 많았던 문구를 수정 · 보완하는 등 세무용어 · 도움말 · 오류메시지를 납세자 친화적으로 개선
편리한 화면이동	연관메뉴를 단위업무별로 통합한 포털화면 제공, 누락하기 쉬운 서식은 전진 배치하거나 미입력 · 오류입력 시 자동으로 이동
비대면 납세지원	주요 세목별로 제공가능한 신고도움자료를 추가 개발하고, 세무서 방문 없이도 각종 신청서류를 편리하게 제출할 수 있도록 개선

- 세금비서 서비스 확대 적용 및 인공지능을 적용하기 위한 단계별 로드맵 마련 예정
- 모바일 홈택스 서비스의 지속적 확대 추진
- 정보보호담당관실을 통해 해킹에 의한 보안사고를 사전에 방지할 수 있는 예방중심의 보안관리 체계 마련

② 신고 · 납부에 필요한 정보를 국세청이 먼저 맞춤형 안내

- 미리 · 모두채움 확대, 세제혜택 안내, 연말정산 간소화자료 일괄제공 등 납세자 특성별 맞춤형 신고도움 서비스 확대

〈2023년부터 새롭게 확대되는 신고도움 서비스〉

세목	내용
법인세	• 중소기업특별세액감면 요건을 충족함에도 받지 않은 중소법인에 안내 • 간편신고 시 중간예납세액, 환급계좌 등 미리채움 추가 제공
소득세	• 연말정산 간소화자료 일괄제공 서비스 전면도입 • 고령자 · 경력단절여성 · 장애인에게 중소기업 취업자 소득세 감면 사전 안내 • 주택임대소득 분리 · 종합과세 세액을 사전 계산하여 유리한 방법으로 모두채움
부가세	• 비영업용승용차 구입자에게 매입세액 공제 가능 여부 사전 안내 • 일정금액 미만 영세 간이과세자(1만 명 예상), 임대차 계약내용이 전기와 동일한 일반 부동산 임대업자(118만 명 예상)를 대상으로 신고내용 미리채움

③ 보다 많은 납세자에게 보다 좋은 국세상담 서비스 제공
- 상담수요 변화에 따라 인력을 탄력적으로 배치하고, 수요 집중 시 타 분야 상담사를 추가 투입하는 복수세목 상담 확대
- 상담수요 집중 시기에는 야간(18~21시)에도 전화회신을 실시하고, 문자 상담을 병행 제공하여 납세자의 상담편의 제고

2. 민생경제 회복과 활력 제고를 위한 지원 확대

(1) 수출 증진과 경제활력 제고를 적극 뒷받침
① 성장동력 확보와 수출 증대를 위한 기업 지원체계 구축
- 경제 성장과 혁신을 뒷받침하기 위해 본청, 지방청 및 세무서에 미래성장 세정지원센터 신설
- 반도체 등 초격차 전략기술, 녹색 신산업 등 신산업 분야 기업과 구조조정 기업 및 수출 중소기업 추가

〈2023년 새롭게 추가되는 지원 대상〉

구분	분야	지원 대상 산업
신산업	초격차 전략기술	반도체, 이차전지, 바이오, 우주항공 등
	녹색 신산업	기후테크, 환경 IoT, 바이오 가스 등
	주력산업 혁신	친환경 · 지능형 모빌리티, 디지털 혁신기업 등

구조조정	기업활력법 적용	신산업 진출, 산업위기지역 위기극복 등
	구조혁신	구조혁신 지원사업 지원 대상
수출	수출 중소기업	세계일류상품 생산기업 등

- 지원대상 기업에게 자금유동성 및 경영 지원 실시

② 중소벤처기업의 투자를 촉진하기 위한 지원방안 마련

- 2022년 9월부터 시행 중인 가업승계 세무컨설팅의 대상기업 선정 시 수출기업 및 장수기업의 비중을 확대
- R&D 세액공제 사전심사 신청 편의를 위해 사전심사 사례·자가검증 체크리스트를 홈페이지에 게시하고 안내·홍보 확대
- 법인세 공제·감면 컨설팅 제도의 신청대상을 모든 중소기업으로 확대하고, 지방청 전담팀을 통해 신속·정확한 컨설팅 제공

(2) 복지세정 강화 및 중소납세자 세정지원 확대

① 두텁고 촘촘한 복지안전망 구축을 뒷받침

- 복지세정관리단을 신설하고 관련분야 간 통합·연계 강화
- 안내대상 확대에 따라 자동신청 제도 도입, 본인인증 수단 추가, 전용상담센터 개선 등을 통해 신청 편의 제고
- 고용보험 가입 지원을 위한 제도 확대를 면밀히 준비하고, 다른 복지영역에서도 소득자료를 활용할 수 있도록 검토

② 중소납세자에 대한 세정지원은 확대하고 세무부담은 축소

- 영세자영업자가 자금 유동성을 높여 어려움을 빠르게 극복할 수 있도록 환급금 조기지급, 신고·납부기한 연장 실시
- 세무경험이 부족한 인적용역 소득자들을 대상으로 진행하는 '환급금 찾아주기'를 지속 추진하고, 안내·홍보 강화
- 자금경색 등으로 어려움을 겪는 영세 자영업자·중소기업에게 적용되는 납세담보 면제 특례기간을 2023년 말까지 연장
- 일정기준을 만족하는 영세자영업자 및 매출 급감 차상위 자영업자에 대해 신고내용 확인 및 조사선정 제외하여 세무 검증 부담을 완화

3. 보다 공정하고 투명한 국세행정 구현

(1) 국세행정 전반의 책임성과 투명성 강화

① 과세행정의 책임성 강화를 위한 검증 · 평가 개선
- 과세 전 검증제도를 내실 있게 운영하고, 2022년 12월 고액 · 중요 사건은 신설
- 평가 시 소송결과도 반영해 책임성을 제고하되, 정당한 과세가 위축되지 않도록 신종유형 탈세는 평가에서 제외

② 공익법인 신고지원 및 기부금단체 의무이행 점검 강화
- 자동채움 확대, 사전안내 강화로 공시오류를 예방하고, 신규 공익법인 대상 세법교육 실시를 통해 성실신고 뒷받침
- 의무이행 점검 업무가 2022년에 국세청으로 이관됨에 따라 사후관리를 강화하고, 의무위반 확인 시 지정취소 · 명단공개

③ 납세자의 권익을 빈틈없이 보호하기 위한 제도 개선
- 세무조사 참관제도 안내시기를 사전통지 시로 앞당기고, 요건 해당여부를 납세자 보호담당관이 파악하여 홍보 · 안내
- 납세자의 의견진술권을 납세자보호위원회의 모든 심의 절차로 확대하여 심의의 공정성 · 신뢰성 제고

④ 국세데이터 공유 · 개방 확대로 범정부 정책 지원 등 활용도 제고
- 정부 부처의 정책 수립 · 집행 등에 국세데이터를 충분히 활용할 수 있도록 수요를 선제적으로 파악하고 신속히 제공
- 분석지원서비스 대상을 기존 정부기관에서 대학 · 연구기관으로 확대하고, 방문설명회 등을 통해 활용사례 전파

(2) 납세자가 공감하는 신중하고 공정한 세무조사 운영

① 경제회복을 지원하기 위한 세심한 세무조사 운영
- 경제여건을 고려하여 세무조사 규모를 작년보다 축소하여 13,600건 수준으로 운영
- 복합위기로 인해 더 큰 어려움을 겪는 중소납세자의 경영상황을 감안, 조사부담은 성실도 확인에 필요한 최소한으로 축소
- 자료제출요구 표준화, 청문주간 및 조사결과 설명회 실시 등을 통해 세무조사 과정에서 납세자의 권리 보장

② 적법절차 · 적법과세 원칙을 기반으로 탈세에 엄정 대응
- 공정경쟁을 훼손하고, 역동적 경제회복을 저해하는 자본거래 · 국제거래를 이용한 변칙적 · 지능적 탈세에 엄정 대응

- 정당한 과세권을 침해하는 외국계기업의 공격적 조세회피, 국부를 유출하는 내국기업의 지능적 역외탈세 집중 검증
- 높은 소득을 얻으며 수입금액 누락, 가공·과다경비 계상으로 탈세하는 중소사업자의 고질적 탈세에 역량 집중
- 온라인 기반 신종산업과 가상자산 관련 새로운 탈루유형을 발굴하고, DB 구축·추적 프로그램 고도화 등으로 대응 강화
- 빅데이터 기반 분석시스템 및 맞춤형 포렌식 툴 개발, 판례 학습, 보직경로 관리 등을 통해 조사 성과 뒷받침

(3) 고액·상습체납자에 대한 현장중심 징수활동 실시

① 세무서 추적전담반을 단계별로 확대하고, 지자체와의 합동수색·정보교환을 통해 고액·상습체납자에 대한 추적조사 강화

② 빅데이터 분석을 통한 호화생활·재산은닉·자금유출 혐의자 현장추적 및 변칙적 재산은닉행위 기획분석을 통한 재산추적 실시

③ 체납자 특성정보 수집 및 자료분석을 통해 효율적 징수방법을 제공하는 체납자 유형분류시스템의 시범운영 실시

4. 조직문화 개선 및 인력·조직의 체계적 관리

(1) 일하는 방식 혁신·소통 강화를 통해 실용적 조직문화 구축

① 전산 인프라를 보강하여 서면 결재를 축소하고, 문서 수동관리를 감축하기 위한 '종이 없는(Paperless) 세무서' 구현

② 본청에서 세무서에 시달하는 모든 업무에 대해 사전예고 의무를 부여하고 이에 대한 현장의 의견을 수렴하여 일정 조정

③ 현장방문 확대, 지방청별 소통활동 지원 등을 통해 일선의 변화관리 활동을 지원하고, 업무상 애로를 해결

(2) 체계적 인사관리·효율적 조직관리·교육훈련 확충 추진

① 2022년 12월 인사기획과 신설에 따라 중장기 인력관리 방안을 마련하고, 우수직원이 조기에 성장할 수 있도록 인사기준 개선

② 정부 인력운영방안에 따라 자체 구조조정을 실시하고, 본·지방청 인력을 세무서에 재배치하여 현장 집행조직 확충

③ 신규직원이 국세행정의 미래 주역으로 성장해 나갈 수 있도록 현장 중심의 인재양성 프로젝트 추진

(3) 청렴한 공직문화 정착을 위한 제도 개선 실시

① 국민 시각에서 청렴의무 · 자체감사와 관련한 자문을 제공하고 제도개선 사항을 발굴하기 위한 시민감사관의 내실 있는 운영

② 공직윤리 분야별 온라인 교육을 신설하고, 관리자 대상 청렴 교육을 한층 강화

(4) 직원 근무환경 개선으로 건강한 조직문화 확립

① 일과 가정의 양립을 지원하기 위해 부모교실, 효도 · 우정교실 등 다양한 테마로 구성된 복지교실 프로그램 운영

② 원거리 근무자의 육아불편 해소를 위해 원거리 근무기간의 일부를 스마트워크센터에서 근무할 수 있도록 개선

세무직 면접 기출 가이드

01 기출 빈출 리스트

- 세무서(혹은 국세청)에서 하는 일에 대해서 설명해 보시오.
- 국세청 정책 중 보완이 필요한 점과 제안할 점이 있습니까?
- 세무공무원으로서 자신이 발휘할 수 있는 장점이 무엇이라고 생각합니까?
- 기술한 경험 중 가장 보람 있었던 일과 그 이유를 말해 보시오.
- 어떤 부서를 희망하나요? 해당 부서에 가고 싶은 이유가 무엇입니까?
- 세법은 매우 어려운 분야인데 세법에 대한 지식을 쌓기 위해 어떤 노력을 하였습니까?
- 공직사회의 회계 분야는 민간기업보다 뒤처지고 있는데, 이를 개선할 방법으로 어떤 것이 있는 지 설명해 보시오.
- 근로장려금(그밖에 일자리안정자금/가산세의 종류/간이과세자와 일반과세자의 차이/역외탈세 해결방안/미납 세금 징수 방안 등 각종 세무 관련 지식)에 대해 설명해 보시오.
- 장기체납 사업자에게 매출채권 압류 조치를 하려고 하는데 이 경우 해당 업체가 도산할 가능 성이 매우 큽니다. 이럴 때 어떻게 해야 합니까?
- 세무직은 타 직렬에 비해 진급이 느린 편인데 어떻게 하겠습니까?
- 세무조사를 하다가 정보가 부족한 상황이 생기면 어떻게 해결하겠습니까?
- 세무직에 들어온 후 전문성 함양을 위해 어떻게 노력하겠습니까?

1. 5분 발표

> B기관은 정부에서 보조금을 지원받으면서 지난 5년간 보조금을 지급받기 위해 필요한 보조금 사용에 대한 예산 서류 중 일부를 제출하지 않았으며, 보조금을 지원 이유와 상관없는 목적으로 사용하였다. 그런데 전임자가 B기관에서 누락한 서류와 보조금 사용 내역을 제대로 확인하지 않는 등 관리 의무를 소홀히 하여 B기관은 필요 이상의 보조금을 받고 있었다. A주무관은 전임자 업무 검토 결과 이러한 상황을 발견하자 바로 상관에게 보고하고 B기관에 지급하는 보조금을 줄여야 한다고 전달하였다.

위 제시문의 내용에서 유추할 수 있는 공직가치와 이를 실천하기 위해 필요한 공직자의 자세에 대해 자유롭게 발표해 주세요.

(면접관의 의도)

응시자의 공직관에 대해 알아보고 자신의 생각을 얼마나 논리정연하게 전달할 수 있는지, 이어지는 질문에 대해 얼마나 순발력 있게 대답할 수 있는지 평가한다.

(핵심 키워드)

책임성, 적극성, 투명성, 공익, 공정성, 전문성 등

도입

제시문의 내용은 전임자의 관리 소홀로 필요 이상의 보조금을 지급받은 업체에 대해 담당자가 해당 사항을 인지하고 적극적으로 시정 조치를 취하려 했다는 내용입니다. 저는 위 제시문을 통해 책임감과 적극성이라는 가치를 유추할 수 있었습니다. 전임자가 자신의 업무를 제대로 수행하지 않아 문제가 발생한 상황을 통해 책임감을 유추하였으며, 적극성은 A주무관이 이를 파악하고 바로 상관에게 보고하여 적극적으로 바로잡으려고 했다는 내용에서 유추할 수 있었습니다.

직접작성

먼저 책임감에 대해 말씀드리겠습니다. 책임감이란 맡은 업무에 대한 전문성을 바탕으로 자신의 업무를 책임지고 소신 있게 처리하는 것입니다. 책임감은 공직자가 가져야 할 가장 기본적인 덕목으로 공직자가 책임감을 가지고 일을 처리할 때 공정성, 적극성, 전문성, 투명성 등 다른 공직가치가 제대로 빛을 발할 수 있다고 생각합니다. 특히 국세청의 경우 나랏돈을 관리하는 중요한 업무를 맡고 있는 만큼 타 직렬에 비해 더욱 전문성과 책임감이 요구됩니다. 강한 책임감을 발휘한 예로 지금은 퇴직하신 오성필 전 기흥세무서 부가재산세과장님에 대한 사례를 말씀드리고자 합니다. 오성필 과장님은 주유소에 1조 원대 유사석유류 등을 판매한 일당을 6개월에 걸쳐 잠복, 추적한 끝에 검거하여 검찰에 고발하였으며, 고액포탈범 명단 공개를 위해 불철주야 형사판결문을 수집 분석하여 국세청 최초로 고액포탈범 명단 공개를 주도하였습니다. 이를 보며 개인의 투철한 국가관과 강한 책임감이 국세행정 발전에 얼마나 큰 역할을 하는지 깨달을 수 있었습니다. 그럼 제가 책임감을 발휘한 사례를 말씀드리겠습니다. 홈쇼핑 업체에서 창고 아르바이트를 한 적이 있는데, 창고 물품들이 효율적으로 정리되어 있지 않아 찾는 데 약간의 시간이 소요되었습니다. 이에 창고 담당자분께 제가 생각한 효율적인 방식을 보고 드리고 허가를 받아 창고 물품을 대대적으로 정리하였습니다. 이후 본사의 요청에 더욱 발빠르게 대응할 수 있어 상사들에게 크게 인정받았습니다.

다음으로 적극성은 전문성과 창의성을 바탕으로 능동적으로 업무에 임하는 자세입니다. 국세청에서 적극성을 발휘하여 적극행정을 실천한 사례를 말씀드리겠습니다. 중부지방국세청에서는 우편이나 전화를 통해 근로장려금을 찾아갈 것을 안내하는 등 적극적으로 잠자는 근로장려금을 찾아주었으며 기존에 근로장려금 신청 시 모바일에서는 신청 정보만 볼 수 있고 신청은 별도로 해야 했던 불편함을 해소하기 위해 전다영 국세조사관님이 모바일 안내문에 신청기능을 추가해 간편하게 근로장려금을 신청할 수 있도록 개선하였습니다.

직접작성

맺음말

제가 국세청에서 일할 수 있게 된다면 전문성과 책임감을 가지고 납세자들을 위해 적극행정을 실천하는 공무원이 되겠습니다.

직접작성

➕ 제시된 답안을 통해 나올 수 있는 추가 질문

- 적극성, 책임감 등 관련 가치를 위해 노력한 경험으로 어떤 것이 있습니까?
- 적극성, 책임감 외에 제시문의 사례에 해당하는 공직가치로는 어떤 것이 있습니까?
- 언급한 것 외에 '세무직'에서 가장 중요하다고 생각하는 공직가치는 무엇입니까? 해당 가치를 높이기 위해 어떤 노력을 할 수 있습니까?
- 적극행정을 하다 보면 공무원에게 불리한 경우가 있을 수도 있고, 기존의 법 체제 안에서 적극행정을 하기 힘든 경우(업무 부담, 인사고과에 좋지 않은 영향 등)도 있는데 이런 경우 어떻게 하겠습니까?
- 책임감, 적극성과 충돌하는 공직가치로는 어떤 것들이 있습니까?
- 언급한 것 외에 국세청에서 시행하고 있는 정책 중 책임성, 적극성과 관련된 정책으로는 어떤 것이 있습니까?
- 적극성이 공직사회에서 중요한 이유는 무엇입니까?
- 본인이 적극행정을 하려고 하지만 상사나 동료가 이를 반대한다면 어떻게 하겠습니까?
- 사기업에 비교했을 때 공직사회에 더욱 요구되는 가치로는 어떤 것이 있습니까?
- 본인은 책임감을 가지고 업무를 수행하려 하지만 주변 동료가 사례와 같이 의무를 소홀히 하거나 부정한 행위를 한다면 어떻게 하겠습니까?

➕ 면접 플러스

제시문의 내용이 실제 공직업무 수행 중에 발생할 수 있는 상황에 대한 것이므로 내가 이런 상황을 겪을 때 어떻게 대처할 것인지에 대한 추가 질문이 나올 수 있다는 것을 염두에 둔다. 최대한 '공직가치'를 지키는 방향으로 답변해야 한다.

2. 경험형 문제

근무하고 싶은 부처와 직무를 기술하고, 해당 직무의 수행을 위해 어떤 노력과 경험을 하였는지 서술하시오.

(면접관의 의도)
응시자의 업무 이해도 및 업무 적합성을 평가하기 위한 질문이다.

(핵심 키워드)
희망 직무, 직무 내용, 현실적 · 구체적 노력, 업무 경험, 공직가치

희망 부처

세무서 소득세과

직접작성

희망 직무

모두채움제도 관련 업무

직접작성

해당 직무 관련 노력과 경험

- 교육 경험: 대학교 전공과목 이수(조세법 총론, 세법, 세무회계, 재무회계 등 관련 과목 다수 수강), 세무서 실습 경험
- 업무 경험: ○○기업 회계팀에서 사업 예산 관리(2년), 5월 종합소득세 신고 도우미(민원 응대 업무), 편의점 판매(1년), 음식점 홀 서빙(6개월) 등 고객 응대 아르바이트
- 자격증: 전산세무 2급, 전산회계 1급, 컴퓨터활용능력 2급
- 희망 직무 관련 경험: 아름다운 세상 블로그 탐독(정책과 이슈 공부), 국세청 유튜브 채널 구독 및 콘텐츠 시청, 국세청 발행 도서 탐독(절세 가이드 관련 도서), 종합소득세 신고를 위한 홈택스 프로그램 사용 경험
- 봉사활동: 동네 주민센터에 매달 소액 기부(3년 차)

```
┌─────────────────────────────────────────────┐
│  직접작성                                       │
│                                               │
│                                               │
│                                               │
│                                               │
│                                               │
│                                               │
│                                               │
│                                               │
└─────────────────────────────────────────────┘
```

서술 내용을 바탕으로 한 질문과 답변 예시

소득세과에 지원한 이유는 무엇입니까?

대학 전공이 세무회계학과라서 세법에 대해 원래부터 관심이 있었는데, 졸업 후 일반 기업에서 근로소득자 생활을 하며 받은 제 월급에 붙은 세금을 파악하면서 더욱 관심을 가지게 되었습니다. 이후 세무직 시험을 준비하면서 다시 세법을 공부하였는데 소득세 부분이 가장 재미있었고, 현장에서 가장 광범위하게 필요한 업무라는 생각에 소득세과에 지원하게 되었습니다.

```
┌─────────────────────────────────────────────┐
│  직접작성                                       │
│                                               │
│                                               │
│                                               │
│                                               │
└─────────────────────────────────────────────┘
```

모두채움제도 관련 업무를 하고 싶다고 하였는데 그 이유는 무엇인가요?

주위에 사업소득자인 분들이 몇 분 계신데, 전화 한 통으로 계좌만 입력하면 간단하게 신고를 끝내고 환급금을 받을 수 있는 모두채움 서비스를 이야기하면서 예전에 비해 정말 편해졌다고 이구동성으로 이야기하는 것을 들었습니다. 아무래도 영세업자들의 경우 상황이 여유롭지 않아 세금 처리를 힘들어하면서도 전문가의 도움을 받기 힘든 상황이 많은데 저도 이처럼 어려움을 겪는 분들을 위해 도움이 되는 업무를 하고 싶습니다.

```
┌─────────────────────────────────────────────┐
│  직접작성                                       │
│                                               │
│                                               │
│                                               │
│                                               │
└─────────────────────────────────────────────┘
```

외부에서 본 국세청의 문제 및 개선 방법으로 어떤 것이 있을까요?

국세청의 행정적인 부분에 대해서는 크게 개선할 부분이 없다고 생각합니다. 하지만 국세체납액이 100조 원에 육박하는데도 세무공무원에게 조사권만 있고 수사권·사법권이 없어 조세범죄자를 기소하는 데 한계가 있습니다. 찾아보니 해외에는 저희 국세청과 같은 과세관청에 사법권이 주어지는 경우가 있다고 합니다. 우리나라도 세무공무원에게 조세범죄자에 대한 사법권이 주어진다면 조세포탈 관련 문제가 많이 감소할 것이라고 생각합니다.

> 직접작성

홈택스를 사용해 보았다고 하였는데 어떤 점을 개선하면 좋을지 말해 보세요.

아버님께서 개인사업자이신데, 5월에 종합소득 확정신고를 하셔서 도와드린 적이 있습니다. 그런데 이를 위해 홈택스를 이용하는 과정에서 세액공제나 소득공제 항목 중 '신용카드 등 사용금액에 대한 소득공제'가 좀 복잡하였는데, 가족 내 소득자가 여러 명이 있고 피부양자도 있는 경우 어떻게 해야 최대한 공제를 많이 받을 수 있는지 몰라서 고생하였던 경험이 있습니다. 때문에 이와 같이 공제 항목이 복잡한 경우 홈택스 내에서 이를 손쉽게 정리하거나 납세 부담을 최소화할 수 있는 방식을 추천해주는 시스템이 있으면 좋을 것 같습니다.

> 직접작성

➕ 기타 추가 질문

- 소득세에 대하여 아는 것을 설명해 보시오.
- 국세청 사법권에 대한 해외 사례가 있다고 하였는데 그 사례에 대해 설명해 보시오.
- 종합소득세 신고 도우미로 민원인을 응대하였다고 하였는데, 어떤 민원이 가장 많았습니까? 또 그런 민원을 어떻게 해결하였습니까?
- 세무회계를 전공하였다고 하였는데 배우면서 어려웠던 점이 있습니까? 가장 어려웠던 과목은 무엇입니까?
- 기업 회계팀에서 근무했다고 하였는데, 업무를 진행하면서 힘들었던 경험이 있습니까?
- 민원 응대 경험이 있는데, 악성 민원인과 관련해 이를 해결했던 경험이 있습니까?
- 편의점이나 음식점 같이 서비스직 아르바이트 경험이 많은데 서비스직에서 가장 중요한 것이 무엇이라고 생각합니까?
- 관련업무 전공자이기도 하고 자격증도 여러 개 땄는데 본인의 그런 경험이 세무직에 어떤 식으로 도움이 될 것이라 생각합니까?

종종 자기기술서에 작성한 여러 경험 중 한 가지 경험에 대해 깊게 질문하는 경우가 있다. 때문에 자기기술서에는 경험을 통해, 배운 점, 경험으로부터 도출할 수 있는 공직가치 등 다양한 방면의 질문에 대해 방어할 수 있는 내용을 적는 것이 좋다.

3. 상황형 문제

귀하는 A세무서 부가소득세과 담당 주무관입니다. 한 납세자가 귀하에게 귀하의 전임자가 소득세를 과세한 건에 대하여 불만을 토로하며 이에 대해서 왜 경정청구를 할 수 없느냐고 지속적으로 항의하고 있는 상황입니다. 하지만 해당 상황의 경우 「국세기본법」상 경정청구 사유에 해당하지 않는다고 합니다. 이에 민원을 제기한 납세자에게 불가능한 상황이라는 것을 충분히 설명하였는데도 세무서에 직접 방문하여 계속 항의하고 있으며, 이로 인해 업무가 지연될 정도입니다. 담당 주무관으로서 해당 민원인에 대해 어떻게 대처하겠습니까?

면접관의 의도

상황형은 문제 상황을 제시하여 이에 대한 대처 능력 및 공직자로서의 자세를 평가하기 위한 것이다. 해당 제시문은 세무서에서 종종 발생할 수 있는 악성 민원인을 대하는 과정을 통해 응시자의 상황 대처 능력과 공직에 대한 이해도를 평가한다.

핵심 키워드

악성 민원인, 원칙, 유사 사례, 적법함, 매뉴얼

상황 파악

- 전임자가 과세한 소득세에 대한 민원인의 지속적인 항의
- 해당 건은 「국세기본법」상 경정청구 대상이 되지 않음
- 경정청구 대상이 아니라고 설명하였으나 계속 민원을 제기하여 업무 마비

직접작성

- 사전 검토
  - 유사한 사례와 해결방안에 대해 적극적으로 검토
  - 전임자가 적법하게 과세처분을 내렸는지 다시 한 번 자세하게 검토
- 진행 방법
  - 전임자의 처분에 문제가 없다면 법에 따라 집행해야 하므로 해결해드릴 수 없다고 명확하게 안내
  - 안내 시에는 다른 민원인들에게 피해가 가지 않도록 따로 조용한 장소에서 대화(감정적인 부분에 공감하고 마음을 다스릴 수 있게 도움)
  - 별도로 납세자 보호담당관에게 고충민원을 신청하는 방법이나 법령상 조세 불복절차가 있다면 이에 대하여 안내

직접작성

해당 건의 진행 과정 및 조사한 다른 사례들을 엮어 다른 주무관들이 참조할 수 있도록 매뉴얼화

직접작성

- 언급하신 대로 진행하기로 결정한 가장 중요한 근거는 무엇입니까?

- 이 상황에서 중요한 공직가치는 무엇이라고 생각합니까?

- 악성 민원인이 계속 찾아온다면 어떻게 하겠습니까?

- 악성 민원인이 권한 밖의 일을 자꾸 요구한다면 어떻게 하겠습니까?

- 스트레스를 많이 받는다면 어떻게 해소하겠습니까?

- 마지막으로 하고 싶은 말은 무엇입니까?

➕ **면접 플러스**

악성 민원인 관련 문제는 공무원 면접에서 자주 출제되며, 공무원이 실제로 종종 겪는 상황이다. 무조건 민원인을 달래거나 그 입장에서 생각한다는 대답은 추가로 압박 질문을 받을 수 있으므로 주의한다.

▌**더 알아보기**

모두채움 서비스

국세청이 영세업자에게 간편하게 종합소득세를 신고할 수 있도록 해당 해의 귀속 수입 금액과 필요 경비, 납부할 세액(혹은 환급 세액) 등 모든 항목들이 계산되어 있어 금액 기재가 완료된 신고서이다. 내용 확인 후 수정사항이 없다면 ARS 전화 한 번으로 간편하게 신고할 수 있는 서비스이다.

경정청구

지난 5년간 더 낸 세금이 있으면 신고하여 환급신청 후 돌려받을 수 있는 제도로, 납세 의무자가 3개월의 보정기관이 경과한 후 과다 납부한 세액을 바로잡아달라고 요청하는 행위이다. 납세신고한 날부터 5년 이내에 세관장에게 청구하여야 한다.

CHAPTER 03 세무직 면접 핵심 자료

01 **보도자료와 정책자료**

1. 보도자료

(1) 제57회 납세자의 날 기념, 다양한 성실납세 감사행사 실시

⊙ 국세청	보 도 자 료		다시 도약하는 대한민국 함께 잘사는 국민의 나라
보도 일시	2023.3.3.(금)	배포 일시	2023.3.3.(금)

제57회 납세자의 날 기념, 다양한 성실납세 감사행사 실시
− 모범납세자 등 성실납세에 동참한 국민을 위한 소통활동 추진 −

국세청은 제57회 납세자의 날(3.3.)을 맞이하여 국민의 성실납세와 세정협조에 감사하고, 성실납세자가 자긍심을 가질 수 있도록 모범납세자를 위한 우대행사를 실시하였습니다. 지난 3년간 코로나19로 인해 취소 · 축소되었던 납세자의 날 기념식과는 달리 이번 기념식은 '성실한 납세, 튼튼한 재정'을 슬로건으로 서울 코엑스에서 안전과 방역수칙을 준수하는 가운데 정상 개최하였으며 기념식에 참석한 국세청장은 국가재정에 기여한 공적으로 훈 · 포장 등을 수상한 모범납세자와 세정협조자, 고액납세의 탑 수여법인을 축하하고, 전국의 모범납세자 수상자에게 축하 메시지 전송과 함께 누리집(알림창)용 이미지를 제공하여 감사의 뜻을 전달하였습니다. 각 세무관서에서는 모범납세자 표창장 전수식과 방문객 감사 이벤트 등 관서의 실정에 맞게 기념행사를 실시하였으며, 청사 현관에 모범납세자 공적을 소개하는 게시판을 마련하고, 성실납세 감사 포스터를 게시하였습니다. 앞으로도 국세청은 성실납세에 동참한 국민과의 소통 확대 및 적극행정을 실시하고, 성실납세자가 존경받고 자긍심을 가질 수 있는 성숙한 납세문화 확산을 위해 지속적으로 노력하겠습니다.

모범납세자 우대 혜택(우대혜택 및 우대기간은 훈격에 따라 상이함)

구분		우대혜택
세정상 우대	세무조사 유예	세무조사 유예
	정기조사 시기 선택	순환조사 대상 법인이 조사착수 예정연도 내에서 조사 시기를 사전 선택 가능
	납세담보 면제	납부기한 등의 연장, 납부 고지의 유예 및 압류 · 매각의 유예 시 5억 원 한도로 납세담보 면제
	모범납세자 전용 비즈니스센터	인천국제공항 납세 지원센터 내 전용 비즈니스센터에서 사무 · 휴식공간과 세정서비스 제공
	기타 우대사항	모범납세자 증명 발급, 세무서 민원봉사실에서 전용 창구 이용, 국세 공무원 교육원 시설 이용 등 우대
사회적 우대	철도운임 할인	업무상 목적으로 철도 이용 시 주중 철도운임 1년간 할인
	무역보험 우대	한국무역보험공사의 무역보험 이용 시 무역보험료 20% 할인 및 무역보험 가입 한도 50% 우대
	공항 출입국 우대	출입국 우대 심사대 및 전용 보안검색대 이용
	공영주차장 무료 이용	지자체 운영 공영주차장 및 국립공원 주차장 1년간 무료 이용
	금융 우대	협약된 금융기관에서 대출금리 경감, 보증보험료 할인 및 보증 한도 우대
	기타 우대사항	협약된 숙박업체와 의료기관의 요금 할인 및 모범납세자 전용 신용카드 발급 등 다양한 사회적 우대혜택 제공

(2) 공정과 준법의 가치를 훼손하는 신종 · 지역토착 사업자 조사

⊙ 국세청	보 도 자 료	다시 도약하는 대한민국 함께 잘사는 국민의 나라	
보도 일시	2023.2.9.(목)	배포 일시	2023.2.9.(목)

공정과 준법의 가치를 훼손하는 신종 · 지역토착 사업자 조사
- 연예인 · SNS-RICH, 플랫폼 사업자, 지역토착 사업자 등 84명 -

국세청은 대중적 인기와 사회적 영향력을 바탕으로 안정적인 고수익을 누리면서도 「헌법」상 납세 의무를 다하지 않는 일부 사업자의 탈루혐의를 확인하고 조사에 착수하였습니다. 이번 세무조사 대상자는 84명은 연예인, 운동선수, 웹툰 작가 등 인적용역사업자, 유튜버, 인플루언서, 쇼핑몰 운영자 등 SNS-RICH, 플랫폼 사업자 및 온라인 투자

정보서비스업자, 지역사회 영향력을 바탕으로 사업을 영위하는 지역토착 사업자로 4가지 유형입니다. 대중의 사랑, 지역사회의 영향력, 제도 인프라에 기초하여 고소득을 누리는 연예인, 유튜버, 토착사업자는 국민의 기대와 달리 탈세를 일삼으며, 나라의 근본인 공정과 준법의 가치를 훼손하고 있습니다. 이에 탈루혐의가 확인된 연예인, SNS-RICH, 플랫폼 사업자, 지역 토착 사업자에 대해 강도 높은 세무조사에 착수하였습니다.

이번 세무조사에서는 대다수 국민이 코로나19와 복합 경제위기로 어려움을 겪고 있는 시기에 오히려 안정적인 고소득을 향유하면서 호화 사치생활을 영위한 일부 연예인, 유튜버, 인플루언서, 지역토착 사업자의 탈세혐의에 대해 강도 높게 검증하겠습니다. 디지털 포렌식, 금융추적조사를 통해 친인척을 동원한 명의위장, 차명계좌, 이중장부 혐의 등을 면밀히 검토하고 조세포탈사실이 확인되는 경우 「조세범처벌법」에 따라 고발 조치 등 예외 없이 법과 원칙에 따라 엄정히 처리하겠습니다.

앞으로도 국세청은 세무조사과정에서 적법절차 준수, 예측가능성 제고, 조사부담 축소라는 기조를 유지하는 한편, 위법 및 불공정 행위로 부당한 수익을 누리는 탈세자에 대해서는 적법·공정 과세원칙에 따라 엄정하게 세무조사를 실시하여 공정과 준법의 가치가 정착되도록 최선을 다하겠습니다.

(3) 공익법인 '특수관계인 해당여부 사전상담제' 시행

⊙ 국세청	보 도 자 료		다시 도약하는 대한민국 함께 잘사는 국민의 나라
보도 일시	2023.1.6.(금)	배포 일시	2023.1.6.(금)
공익법인 '특수관계인 해당여부 사전상담제' 시행			

공익법인의 사유화 방지를 위해 세법에서는 출연자 또는 그의 특수관계인이 이사나 임직원으로 고용되는 것을 제한하고 있습니다. 이와 관련하여 세법위반에 대한 검증 강화로 인해 사후 세액 추징이 공익법인에게 큰 부담으로 작용하는 반면, 전문인력이 부족한 공익법인의 경우 세법 규정을 잘 알지 못하여 의무이행에 어려움을 겪고 있습니다. 이에 국세청(청장 김창기)은 공익법인이 알기 어렵거나 실수가 많은 항목을 사후검증에서 사전지원 방식으로 전환해 나갈 예정이며, 이를 위해 2023년 1월부터 '특수관계인 해당여부 사전상담제도'를 시행합니다.

사전상담 제도는 공익법인이 스스로 파악하기 어려운 이사 또는 임직원의 특수관계인 해당여부에 대해 사전에 확인해 주는 제도입니다.

- 신청 대상: 이사나 임직원을 채용하고 있거나, 신규 채용 예정인 공익법인은 누구나 신청할 수 있으며, 사전상담신청서를 작성하여 홈택스, 우편, 팩스 등 다양한 방법으로 국세청에 신청 가능
- 상담 주관: 공익법인의 상담 신청에 대한 정확하고 일관성 있는 답변을 위해 국세청 전담부서에서 상담 업무
- 결과 통지: 공익법인의 의사결정에 신속한 도움을 제공하기 위해 사전상담 신청일부터 2주 이내 상담 결과를 서면으로 통지
- 제도 혜택: 이사 선임 또는 임직원 채용과 관련하여 사전상담 결과에 따라 이행한 경우에는 해당 답변 부분은 공익법인 사후관리 대상에서 제외

앞으로도 국세청은 세무업무에 익숙하지 않고 전문인력이 부족한 공익법인이 공익사업에 전념할 수 있도록 세무 상담과 교육을 지속적으로 시행하는 등 세정지원을 강화해 나가겠습니다.

(4) 2022년 고액 · 상습체납자, 불성실 기부금수령단체, 조세포탈범 명단 공개

◯ 국세청	보 도 자 료		다시 도약하는 대한민국 함께 잘사는 국민의 나라
보도 일시	2022.12.15.(목)	배포 일시	2022.12.15.(목)
2022년 고액 · 상습체납자, 불성실 기부금수령단체, 조세포탈범 명단 공개			

국세청(청장 김창기)은 고액 · 상습체납자 6,940명, 불성실 기부금 수령단체 31개, 조세포탈범 47명의 인적 사항 등을 국세청 누리집을 통해 공개하였습니다.

이번 명단 공개 대상은 체납 발생일로부터 1년이 지난 국세가 2억 원 이상인 고액 · 상습체납자, 거짓 기부금 영수증을 발급했거나 기부자별 발급명세를 작성 · 보관하지 않은 단체, 「상속세 및 증여세법」상 의무를 불이행하여 세액을 추징당한 단체와 「법인세법」상 기부금 단체(사회복지법인, 어린이집, 유치원 및 학교 등, 의료법인)의 의무를 위반한 불성실 기부금수령단체, 사기나 그 밖의 부정한 행위로 조세를 포탈하여 유죄 판결이 확정된 조세포탈범입니다.

앞으로도 국세청은 세법상 의무 위반자 명단을 지속적으로 공개하여 납세자의 성숙한 준법의식 향상과 건전한 납세문화 확산을 위해 노력하고 적법 · 공정의 가치를 지켜나가겠습니다.

고액 · 상습 체납자 명단 공개

「국세징수법」 제114조에 따라 체납 발생일로부터 1년이 지난 국세가 2억 원 이상인 고액 · 상습 체납자의 인적사항 및 체납액 등을 공개할 수 있다. 「국세기본법」 제85조의5 제5항 규정에 따라 관보에 게재하거나 국세청 홈페이지, 관할 세무서 게시판에 공개한다.

불성실기부금수령단체 명단 공개

「국세기본법」 제85조의5 및 시행령 제66조의 규정에 따라 국세정보위원회의 심의를 거쳐 「상속세 및 증여세법」 의무 위반으로 1천만 원 이상 추징, 기부금영수증 발급명세 미작성 · 미보관, 거짓 영수증 5건 이상 또는 5천만 원 이상 발급, 「법인세법」상 기부금 단체의 의무를 위반한 기부금수령단체의 명단을 공개한다.

조세포탈범 명단 공개

「국세기본법」 제85조의5에 따라 2012년 7월 1일 이후 「조세범 처벌법」 제3조 제1항, 제4조 및 제5조에 따른 범죄로 유죄판결이 확정된 자로서 「조세범 처벌법」 제3조 제1항에 따른 포탈세액 등이 일정 금액 이상인 자의 인적 사항, 포탈세액 등을 공개한다.

(5) 현금영수증 의무발행업종 확대 시행

◎ 국세청	보 도 자 료		*다시 도약하는 대한민국 함께 잘사는 국민의 나라*
보도 일시	2022.12.14.(수)	배포 일시	2022.12.14.(수)

현금영수증 의무발행업종 확대 시행
– 2023.1.1.부터 가전제품 수리업 등 17개 업종을 의무발행업종에 추가 –

현금영수증 제도는 2005년 도입된 이래 의무발행업종 등의 지속적인 확대로 2021년 발급금액이 142.0조 원으로 시행 첫해보다 7.6배 증가하는 등 안정적으로 운영되고 있습니다. 현금영수증은 사업자의 적격증빙으로 활용되고, 소비자의 연말정산 소득공제 적용으로 성실납세 문화 조성에 크게 기여하고 있습니다.

국세청(청장 김창기)은 2023년부터 새롭게 현금영수증 의무발행업종으로 추가되는 아래의 소비자상대업종(17개, 약 49만 명)을 알려드립니다.

> 가전제품 수리업, 의복 및 기타 가정용 직물제품 수리업, 가정용 직물제품 소매업, 주방용품 및 가정용 유리 · 요업제품 소매업, 운송장비용 주유소 운영업, 게임용구 · 인형 및 장난감 소매업, 중고 가전제품 및 통신장비 소매업, 행정사업, 모터사이클 및 부품 소매업(부품에 한정), 여자용 겉옷 제조업, 남자용 겉옷 제조업, 구두류 제조업, 시계 · 귀금속 및 악기 수리업, 가죽 · 가방 및 신발 수리업, 숙박공유업, 전자상거래 소매 중개업, 기타 통신판매업

추가되는 현금영수증 의무발행업종 사업자는 2023.1.1.부터 거래 건당 10만 원 이상 현금거래 시 소비자가 현금영수증 발급을 요구하지 않더라도 현금영수증을 반드시 발급해야 합니다. 현금영수증을 발급하지 않을 경우 미발급금액의 20% 상당액이 가산세로 부과되는 불이익을 받을 수 있음에 유의하시기 바랍니다. 현금영수증은 성실납세의 출발이고 근간이 되는 만큼 사업자의 성실발급을 당부드립니다.

2. 정책자료

(1) 현금영수증 제도

① 개요

- 현금영수증 제도는 현금영수증 가맹점에서 재화나 용역을 공급하고 소비자에게 현금을 받는 경우 거래 상대방의 신분을 인식할 수 있는 현금영수증카드, 휴대폰 번호, 주민등록번호(사업자등록번호), 신용카드·체크카드 등과 거래자구분·거래구분·금액 등을 함께 입력하여 현금영수증 발급장치를 통해 거래내역을 실시간으로 전송하는 제도를 말한다.
- 현금영수증사업자가 가맹점으로부터 전송받은 거래내역을 국세청에 재전송하면 국세청은 거래내역을 구축하여 가맹점, 수취자 등이 거래내역을 확인할 수 있도록 홈택스에 수록된다.

② 도입배경 및 효과

- 자영사업자의 과세표준 양성화를 위한 범사회적 과세자료 인프라 구축의 일환으로 1999년부터 신용카드 사용 활성화 정책을 지속적으로 추진하였으나, 과세표준을 양성화하는 데 한계가 있어 이를 보완할 수 있는 새로운 과세인프라 구축 필요성이 대두되었다.
- 2002년 '현금영수증 제도'가 12대 국정과제 중 하나인 '자유롭고 공정한 시장질서 확립'을 위한 세부 과제로 선정되었고, 2003년 말「조세특례제한법」등에 관련 규정을 신설하여 현금영수증 제도 도입이 확정되었다.
- 현금영수증은 도입 이후 발급금액이 꾸준히 증가하여 자영업자의 과세표준 양성화에 크게 기여하고 있다.

(2) 전자세금계산서 제도

① 전자세금계산서 제도는 전자적 방법으로 세금계산서를 작성·발급(전자서명)하고 그 발급 명세를 국세청에 전송하는 제도를 말한다.

② 도입배경 및 효과
- 납세협력비용 절감: 경제성장에 따른 기업 간의 거래가 복잡·다양화되고, 거래 규모가 증가함에 따라 세금계산서를 수동으로 작성·보관 및 신고하는 데 많은 비용이 발생하여 이를 절감하기 위해 전자계산서의 필요성이 대두되었다.
- 세무거래 투명성 확보: 종전 종이세금계산서는 신고 직전 소급발급 등 거짓 세금계산서를 발급하는 방법으로 세금을 탈루하는 사례가 있었음에도 이를 적발하는 데 오랜 시간이 소요되었다. 발급 즉시 국세청에 전송하는 전자세금 계산서 제도 도입으로 자료상 조기적발 등 세무거래 투명성이 확보될 수 있다.
- 경제의 디지털화로 도입 여건 성숙: 대기업을 중심으로 구축된 통합정보시스템을 통하여 전자적인 방법으로 세금계산서를 발급하는 사업자가 확산되고 있는 추세이다.

(3) 근로장려금·자녀장려금 제도

① 개요
- 근로장려세제(EITC): 일은 하지만 소득이 적어 생활이 어려운 근로자, 사업자(전문직 제외) 또는 종교인 가구에 대하여 가구원 구성과 근로소득, 사업소득 또는 종교인 소득에 따라 산정된 근로장려금을 지급함으로써 근로를 장려하고 실질소득을 지원하는 제도이다.
- 자녀장려세제(CTC): 자녀장려세제는 18세 미만 부양자녀가 있는 경우 자녀 1인당 최대 70만 원(최소 50만 원)의 자녀장려금을 지급함으로써 자녀양육을 지원하는 제도이다.

② 도입배경 및 연혁
- 산업구조와 노동시장 양극화 등으로 일은 하고 있으나 가난에서 벗어나지 못하는 저소득층이 증가함에 따라 근로를 통해 빈곤에서 탈출하고 경제적으로 자립할 수 있도록 하는 경제적 지원이 필요성이 대두되었다.
- 저소득가구의 근로를 유인하고 실질소득 지원을 위해 2009년에 근로장려금을 처음 지급한 이후 2015년에 자녀장려금 도입, 2019년에는 단독가구 연령제한 폐지, 재산·소득기준 완화, 근로장려금 산정액을 상향하는 등 지급대상자와 지급금액을 확대해 왔으며, 지급주기를 단축해 더 빨리 지급받을 수 있도록 반기 지급제도를 신설하였다.

③ 기대효과
- 저소득층이 극빈층으로 추락하는 것을 예방하고 경제적인 어려움에서 벗어날 수 있도록 희망을 주는 사회안전망 역할을 수행한다.

- 기존의 복지제도와 달리 근로장려금은 일정 소득구간에서 소득이 증가할수록 지급액이 많아져 근로의욕을 높일 수 있다.
- 저소득가구에 소득세 환급의 형태로 장려금을 지급함으로써 조세제도를 통한 소득재분배 효과를 기대할 수 있다.

(4) 신종 업종 세무

① 개요

- IT기술의 발전 및 사회, 경제적 환경 변화 등으로 1인 미디어 창작자, SNS 마켓, 공유숙박, 해외직구 등의 새로운 경제활동이 등장함에 따라 2019년 9월부터 업종코드를 별도로 부여하여 사업자등록 안내, 부가가치세 및 종합소득세 등의 세무신고를 안내하고 있다.
- 업종코드가 별도로 부여되지 않은 새로운 유형의 경제활동의 경우에도 사업성이 있고 재화나 용역 등을 계속, 반복적으로 판매, 제공한다면 이에 대해서도 사업자등록, 세무신고 의무가 있다.

② 주요 온라인 신종업종 유형 및 정의

유튜버	유튜버란 인터넷·모바일 기반의 미디어 플랫폼 환경에서 다양한 주제의 영상 콘텐츠를 제작하고 이를 다수의 시청자와 공유하여 수익을 창출하는 신종 직업을 말한다. 이는 인적 또는 물적시설을 갖추고 있으면 과세사업자, 인적시설과 물적 시설이 없이 활동하면 면세사업자이다.
SNS 마켓	• SNS 마켓이란 블로그, 카페 등 각종 사회관계망서비스(SNS; Social Network Service) 채널을 이용하여 물품판매, 구매 알선 중개 등을 통해 수익을 얻는 산업활동을 말한다. SNS 마켓은 개인 간 친교 및 사교적인 목적의 SNS 계정을 이용해서 판매행위를 한다는 특징이 있다. • 블로그, 카페 뿐 아니라 모바일에 익숙한 2030세대를 중심으로 인스타그램, 페이스북, 유튜브 등 개인 SNS 계정을 기반으로 한 상품거래가 점점 늘어나고 있다.
공유숙박	일반인이 여유공간(숙박공간)을 여행객들에게 유상으로 제공하는 것으로, 온라인 중개 플랫폼에 등록하여 숙박공간을 사용하고자 하는 임차인에게 공간을 공유·사용하게 함으로써 대가를 수령하는 산업활동을 말한다.

(5) 성실납세지원제도

2011년부터는 세금을 많이 내는 것뿐 아니라, 성실히 세금을 납부하면서도 여러 사회 공헌 활동을 통해 따뜻하고 밝은 사회를 만드는 데 힘써 온 사람들을 국민들에게 추천 받아 '아름다운 납세자상'을 수여하고 있으며, 또한 모범 납세자, 아름다운 납세자 등 성실 납세자를 위해 세무 조사 유예 등의 우대 혜택을 마련하는 데도 힘을 쏟고 있다. 성실 납세자가 되면, 상을 받은 날부터 일정 기간 동안 각종 세무 조사의 부담에서 벗어날 수 있어 사업이나 자신의 일에 전념할 수 있다. 경제 사정이 좋지 않아 정해진 기한 내에 세금을 납부하기 어려운 경우에는 납부기한 연장 신청을 할 수 있다. 담보를 제공하고 세금을 나중에 내는 것을 인정해 주는 제도인데, 성실 납세자는 담보 없이도 세금을 나중에 내는 납세 담보 면제 혜택을 받을 수 있다. 이 밖에도 공항출입국 우대, 공영주차장 무료 이용, 금융 우대, 의료비·콘도 요금 할인, 철도운임 할인 등과 같은 혜택도 제공하고 있다.

세금포인트	세금 납부에 대한 보람과 자긍심을 고취하기 위하여 개인 또는 법인(중소기업)이 납부한 세금(소득세·법인세)에 따라 세금포인트를 부여하고, 부여 받은 세금포인트를 이용하여 납부기한연장 및 징수유예 시 담보를 면제하거나 우수 중소기업 제품의 할인 구매 등 다양한 혜택을 제공한다.
모범납세자 우대 제도	모범 납세자는 납세의무를 성실히 수행하여 성숙한 납세문화를 조성하고 납세를 통하여 국가재정에 크게 기여하는 등 타의 모범이 되는 자로 매년 납세자의 날(3.3.)에 포상 또는 표창을 수여받은 자를 말한다. 모범납세자가 사회적으로 존경과 우대를 받을 수 있는 성숙한 납세문화를 조성하기 위해 모범납세자를 선정하고 우대하는 제도이다.
아름다운 납세자	국세청에서는 성실납세와 더불어 기부·봉사 등 사회공헌을 실천하거나 고용창출·공익가치 실현 등으로 지역경제에 크게 기여한 납세자를 발굴하여 '아름다운 납세자상'을 수여하고 우대하고 있다.

(6) 2022년 국세청 적극행정

① 정책 분야

- 중소납세자 세무조사 시기, 납세자가 직접 선택: 간편조사 대상 중소납세자에게 조사부담이 적은 시기를 신청받아 이를 최대한 반영하여 조사시기를 결정
- 최상의 납세서비스 제공을 위한 홈택스 전면 개편: 홈택스 불편사항 해소를 위해 홈택스 전면개편 TF를 발족하고, 최신 ICT 기술을 접목하여 납세자 중심의 지능형 홈택스로 전면 개편
- 복잡하고 어려운 종합소득세 환급신고, 원클릭으로 해결: 영세한 인적용역소득자(택배기사, 학원강사, 대리운전기사, 간병인, 목욕관리사, 배달라이더 등)가 쉽고 편리하게 소득세 환급을 신청할 수 있도록 '원클릭 모두채움 신고·자동 환급 서비스' 제공
- 중소기업하기 좋은 환경, 가업승계 세무컨설팅 최초 실시: 가업승계 사전·사후 요건을 진단하고, 미비한 요건에 대해 구체적 해결방향을 제시하는 기업별 1:1 맞춤형 컨설팅 제도 최초 도입

② 현장 분야

- 특별재난지역 인적용역사업자 소득세 감면: 「조세특례제한법」 제99조의11을 적극 해석하여 감염병 특별재난지역 중소기업 세액감면 대상을 인적용역사업자까지 확대
- 소상공인들에게 과소공제된 부가가치세 의제매입세액 환급: 공제요건 및 계산방식이 복잡하여 의제매입세액 공제를 누락하거나 과소공제한 경우를 선제적으로 분석하여 과오납한 세액을 환급
- 시각장애인을 위한 '근로장려금 점자안내문·소리신문' 제작·배포: 시각장애인연합회(광주·전남·전북지부)와 점자안내문 및 소리신문의 시안 구상부터 제작·배포(연합회 홈페이지)까지 협업
- 적극적 고충 민원 처리로 공익법인의 종합부동산세 체납 해결: 법인 주택분 종합부동산세 일반세율 특례를 신청하지 않아 종부세가 체납된 공익법인에 고충청구 방법을 적극 안내하여 종부세 결정 취소

(7) 2022년 국세청 규제 혁신

① 주류용 국산 효모 개발·보급

- 기존: 국산 효모 제품이 없어 대부분 수입에 의존(연 230억 원)
- 개선: 5년간 연구하여 주류용 우리 효모 6종 자체 개발·보급(특허출원)
  - 환경부(국립생물자원관)와 공동 연구를 통해 개발
  - 남원시와 협력하여 국산 효모 이용한 지역 특화 주류 육성

② 민생경제 지원을 위한 환급금 등 조기 지급

- 기존: 코로나19 등으로 소상공인, 중소기업의 경제적 피해 누적
- 개선
  - 부가가치세 환급금·근로장려금 조기 지급
  - 소상공인·중소기업 납세담보 면제 금액 상향(1억 원 → 1.5억 원)

③ 납부기한 직권 연장 등 적시성 있는 세정 지원

- 기존: 신청하지 못한 납세자는 세정 지원받기 곤란
- 개선
  - 주요 세목(부가가치세, 법인세, 종합소득세) 납부기한 직권 연장
  - 근로장려금 직권 신청(산불피해 지역, 중증 장애인 등 1.7만 가구)

④ 인적용역 소득자 원클릭 환급 서비스

- 기존: 인적용역 소득자의 경우 환급 가능한 원천징수세액(3.3%)을 환급받지 못하는 사례 다수

- 개선
  - 환급계좌만 입력하면 클릭 한 번으로 환급금을 지급받을 수 있는 서비스 도입
  - 인적용역 소득자 약 303만 명의 2021년 귀속 소득세 63백억 원 환급
⑤ 주류 규제 네거티브 전환
- 주정 소매업자 휴폐업 중복신고 의무 폐지
  - 기존:「부가가치세법」상 휴폐업 신고와 별도로 휴폐업 5일 전 세무서장에게 휴폐업 사실 신고의무 부여
  - 개선:「부가가치세법」상 휴폐업 신고로 일원화
- 법적 근거가 미비한 기타소매업 면허 삭제
  - 기존: 주류판매업 면허에 상위 법령상 근거가 미비한 기타소매업 면허를 규정
  - 개선: 기타소매업 면허를 삭제하고 주류소매업 면허 발급 시 체육시설 등 한정된 공간 전역으로 승인
- 납세 병마개 공급 차질 시 사전 보고 의무 폐지
  - 기존: 병마개 공급 차질이 예상되는 경우 국세청장에게 서면 보고할 의무 부여
  - 개선: 납세 병마개 공급 차질 사유의 사전 보고 의무 폐지
- 주정 도매업자의 설비 변경 시 사전 승인 폐지
  - 기존: 주정 도매업자가 주정 설비를 변경하고자 할 경우 국세청장 사전 승인
  - 개선: 설비 변경 후 20일 내에 관할 세무서장에게 사후 신고
- 주류 판매의 정의 명확화
  - 기존: 주류 판매의 정의를 포괄적으로 규정하여 주류 판매 관련 규제 의무가 지나치게 넓은 범위의 납세자에게 부여
  - 개선: 주류 소유권 이전에 상업적 목적이 있는 경우만 주류 판매로 정의하여 주류 규제 의무 부여

1. 전문 자료

(1) 국세의 종류

① 국세는 국가가 국가 업무를 수행하는 데 필요한 경비를 충당하기 위하여 국민에게 부과 · 징수하는 조세이며, 과세권 주체가 국가인 조세를 말한다. 따라서 지방자치 단체가 과세권 주체가 되는 지방세에 대응하는 개념이다. 「국세기본법」상 국세는 내국세만을 의미한다. 내국세는 직접세와 간접세로 다시 구분되는데, 내국세 중 직접세는 소득세 · 법인세 · 종합부동산세 · 상속세 · 증여세가 있으며, 간접세는 부가가치세 · 개별소비세 · 주세 · 인지세 · 증권거래세가 있다. 원칙적으로 세목마다 「소득세법」· 「법인세법」· 「부가가치세법」 등의 법률에 각각 납세의무자 · 과세물건 · 과세표준 · 세율 등 필요한 사항이 규정되어 있다. 이 외에 「국세기본법」· 「국세징수법」· 「조세특례제한법」· 「조세범처벌법」 등에 의해 운영되고 있다.

② 관세는 통상적으로 국경을 통과하는 수출입 물품에 대하여 부과되는 조세이다. 관세는 주로 재정 수입의 증가를 목적으로 하는 재정 관세와 국내 산업의 보호 · 육성을 목적으로 하는 보호 관세가 있다.

(2) 조세법률주의

조세법률주의는 법률의 근거없이 국가는 조세를 부과·징수할 수 없고, 국민은 조세의 납부를 강요받지 않는다는 원칙이다. 「헌법」에서 모든 국민은 법률이 정하는 바에 의하여 납세의 의무를 지며(제38조) 조세의 종목과 세율은 법률로 정한다(제59조)고 규정함으로써 조세법률주의의 원칙을 명시하고 있다. 이는 국민의 재산권 보장과 법률생활의 안정을 기하려는 데 목적이 있다. 조세법률주의는 과세요건법정주의, 과세요건명확주의, 소급과세의 금지, 합법성의 원칙을 그 내용으로 한다.

(3) 실질과세원칙

실질과세원칙은 조세를 부과함에 있어서 형식과 실질이 다른 경우에는 실질을 기준으로 과세하여야 한다는 원칙이다. 과세요건사실의 인정과 세법의 해석에 있어 거래의 형식을 기준으로 하여 과세하는 경우에는 납세자가 실질과 다른 형식을 취함으로써 조세의 회피를 시도하는 경우에도 형식을 기준으로 과세할 수밖에 없으므로 조세회피행위에 적절하게 대처할 수 없을 뿐만 아니라 과세의 형평도 기할 수 없다. 따라서 과세의 공평과 조세회피의 방지를 위하여는 실질을 기준으로 과세하는 것이 필요하다.

(4) 부가가치세

부가가치세는 재화나 용역이 생산되거나 유통되는 모든 거래단계에서 발생하는 부가가치에 부과하는 세금이다. 부가가치 산출 방법으로는 기업이 지급하는 급료·지급이자·세금과 공과금·감가상각비 및 이윤 등을 합계하여 계산하는 가산법과 기업의 재화와 용역 등의 매출액에서 기업의 재화와 용역 등의 매입액을 공제하여 계산하는 공제법이 있다. 우리나라에서 채택하고 있는 「부가가치세법」에서 부가가치는 공제법을 따르고 있다. 부가가치세는 물건값에 포함되어 있어 실제로는 최종 소비자가 부담하는 것으로 공급자는 과세 대상인 재화나 용역을 제공할 때 거래금액에 일정 금액의 부가가치세를 징수하여 세무서에 납부해야 한다.

(5) 원천징수제도

원천징수는 소득금액을 지급하는 지급자가 지급받는 자가 부담할 세액을 미리 국가를 대신하여 징수하는 제도를 말한다. 원천징수는 소득세 및 법인세의 납세방법으로 채용된 제도이다. 원천징수 의무자(국가, 법인, 개인 사업자, 비사업자 포함)가 소득을 지급할 때 지급받는 자가 부담할 세액을 일정한 기간 내에 국가를 대신하여 징수하여 국가에 납부토록 하는 것이다. 이 제도는 국가의 세수 확보 및 납세의무자의 납세 편의라는 관점에서 유용한 제도이다.

(6) 가산세 · 가산금

① 가산세는 세법에서 규정하는 의무의 성실한 이행을 확보하기 위하여 그 세법에 따라 산출한 세액에 가산하여 징수하는 금액을 말한다. 「국세기본법」 제47조 제1항에서 정부는 세법에서 규정하는 의무를 위반한 자에 대하여 세법이 정하는 바에 의하여 가산세를 부과할 수 있는 것으로 규정하여 구체적 협력의무와 그 위반에 대한 가산세의 규정을 개별 세법에 위임하고 있다. 따라서 가산세의 종류도 개별 세법에 따라 다양하고 세율도 일률적이지 않으며 그 종류에 따라 차이가 있다.

② 가산금은 국세를 납부기한까지 납부하지 않는 경우에 「국세징수법」에 따라 세액에 가산하여 징수하는 금액을 말하며, 중가산금은 납부기한 경과 후 일정기한까지 납부하지 않는 경우에 그 금액에 다시 가산하여 징수하는 금액을 말한다. 가산금은 납세의무의 이행지체에 대하여 부담하는 지연배상금의 성질을 띤 부대세의 일종으로서 납부기한이 경과함으로써 당연히 발생하는 것으로 의무불이행에 대한 제재인 가산세와 다르다.

(7) 일반과세자 · 간이과세자

① 부가가치세가 과세되는 사업을 할 때는 일반과세자와 간이과세자 중 어느 하나로 사업자등록을 하여야 하는데 일반과세자와 간이과세자는 세금의 계산방법 및 세금계산서 발급 가능 여부 등에 차이를 두고 있으므로, 사업이 어느 유형이 적합한지를 살펴본 후 사업자등록을 하는 것이 좋다.

② 일반과세자는 10%의 세율이 적용되는 반면, 물건 등을 구입하면서 받은 매입세금계산서상의 부가가치액을 전액 공제받을 수 있고, 세금계산서를 발급할 수 있다. 연간 매출액이 8,000만 원 이상으로 예상되거나, 간이과세가 배제되는 업종 또는 지역에서 사업을 하고자 하는 경우에는 일반과세자로 등록하여야 한다.

③ 간이과세자는 0.5%~3%의 낮은 세율이 적용되지만, 매입세액의 5~30%만 공제받을 수 있으며, 신규사업자나 직전연도 공급대가가 4,800만 원 이상인 간이과세자는 세금계산서를 발급할 수 없으나, 직전연도 공급대가가 4,800만 원 이상인 간이과세자는 세금계산서를 발급할 수 있다. 주로 소비자를 상대하는 업종으로서 연간 매출액 8,000만 원에 미달할 것으로 예상되는 소규모사업자의 경우에는 간이과세자로 등록하는 것이 유리하다.

④ 일반과세자 또는 간이과세자로 등록했다고 하여 그 유형이 변하지 않고 계속 적용되는 것은 아니며, 사업자등록을 한 해의 부가가치세 신고 실적을 1년으로 환산한 금액을 기준으로 과세유형을 다시 판정한다.

(8) 납세자보호담당관제도

① 납세자보호담당관은 납세 관련 고충 민원의 처리, 세무상담, 납세자권리헌장의 준수 및 이행 여부 심사, 지방세 관련 제도개선에 관한 의견표명 등 납세자의 권익보호를 위한 업무를 전담하여 수행하는 자를 말한다.

② 납세자보호관제도는 납세자의 권리가 침해되었거나 침해될 우려가 있는 경우에 전문가의 조력을 받을 수 없는 경우 신속하게 납세자의 고충을 해결하여 납세자의 실질적인 권리보호를 위하여 지방자치단체의 장은 조례가 정하는 바에 따라 납세자보호관을 배치할 수 있도록 2005년 12월 31일 「지방세법」에 신설하였으며, 2010년 3월 31일 「지방세기본법」으로 이관되었다.

③ 조사부서와 납세자보호담당관실이 서로 견제와 균형을 이루어 세무조사가 세법에 따라 공정, 투명하게 이루어지고, 청탁이 없는 깨끗한 조사환경 조성을 위한 예방적 기능을 수행한다.

2. 관련 이슈

(1) '부모 찬스'로 부동산 취득 · 호화생활… 편법증여 혐의 227명 세무조사

국세청은 대출의 증감 내역과 소득 및 소비 패턴에 대한 분석을 강화, 편법증여 혐의가 있는 연소자 227명에 대해 세무조사를 착수했다. 코로나19 극복과정에서 가계부채가 급증해 역대 최고수준을 경신하고 대출금 상환 부담에 서민들의 어려움이 가중되었으나 일부 부유층 자녀들은 고액대출로 부동산이나 주식 등을 취득한 후 '부모찬스'를 이용해 손쉽게 대출금을 상환하면서도 이를 은폐하는 등 변칙적인 탈루행위를 일삼고 있는 것으로 파악됐다. 이에 국세청은 전국 세무관서장 회의를 통해 국민경제의 균등한 회복과 공평한 세부담 실현을 저해하는 불공정 탈세행위에 대해 엄정하게 대처하고, 특히 자금여력이 부족한 연소자 등의 주택 취득, 소득 대비 고액 자산 취득과 같은 부동산 거래 관련 변칙적 탈루혐의를 정밀 검증하겠다고 밝혔다.

또한 대출의 증감 내역과 소득 및 소비 패턴에 대한 분석을 강화해 자력 없는 재산취득 및 부채상환 행위에 대한 검증 수준을 한층 향상시키고, 재산취득 과정에서 취득자금으로 인정된 채무 또는 해당 재산에 담보된 채무에 대해서는 자력 상환 여부를 끝까지 확인해 채무를 이용한 편법 증여를 원천 차단할 계획이라고 강조하였다.

(2) 집중호우 피해 납세자에 납부기한 연장 · 세무조사 연기

국세청은 집중호우로 피해를 입은 납세자에 대해 신고 및 납부 기한 연장, 압류 · 매각 유예, 세무조사 연기 등의 세정지원을 적극 실시하기로 했다고 밝혔다. 이에 따라 집중 호우 피해로 어려움을 겪는 납세자가 종합소득세, 법인세, 부가가치세 등의 신고 및 납 부 기한 연장 등을 신청하는 경우 최대 9개월까지 연장된다.

아울러 집중호우 피해로 사업상 심각한 어려움을 겪는 납세자에 대해서는 원칙적으로 연말까지 세무조사 착수를 중단한다. 현재 세무조사가 사전통지됐거나 진행 중인 경우 에는 납세자의 신청에 따라 세무조사를 연기 또는 중지할 방침이다.

국세환급금이 발생하는 경우에는 최대한 앞당겨 지급하고 집중호우 피해로 사업용 자 산 등을 20% 이상 상실한 경우 현재 미납됐거나 앞으로 과세될 소득세 또는 법인세에 서 그 상실된 비율에 따라 세액이 공제된다. 재해 발생일로부터 3개월 이내 재해손실세 액공제 신청서를 세무서에 제출하면 세액공제를 받을 수 있다. 다만, 과세표준 신고기 한이 경과하지 않은 경우는 신고기한까지 제출해야 한다.

더 알아보기

징수유예

납세자에게 확정된 조세 채무의 이행을 곤란케 하는 개별적인 특별한 사유가 납기개시 전 또는 납부기한 도래 전에 발생하여 조세채무의 이행이 곤란하다고 세무서장이 인정할 때에는 납부고지의 유예, 분할고지 또는 고지된 조세의 납부 기한의 연장 등으로 납세자에게 기한의 이익을 부여하는 제도이다.

우리가 해야할 일은 끊임없이 호기심을
갖고 새로운 생각을 시험해보고 새로운
인상을 받는 것이다.

– 월터 페이터 –

교정직 · 보호직

01 교정직·보호직 공무원의 개요

1. 교정직 공무원이란?

(1) 교정직 공무원은 대한민국 법무부 산하 교정본부 소속으로, 법무부 소속의 교정기관(교도소, 구치소)에서 교도소나 보호감호소 수형자의 관리·교정·교화와 관련한 제반 업무를 담당하는 공무원이다.

(2) 교정직 공무원 계급 및 직급(「공무원임용령」 별표 1)

직군	직렬	직류	계급 및 직급						
			3급	4급	5급	6급	7급	8급	9급
행정	교정	교정	부이사관	서기관	교정관	교감	교위	교사	교도

(3) 교정직 공무원의 주요업무
  ① 수용자의 구금, 계호, 직업훈련, 교육·교화
  ② 교정시설 운영 및 관리
  ③ 석방자 생활지도 및 보호 등

2. 보호직 공무원이란?

(1) 보호직 공무원은 대한민국 법무부 산하 범죄예방정책국 소속으로, 법무부 소속의 보호관찰소, 소년원, 청소년비행예방센터 등에서 보호관찰대상, 소년범, 이탈 청소년 등을 지도·관리·교화하거나 관련 행정 업무를 담당하는 공무원이다.

(2) 보호직 공무원 계급 및 직급(「공무원임용령」 별표 1)

직군	직렬	직류	계급 및 직급						
			3급	4급	5급	6급	7급	8급	9급
행정	보호	보호	부이사관	서기관	보호사무관	보호주사	보호주사보	보호서기	보호서기보

(3) 보호직 공무원의 주요업무

① 보호관찰소 소속 보호직 공무원: 보호관찰 대상자 지도 · 감독, 사회봉사명령, 수강명령, 조사(재판 시 양형, 집행유예 등 판결 자료 조사), 성충동 약물치료 투여 등

② 소년원 · 소년분류심사원 소속 보호직 공무원: 보호소년 대상 특수교과교육, 생활지도 및 담임, 소년원생 상담 · 교육 · 심리평가 및 청소년비행예방교육을 주로 진행

③ 청소년비행예방센터 소속 보호직 공무원: 비행예방 교육프로그램 운영, 생활지도, 상담조사서 작성, 심리검사, 보호자 교육 등

---

02   법무부 교정본부와 범죄예방정책국의 개요

1. 교정본부·범죄예방정책국의 주요기능

(1) 교정본부

교정본부는 수형자에게 교육, 교화활동 및 직업훈련 등을 실시하여 출소 후 사회에서 성공적으로 정착할 수 있도록 각종 사회복귀 프로그램 정책을 수립하고, 일선 교정시설에서 시행할 수 있도록 지원과 관리 · 감독 기능을 한다.

(2) 범죄예방정책국

범죄예방정책국은 소년범죄와 청소년의 비행, 범죄자의 재범을 예방하는 일을 한다. 소년원 수용과 교정교육에 대한 전반적인 업무와 보호관찰대상자에 대한 관리, 전자발찌 부착자와 같은 특정범죄자를 관리하고 치료감호에 대한 전반적인 업무를 담당한다. 여기에 법교육을 활성화하기 위한 다양한 프로그램을 운영하는 일도 맡는다.

2. 교정본부의 조직 및 교정기관의 주요업무

(1) 교정본부의 조직: 중앙기구인 교정본부가 있고, 중간감독기관으로 서울지방교정청, 대구지방교정청, 대전지방교정청, 광주지방교정청 등 4개 지방교정청이 있다. 그 아래에 교도소 40개(민영 포함)기관, 구치소 11개 기관, 지소 3개 기관 등 총 54개의 교정기관이 있다.

※ 출처: 법무부 교정본부 홈페이지(www.corrections.go.kr)

① **교정본부(중앙기구):** 교정행정을 총괄하는 중앙기구로 법무부장관과 법무부차관 아래에 교정본부장이 있고, 교정행정 전반에 걸쳐 교정본부장을 보좌하는 기구로 교정정책단장과 보안정책단장이 있다.

② **지방교정청:** 소속기관 업무집행의 지휘감독을 관장하는 중간 감독기관으로 총무과, 보안과, 사회복귀과, 분류센터를 두고 있으며, 서울지방교정청에는 전산관리과를 별도로 두고 있다.

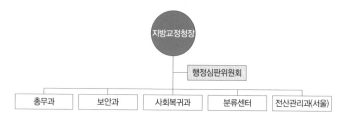

※ 출처: 법무부 교정본부 홈페이지(www.corrections.go.kr)

③ **교정기관:** 전국에 교도소(민영 포함) 40개, 구치소 11개, 지소 3개 등 총 54개의 교정기관이 있으며 교도소는 수형자 형 집행 및 교정·교과를 통한 사회복귀 지원에 관한 업무와 미결수용자의 수용에 관한 업무를 관장하고, 구치소는 주로 미결수용 업무를 관장한다.

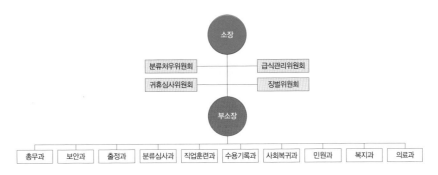

```
                          소장
                           │
        분류처우위원회 ─────┼───── 급식관리위원회
        귀휴심사위원회 ─────┼───── 징벌위원회
                           │
                          부소장
                           │
   ┌────┬────┬────┬────┬────┼────┬────┬────┬────┬────┐
 총무과 보안과 출정과 분류심사과 직업훈련과 수용기록과 사회복귀과 민원과 복지과 의료과
```

※ 출처: 법무부 교정본부 홈페이지(www.corrections.go.kr)

(3) 교정기관 주요업무

① 교도소

과명	주요업무
보안과	• 직원의 훈련 · 점검 및 규율 • 수용자의 구금 및 계호, 상벌 · 출정 · 접견 · 무기 및 경비
분류심사과	• 수용자의 자질검사, 처우의 분류 • 수용자 교육 및 작업의 적성판정, 교정성적 평가 • 가석방 및 가석방심사위원회 운영
직업훈련과	• 교도작업특별회계의 재산 및 물품수급과 작업계획 · 경영 · 관리 • 수용자의 직업훈련, 작업통계, 작업장려금 계산
사회복귀과	• 수용자의 교육 · 교화 • 도서 및 서신 관리 • 귀휴 등 가족관계회복 프로그램 운영
복지과	• 물품 출납 · 용도 · 건축 및 영선 • 국유재산 관리 • 수용자에 대한 급여
의료과	• 수용자의 보건 · 의료 및 의약품 관리 • 소 내의 보건위생
심리치료과 (신규)	• 수용자의 심리치료 업무 진행에 관한 사항 • 성폭력사범 · 아동학대사범에 대한 치료프로그램 이수 명령 집행 사항 • 중독수용자 등 특이수용자 교육 및 고충상담

② 구치소

과명	주요업무
출정과	수용자의 출정통지, 출정계호
수용기록과	• 수용자의 수용 및 석방 • 신분장 관리 • 구속기간 및 형기계산 • 수용자의 소송 • 수용자의 이송 및 수용통계 • 교도작업의 운영(구치소에 한함)
민원과	• 수용자의 접견 및 영치금품의 검사 • 영치금품의 보관 및 출납

3. 범죄예방정책국의 조직 및 부서별 주요업무

(1) 범죄예방정책국 조직

① 중앙기구

※ 출처: 법무부 교정본부 홈페이지(www.corrections.go.kr)

② 기관기구

※ 출처: 법무부 교정본부 홈페이지(www.corrections.go.kr)

(2) 범죄예방정책국 주요업무

① 보호관찰심사위원회

- 가석방과 그 취소에 관한 사항 관장
- 임시퇴원, 임시퇴원의 취소 및 퇴원에 관한 사항 관장
- 보호관찰의 임시해제와 그 취소에 관한 사항 관장
- 보호관찰의 정지와 그 취소에 관한 사항 관장
- 가석방 중인 자의 부정기형의 종료에 관한 사항 관장
- 성인 수형자에 대한 보호관찰 필요 여부에 관한 사항 관장
- 전자장치 부착명령, 성충동 약물치료명령의 가해제와 그 취소에 관한 사항 관장
- 성인 수형자에 대한 보호관찰 사안 조사

② 보호관찰소

- 보호관찰 · 전자감독 대상자 지도감독 및 상담
- 사회봉사명령, 수강명령 집행
- 전자감독, 보호관찰대상자 성폭력 치료프로그램 집행 및 심리평가
- 치료명령 집행 및 상담, 교육, 심리평가
- 법원, 검찰의 판결전, 결정전, 청구전 조사 및 심리평가
- 보호기관 운영을 위한 당직 및 일반 행정업무

③ 소년원 · 소년분류심사원

- 소년보호행정에 대한 종합계획 수립 · 시행 및 법령 입안
- 보호 · 위탁소년의 학과 · 특성화교육, 직업능력개발훈련, 심리치료 등 인성교육
- 위탁 및 보호소년의 수용 · 보호 · 생활지도 및 사회복귀 지원
- 일반 중 · 고등학교 부적응 학생 특별교육, 청소년비행예방센터 및 청소년적성검사실 운영
- 보호(소년)시설의 운영관리, 조직 · 정원관리, 소속직원 배치 · 교육 및 예산 편성 · 배정
- ※ 현재 전국에 서울소년분류심사원(1개)만 있으며, 소년분류심사원이 없는 지역은 소년원에서 업무를 대행(부산 · 대구 · 광주 · 대전 · 춘천 · 제주)

④ 청소년비행예방센터(청소년꿈키움센터)

- 학교 · 검찰 · 법원 등에서 의뢰한 위기 청소년에 대한 대안 교육
- 소년부 판사가 의뢰한 비행 청소년 상담 조사
- 청소년 심리검사 및 상담

- 학교 폭력 가해 학생 · 대안 교육생 보호자 교육
- 법교육 · 학교폭력 예방교육 · 진로 체험

⑤ 국립법무병원
- 치료감호법에 의하여 치료감호처분을 받은 자의 수용 · 감호와 치료 및 이에 관한 조사 · 연구
- 법원 · 검찰 · 경찰 등에서 의뢰한 자에 대한 정신감정

03 2023년 법무부 핵심 추진 과제

1. 범죄로부터 안전한 나라 실현

(1) 고위험 성범죄자(Sexual Predato) 출소에 따른 국민 불안 해소

① 한국형 '제시카법' 도입 추진
- 고위험 성범죄자 학교, 보육시설(어린이집, 유치원) 등으로부터 500미터 이내 거주제한
- 주간 등 특정시간대 이외 외출제한
- 19세 미만자에 대한 연락 및 접촉금지 등을 준수사항으로 신설(2023년 상반기 「전자장치부착법」 개정안 국회 제출)

② 고위험 전자감독 대상자에 대한 관리체계 강화
- 고위험 소아성기호증 성범죄자 사후적 치료감호 도입
- 다른 범죄로 재수감된 성범죄자의 전자장치 부착 및 신상정보등록기간 연장 (2022.11. 입법예고)
- 전자장치 훼손하고 도주한 피부착자의 신상공개
- '보호수용 조건부 가석방' 시범 실시

(2) 마약청정국 지위 회복

① 부처 · 기관 간 협력강화를 통해 마약범죄 집중 단속
- 4대 권역 '마약범죄 특별수사 및 다크웹 전담수사팀' 출범
- '마약수사 실무협의체(검 · 경 · 세관)' 등 유관기관과 협력 강화
- 자동검색 프로그램(e로봇) 활용한 온라인 마약유통범죄 근절
- 공무원, 교원 등 공공서비스 종사 마약사범 엄정처벌

② 마약중독자 치료 · 재활 활성화

- 검찰 단계별 치료 · 재활 기회 제공

구속 기소	치료 감호 병행
불구속 기소	복지부 지정 의료기관에서 중독치료 받는 경우 양형에 반영
조건부 기소유예	교육조건부(마약퇴치운동본부, 4일) → 선도조건부(보호관찰소, 6개월) → 치료조건부(전문병원, 기본 2개월 입원 등)

- 교정시설 내 마약 중독자 심리치료 전문인력 양성
- 마약사범 보호관찰 대상자에 대한 전문병원 연계 등 치료 강화
- 마약퇴치운동본부 등 타 기관과 마약중독자 통합정보 관리, 전문강사풀 구성 등에 대하여 협력 강화

③ 마약 예방교육 강화

- 학생 · 청소년 대상 법교육에 '마약 예방' 추가
- 유튜브를 활용한 마약 예방 콘텐츠 제작 등 온 · 오프라인 홍보 활성화
- 비행단계별 재범방지 교육체계 마련: (초기) 예방교육 및 상담 → (보호관찰 대상자) 지도감독 강화, 특별준수사항 부과 → (시설수용자) 약물중독 예방교육 및 대전소년원 등 치료 · 재활 전담기관 연계
- 마약 예방교육 확대 등을 위한 유관기관 협력 강화: 마약 예방교육 대상을 중고생(교육부), 학교 밖 청소년(여가부)으로 확대, 식약처 · 마약퇴치운동본부 등과 협업하여 재범방지 교육 · 상담 활성화

(3) 국민의 일상을 망가뜨리는 조직폭력 및 민생침해범죄 적극 대처

① 사회의 암적 존재인 조직폭력범죄 근절

- 주가조작, 무자본 M&A, 불법사금융 등 기업인 행세하는 조직폭력배 척결
- 전국 18개 지검에 검 · 경 수사협의체 구축 및 폭력조직 관련 정보 · DB 공유

② 전세사기 엄단 및 피해임차인 법류지원

- 조직적 무자본갭투자 전세사기 집중 단속
- 범정부 '전세사기 피해임차인 법률지원 합동 TF'를 통해 법률지원 및 제도개선
- 선순위 임차인 및 체납 정보 확인권 신설, 임차권 등기 간이화를 위한 「임대차보호법」 개정

③ 보이스피싱 · 스토킹 · 디지털성범죄 엄정 대응

- 국제형사공조를 통해 국외체류 중인 보이스피싱 주범 적극 송환

- 스토킹범죄 잠정조치에 위치추적 전자장치 부착 도입, 사건처리기준 강화, 스토킹에 악용되는 개인정보 유출 범죄 엄단
- '제2의 n번방' 등 디지털성범죄 적극 대처

2. 새롭게 만들어가는 출입국·이민정책

(1) 국가백년대계로서의 출입국·이민정책 추진
① 출입국·이민정책 컨트롤타워로 '출입국·이민관리청(가칭)' 신설
② 국민이 공감하는 사회통합 기반 구축

(2) 경제성장에 기여하는 비자·국적 정책
① 외국 숙련인력의 유연한 도입
② 글로벌 우수인재 유치
③ 조선업 외국인력 도입 애로 해소
④ 보다 편리한 전자여행허가제(K-ETA)

(3) 외국인 체류질서 엄정 확립
① 불법체류 감축 5개년 계획
② 상호주의에 입각하여 외국인 영주제도 전면 재검토
③ 데이터 기반 외국인정책 시행

3. 반법치행위 강력대응으로 법질서 확립

(1) 공정과 상식을 훼손하는 반법치행위 근절
① 이익집단의 조직적 불법행위 엄정 대응
② 법집행 방해 및 회피 사범 엄단
③ 사생활과 인격을 침해하는 명예훼손·모욕범죄 대응 강화
④ 인간의 존엄을 훼손하는 신종 온라인 협박범죄 적극 대처

(2) 글로벌 스탠더드에 맞는 형사사법체계 구축
① 국민 불편 해소를 위한 형사사법체계 정비
② 부패·경제범죄 척결을 위한 검찰 수사시스템 개편
③ 범죄의 첨단화에 대응하여 과학수사 인프라 정비
④ 사이버범죄 국제협력 네트워크 강화

4. 미래번영을 이끄는 법질서 인프라 구축

(1) 국가 기본법인 「민법」, 「상법」 개정
① 65년 만의 「민법」 전면 개정
② 기업환경 개선 및 주주보호 강화를 위한 「상법」 개정

(2) 글로벌 중추국가 위상에 걸맞는 국제법무업무 수행
① 국제법무업무 관련 부서 통합 · 확대
② 국제사회에서 국제법무업무 선도
③ 국제법률분쟁 대응 시스템 체계화

(3) 최신 IT 기술로 편리한 법률서비스 제공
① 소송 과정의 행정서류 제출 간이화(행정정보 공동이용 확대)
② 국민편익을 위한 법무서비스 혁신

5. 사회 구석구석의 사각지대 인권보호

(1) 사회적약자 보호 · 지원 강화
① 범죄피해자 보호 · 지원시스템 개선
- 피해자 맞춤형 원스톱 지원 체계 마련
- '강력범죄 피해자 자가치유 프로그램' 개발
- 국선전담변호사가 피해자 지원에 전념하도록 예산 확보 · 증원 등 제도 강화
- 피해자가 인적사항 노출 없이 공탁금 수령 가능한 '형사공탁 특례' 철저 시행
② 사회적약자 보호를 위한 법률지원 확대
- 친권상실, 성년후견, 유령법인해산 등 공익적 역할을 수행하는 검찰 '공익대표전담팀(서울남부 · 대구 · 부산지검 설치 · 운영 중)' 확대
- 여성 · 아동범죄 조사부 및 피해자지원 전담부서 증설 추진
- 아동학대 가해자 감호위탁 활성화

(2) 외국인 인권수준 제고
① 국익과 인도주의가 조화되는 난민정책
② 외국인 보호시설 개선
- 소송제기 등으로 공항 내 장기 대기하는 외국인에 대한 인도적 처우 향상을 위해 '공항 밖 출국대기소' 신설 추진

- 생활 공간 확충, 운동장 상시개방 등 개방형 보호시설 확대

※ 화성외국인보호소에 이어 청주외국인보호소를 개방형으로 전환 추진

(3) 수용시설 인권보호 철저

① 수용시설 과밀화 · 노후화 해소를 위한 인프라 확충
- 교도소, 구치소 등 교정 현장의 인권 강화를 위해 교정시설 신축 · 이전
- 유휴부지 활용한 수용동 증 · 개축 등 추진
- 소년분류심사원 명칭 변경(소년분류심사원 → 소년보호심사원) 및 시설 확충(1개 → 3개)

② 수용시설 의료체계 개선
- '수용시설 의료체계 개선 TF' 운영
- 정신질환 · 발달장애 수용자 치료체계 개선, 수용시설 의료인력 확충, 적정한 치료 감호 제도 운영, 마약류 의약품 오남용 방지 등 논의

③ 소년수용자 처우개선 및 학과교육 강화
- 구치소 내 성인범 · 소년범 철저 분리
- 소년원생 1인당 급식비를 아동복지시설 수준으로 인상
- 수도권에 학과교육 중심 '소년 전담 교정시설' 운영
- 소년교도소 교정 · 교육 강화(검정고시 과정 필수화, 대학진학 준비 · 방송통신대학 과정 신설)

(4) 국제기준에 맞는 인권정책 추진

① 제4차 국가인권정책기본계획(2023~2027년) 수립
② 국제사회와 공감하는 인권정책

CHAPTER 02

교정직·보호직 면접 기출 가이드

01 기출 빈출 리스트

- 교정직(보호직)에 가장 필요한 역량은 무엇입니까?
- 본인이 조직의 어떤 부분을 개선하고 싶지만, 그것이 조직의 가치나 업무와 상충된다면 어떻게 하겠습니까?
- 해당 봉사활동을 하게 된 이유는 무엇입니까? 봉사활동을 통해 배운 것은 무엇입니까?
- 조직(단체) 생활에서 동료의 실수를 자신이 바로잡고 도와준 경험이 있습니까? 당시 상황과 본인 행동 및 그 결과에 대하여 말해 보시오.
- 목표를 달성하기 위하여 발생 가능한 문제를 예상하고, 이를 해결하기 위해 노력한 경험을 말해 보시오.
- 교정직(보호직)과 관련하여 관심 있는 정책이 있습니까?
- 정보화 시대에 교정직(보호직)에서 습득해야 할 정보나 능력은 무엇입니까?
- 지역 아동센터의 문제점과 이를 해결할 수 있는 대책에 대해 말해 보시오. (보호직)
- 보호관찰업무를 할 때 비협조적인 대상자가 있다면 어떻게 대처하겠습니까? (보호직)
- 범죄백서를 보호관찰 업무에 어떻게 활용할 수 있습니까? (보호직)
- 보호관찰업무를 하는 중 대상자가 위협하거나 욕설한다면 어떻게 대처하겠습니까? (보호직)
- 교도관이 수용자와 친분을 쌓는 것에 대하여 어떻게 생각합니까? (교정직)
- 징벌의 종류에 대해 설명해 보시오. (교정직)
- 교정직 공무원의 경우 업무 내 관행 같은 것이 있을 텐데 이것이 부당하다고 생각될 때 어떻게 대처하겠습니까? (교정직)
- 교도소와 구치소의 차이는 무엇입니까? (교정직)
- 엄중관리대상자(경비처우급/징벌의 종류/보호실과 진정실 수용 요건 등 관련 지식)에 대하여 설명해 보시오. (교정직)
- 수형자의 재범률을 줄이기 위한 방법으로 어떤 것들이 있습니까? (교정직)

1. 5분 발표

> 조선시대에 여의정이라는 관료가 시찰을 나갔는데, 시찰 나간 관청의 건물이 지나치게 호화롭게
> 지어진 것을 발견했다. 공적으로 사용되는 관청 건물이 이렇게 호화로운 것은 문제가 있다고 판
> 단한 여의정이 담당 관리를 불러 꾸짖었는데, 그 담당 관리는 바로 여의정의 사위였다. 여의정은
> 담당 관리가 자신의 친인척임에도 불구하고 대의에 따라 그 잘못을 엄중하게 처벌하였다.

**위 제시문의 내용에서 유추할 수 있는 공직가치와 이를 실천하기 위해 필요한 공직자의 자세
에 대해 자유롭게 발표해 주세요.**

면접관의 의도

고전에서 발췌한 지문 속에서 공직가치를 찾는 문제 유형이다. 응시자의 공직관에 대해 알아보고 자신의 생각을 얼마
나 논리정연하게 전달할 수 있는지, 이어지는 질문에 대해 얼마나 순발력 있게 대답할 수 있는지 평가한다.

핵심 키워드

청렴성, 투명성, 공정성, 적극성, 전문성, 건전한 상식 등 공직가치

도입

> 제시문은 여의정이라는 관료가 자신의 사위가 관청 건물을 호화롭게 꾸며놓은 것을 엄중하게 처
> 벌하였다는 내용으로 공정성과 청렴성을 유추하였습니다. 사위임에도 적극적으로 처벌하여 본보
> 기를 보였다는 데서 공정성을, 관청이 지나치게 호화로운 것을 문제삼고 이를 처벌하였다는 데서
> 청렴성을 유추하였습니다.

직접작성

공정성은 공평하고 균형 잡힌 태도로 어떤 일이든 신중히 검토하여 행정절차에 따라 공정하게 처리하는 것입니다. 교도소 수감자들은 불공평한 대우를 싫어합니다. 법 앞에서는 누구나 공평하며, 그렇지 못한 처우는 수감자들이 교정교화를 제대로 받아들이지 못하는 요소로 작용합니다. 따라서 교도관의 경우 범죄자의 교정교화를 위해 법의 형평성과 공정성이라는 가치를 더욱 철저히 지켜야 합니다. 제가 공정성을 실시한 사례를 간단하게 말씀드리겠습니다. 군대에서는 계급이나 소소한 로비 등으로 인한 비리가 일어날 수 있고, 그에 대한 불만이 생기는 상황이 종종 생기는데, 저는 병장이 되고 나서 모든 사항을 가위바위보로 결정했습니다. 계급이나 비리 등으로 인한 불만을 원천적으로 봉쇄하는 좋은 방법이었고, 이로 인한 병사들의 만족도도 매우 높았습니다. 청렴성은 공적 업무를 수행하며 개인의 이해나 관심이 아니라 명확한 기준을 가지고 공정하게 대하는 것으로 높은 수준의 도덕성이 요구되는 공직자에게 가장 중요시되는 의무라고 할 수 있습니다. 특히 연구에 따르면 공직자의 부패로 인한 국민의 정부 신뢰도 저하는 사회통합을 저해하며 국민 1인당 GNP 등 경제적으로도 영향을 끼치고 사회 통합을 저해할 수도 있다고 합니다. 청렴성은 경제적·비경제적 관점에서 모두 중요하므로 반드시 실현되어야 하며, 이를 위해 공무원 스스로 권한을 남용하지 않고 업무를 처리하는 책임감을 가져야 합니다. 또한 내부정보를 이용한 사적이익을 추구하지 않고, 공정한 민원서비스를 제공해야 한다고 생각합니다. 실제 공직 사회에서는 청렴도 향상을 위하여 각종 결의대회와 청렴교육을 진행하고 있는 곳이 많으며, 전국의 다수 교도소에서도 '청렴 실천 결의대회'를 개최했다고 알고 있습니다. 이런 각계각층의 노력이 지속적으로 쌓이면 우리나라 공직 청렴성은 매우 높은 수준에 이를 것이라 생각합니다.

직접작성

만약 제가 교정직 공무원으로 입직하게 된다면 언제나 청렴성을 실천하며 공정한 태도로 재소자들을 대하는 공무원이 되도록 노력하겠습니다.

직접작성

➕ 제시된 답안을 통해 나올 수 있는 추가 질문

• 공정성과 청렴성 중 교정직에서 더 중요하다고 생각하는 것은 무엇입니까?

• 모든 공직가치 중 교정직에서 가장 중요하다고 생각되는 가치는 무엇입니까? 해당 가치를 실천하기 위해 어떤 노력을 하였습니까? (혹은 공직에 들어와 어떤 노력을 하면 좋을지 말해 보시오.)

• 공정성(혹은 청렴성)과 상충되는 가치로는 어떤 것이 있습니까?

• 공정성이 중요하다고 하였는데, 공정하게 일을 처리하기 힘든 경우에는 어떻게 하겠습니까?

• 공정성과 청렴성을 실현하기 위해 필요한 자세로는 어떤 것이 있습니까?

• 공무원의 부정부패나 일탈 행위가 일어나는 원인이 무엇이라고 생각합니까?

• 본인이 발표한 사례 외에 공정성과 청렴성을 실천해본 경험이 있습니까?

• 공정성을 실현하기 위한 교정직 관련 정책에 대해 아는 것이 있습니까?

• 제시문에서 본인이 언급한 두 가치 외에 어떤 공직가치를 더 뽑을 수 있을까요?

➕ 면접 플러스

공직가치를 실현한 사례에 대해 거창한 경험을 이야기할 필요는 없다. 소소하더라도 확실히 실천한 사례에 대해 여러 건 준비하여 추가 질문에 대응하도록 한다.

2. 경험형 문제

근무하고 싶은 부처와 직무를 기술하고, 해당 직무의 수행을 위해 어떤 노력과 경험을 하였는지 서술하시오.

면접관의 의도

응시자의 업무 이해도 및 업무 적합성을 평가하기 위한 질문이다.

핵심 키워드

희망 직무, 직무 내용, 현실적 · 구체적 노력, 업무 경험, 공직가치

희망 부처

직업훈련과, 사회복귀과

직접작성

희망 직무

취업 · 창업지원 프로그램, 가족관계 회복 프로그램

직접작성

해당 직무 관련 노력과 경험

- 교육 경험: 교정학개론, 형사소송법
- 업무 경험: 웨이트 트레이닝 지도(2년), 독서실 총무 업무(1년)
- 희망 직무 관련 경험: 법무부 · 교정본부 홈페이지 보도자료 검토, 유튜브 구독, 각종 교도관 관련 프로그램 시청('착하게 살자', '슬기로운 감빵생활', 다큐, 현직자 인터뷰 등), '월간 교정' 구독
- 봉사활동: 지역 아동 센터에서 청소년 대상으로 건강 프로그램 관련 교육 봉사활동(1년)

직접작성

자기소개서를 바탕으로 한 질문과 답변 예시

해당 업무를 지원한 동기는 무엇입니까?

제 장점 중 하나가 경청과 공감입니다. 중학교 시절부터 사회에 나와서까지 친구들이 어려운 문제가 생길 때면 저에게 고민을 토로하였고, 저는 편견없이 그들의 이야기를 들어주고 공감하며, 진심으로 제가 생각하는 긍정적인 방향을 이야기해 주었습니다. 친구들은 항상 저와 얘기를 하면 마음이 편해지고 뭐든 잘 할 수 있을 것 같다는 칭찬을 많이 했고 저는 밝아진 친구들의 얼굴을 보며 큰 보람을 느꼈습니다. 저는 수용자들의 마음을 다독여 제대로 된 직업을 갖게 하고 정상적인 가족 생활을 영위할 수 있도록 하는 등 건전한 사회 복귀를 돕는 것이 교정의 가장 중요한 목표 중 하나이기도 하고, 한 사람의 인생을 변화시킨다는 점에서 제 개인적으로도 크게 보람을 느낄 수 있을 것 같아 선택하게 되었습니다.

직접작성

직업훈련과를 지원하였는데 교정직에서 직업훈련이 왜 중요하다고 생각합니까?

교정직렬이 있는 이유는 재소자를 교화시켜 재범 발생을 막기 위함이라고 생각합니다. 그런데 재범을 막으려면 정상적인 사회 생활을 영위할 수 있도록 도와야 하고, 정상적인 사회 생활을 영위하는 데 가장 중요한 것이 바로 경제적인 부분을 해결하는 것입니다. 경제적으로 자립할 능력을 키우는 데 있어 직업훈련은 가장 중요한 수단이라고 봅니다.

교도관들이 뇌물을 받고 편의를 봐준다는 등 부정적인 인식이 있는 경우가 있는데, 교도관에 대한 인식을 개선할 수 있는 방법이 있을까요?

제가 교도관 관련 영화나 드라마를 많이 보았는데 말씀하신 부분과 같이 좀 안 좋게 묘사되는 경우들이 있습니다. 사실 대중의 인식은 언론에 많이 좌우되기 때문에 실제와 다르다는 것을 팩트 체크하는 영상이나 기사를 재미있게 만들어 적극적으로 배포하면 인식이 제고될 수 있을 것 같습니다. 또 아무래도 눈에 많이 보이면 그만큼 더 관심을 가지게 되므로 몸짱 소방관 달력처럼 교도관들도 달력이나 다이어리와 같은 굿즈를 만들어 수용자들을 위해 기부를 하는 홍보 행사들을 적극적으로 하면 좋을 것 같습니다.

현재 교정행정에서 불공정할 수 있다고 생각되는 부분이 있습니까?

아무래도 가석방과 같이 재력과 권력이 있는 수용자에게 특혜가 주어지는 경우가 있다는 점이 가장 클 것 같습니다. 작년 말에도 대대적인 신년맞이 특사가 이루어졌는데, 정재계 관련자 위주로 이루어졌습니다.

➕ 기타 추가 질문

- 교정직에 지원한 이유는 무엇입니까?
- 취업 · 창업지원 프로그램과 가족관계 회복 프로그램 업무를 하고 싶다고 하였는데, 해당 프로그램에 적용할 만한 아이디어가 있습니까?
- 공직자에게 특히 공익과 사익의 구분이 더욱 중요한 이유는 무엇입니까?
- 만약 친한 친척이 새로운 수용자로 들어왔는데, 이 친척이 영치금을 넣어달라고 요청하면 어떻게 하겠습니까?

- 웨이트 트레이닝 지도 업무를 하였다고 했는데 웨이트 트레이닝을 본격적으로 배웠습니까? 배운 이유는 무엇입니까?
- 웨이트 트레이닝과 독서실 총무 모두 사람들을 많이 대하는 업무인데 일을 하면서 힘들었던 점과 이를 극복한 경험이 있으면 말해 보시오.
- 유튜브 구독을 했다고 하였는데 가장 인상 깊었던 내용은 무엇입니까?
- 교도관이 수용자와 친분을 쌓는 것에 대해 어떻게 생각합니까?

➕ **면접 플러스**

교정직은 범죄자를 대하는 업무이므로 타 직군에 비해 더욱 높은 공정성과 원칙을 지키는 태도가 요구된다는 것을 염두에 둔다.

3. 상황형 문제

귀하는 외국인 체류관리를 담당하는 주무관입니다. 외국인 A는 상습도박으로 1년 동안 실형을 살다가 출소한 상태로 현재 강제퇴거 심사가 진행 중입니다. 외국인 A와 한국인 배우자 B 사이에는 자녀가 2명 있는데, B는 자녀 양육에 대한 어려움을 호소하며 A에 대한 선처를 요청하고 있는 상황입니다. 반면 귀하의 상사 C는 엄중한 체류 질서 유지 및 규정을 따라야 한다는 이유로 선처 요청을 반대하고 A의 강제퇴거절차 속행을 권고하고 있습니다. 귀하는 해당 사건을 담당한 주무관으로서 어떻게 처리하겠습니까?

면접관의 의도

상황형은 문제 상황을 제시하여 이에 대한 응시자의 대처 능력 및 공직자로서의 자세를 평가하기 위한 것이다. 해당 문제는 인간적인 동정심과 법·원칙 사이에서 어떻게 처신하는가를 통해 공직자의 자질을 평가한다.

핵심 키워드

법, 원칙, 동정심, 선처, 강제퇴거, 양육권, 개선 의지

상황 파악

- 외국인 A: 상습도박으로 1년 형 선고받고 강제퇴거 심사 중
- A의 한국인 배우자 B: 자녀 양육을 이유로 선처
- 상사 C: A를 강제퇴거해야 한다는 입장

직접작성

대처 방안

- 상황 판단: 관련 사례 및 규정 파악, A의 재범 가능성 파악, 실제 가족 재정 및 양육 상황 파악
- 상황(외국인 A의 개선 의지)에 따라 다르게 적용
  - 재범 가능성이 낮을 경우: 보호관찰 처분으로 한시적 유예(자녀가 아버지 밑에서 자랄 기본권을 지키는 것이 중요), 상관의 반대에 대하여 예외 규정을 찾아 제시, 자녀의 기본권 보장을 이유로 설득
  - 재범 가능성이 높을 경우: 강제퇴거 속행

직접작성

직접작성

➕ **제시된 답안을 통해 나올 수 있는 추가 질문**

• 언급한 것과 같이 결정한 이유는 무엇입니까? 어떤 점을 중요하게 여겼습니까?

• 상습도박이면 끊기 힘들 수 있는데 선처해도 된다고 생각합니까?

• 상황에 따라 다르게 대처하겠다고 하였는데, 만약 한시적 유예를 줄 수 없다면 어떤 선택을 하겠습니까?

• 법과 동정심 중 무엇이 더 중요하다고 생각합니까?

• 강제퇴거를 하지 않을 경우 예상되는 문제점으로는 어떤 것이 있습니까?

• 언론사가 이 상황에 대하여 개인적인 인터뷰를 요청한다면 어떻게 하겠습니까?

• B씨에게 자금을 지원해준다고 하였는데 구체적으로 어떻게 지원해줄 수 있는지 말해 보시오.

• 상사를 설득한다고 하였는데, 설득하였음에도 지속적으로 반대한다면 어떻게 하겠습니까?

• 만약 이 건에 대해 상사와 다르게 선택하여 상사와의 사이가 악화된다면 어떻게 하겠습니까?

• 마지막으로 하고 싶은 말은 무엇입니까?

어떤 상황을 선택하든 다양한 반발 상황이 생기고, 상황별 대처방안도 마련해야 하는 문제이므로 최우선적으로 공직
가치를 고려하여 선택한다.

▌**더 알아보기**

범죄백서

경찰이나 검찰 등 수사기관에서 인지한 범죄 발생 및 처리에 대한 통계로부터 법원 · 교정시설 · 보호관찰소 · 소년보
호기관과 같은 형사사법기관들이 생산한 범죄자 처리 및 처우에 관한 각종 통계 등 형사사법절차의 전 과정에 대한
통계 제시 및 분석 · 평가한 자료이다. 범죄백서는 범죄현상과 형사사법 활동 전반에 대한 종합적인 이해를 할 수 있
게 도와주며 형사사법시스템의 효율성을 가늠해볼 수 있는 중요한 자료이다.

엄중관리대상자

「형의 집행 및 수용자의 처우에 관한 법률 시행규칙」에 따르면 엄중관리대상자는 교정시설의 안전과 질서유지를 위
하여 다른 수용자와의 접촉을 차단하거나 계호를 엄중히 하여야 하는 수용자를 말하며 조직폭력수용자, 마약류수용
자, 관심대상수용자로 구분한다.

1. 보도자료

(1) 교정시설 장소변경접견 제도 개선

법무부	**보 도 자 료**		정의와 상식의 **법치**
보도 일시	배포 즉시 보도	배포 일시	2023.2.21.(화)

**앞으로는 사회적 유력자가 아니라 노약자 등 특별한
보호가 필요한 사람에게 장소변경접견 기회 우선 제공**
– 법무부, 교정시설 '장소변경접견 제도' 개선(2.21. 시행) –

장소변경접견 주요 개선 사항

- 미결수용자 녹음 시행
- 장소변경접견 제한 대상인 피의자 범위 확대
- 사회적·신체적 약자 중심의 운영을 위한 심사 사유 신설

법무부는 최근 드러난 '장소변경접견'의 문제점에 대한 대책으로 장소변경접견 시 수사·재판 중인 미결수용자는 대화 내용을 녹음하고, 별건 수사 중인 피고인과 수형자에 대해 장소변경접견을 제한하며, 사회 유력자가 아니라 노약자 등 사회적·신체적 약자 중심으로 운영하겠다고 밝혔습니다.

> **장소변경접견이란?**
>
> • 정의: 접촉 차단시설이 설치되지 아니한 장소에서 실시하는 접견
>
> • 선정 방식: 민원인이 신청서를 제출하면 '교도관 회의*' 심의를 거쳐 대상자 선정
>
> * 교도관 회의: 소장, 부소장 및 각 과장과 소장이 지명한 6급 이상의 교도관으로 구성된 심의 기구
>
> * 그동안 일반 접견과 달리 장소변경접견은 녹음을 실시하지 않아 왔음

먼저, 증거인멸 등 부정행위를 차단하기 위해 미결수용자의 장소변경접견 시 일반접견과 똑같이 녹음을 하겠습니다. 또한 별건으로 수사 중인 피고인과 수형자까지 피의자에 준하여 장소변경접견을 제한함으로써 증거인멸을 원천 차단할 방침입니다.

앞으로, 신체적 상태가 취약한 노약자, 어린이 등을 대동한 신청인의 경우에 특별한 사유가 없는 한 우선적으로 허가하도록 하여 사회적 유력자가 아니라 꼭 필요한 사람이 활용하는 제도로 변경하여 운영할 예정입니다.

한동훈 법무부장관은 "최근 사례를 계기로 그간 사회적 유력자들에 대한 특혜처럼 인식되었던 장소변경접견제도, 소위 '특별면회'를 노약자 등 약자를 위한 제도로 바꾸겠다."라고 말했습니다.

※ 본 저작물은 공공누리 제1유형에 따라 법무부(www.moj.go.kr)의 공공저작물을 이용하였습니다.

(2) 청소년 마약예방과 재범방지 강화에 나선다.

🏛 법무부	보 도 자 료		정의와 상식의 법치
보도 일시	배포 즉시 보도	배포 일시	2023.2.21.(화)

법무부, 청소년 마약예방과 재범방지 강화에 나선다.
– 학생 · 청소년 대상 마약 예방활동 활성화, 민간 전문기관 협력 확대,
비행 단계별 마약 재범방지 교육, 마약사용 실태조사 등 활동 강화 –

■ 추진 배경

최근, 마약류 사범이 증가하는 가운데 다크웹 등 인터넷 비대면 거래 증가로 10~20대 젊은층에서 마약에 대한 거부감이나 죄의식 없이 전파가 가속화되는 심각한 상황입니다. 또한 학교 교원 등 공공서비스 종사자들의 마약범죄도 증가하고 있어 마약에 노출될 우려가 높아진 학생 및 위기청소년을 대상으로 마약 예방교육의 확대와 비행소년에 대한 재범방지 교육체계 수립 등 보다 강화된 대책을 마련하고자 합니다.

■ 대책 개요

학생 · 청소년 대상 체계적 예방교육 시행, 민간 전문기관 협력 확대

- 전국 중 · 고등학교(학생)와 청소년복지시설(학교 밖 청소년)에 방문해서 학교폭력과 사이버범죄 예방교육을 실시하는 '찾아가는 법교육 출장강연'에 '마약 예방교육'을 추가하고, 교육부 · 여가부 등 부처 간 협업을 통해 예방활동을 확대하겠습니다.
- 한국마약퇴치운동본부(식약처 산하), 한국중독관리센터협회 등 마약관련 전문기관을 법무부 법문화진흥센터로 지정하고, 마약예방 법교육 전문강사풀을 확대하는 등 민간 전문기관과의 연계를 활성화하여 마약예방 역량을 강화하겠습니다.
- 예방효과 제고와 경각심 고취를 위해 최신 트렌드를 반영한 콘텐츠의 유튜브, 법교육 포털 업로드 등 온라인 홍보를 강화하고, 저스티스 서포터스 활동에 '청소년 마약 예방'을 추가하여 공공장소 홍보를 병행하는 등 온 · 오프라인 캠페인을 동시 추진하겠습니다.

법무부 소속기관의 비행 단계별 마약 재범방지 체계 구축

- 소년원 교육과정에 '약물중독예방'을 추가하겠습니다. 또한, 소년분류심사원에 위탁된 소년 중에서 마약 · 유해화학물질 남용자는 특수분류심사를 시행하여 비행원인을 심층 진단하겠습니다. 소년보호관찰 대상자 중에서 마약류관리법 위반자가 최근 증가 추세인 점을 고려하여 지도감독을 강화하겠습니다.
- 보호관찰 준수사항 개시교육 시 필수적으로 마약 예방교육을 실시하고, 분류등급에 따른 상시 또는 불시 약물 검사를 실시하여 마약류 재사용을 억제하겠습니다.
- 채팅 · 누리 소통망 서비스(SNS) 등을 통해 마약을 구입하지 못하도록 특별준수사항(휴대전화 · 컴퓨터 검사 등)을 부과하여 범행 유인을 원천적으로 차단하겠습니다.
- 청소년비행예방센터(청소년꿈키움센터)의 학교 · 검찰 · 법원 대안교육 과정과 상담조사 교육생을 대상으로 마약류 중독 예방교육 과정을 운영하여 초기비행 단계 소년에게도 교육과 상담지원을 강화하겠습니다.
- 중독증상 등으로 치료적 개입이 필요한 소년은 전문기관과 연계하여 교육종료 이후에도 지역 병원 등지에서 계속해서 상담과 치료를 받을 수 있도록 하겠습니다.

마약류 사용 실태 모니터링 및 처우 반영

- 청소년비행예방센터, 보호관찰소, 소년분류심사원, 소년원 등 소년 처우의 모든 단계에서 마약류 사용실태를 상시적으로 조사하고, 사용실태 현황의 추이를 면밀하게 확인하겠습니다.

- 소년사건의 접수와 소년의 시설입원 시 진행하는 신상조사, 심층면담 등에 마약류 사용여부, 친구·선후배 등의 사용 인지 여부, 사용실태 등의 현황을 범죄예방정책국 교육·지도감독 시스템에서 지속적으로 모니터링할 계획입니다.
- 마약류 사용실태 결과는 교육·지도감독 프로그램 등 처우에 반영하고, 교육부·보건복지부·식약처 등 관계부처와 정보를 공유하여 정책자료로 활용하겠습니다.

법무부는 최근 젊은층으로까지 급격하게 확산되는 마약범죄의 근절을 위해 예방부터 상담·재활지원까지 다양한 분야에서 총력을 기울이겠습니다.

(3) '수용시설 의료체계 개선팀' 현판식 개최

○ 법무부	보 도 자 료		정의와 상식의 법치
보도 일시	배포 즉시 보도	배포 일시	2023.1.6.(금)
법무부, '수용시설 의료체계 개선팀' 현판식 개최			

법무부는 2023.1.6.(금) 10시 30분 법무부 8층 '수용시설 의료체계 개선팀' 사무실에서 현판식을 개최하였습니다.

'수용시설 의료체계 개선팀'은 수용시설 인권 보호 강화를 목표로 설치되었고, 팀장 주소연(교정 4급, 정신과 전문의) 및 교정본부·범죄예방정책국·검찰국 소속 팀원들로 구성되었습니다.

'수용시설 의료체계 개선팀'은 정신질환·발달장애 수용자 치료체계 개선, 수용시설 의료인력 확충, 적정한 치료감호제도 운용, 마약류를 비롯한 의약품 오남용 방지 등 주요 개선과제에 대해 선진 사례 분석, 전문가 및 현장 직원 의견수렴, 관계부처와 협업 등을 통해 올해 내에 수용시설 의료체계 개선 종합대책을 마련할 계획입니다.

한동훈 장관은 이날 현판식에서 "수용시설에서의 우수 의료인력 채용, 정신질환·발달장애 치료, 마약류 의약품 오남용 방지 등의 문제는 오랫동안 해결되지 못한 난제이지만, 이번에 제대로 답을 내봅시다. 수용시설 의료체계 개선을 통해 한 차원 높은 교정 서비스를 국민들께 제공해드립시다."라고 하였습니다.

(4) 여성수형자 사회복귀를 위한 카페 개점

🔷 법무부	보 도 자 료		정의와 상식의 법치
보도 일시	배포 즉시 보도	배포 일시	2022.12.20.(화)

법무부, 여성수형자 사회복귀 훈련을 위한 카페 개점
– 수형자 사회복귀 종합지원프로그램 운영으로 안정된 사회정착 지원 –

법무부는 2022.12.20.(화) (사)제로캠프·한국법무보호복지공단과 함께 서울동부구치소 민원실에 여성수형자의 안정적 사회복귀 지원을 위한 '따손 카페(Cafe)'를 개점하였습니다. 개점식에서 한동훈 법무부장관은 따손카페 개설에 지원을 아끼지 않은 최불암 (사)제로캠프 이사장, 최운식 법무보호복지공단 이사장 등 관계자에게 감사의 뜻을 전했습니다.

'따손 카페'는 교정시설에서 직업훈련 과정을 통해 제빵·바리스타 자격증을 취득한 여성수형자들이 사회와 유사한 환경에서 전문기술 숙달과 운영경험을 쌓아 안정적으로 사회복귀를 하도록 돕는 프로그램의 일환으로, 카페 운영과 외부기술 지도는 (사)제로캠프가 맡고, 출소자 상담과 숙·식제공은 한국법무보호복지공단이 지원하고 있습니다.

이번 '따손 카페(Cafe)' 개점을 통해 수형자가 우수업체에 취업하거나 창업하도록 지원할 뿐만 아니라 초기 사회정착에 어려움을 겪는 출소자의 경제적 자립 가능성을 높여 금전적 위기로 인한 재범을 방지함으로써 범죄로부터 안전한 사회를 구현하는 데 기여할 것으로 기대하고 있습니다. 법무부는 앞으로 '따손 카페(1호점)'의 안정화 및 성과를 검토한 후 대도시 대형 교정기관 등으로 확대해 나갈 예정입니다.

한동훈 법무부장관은 "수형자에게 새로운 삶에 대한 희망과 믿음을 심어주고, 출소 초기 사회에 쉽게 적응할 수 있도록 돕는 실효성 있는 사회복귀 지원정책들을 계속하기 위해 노력하겠다."라고 하였습니다.

(5) 수형자 심리치료, 재범가능성 대폭 낮춘다

🔷 법무부	보 도 자 료		정의와 상식의 법치
보도 일시	배포 즉시 보도	배포 일시	2022.12.5.(월)

수형자 심리치료, 재범가능성 대폭 낮춘다
– 동국대학교 연구진 심리치료 효과성 분석 –

법무부(교정본부)는 2022.12.5.(월) 10:00 법무부 4층 대회의실에서 '성폭력·중독 범죄자 심리치료 효과성' 연구용역에 대한 결과보고회를 개최하였습니다. 이번 연구는 성폭력, 마약류 및 알코올관련사범에 대한 심리치료의 효과성을 객관적으로 평가하기 위해 동국대학교(책임연구원: 교수 조윤오)와 계약을 체결하여 약 6개월간 진행되었습니다.

※ 수형자 심리치료 개요: 범죄 원인별·유형별로 구분하여, 범인성 개선 및 심적 변화를 유도하여 출소 후 재범을 방지하기 위한 전문상담 및 집단프로그램

구분	프로그램 내용
성폭력	동기 강화, 왜곡된 성의식 수정, 피해자 공감, 대인관계능력·감정조절능력 향상 등
마약류	동기 강화, 중독의 이해, 위험요인 인식 및 관리, 재발분석 및 대처, 미래의 삶 설계 등
알코올	동기 강화, 행복한 삶 목표 설정, 음주 갈망 대처, 건강하게 감정 표현하기, 스트레스 관리 등

연구진은 이번 연구를 위해 수형자 심리치료 프로그램을 운영하고 있는 심리치료센터(과·팀)를 방문하여 운영 실태를 확인하고, 11년(2011년~2021년) 동안의 관련 데이터를 분석하였습니다.

분석 결과 심리치료 경험을 통해 참여자의 충동성 등 심리상태 전반이 긍정적으로 개선되는 것으로 나타났으며, 성폭력 심리치료(기본·집중·심화과정) 및 알코올 심리치료(기본과정) 경험자의 재범가능성이 60% 이상 감소하는 것으로 나타났습니다.

성폭력 심리치료는 심리치료센터*에서 프로그램을 운영하는 경우 심리치료팀**에서 운영하는 경우보다 재범가능성이 51.1% 감소하는 것으로 나타났습니다.

* 심리치료센터: 지방교정청 소속으로 전국 5개 심리치료센터가 있으며, 전용 상담실·교육실과 다수 전문자격을 갖춘 직원이 심리치료 프로그램을 전담하여 운영

** 심리치료팀: 교도소·구치소 보안과 소속으로, 심리치료센터에 비해 인적·물적 인프라 부족으로 원활한 심리치료 업무 수행 곤란

법무부 자체 통계에서도 심리치료 이수자의 재복역률이 심리치료 미이수자에 비해 낮으며, 점차 감소 추세에 있는 것으로 나타났습니다.

한편, 연구진은 심리치료에 대한 과정평가(심리영역별 사전−사후검사 점수) 및 영향평가(재범가능성) 결과를 바탕으로 심리치료 프로그램을 4가지 유형으로 분류하고, '잠재가능성 있는' 프로그램을 '효과 있는' 프로그램으로 발전시키기 위해 과감한 투자와 지원이 필요하다고 강조하였습니다. 또한, 성폭력사범 심리치료에 대한 과정 및 영향평가에서 '심리치료팀'보다 효과성이 크게 나타난 '심리치료센터' 모델을 확대해야 한다고 강조하였습니다.

법무부(교정본부)는 특정 범죄자의 범인성 개선을 위해 성폭력, 중독 외에도 가정폭력, 스토킹 등 11개의 범죄 유형별 심리치료 프로그램을 운영하고 있습니다. 한동훈 법무

부장관은 "범죄로부터 안전한 사회를 만들기 위해서는 수형자 출소 전 심리치료가 반드시 필요하다."며 "전담조직 확대, 직원 전문성 함양, 프로그램 고도화 등 인적·물적 인프라를 강화하여 실효적 심리치료가 이루어질 수 있도록 최선의 노력을 다하겠다."고 밝혔습니다.

2. 정책자료

(1) 교정행정

① 수용과정

1. 입소	신분확인, 건강검진, 물품지급, 수용시설 안내, 지정거실 입실
2. 소송진행(미결)	수용생활(접견, 운동 등), 검찰조사, 재판 등 소송수행, 소송서류 처리, 수용생활 상담
3-1. 출소(무혐의)	무죄·무혐의, 기소·선고유예, 구속적부심사, 공소기각, 집행유예, 소년부송치 등
3-2. 형확정(가결)	분류심사
4. 이송	수용구분(경비처우급, 남녀, 소년과 성년, 외국인과 내국인, 환자·장애인, 치료·보호감호)
5. 수형생활	분류처우, 교도작업, 교화활동, 학과교육, 직업훈련, 특기활동, 귀휴, 사회견학, 인권보호, 가족만남의 집
6. 출소(형기종료)	형기종료, 가석방, 사면, 형집행정지

② 의료처우

- 수용자 건강관리 및 질병 치료: 교정시설에서는 의사, 간호사 등 의료인력이 환자 진료 및 수용자 건강관리를 담당. 질병에 걸린 수용자는 의료거실에 수용하여 집중 치료를 제공하고 치료를 위해 필요할 경우 외부병원으로 이송
- 외부 전문기관에 의한 건강검진 실시: 교정시설 자체적으로 신입 시 건강진단, 정기 건강검진 등을 실시. 효율적인 질병 관리를 위하여 전 수용자를 대상으로 연 1회 외부전문기관에 의한 일반직장인 검진 수준의 건강검진을 실시. 모든 신입수용자에 대하여 외부기관에 혈액검사 및 에이즈 검사를 의뢰하여 감염병 조기 발견 및 적절한 치료를 통해 교정시설 내 감염병 확산을 사전에 예방
- 원격의료시스템 운영: 수용자 의료처우의 전문성을 강화하고 다양한 과목의 진료를 제공하기 위해 전국 47개 교정시설에 원격의료시스템을 운영

• 만성질환자 관리: 당뇨, 고혈압 등 만성질환자는 의료과에서 집중 관리. 혈액투석이 필요한 환자가 증가하는 상황에 대응하여 서울남부교도소 등 전국 5개 교정시설에 혈액투석실 운영

• 위생관리: 집단생활을 하는 교정시설의 특성상 전염병 예방 및 보건위생관리의 실효성 제고를 위하여 연 6회 이상 외부 전문 소독업체에 의한 교정시설 소독을 실시하고 수용자 및 직원을 대상으로 보건위생 교육을 하여 개인 보건위생의식을 강화하고 건강 실천 풍토를 조성

③ 분류심사

• 심사목적: 수형자 개개인의 특성을 과학적으로 심사·분류한 후 그에 따른 개별 처우 계획을 수립하여 형 집행의 목적인 교정 교화를 달성하고자 함

• 심사대상: 형집행지휘서 접수일로부터 형기종료일까지의 기간이 3개월 이상인 수형자를 대상으로 하며, 집행할 형기가 3개월 미만인 자, 질병 등으로 심사가 불가능한 자, 징벌조사 및 집행 중인 자 등의 심사 유예자는 제외

• 심사시기
  − 신입심사: 형집행지휘서가 접수된 날로부터 1월 이내 실시
  − 재심사: 정기재심사와 부정기재심사로 구분하고 그 사유가 발생한 후 최초로 개최되는 분류처우회의 또는 분류처우위원회 전일까지 완료

• 방법 및 등급구분
  − 수형자에 대한 처우의 기본지침을 확보하기 위하여 수형자 개인에 대한 성장과정, 학력, 직업경력, 생활환경, 개인적 특성, 정신상태, 보호관계, 범죄경력 및 범죄내용, 자력개선 의지, 석방 후의 생활계획 기타 처우 및 관리에 필요한 사항 등에 대하여 조사평가
  − 수형자의 처우등급은 '기본수용급(수용할 시설 및 구획을 구분)', '경비처우급(수용할 시설, 계호 및 처우 정도를 구별)', '개별처우급(수형자의 개별적인 특성에 따라 처우 정도를 달리함)'으로 나뉨

• 처우: 수형생활태도, 작업 및 교육성적에 따라 재심사와 분류처우위원회의 의결을 거쳐 상·하향 조정되며, 등급별로 자치생활, 접견, 전화통화, 각종 문화생활 등의 차등을 두어 처우함

④ 교육교화

• 교정기관에서는 수용자 개인의 특성을 고려한 학력신장 교육 및 인성교육 등을 시행. 특히 사회의 유용한 민간자원 등을 활용한 집회 및 상담 등 여러 가지 활동

을 폭넓게 전개하고 이를 통하여 범죄적 심성을 순화하여 선량한 시민으로 사회에 복귀시켜 재범에 이르지 않도록 함

- 교화 처우: TV시청 및 라디오 청취, 신문 등 열람, 종교생활, 음악 · 미술 등 체험형 문화예술프로그램 시행, 문예 · 창작활동
- 학과교육: 검정고시 교육, 방송통신고등학교 교육(김천소년교도소 운영), 독학학위취득 교육, 방송통신대학 교육(여주교도소, 전주교도소, 청주여자교도소, 포항교도소에 다양한 학과 개설 운영), 전문대학 위탁 교육
- 교정위원: 수용자 교정교화에 관심을 가지고 있는 민간인들을 교정위원으로 위촉하여 수용자 상담, 자매결연, 취업지원, 교육, 종교활동, 의료봉사 등을 진행

⑤ **직업능력개발훈련**: 수용자 개개인의 적성과 취미, 연령, 학력에 적합한 기술교육을 실시. 교정본부에서는 수용자 사회복귀와 재범방지를 위하여 직업훈련을 통한 사회적응훈련이 필수적이라 판단하고, 취업유망직종을 중심으로 내실 있는 직업훈련을 하여 수용자가 출소 후 자립할 수 있는 기반을 조성

⑥ **사회복귀**

- 구금으로 단절된 가족관계 회복을 통해 안정적인 사회정착을 유도하고, 중간처우 제도로 중 · 장기 수형자의 출소 전 다양한 사회적응훈련을 실시하여 성공적인 사회복귀를 지원
- 시설 내 사회복귀를 위한 제도

귀휴	교정 성적이 우수한 수형자가 일정 기간 가정에서 가족과 함께 생활하는 휴가제도. 수형자가 소속된 교정시설의 귀휴심사위원회에서 심사 · 결정
가족만남의 날	가족과의 유대 강화를 위해 교정시설 내에서 가족과 식사하고 담소를 나눌 수 있는 자리를 제공
가족만남의 집	장기간 수용생활을 하는 수형자들의 가족관계 유지를 위해 교정시설 주벽 밖에 침실, 부엌, 욕실 등이 갖춰진 가정집 같은 시설을 제공하여 1박 2일 동안 숙식하며 생활할 수 있는 기회를 제공
가족접견	가정집의 거실과 유사하게 꾸며진 가족접견실을 이용하여 일정 시간(2시간 내외) 한 수용자의 가족만이 자유롭게 접견
가족사랑캠프	수용생활로 가족관계 회복이 필요한 수용자와 그 가족을 대상으로 지역 건강가정지원센터의 가족관계 전문가가 진행하는 전문프로그램
사회적응훈련원	2009년 천안교도소에 사회적응훈련원을 개원하여 중 · 장기수형자의 다양한 사회생활 체험 등을 실시

소망의 집	2009년 안양 · 춘천 · 창원 · 순천 · 청주여자교도소에 중간처우의 집(소망의 집)을 개원하여 출소예정자에게 일정기간 가정 같은 시설에서 생활하며 외부 공장으로 출 · 퇴근하는 등 단계별 사회적응훈련을 실시
희망센터	지역 사회 내 중간처우시설(희망센터)를 열어 기업체 기숙사에서 생활하며 해당 기업에 출퇴근하여 사회적응 및 출소 준비를 강화. 밀양구치소에 1개, 천안교도소에 1개를 운영

⑦ 권리구제 및 인권보호
- 소장면담: 수용자가 처우에 관하여 당해 소장과 직접 면담하여 구제 또는 조언을 구할 수 있는 제도
- 청원: 자신의 처우에 불복하는 경우 법무부장관, 순회점검공무원 또는 관할지방교정청장에게 권리구제를 요청할 수 있는 제도. 청원서를 작성하여 봉한 후 제출하며, 순회점검공무원에게는 구두로도 가능
- 국가인권위원회 및 법무부 인권국: 교정시설의 업무수행과 관련하여 헌법 제10조 내지 제22조에 보장된 인권을 침해당하거나 평등권 등 차별행위를 당한 경우, 국가인권위원회 또는 법무부 인권국 진정을 통하여 구체를 요청할 수 있음

⑧ 접견
- 평일 오전 08:30~오후 4:00 진행. 토요일은 '아동접견의 날'을 운영하고(19세 미만 미성년 자녀 접견) 일요일을 포함한 공휴일에는 접견을 실시하지 않음
- 접견횟수

구분	급수	횟수
미결		1일 1회
기결	4급	월 4회
	3급	월 5회
	2급	월 6회
	1급	1일 1회
노역		월 5회

- 접견예약제: 가족 또는 민원인이 인터넷, 전화(1363)로 예약하면 미리 수용자를 접견실에 대기하게 하고, 민원인은 신분확인 후 순서를 기다릴 필요 없이 바로 접견이 가능하게 하는 제도

(2) 교정본부 정책

① 수형자 집중 인성교육

- 인성·감성교육 강화, 가족·지역사회와의 관계 회복 등을 통해 수형자 내면의 근본적 변화에 따른 범죄성 개선을 목적으로 함
- 형이 확정된 모든 수형자에 대하여 형기 등을 고려, 70~120시간의 체계적인 교육 시스템을 운영
- 단편적 지식 전달 방식의 교육이 아닌 인문학·집단상담·미술·음악치료 등 수형자 참여형 교육프로그램을 시행

② 구인·구직 만남의 날(채용 면접)

- 수형자 출소 후 재범방지 및 성공적 사회복귀를 지원하기 위하여 출소예정자와 구인업체 담당자가 대면하여 취업 면접 및 채용 약정을 할 수 있도록 만남의 장을 제공
- 2009~2010년 취업박람회 형태로 시작하여 2011년부터 전국 53개 교정기관에서 '구인·구직 만남의 날'로 시행, 2020년부터는 특정한 날에 구애되지 않고 수시로 소규모 채용면접을 실시

③ 심리치료프로그램 운영

- 성폭력·중독범죄, 아동학대 및 동기 없는 범죄, 정신질환자 범죄 등 사회적으로 문제가 되는 강력범죄에 대해 적절히 대처하여 수용자들의 안정적인 사회복귀를 돕고, 국민들의 불안감을 해소
- 성폭력, 마약, 알코올, 아동학대, 동기 없는 범죄 수용자에 대해 맞춤형 심리치료 프로그램 등 특성별로 차별화된 치료 프로그램을 시행
- 내실 있는 프로그램 운영으로 수용자의 안정된 수용생활을 보장하고 건전한 사회인으로 복귀를 위한 기반 마련

④ 교정시설 원격의료시스템

- 다양한 진료과목에 대한 외부병원 전문의 진료 기회를 확대하여 수용자 의료처우 수준 개선
- 교정기관과 협력병원에 원격의료시스템을 구축하여 외부병원 전문의가 교정기관에 수용된 환자(수용자)를 진료, 처방하고 교정시설 근무자가 처방된 의약품을 대리 수령
- 2020년 현재 전국 47개 교정기관 및 원격의료센터에서 원격진료 실시, 2021년 전국 교정기관 구축 완료

- 원격의료시스템을 이용한 지속적인 경과관찰로 수용자 건강 향상, 외부병원 진료 지체 해소 및 계호인력 감축, 정보통신기술에 기반한 새로운 의료처우모델 활성화 기대

⑤ 스마트접견제도
- 민원인의 스마트폰(태블릿 PC 등 모바일 기기 포함) 또는 PC를 이용하여 화상으로 수용자와 민원인이 접견
- 교정시설 내 수용자와 민원인이 보다 더 쉽게 접견하는 방식으로 간편함과 편리함 도모
- 모든 수용자를 대상으로, 가족 등 사전 등록한 민원인에 한하여 실시

(3) 소년보호 정책
① 소년보호 사건 처리절차

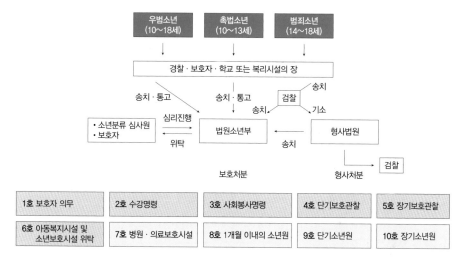

※ 출처: 범죄예방정책국 홈페이지(www.cppb.go.kr)

② 소년 보호관찰 제도
- 비행 또는 죄를 저지른 소년을 교도소, 소년원 등 수용시설에 구금하지 않고 가정과 학교, 직장에서 정상적인 생활을 하도록 하되, 보호관찰관이 지도·감독하여 준수사항을 지키도록 하고 사회봉사명령이나 수강명령으로 범죄성을 개선함
- 보호관찰관은 대상자와 수시 면담, 주거지 방문 등 긴밀하게 접촉하고 항상 그 행동 및 환경 등을 관찰하여 재범을 방지하고, 복학주선·검정고시·직업훈련·멘토링 등 지원을 통해 원활한 사회복귀를 촉진하는 임무를 담당

- 보호관찰 방법

지도감독	보호관찰소에의 출석 지도감독, 대상자의 주거지 · 직장 · 학교 등에 대한 출장 지도감독, 전화 · 우편 · 전자우편 등을 이용한 비대면 지도감독
원호	숙소 및 취업 알선, 복학 및 검정고시 지원, 직업훈련 기회 제공, 환경 개선, 보호관찰 대상자의 건전한 사회복귀에 필요한 원조 제공, 부상이나 질병 그 밖의 긴급한 사유가 발생한 경우 응급구호
은전조치 및 제재	보호관찰 성적 양호자에 대한 지도감독 조기해제, 준수사항 위반자에 대한 소환조사 · 경고, 준수사항 위반자에 대한 준수사항 추가 · 변경, 준수사항 위반자에 대한 구인 · 유치 또는 보호처분 변경

- 소년 보호관찰 대상 및 기간

근거법령	대상	기간
소년법	보호소년	• 수강명령(2호): 100시간 이내 ※ 12세 이상 소년에게 부과 • 사회봉사명령(3호): 200시간 이내 ※ 14세 이상 소년에게 부과 • 단기보호관찰(4호): 1년 • 장기보호관찰(5호): 2년 • 소년원 임시퇴원자: 6월~2년
법무부 훈령	선도조건부 기소유예 처분자	• 1급: 1년 • 2급: 6월

③ 분류심사

- 법원 소년부에서 사건의 조사 또는 심리를 위해 소년분류심사원이나 소년원(위탁 대행)에 1개월 이내 위탁(1회에 한하여 연장 가능)
- 분류심사 종류

일반분류심사	• 문제가 비교적 경미한 소년을 대상 • 면접조사, 표준화검사, 신체 · 의학적 진단, 행동관찰 등을 종합하여 비행성 진단
특수분류심사	• 문제 해결이 용이하지 않은 소년을 대상 • 일반분류심사 외에 개별검사, 정신의학적 진단, 현지조사 등을 추가

④ 소년원: 법원 소년부에서 보호처분을 받은 10세 이상 19세 미만의 소년을 수용

교과교육	• 「초·중등교육법」, 「보호소년 등의 처우에 관한 법률」에 따른 중·고등학교 과정 운영 • 학년도: 3월 1일부터 시작하여 다음 해 2월 28일까지 운영 • 수업일수: 매 학년 190일 이상, 주당 30~35시간, 1일 6교시 이상으로 편성 • 학적관리: 소년원학교에 입원한 소년의 학적사항은 최종적으로 재학하였던 학교의 재학생에 준하여 관리(소년원학교의 성적·출결사항 등을 그대로 인정) ※ 전국 소년원에서 검정고시 운영
직업훈련	• 「근로자직업능력개발법」에 따른 직업능력개발훈련을 통해 산업현장의 적응력을 높이고 현장실무형 전문인력 양성을 위해 과정 운영 • 교육시간: 1년 과정 1,200시간 이상, 6개월 과정 600시간, 3개월 과정 300시간 이상 • 자격 취득: 국가기술자격 및 민간자격 취득 • 대회 참가: 직종별 기능경기대회 등 각종 외부경진대회 참가
인성교육	• 소년원 학생들의 비행유형과 특성을 반영한 전문화된 인성교육 프로그램 운영 • 집단상담(강/절도예방, (학교)폭력예방, 성비행예방, 인터넷중독예방, 약물오남용예방, 자기성장, 가족관계회복, 대인 관계능력향상, 진로교육 등), 집단지도(집단상담 외 법교육, 생활예절 독서지도, 인문학교육 등), 기타 활동(예·체능교육, 사회봉사활동, 체험학습, 특강, 종교활동 등) 진행
의료재활	• 약물 오·남용, 정신장애, 지적발달장애, 신체질환 등으로 집중치료나 특수교육이 필요한 보호소년을 교육 ※ 주요대상자: 품행장애, 우울 등 기분장애, ADHD(주의력결핍 과잉행동장애), 정신지체 등 • 정신과 의사의 진료 및 기초학습능력 평가에 따라 '양호/경증/중증'으로 분류
사회복귀 지원	• 가정관 운영: 1~2일간 가족과 생활하면서 가정기능 회복. 전국 소년원에 13개동 설치·운영 • 취업 지원 운영: 소년원 출원생에 대한 취업알선 및 지속적인 사후지도. 소년원별 취업지원협의회 구성·운영 • 개방처우: 모범 학생에 대한 주말 외출·통근취업 등 개방처우 확대로 교정효과 극대화 및 사회적응 기회 제공 • 청소년자립생활관 운영: 무의탁 소년원 출원생 및 지역 내 취약계층 불우 청소년을 위한 보금자리 시설 • 장학금 및 생활안정자금 지원: 대학 진학 등 성공 가능 출원생에 대하여 장학금 지급. 부양의무자가 없거나 자립능력이 미약한 출원생에게는 생활안정자금 지원

(4) 범죄예방정책국 정책

① 법교육

- 청소년 및 일반 국민에게 법에 관한 지식과 기능, 법 체계, 법의 원리 및 가치 등을 제공하여 민주시민으로서 필요한 법적 이해능력, 긍정적 참여의식, 헌법적 가치관 등을 함양함을 목적으로 하는 법과 관련된 일체의 교육
- 법교육 프로그램 운영

법교육 출장강연	법교육 전문강사가 학교, 청소년 시설 등을 직접 방문하여 학교폭력 및 성폭력 예방 등 준법교육 실시
찾아가는 솔로몬파크	이동식 버스에 솔로몬로파크의 체험시설을 구현, 도서지역 등 소외지역을 중심으로 법교육 및 진로체험 기회 제공
특수계층 법교육	이민자·다문화 가정, 북한이탈 청소년 등 소외계층을 대상으로 전문강사가 실생활에 필요한 법교육 실시

- 솔로몬로파크 운영: 국민이 쉽고 재미있는 체험을 통해 법을 배울 수 있도록 대전과 부산에 법교육 테마파크를 조성하여 운영

법체험관 운영	모의법정, 모의국회, 과학수사, 형벌체험 등 법의식 함양을 위한 다양한 체험형 프로그램 운영
법연수관 운영	초·중·고 법캠프, 주부로스쿨, 교사 직무연수 등 생애 전반을 아우르는 법연수 프로그램 운영

- 법문화진흥센터와 법교육위원회

법문화진흥센터	법교육지원법에 따라 법교육을 실시하는 준법지원센터, 청소년비행센터 및 민간기관을 법문화진흥센터로 지정하여 법교육 활성화 도모
법교육위원회	국민의 법의식 함양 및 건전한 민주시민 육성을 위한 법교육을 체계적으로 지원하기 위하여 법률 전문가로 구성된 법교육 자문단

② 보호관찰제도

- 범죄인을 교도소나 소년원 등 수용시설에 구금하지 않고, 가정과 학교 및 직장에서 정상적인 생활을 하도록 하되, 보호관찰관의 지도·감독을 통해 준수사항을 지키도록 하고 사회봉사명령이나 수강명령을 이행하도록 하여 범죄성을 개선하는 선진 형사정책 제도
- 보호관찰관은 대상자와 수시면접, 주거지 방문 등 긴밀하게 접촉하고 항상 그 행동 및 환경 등을 관찰하여 재범을 방지함. 여기에 직업훈련, 취업알선, 복학주선, 경제적 지원 등을 통해 대상자가 원활하게 사회에 복귀할 수 있도록 함

- 명예 보호관찰관 제도: 재범위험성이 높은 보호관찰청소년에 대한 선도 및 지원체계 강화를 위해 우수인력 확보 등 명예 보호관찰관 활성화
  ※ 2017.9. 부산여중생 폭행 사건 관련, 사회관계장관회의에서 법무부 대책으로 '명예보호관찰관제' 도입 발표

③ 사회봉사명령

- 유죄가 인정되거나 보호처분 등의 필요성이 인정된 사람에 대하여 일정시간 무보수로 사회에 유익한 근로를 하도록 명하여 사회에 대한 봉사활동을 통해 범죄피해의 배상 및 속죄의 기회를 제공하는 제도
- 평일, 주간에 1일 9시간 집행이 원칙. 단, 대상자의 생업 불편을 최소화화기 위해 분할집행이나 주말집행 등 탄력집행 활성화

④ 사회봉사 국민공모제

- 도움이 필요한 일반 국민에게 직접 지원분야를 신청받아 관할 보호관찰소에서 적절성을 심사한 후 사회봉사명령대상자를 투입하여 무상으로 지원하는 사회봉사명령제도로 전국 57개 보호관찰소에서 실시
- 국민 누구나(개인, 단체) 신청 가능하며 인터넷 또는 방문, 전화 등으로 신청
- 신청 기준: 지역사회에 기여하는 것, 국민의 삶의 질 향상에 보탬이 되는 것, 사회적 약자를 지원하거나 공공의 이익에 도움이 되는 것, 봉사자가 가치 있고 보람 있다고 느낄 만한 것, 봉사자의 안전을 위협하지 않는 것
- 지원 분야

지역사회 지원	벽화 그리기, 벽보 및 낙서 제거, 가로수 정비, 지역 환경정화 등
소외계층 지원	노인, 장애인, 각종 피해자, 다문화가정 등 지원활동(목욕, 이미용, 빨래, 연탄·김장배달 등)
주거환경개선 지원	집수리, 도배·장판·방충망 교체, 도색, 청소 등
농어촌 지원	영세·고령농가 등 농어촌 지역 일손돕기, 농가환경개선 등
긴급재난복구 지원	태풍·폭우·폭설·가뭄 등으로 인한 재난복구 지원
복지시설 지원	복지시설 환경정화, 목욕보조, 이미용, 말벗, 김장담그기 등
기타공익 지원	공익적 목적의 행사, 축제, 경기대회 보조, 공익단체 지원활동 등

⑤ 벌금미납자 사회봉사

- 500만 원 이하의 벌금을 선고받았으나 벌금을 낼 경제력이 없는 사람들을 교도소에 노역장에 유치하지 않고 사회봉사로 대체할 수 있게 하는 제도로, 경제적 형편 때문에 수용시설에 수감되지 않도록 하는 대표적인 친서민 정책

신청대상	벌금을 낼 경제력이 없는 500만 원 이하의 벌금선고자
신청기간	검사의 벌금 납부명령일로부터 30일 이내
신청기관	주거지 관할 검찰청
신청소류	신청서, 판결문(약식명령서), 소득세납부증명서, 재산세납부증명서

⑥ 수강명령

- 정신적 · 심리적 원인이나 잘못된 문제인식과 행동습관으로 동종의 범행을 반복할 우려가 큰 마약, 음주운전, 가정폭력, 성폭력 등의 범죄인에 대해 일정한 시간 동안 교육과 치료를 받도록 함으로써 성행을 개선하여 적극적으로 재범을 방지하고자 하는 제도
- 수강 집행의 전문성 및 효율화 제고를 위하여 광역 단위 기관에 '수강집행센터'를 설치, 수강 집행 기능을 통합하고 임상심리사, 정신보건 사회복지사, 전문상담사 등 자체 인력으로 성폭력 · 가정폭력 · 약물 · 알코올 치료프로그램을 전담 집행

수강분야	내용
준법운전강의	• 음주운전자들에 대한 알코올 치료프로그램 • 잘못된 운전습관 교정, 교통관련 법규교육, 교통사고 피해 심각성 이해
가정폭력치료	• 가정폭력의 범죄성 및 자기 책임 인식 • 가정폭력에 관한 잘못된 인지구조 변화 • 분노, 스트레스, 음주 등 폭력 유발 요인에 대한 대처기술 습득
성폭력치료	• 성 관련 인지왜곡과 일탈적 성적 기호 수정 • 피해자에 대한 공감능력 향상, 대처기술 및 사회적응능력 학습
약물치료	• 약물의 신체적, 정신적, 사회적 폐해에 대한 자각 유도 • 약물 투약의 유혹에 대한 거절 훈련, 투약 요인에 대한 대처기술 학습

⑦ 전자감독제도(Electronic Monitoring)

- 전자적 기술을 적용하여 범죄인을 감독하는 형사정책 수단. 재범위험성이 높은 특정범죄자(성폭력 · 미성년자 유괴 · 살인 · 강도) 및 가석방되는 모든 사범 중 전자장치 부착이 결정된 자 등의 신체에 위치추적 전자장치를 부착하여 24시간 대상자의 위치, 이동경로를 파악하고 보호관찰관의 밀착 지도 · 감독을 통해 재범을 효과적으로 방지하는 제도
- 제도 운영 성과: 제도 시행 전과 비교 시 성폭력사범 동종재범률은 약 1/7, 강도사범은 1/75, 살인사범은 1/49 수준으로 감소하는 등 전자감독제도가 재범 억제에 상당한 효과가 있음을 입증

• 대상자 유형

구분	항목	내용	비고
공통	특정범죄	성폭력, 미성년자 유괴, 살인, 강도 ※ 가석방은 죄명 구분 없이 모든 대상자에게 적용 (2020.8.5. 시행)	
형 집행 종료 후의 전자장치 부착	청구요건 등	• 성폭력, 강도: 재범위험성 +【형 집행 종료 후 10년 이내 동종재범, 전자장치 부착 전력자가 동 종 재범, 2회 이상 범행(습벽 인정), 19세 미만자 대상 범죄(성폭력만 해당), 장애인 대상 범죄(성 폭력만 해당)】 • 미성년자 대상 유괴범죄, 살인범죄: 동종 재범위 험성, 실형 전력자가 동종 재범(재범위험성 불요, 필요적 청구) • 부착기간 – 법정형 상한이 사형 또는 무기징역: 10~30년 – 징역형 하한이 3년 이상의 유기징역: 3~20년 – 징역형 하한이 3년 미만의 유기징역: 1~10년 ※ 단, 19세 미만자 대상 범행시 하한 2배 가중 ※ 경합범에 대하여 가장 중한 죄의 부착기간 상한 의 1/2까지 가중 가능(최장 45년)	※ 만 19세 미만 자 부착 금지 (청구 가능)
	소급적용 청구요건	• 성폭력범죄: 2008.9.1.(전자감독제도 시행일) 이 전 유죄 확정 + 2010. 7. 16. 기준【출소예정자(6 개월 이상 남은 사람), 출소임박자(6개월 미만 남 은 사람), 출소자(징역형 등 집행 종료 후 3년이 경과되지 않은 사람)】 • 청구요건: 재범위험성 +【2회 이상 형 집행(형기 합계 3년 이상) 종료 후 5년 이내 동종 재범, 전 자장치 부착 전력자가 동종 재범, 2회 이상 범행 (습벽 인정), 13세 미만자 대상 범죄】 • 부착기간: 최장 10년의 범위 내에서 결정	
	가해제	부착명령의 가해제 신청(집행 개시 후 3개월 경과 시마다 피부착자 및 법정대리인 신청 가능, 심사위 원회 결정) ※ 부착명령 가해제 시 보호관찰 지속 가능	
가석방	부착요건	가석방된 특정범죄자 보호관찰 시 필요적 부착 (단, 보호관찰심사위원회 불요 결정 시 예외)	
	기간	가석방 기간(최장 10년)	
가종료, 가출소	부착요건	특정 범죄자 치료감호 가종료 · 보호감호 가출소 시	
	기간	치료감호심의위원회가 결정한 기간(보호관찰기간 내 최장 3년)	

집행유예	부착요건	특정 범죄자 집행유예 + 보호관찰 판결 시
	기간	법원이 정한 기간(보호관찰 기간 내, 최장 5년)

- 준수사항

「전자장치부착법」 제14조(의무)	위반 시 벌칙
야간 등 특정 시간대 외출 제한	외출 제한 위반 1년 이하 징역 또는 1천만 원 이하 벌금
특정 지역 · 장소 출입금지	출입 금지 위반 1년 이하 징역 또는 1천만 원 이하 벌금
주거지역 제한	주거지 제한 위반 1년 이하 징역 또는 1천만 원 이하 벌금
피해자 등 특정인 접근금지	접근 금지 위반 3년 이하 징역 또는 3천만 원 이하 벌금
특정범죄 치료 프로그램 이수	특정범죄 치료 프로그램 이수 위반 3년 이하 징역 또는 3천만 원 이하 벌금
마약 등 중독성 있는 물질 사용 금지	마약 등 사용금지 위반 1년 이하 징역 또는 1천만 원 이하 벌금
그 밖에 부착명령을 선고받은 사람의 재범 방지와 성행교정을 위하여 필요한 사항	그 밖에 재범방지와 성행교정을 위하여 필요한 사항 위반 1년 이하 징역 또는 1천만 원 이하 벌금

⑧ 성범죄자 신상정보등록
- 등록대상 성범죄로 유죄판결이 확정된 사람의 신상정보를 등록 · 관리하여 성범죄
예방 수사에 활용하고, 그 내용 일부를 일반 국민 또는 지역주민에게 알림으로써
성범죄로부터 안전한 사회를 만들기 위한 제도
- 등록 절차

1. 판결등본 접수	・판결문 내용 확인 및 임시등록 ・법원은 판결이나 약식명령의 확정일부터 14일 이내에 판결문 또는 약식명령 등본을 법무부장관에게 송달
2. 신상정보 제출서 접수	・등록대상자의 주소지(또는 실제 거주지)를 관할하는 경찰서의 장(또는 교정시설)으로부터 대상자가 제출한 제출서 및 관련 서 류 접수 ・등록대상자는 유죄판결 확정일부터 30일 내에 신상정보 제출

3. 제출서 등 확인 및 보완	• 제출서 및 관련 서류의 내용의 정확성 검토, 누락된 정보 등에 대한 자료 보완 • 기한 내 미제출자에 대하여는 관계기관 자료 요청 등을 통하여 직권등록
4. 등록정보 입력	성명, 주민등록번호, 주소 및 실제 거주지, 직업 등의 신상정보와 성범죄 경력정보, 성범죄 전과사실, 전자장치 부착 여부 등을 등록
5. 열람 및 통지	등록대상자는 본인의 등록정보 및 등록일자, 등록종료 예정일 등을 형사사법포털의 열람시스템(또는 우편통지서)을 통하여 확인
6. 여성가족부 통보(공개 · 고지대상)	공개 · 고지에 필요한 정보를 여성가족부 장관에게 송부
7. 등록정보의 활용	등록대상 성범죄와 관련한 범죄예방 및 수사에 활용할 목적으로 검사 또는 각급 경찰관서의 장에게 제공
8. 등록 정보의 폐기	• 등록기간 경과, 등록 면제 신청에 대한 허가 시 등록정보 즉시 폐기 • 등록정보 열람시스템을 통해 폐기 사실 열람 가능

• 신상정보 등록기간

벌금형	징역 3년 이하	징역 10년 이하	징역 10년 초과
10년	15년	20년	30년

⑨ 신상정보등록 면제제도
  • 최소 등록기간 경과 및 성범죄 재범이 없는 등 객관적 요건의 충족 여부를 심사하여 잔여기간 등록을 면제(최소 등록기간: 10년은 7년, 15년은 10년, 20년은 15년, 30년은 20년)
  • 면제조건
    - 선고받은 징역 · 금고형의 집행을 종료하거나 벌금 완납
    - 부과받은 신상정보 공개 · 고지명령, 전자장치 부착명령, 성충동 약물치료명령의 집행 종료
    - 부과받은 보호관찰, 사회봉사, 수강명령(이수명령)의 집행 완료
    - 등록기간 중 신상정보 등록, 전자장치 부착명령, 성충동 약물치료명령에 관한 의무위반 범죄가 없을 것

⑩ 갱생보호사업
- 「보호관찰 등에 관한 법률」에 의거, 출소자의 건전한 사회복귀 촉진과 효율적인 재범방지활동을 전개함으로써 개인과 공공의 복지와 안전을 증진시키는 사회복지적 형사정책
- 숙식제공, 직업훈련, 취업지원, 창업지원, 주거지원, 가족희망사업, 심리상담 및 치료, 사회성 향상 교육, 멘토링 및 사후관리, 긴급원호 등 지원

⑪ 전자보석제도
- 구속 · 기소된 피고인에게 전자장치 부착을 조건으로 보석을 허가하는 제도
- 효과
  – 불구속 재판 확대로 피고인의 자기방어권 실질화
  – 피고인의 출석담보 및 보석조건 이행여부 철저 확인 가능
  – 교정시설 과밀화 완화 및 국가예산 절감 가능

(5) 2022년 법무부 적극행정
① 소외계층 청소년을 위한 맞춤형 법교육 프로그램 개발 · 실시
- 기존 문제: 저소득층, 한부모 등 돌봄이 필요한 취약계층 청소년을 위한 법교육 프로그램 전무, 법교육 프로그램은 낯설고 재미없을 것이라는 우려
- 개선 내용: 청소년의 특성을 반영한 참여형 · 게임형 맞춤 프로그램 '로티즌 아카데미' 개발 · 실시하여 법 이해도 증진, 시민의 권리와 책임에 대한 학습으로 시민성 함양

② 아동학대 근절을 위한 24시간 안심전화 및 통합 지원체계 운영
- 기존 문제: 아동학대 재발 시 야간에 신고하기 어렵고, 가족 문제를 해결하는 전문가 시스템 부재
- 개선내용: 피해아동 긴급구호를 위해 보호관찰소 24시간 안심 전화를 운영하고, 지역사회 전문가들과 통합적 지원체계 구축을 통해 아동학대 가정의 가족관계 회복 지원

③ 전자경비 울타리 감지시스템 개선을 통한 예산 절감(대구교도소 TF팀)
- 기존 문제: 교정시설 울타리 전자경비시스템 고장 발생, 수리 부품 단종 및 전문가 부재로 수리 불가 판정
- 개선 내용: 직원의 창의적인 시스템 개량 방안 제시 및 적극적인 울타리 전자경비시스템 개량사업 추진으로 국가 예산 절감(224,400천 원)에 기여

④ 홈페이지 '대기열 서비스' 도입을 통한 국민 불편 해소
- 기존 문제: 최근 국민관심 법무행정 민원(변호사시험 · 법조윤리시험 합격자 발표, 교정 명절접견 예약 등)의 홈페이지 안내 시, 접속자 폭주로 인한 웹서비스 지연, 중단 상황 발생
- 개선 내용: 법무부 홈페이지 최초로 과감하게 '대기열 서비스'를 도입하여 사회적 이슈, 합격자 발표 등 일시적인 법무 홈페이지 사용자 폭증으로 인한 서비스 중단, 국민 불편사항 사전예방

⑤ 자동출입국심사대 웹 표준화를 통한 예산 절감
- 기존 문제: 전국 공항만의 자동출입국심사대 디자인과 장비 제어 프로그램이 세대별로 상이하여 심사대 제작 시 불필요한 예산 낭비 발생
- 개선 내용: 자동출입국심사대 디자인 설계 및 장비 제어 프로그램 웹 표준화를 통한 예산 절감

---

02 교정직·보호직 관련 전문 자료 및 이슈

1. 전문 자료

(1) 가석방

① 가석방 요건
- 성년수형자
  - 징역 또는 금고의 집행 중에 있는 자가 그 행상이 양호하여 개전의 정이 현저한 때에는 무기에 있어서는 20년, 유기에 있어서는 형기의 3분의 1을 경과한 후 행정처분으로 가석방을 할 수 있다.
  - 형기에 산입된 판결선고 전 구금의 일수는 가석방에 있어서 집행한 기간에 산입한다.
  - 벌금 또는 과료가 병과되어 있는 때에는 그 금액을 완납하여야 하며, 이 경우 벌금 또는 과료에 관한 노역장 유치기간에 산입된 판결선고 전 구금일수는 그에 해당하는 금액이 납입된 것으로 간주한다.
  - 「형집행법」에서는 가석방 적격 여부에 관한 심사의 고려사항으로 수형자의 나이, 범죄동기, 죄명, 형기, 교정성적, 건강상태, 가석방 후의 생계능력, 생활환경, 재범의 위험성, 그 밖에 필요한 사정을 규정하고 있다.

- 소년수형자
  - 소년은 아직 신체적·정신적으로 미숙한 상태이기 때문에 소년보호의 원칙에 입각하여 성년수형자에 비하여 그 허가요건을 대폭 완화하고 있다.
  - 「소년법」 제65조에 따라 징역 또는 금고를 선고받은 소년에 대하여는 무기형은 5년, 15년 유기형은 3년, 부정기형은 단기의 3분의 1이 각각 지나면 가석방을 허가할 수 있다(「소년법」 제65조).

② 가석방 기간
  - 성년수형자: 가석방의 기간은 무기형에 있어서는 10년, 유기형에 있어서는 남은 형기로 하되 그 기간은 10년을 초과할 수 없다.
  - 소년수형자: 징역 또는 금고를 선고받은 소년이 가석방된 후 그 처분이 취소되지 아니하고 가석방 전에 집행을 받은 기간과 같은 기간이 지난 경우에는 형의 집행을 종료한 것으로 한다. 다만 죄를 범할 당시 18세 미만인 소년이 15년의 유기징역을 받았거나 부정기형자로서 장기의 기간이 먼저 지난 경우에는 그 때에 형의 집행을 종료한 것으로 한다.

③ 심사신청 대상자 선정
  소장은 「형법」 제72조 제1항의 기간(무기형은 20년, 유기형은 3분의 1)을 경과한 수형자로서 교정 성적이 우수하고 뉘우치는 빛이 뚜렷하여 재범의 위험성이 없다고 인정하는 경우에는 분류처우 위원회의 의결을 거쳐 가석방적격심사신청 대상자를 선정한다.

(2) 귀휴

일정기간을 복역하고 교정성적이 우수한 수형자에 대하여 교도소장의 권한으로 일정한 기간과 행선지를 정하여 외출 또는 외박을 허가하는 반자유처우의 일종이다.

일반귀휴	• 소장은 6개월 이상 형을 집행받은 수형자로서 그 형기의 3분의 1(21년 이상의 유기형 또는 무기형의 경우에는 7년)이 지나고 교정성적이 우수한 사람이 다음의 어느 하나에 해당하면 1년 중 20일 이내의 귀휴를 허가할 수 있다. – 가족 또는 배우자의 직계존속이 위독한 때 – 질병이나 사고를 외부의료시설에의 입원이 필요한 때 – 천재지변이나 그 밖의 재해로 가족, 배우자의 직계존속 또는 수형자 본인에게 회복할 수 없는 중대한 재산상의 손해가 발생하였거나 발생할 우려가 있는 때 – 그 밖에 교화 또는 건전한 사회복귀를 위하여 법무부령으로 정하는 사유가 있는 때

일반귀휴	• 「형집행법」제77조 제1항 제4호에 해당하는 귀휴사유는 다음과 같다.
	  - 직계존속, 배우자, 배우자의 직계존속 또는 본인의 회갑일이나 고희일인 때
	  - 본인 또는 형제자매의 혼례가 있는 때
	  - 직계비속이 입대하거나 해외유학을 위하여 출국하게 된 때
	  - 직업훈련을 위하여 필요한 때
	  - 「숙련기술장려법」제20조 제2항에 따른 국내기능경기대회의 준비 및 참가를 위하여
	    필요한 때
	  - 출소 전 취업 도는 창업 등 사회복귀 준비를 위하여 필요한 때
	  - 입학식·졸업식 또는 시상식에 참석하기 위하여 필요한 때
	  - 출석수업을 위하여 필요한 때
	  - 각종 시험에 응시하기 위하여 필요한 때
	  - 그 밖에 가족과의 유대강화 또는 사회적응능력 향상을 위하여 특히 필요한 때
	• 일반귀휴의 경우 형기를 계산할 때 부정기형은 단기를 기준으로 하고, 2개 이상의 징역 또는 금고의 형을 선고받은 수형자의 경우에는 그 형기를 합산한다.
	• 「형집행법」제77조 제1항의 "1년 중 20일 이내의 귀휴" 중 "1년"이란 매년 1월 1일부터 12월 31일까지를 말한다.

특별귀휴	소장은 다음의 어느 하나에 해당하는 사유가 있는 수형자에 대하여는 제1항에도 불구하고 5일 이내의 특별귀휴를 허가할 수 있다. • 가족 또는 배우자의 직계존속이 사망한 때 • 직계비속의 혼례가 있는 때

(3) 수용자·수형자·미결수용자

수용자	수형자, 미결수용자, 사형확정자, 그 밖에 법률과 적법한 절차에 따라 교도소·구치소 및 그 지소에 수용된 사람
수형자	징역형·금고형 또는 구류형의 선고를 받아 그 형이 확정된 사람과 벌금 또는 과료를 완납하지 아니하여 노역장 유치명령을 받은 사람
미결수용자	형사피의자 또는 형사피고인으로서 체포되거나 구속영장의 집행을 받은 사람

(4) 범죄소년·우범소년·촉법소년

범죄소년	14세 이상 19세 미만의 죄를 범한 소년 중 벌금형 이하 또는 보호처분 대상 소년
우범소년	그 성격 또는 환경에 비추어 형벌법령에 저촉되는 행위를 할 우려가 있는 10세 이상 19세 미만의 소년 중 집단으로 몰려다니며 주위에 불안감을 조성하는 성벽이 있거나, 정당한 이유없이 가출하거나, 술을 마시고 소란을 피우거나 유해환경에 접하는 성벽이 있는 소년
촉법소년	형벌법령에 저촉되는 행위를 한 10세 이상 14세 미만의 소년

(5) 범죄예방 환경개선 사업

① 지속 가능한 지역 범죄예방 인프라 구축

② 중앙부처, 지방자치단체 등 유관 기관과의 협업 강화와 지역 주민들의 적극 참여를 바탕으로 한 '한국형 셉테드(CPTED) 모델' 정립

③ 물리적 환경개선 사업과 지역 주민의 준법의식 · 연대감을 제고하는 주민 역량강화 프로그램을 유기적으로 결합시켜 범죄불안감 감소

④ 전국 7개 지역에서 범죄예방 환경개선 사업 추진

※ 국토부 '도시재생' 사업지 3곳, 해수부 '어촌뉴딜' 사업지 2곳, 지자체 협업 사업지 2곳에서 사업 추진

(5) 보호장비

① 보호장비란 수용자의 도주 · 자살 · 자해 또는 다른 사람에 대한 위해를 방지하거나 시설의 안전과 질서유지를 목적으로 특정수용자의 신체를 속박하여 자유로운 행동을 제한하는 데 사용되는 도구를 말한다.

② 보호장비는 자살 · 자해를 방지한다는 점에 있어서는 해당 수용자 자신의 생명과 신체를, 폭행을 방지한다는 점에 있어서는 다른 사람의 생명과 신체를, 도주 · 손괴 등을 방지한다는 점에 있어서는 시설의 안전과 질서를 보호하는 기능을 각각 수행한다.

③ 보호장비의 종류에는 수갑, 머리보호장비, 발목보호장비, 보호대, 보호의자, 보호침대, 보호복, 포승 등이 있다.

④ 보호장비 사용요건(「형집행법」 제97조 제1항)

• 이송 · 출정, 그 밖에 교정시설 밖의 장소로 수용자를 호송하는 때

• 도주 · 자살 · 자해 또는 다른 사람에 대한 위해의 우려가 큰 때

• 위력으로 교도관의 정당한 직무집행을 방해하는 때

• 교정시설의 설비 · 기구 등을 손괴하거나 그 밖에 시설의 안전 또는 질서를 해칠 우려가 큰 때

⑤ 보호장비의 종류별 사용요건(「형집행법」 제98조 제2항)

• 수갑 · 포승: 제97조 제1항 제1호부터 제4호까지의 어느 하나에 해당하는 때

• 머리보호장비: 머리부분을 자해할 우려가 큰 때

• 발목보호장비 · 보호대 · 보호의자: 제97조 제1항 제2호부터 제4호까지의 어느 하나에 해당하는 때

• 보호침대 · 보호복: 자살 · 자해의 우려가 큰 때

(6) 보호장구

① 보호관찰소 소속 공무원은 보호관찰 대상자가 다음 중 어느 하나에 해당하고, 정당한 직무집행 과정에서 필요하다고 인정되는 상당한 이유가 있으면 「형집행법」 제46조의3 제1항에 따라 보호장구를 사용할 수 있다.

- 구인 또는 긴급구인한 보호관찰 대상자를 보호관찰소에 인치하거나 수용기관 등에 유치하기 위해 호송하는 때
- 구인 또는 긴급구인한 보호관찰 대상자가 도주하거나 도주할 우려가 있는 때
- 위력으로 보호관찰소 소속 공무원의 정당한 직무집행을 방해하는 때
- 자살 · 자해 또는 다른 사람에 대한 위해의 우려가 큰 때
- 보호관찰소 시설의 설비 · 기구 등을 손괴하거나 그 밖에 시설의 안전 또는 질서를 해칠 우려가 큰 때

② 보호장구를 사용하는 경우에는 보호관찰 대상자의 나이, 신체적 · 정신적 건강상태 및 보호관찰 집행 상황 등을 고려하여야 한다.

③ 보호장구의 종류에는 수갑, 포승, 보호대, 가스총, 전자충격기 등이 있다.

④ 수갑 · 포승 · 보호대를 사용할 경우에는 보호관찰 대상자에게 그 사유를 알려주어야 한다. 다만, 상황이 급박하여 시간적인 여유가 없을 때에는 보호장구 사용 직후 지체 없이 알려주어야 한다.

⑤ 가스총 · 전자충격기를 사용할 경우에는 사전에 상대방에게 이를 경고하여야 한다. 다만, 상황이 급박하여 경고할 시간적인 여유가 없는 때에는 그러하지 아니하다.

(7) 엄중관리대상자

① 소장은 마약류사범 · 조직폭력사범 등 법무부령으로 정하는 수용자에 대하여는 시설의 안전과 질서유지를 위하여 필요한 범위에서 다른 수용자와의 접촉을 차단하거나 계호를 엄중히 하는 등 법무부령으로 정하는 바에 따라 다른 수용자와 달리 관리할 수 있다. 소장은 제1항에 따라 관리하는 경우에도 기본적인 처우를 제한하여서는 안 된다.

② 「형집행법」 제104조에 따라 교정시설의 안전과 질서유지를 위하여 다른 수용자와의 접촉을 차단하거나 계호를 엄중히 하여야 하는 수용자 번호표 및 거실표의 색상은 다음과 같이 구분한다.

- 조직폭력수용자: 노란색
- 관심대상수용자: 노란색
- 마약류수용자: 파란색

(8) 처우상 독거 · 계호상 독거

① 처우상 독거수용: 주간에는 교육 · 작업 등의 처우를 위하여 일과에 따른 공동생활을 하게 하고, 휴업일과 야간에만 독거수용하는 것을 말한다.

② 계호상 독거수용

- 사람의 생명 · 신체의 보호 또는 교정시설의 안전과 질서유지를 위하여 항상 독거 수용하고 다른 수용자와의 접촉을 금지하는 것을 말한다. 다만, 수사 · 재판 · 실 외운동 · 목욕 · 접견 · 진료 등을 위하여 필요한 경우는 제외한다.
- 교도관은 계호상 독거수용자를 수시로 시찰하여 건강상 또는 교화상 이상이 없는 지 살펴야 한다.
- 교도관은 시찰 결과 계호상 독거수용자가 건강상 이상이 있는 것으로 보이는 경 우에는 교정시설에 근무하는 의사에게 즉시 알려야 하고, 교화상 문제가 있다고 인정하는 경우에는 소장에게 지체 없이 보고하여야 한다.
- 의무관은 계호상 독거수용자의 건강상 이상이 있다는 통보를 받은 즉시 해당 수 용자를 상담 · 진찰하는 등 적절한 의료조치를 하여야 하며, 계호상 독거수용자를 계속하여 독거수용하는 것이 건강상 해롭다고 인정하는 경우에는 그 의견을 소장 에게 즉시 보고하여야 한다.
- 소장은 계호상 독거수용자를 계속하여 독거수용하는 것이 건강상 또는 교화상 해 롭다고 인정하는 경우에는 이를 즉시 중단하여야 한다.

2. 관련 이슈

(1) 교정작품 쇼핑몰 '보라미몰'(https://corrections-mall.net)

전국의 수형자들이 생산하는 교도작업제품(수형자들이 수작업으로 만든 도자기, 목공 예, 생활가구, 사무용가구, 생활용품, 패션잡화, 수건/침구류, 공예 등)을 소개 및 판매 하는 온라인 쇼핑몰이다. 교도작업이란 「형법」, 「형의 집행 및 수용자의 처우에 관한 법 률」, 「교도작업의 운영 및 특별회계에 관한 법률」 등에 근거하여 형의 집행의 일환으로 교정시설 또는 교정시설 외에서 수용자에게 부과하는 작업을 말한다. 교도작업은 생산 제품과 서비스의 판매 및 부수되는 수익금으로 운영되어 국가재정에 부담을 주지 않으 며, 교정작품 판매로 얻은 수익금이나 위탁업체가 교정기관에 납부하는 공임(인건비) 은 수용자에게 작업장려금으로 지급되어 수용자들의 성공적인 사회복귀에 실질적인 도 움을 주고, 직업훈련 경비 및 작업시설의 장비투자 등에 재투자되어 보다 나은 작업환 경을 만들어 가는 데 매우 유용하게 사용되고 있다.

(2) 만 나이 통일

2022년 12월 8일 '만 나이 통일'을 위한 「민법」 일부개정법률안과 「행정기본법」 일부개정법률안(이상 유상범 의원 대표발의)이 국회 본회의를 통과했다. '만 나이 통일' 개정안이 시행되면 별도의 특별한 규정이 없는 경우 법령·계약에서 표시된 나이는 만 나이로 해석하는 원칙이 확립되어 나이 해석과 관련된 불필요한 법적 다툼과 민원이 사라질 예정이다. '만 나이 통일'은 세는 나이, 연 나이, 만 나이 등 여러 가지 나이 계산법의 혼용으로 발생하는 사회적·행정적 혼선과 분쟁을 해소하기 위해 정부에서 국정과제로 추진해 온 역점 사업이다.

〈여러 가지 나이 계산법〉

'세는 나이'(한국식 나이)	'만 나이'(국제통용기준)	'연 나이'(현재연도−출생연도)
출생일부터 1살 다음 해 1월 1일 1살 증가	출생일 기준(0살 시작) 1년 경과 시 1살씩 증가	특정한 나이가 되는 해 1월 1일부터 해당 나이 취급
예 2022.12.31. 생 → 2023.1.1. "2살"	예 2022.12.31. 생 → 2023.1.1. "0살"	예 2022.12.31. 생 → 2023. 1. 1. "1살"

(3) 전자감독 생활안전서비스

법무부는 전자감독시스템을 지자체에서 운영 중인 안전귀가서비스와 연계하여 국민을 위한 전자감독 생활안전서비스를 제공하고 있다. 지금까지의 전자감독이 대상자 감시를 통한 재범 예방에 주안점을 두었다면, 전자감독 생활안전서비스는 국민이 전자감독 대상자로 인한 실시간 위험에서 보호받을 수 있기 때문에 전자감독 시스템의 유용성을 보다 체감할 수 있는 서비스이다. 안전귀가서비스 앱을 통해 각 지자체의 관제센터에 사용자의 위치정보가 전송되면, 관제요원은 실시간으로 사용자의 안전을 확인하고, 보호자가 등록하면 보호자가 사용자의 위치를 실시간으로 확인하는 것도 가능하다. 위급상황이 발생하여 사용자가 앱이 설치된 스마트폰을 3회 이상 흔들면 관제센터에서 사건 발생 위치 주변의 CCTV를 모두 연동해 집중 모니터링하고 사안에 따라 경찰, 119센터와 연계한다. 이때 신고자의 위치정보는 법무부 위치추적관제센터로 전달되어 실시간으로 반경 20m 이내에 전자감독 대상자가 있는지 파악한다. 만약 주변에 위치추적전자장치를 착용한 전자감독대상자가 있는 경우에는 경보를 발생시켜 즉각 대응하게 한다. 경보가 발생하면 위치추적관제센터는 즉시 전자감독 대상자에게 연락하여 범죄시도를 차단하고, CCTV 열람 등을 통해 구체적인 상황을 파악하며 현장대응이 필요한 경우에는 보호관찰관이 곧바로 출동한다.

(4) 촉법소년 연령 하한

법무부는 촉법소년 범죄의 증가, 소년범죄 흉포화, 촉법소년 제도의 범죄 악용으로 인해 형사미성년자 연령을 낮춰야 한다는 국민적 요구가 증대하고 있다며 2022년 '촉법소년 연령 기준 현실화 TF'를 운영하였고, 이를 토대로 '소년범죄 종합대책'을 마련하였다. 법무부의 소년범죄 종합대책의 가장 주요한 내용은 형사처벌이 가능한 소년의 연령을 현행 '14세'에서 '13세'로 낮추는 내용으로 「소년법」, 「헌법」 개정을 추진하는 것이었다.

법무부는 「형법」이 제정된 1953년 이후 형사미성년자 연령이 70년간 유지되고 있는 상황에서 촉법소년 범죄와 소년 강력범죄가 매년 급증하고 있으며, 전체 촉법소년 보호처분 중 13세의 비율이 약 70%에 달한다는 것을 근거로 형사처벌이 가능한 소년의 연령을 13세로 낮추는 「소년법」・「헌법」 개정안을 발의하였다.

하지만 2023년 2월, 법원행정처는 이와 같은 법무부의 법 개정안에 대하여 반대 입장을 냈다. 법원행정처는 국회 법제사법위원회에 '근본적인 원인으로 지목되는 가정환경 개선이나 정신질환의 치료 등 적극적인 사회적 지원이 이루어지지 않은 채 촉법소년 연령을 낮춰선 안 된다'는 의견을 제시하였다. 또한 '소년원 송치 등 현행법상 13세 소년에게 부과되는 보호처분이 형사처벌에 비해 결코 가볍지 않다'면서 '다양한 보호처분의 활용을 통한 신속한 교육과 치료가 이루어질 필요가 있다'며 촉법소년 연령 하향 의견에 반대하였다.

(5) 학교 밖 청소년 지원 대책

학령기 인구의 감소에도 학업중단 청소년이 증가하고 있다. 이에 따라 학교 밖 청소년의 다양한 요구를 반영하는 맞춤형 지원 방안이 필요하여 여성가족부에서 지원 강화 대책을 추진하고 있다. 청소년 정책연구원에서 제시한 '학교 밖 청소년 규모' 통계를 보면 2021년 기준 현재 학교 밖 청소년은 약 14만 6천 명이고, 학업중단 학생은 고등학생이 45.1%로 가장 많고, 초등학생 36.2%, 중학생 18.7% 순이다. 이에 따라 여성가족부는 학교 밖 청소년 지원 센터의 인프라를 확충하고, 관계 부처와 협력하여 학교 밖 청소년 조기 발굴 및 정보연계 절차를 마련하였다. 또한 무료 건강검진, 치료비 지원, 심리상담, 직업역량강화 프로그램 개방, 무료 급식 등의 서비스 지원 체계를 구축하고 있다. 그리고 의무교육단계 학업중단 청소년에 대해 사전 동의 없이 청소년 센터로 연계될 수 있도록 법령을 개정하여 교육부의 나이스 시스템과 꿈드림센터 정보망 연결을 통한 신속한 정보 연계를 추진하고, EBS, 인터넷수능방송, 공동모금회 등 민관기관과 협력하여 기초교과학습 및 검정고시 학습을 지원・강화할 예정이다. 또 교육부 국립국제교육원과의 연계를 통해 영어 등 외국어 교육 지원과 온라인 교육 플랫폼 LMS(Learning

Management System: 학교 밖 청소년이 다양한 학습 콘텐츠를 온라인에서 자유롭게 이용할 수 있고, 학습 내용을 체계적으로 관리 운영할 수 있는 시스템)를 구축할 예정이다. 이를 통해 학교 밖 청소년의 학습 전 과정에 대해 체계적으로 관리하며 여기에 꿈드림센터의 활동사항을 대입 자료로 활용하는 '청소년 생활기록부' 적용 대학의 확대도 추진한다.

▌ 더 알아보기

학교 밖 청소년

「초·중등 교육법」 제2조에 따라 초등학교, 중학교 또는 이와 동일한 과정을 교육하는 학교에 입학한 후 3개월 이상 결석하거나 취학의무를 유예한 청소년을 의미한다. 여기에 고등학교 또는 이와 동일한 과정을 교육하는 학교에서 같은 법 제18조에 따른 제적·퇴학처분을 받거나 자퇴한 청소년 및 학업중단 숙려대상 등 잠재적 학교 밖 청소년까지 대상으로 포함한다.

(6) 한국형 '제시카법' 도입 추진

법무부는 한국형 제시카법으로 불리는 「전자장치부착법」 개정안을 2023년 5월 국회에 제출할 예정이라고 밝혔다. '제시카법'은 2005년 미국 플로리다주에서 성범죄자 존 코이에게 강간 살해된 피해자 제시카 런스포드의 이름에서 유래했다. 이 법은 초범인 경우 대체로 형량을 낮게 부여하던 미국 법의 관례를 깨고, 12세 미만 아동을 대상으로 한 성범죄자의 경우 최소 25년 이상의 형량을 적용하도록 하였고 성범죄자가 학교나 공원 등 아동이 많은 곳으로부터 2000피트(약 610m) 이내에 거주하지 못하도록 규정하였다.

한국형 제시카법은 고위험 성범죄자의 경우 학교, 보육시설(어린이집, 유치원) 등으로부터 500m 이내에 거주를 제한하고, 주간 등 특정시간대 이외 외출을 제한하며 19세 미만자에 대한 연락 및 접촉을 금지하는 내용을 담고 있다.

이와 관련하여 갈수록 심각해지는 성범죄로부터 국민을 보호할 수 있을 거라는 의견도 있지만 성범죄자들의 거주 이전 자유에 대한 논란과 학교나 보육시설 500m 거주 제한을 둘 경우 성범죄자가 수도권 외곽이나 지방으로 몰릴 수 있어 지역 차별이 된다는 우려가 나오고 있다.

좋은 책을 만드는 길, 독자님과 함께하겠습니다.

2024 SD에듀 면접관이 공개하는 국가직 공무원2(행정직) 면접 합격의 공식

개정1판1쇄 발행	2024년 06월 20일 (인쇄 2024년 04월 03일)
초 판 발 행	2023년 05월 10일 (인쇄 2023년 03월 31일)
발 행 인	박영일
책 임 편 집	이해욱
편 저	SD 적성검사연구소
편 집 진 행	박종옥 · 정유진
표지디자인	조혜령
편집디자인	김예슬 · 곽은슬
발 행 처	(주)시대고시기획
출 판 등 록	제10-1521호
주 소	서울시 마포구 큰우물로 75 [도화동 538 성지 B/D] 9F
전 화	1600-3600
팩 스	02-701-8823
홈 페 이 지	www.sdedu.co.kr
I S B N	979-11-383-7020-2 (13350)
정 가	22,000원